湖南现代物流发展研究报告
(2016)

主　编　黄福华　谢文辉

副主编　周　敏　袁世军　欧阳小迅

　　　　王　松　卞赛凤

中国财富出版社

图书在版编目（CIP）数据

湖南现代物流发展研究报告.2016 / 黄福华，谢文辉主编 .—北京：中国财富出版社，2018.2

ISBN 978 - 7 - 5047 - 5385 - 4

Ⅰ.①湖…　Ⅱ.①黄…　②谢…　Ⅲ.①物流—研究报告—湖南—2016　Ⅳ.①F259.276.4

中国版本图书馆 CIP 数据核字（2018）第 035847 号

| 策划编辑 | 颜学静 | 责任编辑 | 颜学静 | | |
| 责任印制 | 梁　凡 | 责任校对 | 孙丽丽 | 责任发行 | 敬　东 |

出版发行	中国财富出版社		
社　　址	北京市丰台区南四环西路 188 号 5 区 20 楼	邮政编码	100070
电　　话	010 - 52227588 转 2048/2028（发行部）	010 - 52227588 转 307（总编室）
	010 - 68589540（读者服务部）	010 - 52227588 转 305（质检部）
网　　址	http://www.cfpress.com.cn		
经　　销	新华书店		
印　　刷	北京九州迅驰传媒文化有限公司		
书　　号	ISBN 978 - 7 - 5047 - 5385 - 4/F·2859		
开　　本	787mm×1092mm　1/16	版　　次	2018 年 3 月第 1 版
印　　张	19.75	印　　次	2018 年 3 月第 1 次印刷
字　　数	431 千字	定　　价	80.00 元

前　言

　　物流是创造时间价值、空间价值、经济价值的现代服务活动，现代物流产业是融合运输、仓储、货代、信息等产业的复合型先进服务业，物流产业和国民经济各个领域密切相关，对经济社会发展具有明显的"乘数带动效应"。湖南省应充分发挥"一带一部"区位新优势，坚持"五个发展"新理念，加快发展湖南现代物流产业，促进国民经济运行效率的提高，推动经济结构调整和发展方式转变，助推"五化同步"新战略，开创"三量齐升"新局面，建设富饶美丽幸福新湖南。

　　2015年，面对错综复杂的国际形势和不断加大的经济下行压力，党中央、国务院保持战略定力，统筹谋划国际国内两个大局，坚持稳中求进工作总基调，主动适应引领新常态，以新理念指导新实践，以新战略谋求新发展，不断创新宏观调控，深入推进结构性改革，扎实推动"大众创业、万众创新"，经济保持了总体平稳、稳中有进、稳中有好的发展态势。2015年，湖南面对经济下行压力持续加大的严峻形势，认真贯彻中央方针政策，按照省委部署，主动认识适应引领经济发展新常态，保持定力，精准发力，群策群力，以改革增强发展动力，以重大项目支撑发展，及时研究经济社会运行中的困难和问题，有针对性地采取系列政策措施，取得了经济平稳发展的良好局面。

　　回望过去的五年，湖南省经济进入新常态，经济增速放缓，结构调整加快，发展动能转换。在下行压力不断加大的情况下，物流业保持了中高速增长。2015年，全省物流业增加值1806亿元，"十二五"期间年均增长12.6％；占GDP的比重为6.2％；从业人员135万人，比2010年增加了3倍多；产业成熟度为2.32，处于加速发展的成长期。带动了农业生产结构调整，促进了农业产业化进程；初步实现了工业产供销结合，助推了以工程机械、装备制造、食品、有色等为重点的优势产业发展；推进了服务业新型业态变革，为产业转型升级提供服务支撑。公路货运量、货物周转量保持稳步增长，物流服务价格下降，物流运行效率有所提高。物流业作为国民经济的基础性、战略性产业，为"稳增长""调结构""惠民生"较好地发挥了支撑和保障作用。

　　"十二五"期间，拥有"一带一部"地域优势，又处在长江经济带中部的湖南，物流业地位逐步提升，产业规模快速扩张，设施建设明显加快，市场主体不断壮大。在物流业发展过程中，一批企业家和优秀员工锐意改革、勇于创新、艰苦创业、无私奉献，从而使一些带动力大、整合力优、竞争力强、知名度高的湖南物流行业龙头企业脱颖而出。全省有153家物流企业通过《物流企业分类与评估指标》国家标准评估认定（其中，5A级企业9家、4A级67家、3A级77家），总数在全国省市区位居前列。第三方物流企业迅猛发展，跨境物流、电商物流、快递物流、冷链物流、智慧物流等新兴业态探索前行。

标准化托盘循环共用系统建设的推进，建设物流信息化服务平台，开发利用全社会物流信息资源，用来支持运输配载、跟踪追溯、库存监控等有实际需求、具备可持续发展前景的物流信息平台发展，鼓励各类平台创新运营服务模式，进一步推进交通运输物流公共信息平台发展。完善省级物流标准体系，重点研究制定农产品、医药、汽车、先进制造业等特色重点行业的湖南物流标准。实施仓储和转运设施、运输工具、托盘、快递分拨场地、周转箱等标准化设施设备建设示范工程。物流大数据信息集成，依托湖南省交通物流公共信息平台，按照开发、公益的原则，综合政府、企业与社会各类基础和专用信息，形成物流大数据中心，实现物流信息资源的互联共享，并加强对数据的挖掘应用。

湖南省物流业已进入"转型升级、提质增效"的发展新阶段，需要进一步加强统筹协调，推进物流规划实施，优化物流业供求结构，提升物流业市场集中度和物流信息化、标准化。

本书是在湖南省"十二五"期间数据基础上撰写而成的。本书的完成是全体研究人员共同努力的结果。周敏副教授研究撰写了第一、第五章，欧阳小迅副教授研究撰写了第二章，王松博士研究撰写了第三章，黄福华教授、周敏副教授和王松博士研究撰写了第四章，肖文金老师等研究撰写了第六章，卞赛凤研究撰写了第七章。周敏副教授和卞赛凤收集整理了文件汇编。湖南省发展和改革委员会、湖南省商务厅、湖南省经信委、湖南省交通厅和湖南省物流与采购联合会为本书的编写工作提供了大量资料和良好的条件。湖南商学院工商管理学院院长黄福华教授和湖南粮食集团董事长谢文辉先生为本书主编，审定了全书。

本书在编写过程中，参阅并借鉴了大量国内外同行的研究成果，在此一并表示衷心感谢。由于编者水平有限，书中难免有大量不足之处，恳请广大读者批评指正。

编者

2017年12月

目　　录

全省物流总体发展篇

区域物流发展篇

物流热点篇

全省物流总体发展篇

第一章　2015年湖南现代物流
发展现状与对策

物流业是融合运输、仓储、货代、信息等产业的复合型服务业，是支撑国民经济发展的基础性、战略性产业。加快发展现代物流业，对于促进产业结构调整、转变发展方式、提高国民经济竞争力和建设生态文明具有重要意义。

在党中央、国务院的坚强领导下，全省上下全面贯彻落实党的十八大和十八届三中、四中、五中全会精神，按照中共湖南省委决策部署，主动适应经济发展新常态，克服多重困难和挑战，大力推进"四化两型"，着力促进"三量齐升"，努力建设"四个湖南"，总体完成"十二五"目标任务，为全面建成小康社会奠定了坚实基础。

一、2015年全国物流发展状况、趋势及挑战

（一）2015年全国物流业发展整体概况

我国经济进入新常态，正处在调结构、转方式的关键阶段。受新旧动力转换等因素影响，国内经济下行压力较大。2015年以来，党中央、国务院推出了一系列稳增长、促改革、调结构、惠民生的重大举措，实现了经济总体平稳发展。主要经济指标趋稳向好，上半年国内生产总值同比增长7％，达到全年目标线水平。中物联发布的7月中国制造业采购经理指数（PMI）为50，连续5个月处在荣枯线上方；服务业采购经理指数（PMI）升至53.9，基本反弹至3个月前水平。当前，我国经济正着眼于保持经济中高速增长和迈向中高端水平的"双目标"，着力打造大众创业、万众创新和增加公共产品、公共服务的"双引擎"。这为中国经济适应新常态，加快提质增效和转型升级提供了战略方向。

2015年，全社会物流总额增速回落，社会物流总费用与GDP的比率稳步下降。

1. 社会物流总额增速回落

2015年全国社会物流总额219.2万亿元，按可比价格计算，比上年增长5.8％，增速回落2.1个百分点。分季度看，一季度49.4万亿元，增长5.6％，回落3.0个百分点；上半年104.7万亿元，增长5.7％，回落3.0个百分点；前三季度162.8万亿元，增长5.8％，回落2.6个百分点；全年社会物流总额呈稳中趋缓的发展态势。

从构成看，工业品物流总额204.0万亿元，按可比价格计算，比上年增长6.1％，增

速回落 2.2 个百分点；进口货物物流总额 10.4 万亿元，增长 0.2%，回落 1.9 个百分点；农产品物流总额 3.5 万亿元，增长 3.9%，回落 0.2 个百分点；再生资源物流总额 8616 亿元，增长 19.0%，增速提高 4.9 个百分点；单位与居民物品物流总额 5078 亿元，增长 35.5%，提高 2.6 个百分点。

2. 社会物流总费用增速回落

2015 年社会物流总费用 10.8 万亿元，比上年增长 2.8%，增速比上年回落 4.1 个百分点。其中，运输费用 5.8 万亿元，增长 3.1%，回落 3.5 个百分点；保管费用 3.7 万亿元，增长 1.6%，回落 5.4 个百分点；管理费用 1.4 万亿元，增长 5.0%，回落 2.9 个百分点。

从构成看，运输费用占社会物流总费用的比重为 53.3%，比上年提高 0.4 个百分点；保管费用占 34.1%，下降 0.8 个百分点；管理费用占 12.6%，提高 0.4 个百分点。

2015 年社会物流总费用与 GDP 的比率为 16.0%，比上年下降 0.6 个百分点。

3. 物流业总收入平稳增长

2015 年物流业总收入 7.6 万亿元，比上年增长 4.5%。

（二）"十二五"时期我国物流业发展回顾

2015 年是"十二五"规划的收官之年。回望过去的五年，我国经济进入新常态，经济增速放缓，结构调整加快，发展动能转换。在下行压力不断加大的情况下，物流业保持了中高速增长。2015 年，我国社会物流总额预计可达 220 万亿元，"十二五"时期年均增长 8.7%；社会物流总费用与 GDP 的比率约为 15%，比 2010 年的 17.8% 有较大幅度下降。这里需要说明的是，其中有公路货运量、货物周转量、GDP 数据调整的因素，也有产业结构调整、物流服务价格下降的因素，同时也显示出物流运行效率有所提升。物流业作为国民经济的基础性、战略性产业，为"稳增长""调结构""惠民生"较好地发挥了支撑和保障作用。

1. 市场规模持续扩大

"十二五"时期，我国已成为全球最具成长性的物流市场。2015 年，物流业总收入约为 7.5 万亿元，全国货运量预计将达 457 亿吨。其中公路货运量、铁路货运量、港口货物吞吐量多年来都居世界第一位。快递业务量突破 200 亿件，冷链物流市场规模预计超过 1500 亿元，各类细分市场规模不断扩大。

2. 需求结构加快调整

五年来，单位与居民物品物流总额年均增速接近 30%，并呈持续加快态势。快递快运、电商物流、冷链物流等生活消费性物流保持快速增长，成为市场投资热点。工业物流需求总体下降，特别是钢铁、煤炭、建材等大宗生产资料（俗称"黑货"）物流需求下滑严重，导致铁路货运量持续下降。铁路货运改革深入推进，实施"稳黑增白"战略，在批量零散货物、铁路快运和集装箱运输等方面大幅增长。

3. 市场主体加速分化

物流企业通过兼并重组、战略调整、联盟合作等多种方式，市场集中度显著提高。2015年，四大航运央企启动重组，市场向强势企业进一步集中。中物联发布的"中国物流企业50强"，主营业务收入近8000亿元，第50名入选企业门槛为18.8亿元，比2010年提高3.5亿元。在一些细分领域出现了一批实力雄厚、模式先进、前景看好的大型物流企业。截至2015年年底，我国A级物流企业总数已达3500多家。其中，5A级企业214家，具有标杆作用的领先物流企业群体成长壮大。随着互联网时代的到来，创新型物流企业快速涌现。据不完全统计，我国各类物流互联网平台超过200家。与此同时，一批跟不上时代发展步伐的企业被陆续淘汰。

4. 创新驱动模式变革

"十二五"时期，我国物流企业通过技术创新、管理创新、组织创新，整合优化物流资源，新的商业模式不断涌现。菜鸟网络、卡行天下等一批企业打造平台模式，整合物流资源。安能物流、圆通速递等企业优化加盟模式，强化干线管控。顺丰速运、德邦物流等企业启动多元化发展模式，发挥自身优势条件。怡亚通、招商物流、海尔日日顺等企业深耕供应链模式，提供物流一体化解决方案。长久物流、安吉物流等汽车物流企业拓展全产业链模式，提供物流、贸易、金融、汽车后市场等全方位服务。林安物流、传化公路港、中储股份、深国际等一批企业复制基地模式，搭建全国节点网络。随着互联网进入物流行业，易流科技、维天运通、正广通、安联程通等一批企业尝试物流O2O（线上线下电子商务）模式。这些新理念新模式倒逼传统企业转变观念，加速变革。

5. 国际物流双向开放

作为WTO以来开放最早的服务行业，我国物流业已经实现了全面开放。开放的市场环境吸引了大批跨国企业全面进入国内市场。随着"走出去"战略实施，中外运、中远物流等国内企业积极拓展国际市场。阿里巴巴等电商和快递企业，纷纷参股国际快递企业、投资海外仓储设施、打造物流通关渠道，支持跨境电商发展。2014年，国家提出"一带一路"倡议，物流设施建设和网络布局加快落地。招商物流、远成物流等一批企业积极布局沿线国家。2011年，渝新欧班列首次全程运行。截至2015年10月底，中欧班列开行已超过1000列。上海、天津、福建、广东等自由贸易试验区陆续获批，对外开放新格局为物流业开辟了新的空间。

6. 基础设施扩容提档

截至2015年年底，我国高速公路和高速铁路里程分别突破12万千米和1.9万千米，比2010年分别增长62%和127%，双双居世界第一。全国高速公路ETC（不停车电子收费系统）实现联网，统一收费成为可能。水路、航空等运输服务能力稳步增长，高效便捷的综合运输体系初步成型。根据中国物流与采购联合会《全国物流园区（基地）第四次调查》，截至 2015 年 7 月，全国共有符合调查要求的物流园区 1210 家，投入运营的比例大幅上升，以物流园区为支撑的产业生态圈正在逐步形成。多式联运受到重视，2015 年国家正式启动多式联运示范工程，推动运输资源的高效整合和运输组织的无缝衔接。

7. 信息技术普及应用

"十二五"时期，正是新一轮科技革命孕育时期。物联网、云计算、大数据等新兴技术在物流行业得到推广应用。嵌入物联网技术的物流设施设备快速发展，车联网技术从传统的车辆定位向车队管理、车辆维修、智能调度、金融服务延伸。云计算服务为广大中小企业信息化建设带来福音。大数据分析帮助快递企业预测运力需求，缓解了"双 11"等高峰时期的"爆仓"问题。2015 年，由菜鸟网络牵头，国内主流快递企业全部普及使用电子面单，快递基础业务的信息化管理水平进一步提升。

8. 绿色物流已见行动

"十二五"时期，交通运输领域落实推进节能减排低碳发展行动，提出到 2015 年化学需氧量（COD）、总悬浮颗粒物（TSP）等主要污染物排放强度比 2010 年下降 20％。2015 年起，"国四"排放标准正式实施，黄标车淘汰力度加大。新能源汽车在货运行业得到推广应用，一些城市新能源快递配送车辆获得通行准入。LNG（液化天然气）等清洁能源汽车快速发展，太阳能发电屋顶在仓储行业开始使用。

9. 基础工作稳步推进

"十二五"时期，物流标准、统计、人才教育等基础工作取得积极成效。《物流标准化中长期发展规划》印发执行，一批新的物流国家标准开始实施。2015 年，中国物流与采购联合会作为国家试点单位启动团体标准试点工作。物流统计调查制度不断完善，采购经理人指数（PMI）提供决策参考，物流业景气指数、公路物流运价指数、中国仓储指数等陆续发布，物流指数体系不断扩充完善。物流教育培训工作迅猛发展，目前，全国已有 443 所本科院校、954 所高职高专院校、900 多所中职院校开设了物流专业。"物流管理与工程"正式进入教育部全国学科目录一级学科。物流基础理论研究和产学研结合取得新成果。

10. 政策环境持续向好

"十二五"时期，党中央、国务院重视物流业发展。2014 年 9 月，国务院出台《物流业发展中长期规划》，把物流业定位于支撑国民经济发展的基础性、战略性产业。有关部门出台了《促进物流业发展三年行动计划》。各部门从自身职能定位出发，密集出台支持物流业发展的政策措施。从 2015 年开始，全国现代物流工作部际联席会议形成新的运行机制，由国家发改委、商务部、交通运输部、工业和信息化部和中国物流与采购联合会轮流主持，坚持问题导向，着力解决制约物流业发展，亟待跨部门协调解决的重点问题。支持物流业发展的部门间合力逐步加强，行业政策环境持续改善。

我国物流业在"十二五"时期成绩与问题并存，挑战与机遇同在。有效需求不足和供给能力不够矛盾交织；社会物流成本居高难下和企业盈利能力每况愈下问题突出；物流基础设施总量过剩和结构性短缺并存；物流需求增速放缓，部分企业经营困难；市场环境和诚信体系建设有待加强；制约物流业发展的具体政策有些迟迟不能出台，已经出台的政策难以真正落地。

虽然存在以上问题，但我国物流业依托经济发展大势，释放改革红利，加快转型升级、提质增效，行业长期向好的基本面没有改变。在正视困难和问题的同时，我们对"十三五"发展充满信心。

(三)"十三五"时期我国物流业发展展望

"十三五"时期是全面建成小康社会的决胜阶段。经济社会发展的新常态，对我国物流业发展提出了新要求。

1. 全面建成小康社会和中高速增长的新要求。

全面建成小康社会的奋斗目标，要求经济保持中高速增长，经济发展重心将从追求速度规模向质量效益转变。物流业作为新兴的服务产业，对于调整经济结构，转变发展方式具有重要意义。进一步降低物流成本，提高物流效率，将成为"十三五"时期物流业发展的总基调。

2. 新型工业化和产业转型的新要求。

国务院发布《中国制造2025》战略，提出力争用十年时间，迈入制造强国行列。我国逐步从工业化中后期向工业化后期过渡，突出特点是从传统资源密集型产业向知识和技术密集型产业转变，从产业链中低端向中高端延伸。物流业作为重要的生产性服务业，是服务型制造的重要转型方向，中高端的产业链需要中高端的物流服务相配套。

3. 新型城镇化和消费升级的新要求。

我国城镇化仍将处于快速发展区间，将释放巨大的投资和消费潜力。消费升级对经济增长贡献度增加，也对物流服务的精细化、响应度和一体化水平有更高的要求。"十三五"时期，专业化、个性化、多样化的解决方案需求旺盛，城乡物流一体化、末端服务体验将成为竞争焦点。

4. 区域协调发展和产业转移的新要求。

国家"三大战略"进入实质性推进阶段，新的区域经济布局和发展空间格局正在形成，将对物流设施、运输方式和交通网络的连通性提出更高的要求。区域物流大通道建设、战略性物流枢纽节点的布局调整，物流园区等基础设施互联互通，多式联运、甩挂运输服务体系的构建，是区域物流协调发展的必备条件。

5. 创新驱动和科技革命的新要求。

国家提出大众创业、万众创新，打造发展新引擎。国务院出台"互联网＋"行动指导意见，云计算、大数据、物联网等信息技术与传统物流业态深度融合，已经和正在带来物流领域的深刻变革。"十三五"时期，创新将摆在物流发展全局的核心位置，重点是释放新需求，创造新供给，加快实现发展动力转换。

6. 开放型经济和全球化的新要求。

中国经济加快融入世界，从单纯"引进来"向"引进来"和"走出去"并重发展。特别是"一带一路"国家战略的实施和跨境电商的兴起，对国际物流提出了更高要求。"十三五"时期，将发展更高层次的开放型经济，亟待补上国际物流的"短板"，为国内企业"走出去"提供坚实的物流保障。

7. 生态文明建设和节能减排的新要求。

社会各界对加强环境治理达成共识，国家生态文明建设步入快车道。物流业作为继工业和生活消费后的第三大能耗产业，也是温室气体排放的主要行业，加强物流领域的绿色环保和节能减排对生态文明建设具有重要意义。"十三五"时期，那种以破坏资源环境为代价的物流发展模式必须改变。

8. 全面深化改革和创新政府治理的新要求。

全面深化改革，完善市场经济体制和政府治理体制任务艰巨。物流业作为重要的服务产业，涉及领域多、覆盖范围广、协调难度大，迫切需要建立统一开放、竞争有序的市场环境。当前，"互联网＋"产业快速发展，离不开"互联网＋"政务的配套跟进。没有国家政务的互联网化，将无法支撑产业与互联网的深度融合。进一步转变政府职能，建设服务型政府，着眼打造"互联网＋"政务新机制，创新管理方式，激发市场主体的活力，构建诚实守信、规范自律的行业治理环境，将是物流业管理体制改革的重要任务。

总体来看，"十三五"时期，我国物流业仍然处于可以大有作为的战略机遇期，但也面临一系列矛盾和问题的严峻挑战。预计行业增速将继续趋稳放缓，传统的依靠成本价格竞争的粗放式发展模式难以为继，行业进入以转型升级为主线的发展新阶段。物流业将加快从追求规模速度增长向质量效益增长转变，从铺摊子、上项目向整合资源，做优存量转变，从成本要素驱动向效率提升、创新驱动转变，推动行业提质增效。

我们要在党的十八届五中全会和中央经济工作会议精神指引下，贯彻创新、协调、绿色、开放、共享的发展理念，加强供给侧结构性改革，抓好去产能、去库存、去杠杆、降成本、补短板五大任务，努力适应经济发展新常态。着力突出高效、集约、连通、创新、协调和改革六个重点。

一是打造高效物流服务体系。以传统运输为突破口，推广标准车型、规范管理、先进技术，提高车辆运输效率。深化铁路货运改革，优化运输组织结构。降低供应链库存成本，减少库存浪费。在工商企业中开展物流成本核算，降低产业链物流成本。

二是引导物流集约发展。鼓励物流平台发展，整合分散物流资源，提高市场相对集中度。设立物流产业发展基金，鼓励大型企业兼并重组。开展中小企业联盟培育计划，引导企业间建立合作标准和规范。利用绿色环保标准提高市场进入门槛，加快设备改造升级，培育优秀企业群体。

三是实现设施连通、网络连通、信息连通。支持多式联运企业主体，加强铁路与公路、水运、航空货运枢纽的规划衔接和网络对接，引导多种运输方式进入，实现多式联运无缝衔接。搭建国家物流信息平台，开放共享相关政府信息，提升企业信息化水平。

四是创新物流组织方式和运营模式。鼓励发展精益物流，优化重点产业供应链，促进物流业与相关产业联动融合。鼓励企业整合资源，健全农村和社区末端服务网络。推行多式联运、甩挂运输、无车承运等运输组织方式，努力降低社会物流成本。

五是统筹区域、国际、国内物流协调发展。编织国内物流服务网络，打通国际国内物流大通道，完善重要枢纽节点物流基础设施网络建设，补齐短板。配合"一带一路"倡议，培育世界级跨国物流集团和专业化物流企业群体，鼓励国内企业开展国际产能合作，融入全球供应链体系。

六是深化物流管理体制改革。消除地方保护和行政壁垒，建立统一高效的物流管理体制。推进简政放权，切实减轻企业负担。坚持以人民为本，关心关爱物流从业人员。发挥社会组织作用，促进行业规范自律。践行"互联网＋"政务，加强物流诚信体系建设，维护公平竞争的市场环境。鼓励发展绿色物流，建立应急物流体系，落实物流安全措施。进一步完善现代物流服务体系，支撑产业升级、民生改善和国家发展战略的实施。

二、2015年湖南现代物流产业发展的经济社会环境分析

（一）经济平稳快速发展

全省地区生产总值29047.2亿元，比上年增长8.6％。其中，第一产业增加值3331.6亿元，增长3.6％；第二产业增加值12955.4亿元，增长7.4％；第三产业增加值12760.2亿元，增长11.2％。按常住人口计算，人均地区生产总值42968元，增长7.9％。2010—2015年地区生产总值及其增长速度如图1-1所示。

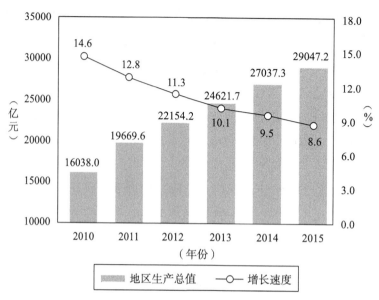

图 1-1　2010—2015 年地区生产总值及其增长速度

全省三次产业结构为 11.5：44.6：43.9。规模以上服务业实现营业收入 2123.0 亿元，比上年增长 13.0%；实现利润总额 238.4 亿元，增长 10.1%。第三产业比重比上年提高 1.7 个百分点；工业增加值占地区生产总值的比重为 38.2%，比上年下降 1.6 个百分点；高新技术产业增加值占地区生产总值的比重为 21.1%，比上年提高 2.1 个百分点；非公有制经济增加值 17316.4 亿元，增长 9.2%，占地区生产总值的比重为 59.6%，比上年提高 0.8 个百分点；战略性新兴产业增加值 3335.3 亿元，增长 9.5%，占 GDP 的比重为 11.5%。第一、第二、第三次产业对经济增长的贡献率分别为 4.5%、42.0% 和 53.5%，第三产业贡献率比上年提高 6.5 个百分点。其中，工业增加值对经济增长的贡献率为 36.9%，生产性服务业增加值对经济增长的贡献率为 19.7%。资本形成总额、最终消费支出、货物和服务净流出对经济增长的贡献率分别为 62.3%、41.2% 和 -3.5%。

分区域看，长株潭地区生产总值 12548.3 亿元，比上年增长 9.8%；湘南地区生产总值 6031.8 亿元，增长 8.7%；大湘西地区生产总值 4896.5 亿元，增长 8.6%；洞庭湖地区生产总值 6949.7 亿元，增长 8.7%。

（二）农业稳步发展

第一产业中，农业实现增加值 2130.4 亿元，比上年增长 4.0%；林业增加值 234.6 亿元，增长 8.1%；牧业增加值 727.8 亿元，下降 0.2%；渔业增加值 238.8 亿元，增长 7.0%。

全省粮食播种面积 494.5 万公顷，比上年下降 0.6%；棉花种植面积 11.4 万公顷，下降 12.6%；糖料种植面积 1.3 万公顷，下降 0.7%；油料种植面积 144.5 万公顷，增长 1.4%；蔬菜种植面积 137.3 万公顷，增长 3.2%。

全省粮食总产量 3002.9 万吨，比上年增长 0.1%；油料增产 3.9%，棉花增产 12.4%，茶叶增产 9.5%，蔬菜增产 6.2%，烤烟减产 2.8%，猪、牛、羊肉类减产 1.8%，禽蛋增产 3.7%，牛奶增产 4.3%，水产品增产 5.4%。

全年新增农田有效灌溉面积 2.0 万公顷，比上年增长 2.6%；新增节水灌溉面积 1.5 万公顷；开工各类水利工程 7.2 万处，投入资金 280 亿元，完成水利工程土石方 9.9 亿立方米；建设农村公路 5298 千米。

（三）制造业实现较快增长

全省全部工业增加值 11090.8 亿元，比上年增长 7.5%。规模以上工业增加值增长 7.8%。在规模以上工业中，新产品产值增长 18.8%，占工业总产值比重为 17.8%，比上年提高 4.5 个百分点。高加工度工业和高技术制造业增加值分别增长 8.7% 和 13.3%；占规模以上工业增加值的比重分别为 37.2% 和 10.5%，比上年提高 0.6 个和 0.2 个百分点。六大高耗能行业增加值增长 7.0%，占规模以上工业的比重为 30.3%，比上年下降 0.9 个百分点。非公有制企业增加值增长 9.5%。园区工业增加值占规模以上工业的比重为 61.5%，比上年提高 2.5 个百分点。分区域看，长株潭地区增长 8.5%，湘南地区增长 7.4%，大湘西地区增长 6.8%，洞庭湖地区增长 7.2%。2010—2015 年全部工业增加值及增长速度如图 1-2 所示。

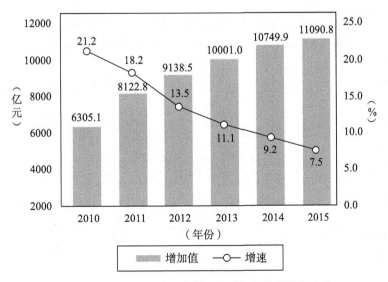

图 1-2　2010—2015 年全部工业增加值及其增长速度

全省规模以上工业统计的产品中，产量比上年增长的有 294 种，占统计品种数的 59.4%。主要产品中，大米 1332.0 万吨，增长 9.8%；原油加工量 877.4 万吨，增长 9.7%；水泥 11613.6 万吨，下降 2.7%；钢材 1951.3 万吨，下降 1.7%；十种有色金属

267.5 万吨，下降 7.9％；混凝土机械 4.4 万台，下降 13.3％；汽车 63.6 万辆，增长 2.2％；发电量 1215.1 亿千瓦时，下降 4.0％。2015 年规模以上工业主要产品产量及其增长速度如表 1-1 所示。

表 1-1 　　　　　　　2015 年规模以上工业主要产品产量及其增长速度

产品名称	计量单位	产量	比上年增长（％）
原盐	万吨	263.0	−6.0
大米	万吨	1332.0	9.8
饲料	万吨	1684.5	3.2
精制食用植物油	万吨	319.7	10.8
卷烟	亿支	1757.4	0.8
机制纸及纸板	万吨	429.8	−2.1
原油加工量	万吨	877.4	9.7
硫酸（折100％）	万吨	244.1	−16.6
烧碱（折100％）	万吨	48.0	−25.7
合成氨	万吨	106.0	−13.8
化肥（折纯）	万吨	108.4	3.2
水泥	万吨	11613.6	−2.7
平板玻璃	万重量箱	2144.5	43.0
生铁	万吨	1762.8	−0.6
粗钢	万吨	1852.8	−2.9
钢材	万吨	1951.3	−1.7
十种有色金属	万吨	267.5	−7.9
白银	吨	8815.0	5.8
起重机	万吨	70.2	−34.8
混凝土机械	万台	4.4	−13.3
汽车	万辆	63.6	2.2
其中，轿车	万辆	36.9	−9.0
发电设备	万千瓦	190.4	39.4
交流电动机	万千瓦	1434.7	−17.5
变压器	万千伏安	10594.1	1.6
发电量	亿千瓦·时	1215.1	−4.0
其中，火电	亿千瓦·时	697.8	−6.8
水电	亿千瓦·时	485.3	−1.0

规模以上工业企业实现利润总额 1548.6 亿元，比上年增长 0.3%。分经济类型看，国有企业 129.6 亿元，增长 0.8%；集体企业 10.3 亿元，下降 10.3%；股份合作制企业 3.4 亿元，增长 20.7%；股份制企业 1165.8 亿元，下降 0.2%；外商及中国港澳台商投资企业 123.1 亿元，增长 2.7%；其他内资企业 116.5 亿元，增长 4.0%。利润总额居前五位的大类行业中，化学原料和化学制品制造业 140.6 亿元，增长 1.3%；非金属矿物制品业 131.8 亿元，下降 6.8%；农副食品加工业 119.6 亿元，增长 16.9%；烟草制品业 112.2 亿元，下降 4.3%；专用设备制造业 85.0 亿元，下降 23.4%。

（四）固定资产投资快速增长

全省固定资产投资（不含农户）25954.3 亿元，比上年增长 18.2%。其中，民间投资 16977.9 亿元，增长 17.8%，占全部投资的比重为 65.4%。分经济类型看，国有投资 7829.9 亿元，增长 22.5%；非国有投资 18124.3 亿元，增长 16.5%。分投资方向看，民生投资 1930.6 亿元，增长 26.2%；生态投资 1027.3 亿元，增长 26.8%；基础设施投资 6192.7 亿元，增长 23.6%；高新技术产业投资 1616.3 亿元，增长 27.0%；技改投资 9020.0 亿元，增长 18.4%。分区域看，长株潭地区 10350.0 亿元，增长 17.9%；湘南地区 5836.3 亿元，增长 19.5%；大湘西地区 4292.4 亿元，增长 19.0%；洞庭湖地区 5236.4 亿元，增长 19.9%。2015 年固定资产投资及其增长速度如表 1-2 所示。

表 1-2　　　　　　　　　2015 年固定资产投资及其增长速度

指标	投资额（亿元）	比上年增长（%）
固定资产投资（不含农户）	25954.3	18.2
第一产业	914.5	28.8
第二产业	11027.6	18.3
其中，采矿业	626.8	−7.8
制造业	9079.1	18.8
电力、热力、燃气及水生产和供应业	926.0	18.2
建筑业	435.1	82.7
第三产业	14012.2	17.6
其中，交通运输、仓储和邮政业	1800.9	15.4
信息传输、软件和信息技术服务业	275.4	127.5
批发和零售业	1270.6	31.6
住宿和餐饮业	328.5	9.8
金融业	93.9	25.0
房地产业	3651.9	−2.2

指标	投资额（亿元）	比上年增长（％）
租赁和商务服务业	552.9	31.8
科学研究和技术服务业	318.7	46.6
水利、环境和公共设施管理	3539.6	29.7
居民服务、修理和其他服务业	135.9	36.2
教育	500.3	19.8
卫生和社会工作	308.1	20.3
文化、体育和娱乐业	303.7	14.3
公共管理、社会保障和社会组织	690.0	16.9

（五）国内外商品流通持续增长

全省社会消费品零售总额 12024.0 亿元，比上年增长 12.1％。分经营地看，城镇 10883.8 亿元，增长 12.1％；乡村 1140.1 亿元，增长 12.2％。分区域看，长株潭地区 5050.9 亿元，增长 12.1％；湘南地区 2346.5 亿元，增长 12.2％；大湘西地区 2086.5 亿元，增长 11.7％；洞庭湖地区 2540.1 亿元，增长 12.4％。

限额以上法人批发和零售业商品零售额 4506.5 亿元，比上年增长 9.8％。其中，文化娱乐体育健康类零售额增长 14.1％，通信器材类增长 20.8％。分商品类别看，粮油、食品类零售额增长 23.1％，服装、鞋帽、针纺织品类增长 7.4％，日用品类增长 13.4％，书报杂志类增长 16.4％，家用电器和音像器材类增长 16.1％，文化办公用品类增长 10.0％，机电产品及设备类增长 23.9％，汽车类增长 13.6％。2015 年社会消费品零售额及其增长速度如表 1-3 所示。

表 1-3　　　　　　　　　　2015 年社会消费品零售额及其增长速度

指标	零售额（亿元）	比上年增长（％）
社会消费品零售总额	12024.0	12.1
按经营地分		
其中，城镇	10883.8	12.1
乡村	1140.1	12.2
限额以上法人批发和零售业商品零售额	4506.5	9.8
其中，粮油、食品类	409.3	23.1
饮料类	81.6	29.2
烟酒类	121.9	19.7
服装、鞋帽、针纺织品类	321.1	7.4
化妆品类	50.1	6.7

指标	零售额（亿元）	比上年增长（%）
金银珠宝类	76.0	4.8
日用品类	136.7	13.4
五金、电料类	52.2	14.4
体育、娱乐用品类	10.7	33.2
书报杂志类	85.2	16.4
电子出版物及音像制品类	3.8	−1.1
家用电器和音像器材类	305.0	16.1
中西药品类	283.9	13.9
文化办公用品类	59.0	10.0
家具类	24.8	19.7
通信器材类	51.0	20.8
煤炭及制品类	63.2	10.0
石油及制品类	750.6	−8.0
建筑及装潢材料类	77.8	24.4
机电产品及设备类	41.8	23.9
汽车类	1373.2	13.6

全省居民消费价格比上年上涨 1.4%。其中，城市上涨 1.5%，农村上涨 1.1%。商品零售价格下降 0.1%。工业生产者出厂价格下降 3.7%，工业生产者购进价格下降 5.5%。固定资产投资价格上涨 0.4%。农产品生产者价格上涨 4.1%，农业生产资料价格上涨 4.1%。2015 年居民消费价格比上年涨跌幅度如表 1-4 所示。

表 1-4　　　　　　　　2015 年居民消费价格比上年涨跌幅度

指标	比上年上涨（%）
居民消费价格	1.4
其中，食品	3.0
烟酒及用品	2.4
衣着	2.2
家庭设备用品及维修服务	0.9
医疗保健和个人用品	1.9
交通和通信	−1.9
娱乐教育文化用品及服务	1.4
居住	−0.8

全省进出口总额 1825.4 亿元，比上年下降 3.7%。其中，出口 1189.9 亿元，下降 2.9%；进口 635.5 亿元，下降 5.1%。分贸易方式看，一般贸易出口 730.0 亿元，下降 15.7%；加工贸易出口 391.5 亿元，增长 23.6%。分重点商品看，机电产品出口占全省出口额的比重为 52.3%，比上年提高 10.3 个百分点；高新技术产品出口占全省出口额的比重为 19.1%，比上年提高 7.1 个百分点。分产销国别（地区）看，对中国香港出口 334.1 亿元，增长 10.1%；美国 137.9 亿元，增长 38.7%；欧盟 110.8 亿元，下降 4.7%；南非 39.3 亿元，增长 58.3%。2015 年进出口总额及其增长速度如表 1-5 所示。

表 1-5　　　　　　　　　　　　2015 年进出口总额及其增长速度

指标	绝对数（亿元）	比上年增长（%）
进出口总额	1825.4	−3.7
出口额	1189.9	−2.9
按贸易方式分		
其中，一般贸易	730.0	−15.7
加工贸易	391.5	23.6
按重点商品分		
其中，机电产品	622.5	20.6
高新技术产品	227.0	54.0
农产品	65.3	−2.9
进口额	635.5	−5.1
按贸易方式分		
其中，一般贸易	332.7	−18.3
加工贸易	228.4	9.5
按重点商品分		
其中，机电产品	316.7	25.0
高新技术产品	161.2	72.7
农产品	21.3	−12.3

全省实际利用外商直接投资 115.6 亿美元，比上年增长 12.7%。其中，第一产业 6.3 亿美元，增长 8.3%；第二产业 71.4 亿美元，增长 8.5%；第三产业 37.9 亿美元，增长 22.2%。实际到位资金 3000 万美元以上外资项目 21 个。年内引进世界 500 强企业 4 家，截至 2015 年年末，在湘投资的世界 500 强企业 138 家。实际引进境内省外资金 3791.9 亿元，增长 14.9%。其中，第一产业 193.1 亿元，增长 84.5%；第二产业 2075.8 亿元，下降 2.5%；第三产业 1523.0 亿元，增长 42.6%。引进亿元以上境内省外项目 988 个，增

长23.0%；实际到位资金2173.5亿元，增长31.3%。

（六）交通与邮电事业基本持平

全省客货运输换算周转量5096.9亿吨·千米，比上年增长4.5%。货物周转量4143.3亿吨·千米，增长0.8%。其中，铁路周转量729.6亿吨·千米，下降10.0%；公路周转量2731.8亿吨·千米，增长5.9%。旅客周转量1768.2亿人·千米，增长12.8%。其中，铁路周转量865.6亿人·千米，增长28.0%；公路周转量767.3亿人·千米，下降1.2%；民航周转量132.3亿人·千米，增长18.0%。2015年各种运输方式完成客货运输量及其增长速度如表1-6所示。

表1-6　　　　　2015年各种运输方式完成客货运输量及其增长速度

指标	计量单位	绝对数	比上年增长（%）
货运量	万吨	215124.1	5.7
其中，铁路	万吨	4183.2	−6.9
公路	万吨	184830.9	7.1
水运	万吨	25109.2	−2.2
民航	万吨	6.1	−2.7
管道	万吨	994.8	21.9
客运量	万人	151080.6	−7.0
其中，铁路	万人	10390.2	9.4
公路	万人	138221.0	−8.2
水运	万人	1533.9	5.9
民航	万人	935.4	7.5

年末全省公路通车里程23.7万千米，比上年年末增长0.3%。其中，高速公路通车里程5652千米，比上年年末增加159千米。年末铁路营业里程4521千米，其中高速铁路1110千米。年末全省民用汽车保有量516.6万辆，增长16.5%；私人汽车保有量466.1万辆，增长18.5%；轿车保有量277.2万辆，增长18.4%。

全省邮电业务总量893.7亿元，比上年增长20.0%。其中，邮政业务总量104.2亿元，增长28.2%；电信业务总量789.6亿元，增长18.9%。年末局用交换机总容量467.0万门，下降23.8%。年末固定电话用户787.1万户，下降6.8%；移动电话用户4859.1万户，增长2.7%。年末互联网宽带用户889.7万户，增长19.4%。

（七）财政及社会环境持续改善

全省一般公共预算收入 4008.1 亿元，比上年增长 10.2%。地方收入 2513.1 亿元，增长 11.1%。其中，税收收入 1526.1 亿元，增长 6.1%；非税收入 987.0 亿元，增长 19.7%。上划中央"两税" 1141.6 亿元，增长 8.7%；上划中央所得税 347.5 亿元，增长 9.3%。全省一般公共预算支出 5684.5 亿元，增长 13.3%。其中，文化体育与传媒支出 102.6 亿元，增长 50.7%；住房保障支出 263.7 亿元，增长 26.7%；社会保障和就业支出 786.4 亿元，增长 18.8%。2015 年一般公共预算收支及其增长速度如表 1-7 所示。

表 1-7　　　　　　　　　2015 年一般公共预算收支及其增长速度

指标	绝对数（亿元）	比上年增长（%）
一般公共预算收入	4008.1	10.2
其中，地方收入	2513.1	11.1
其中，税收收入	1526.1	6.1
非税收入	987.0	19.7
上划中央"两税"	1141.6	8.7
上划中央所得税	347.5	9.3
一般公共预算支出	5684.5	13.3
其中，一般公共服务	657.7	4.9
教育	926.4	11.2
科学技术	66.0	11.2
文化体育与传媒	102.6	50.7
社会保障和就业	786.4	18.8
医疗卫生与计划生育	488.0	15.5
节能环保	147.8	7.5
城乡社区事务	540.1	16.4
农林水事务	639.1	14.6
住房保障	263.7	26.7

2015 年年末全省金融机构本外币各项存款余额 36220.6 亿元，比年初新增 5438.8 亿元。其中，住户存款余额 18800.7 亿元，比年初新增 2045.3 亿元；非金融企业存款余额 9860.5 亿元，比年初新增 1970.0 亿元。本外币各项贷款余额 24221.9 亿元，比年初新增 3438.2 亿元。其中，住户贷款余额 7786.0 亿元，比年初新增 887.1 亿元；非金融企业及

机关团体贷款余额 16340.2 亿元，比年初新增 2504.6 亿元。2015 年年末金融机构本外币存贷款余额及其新增额如表 1-8 所示。

表 1-8　　　　　　　　2015 年年末金融机构本外币存贷款余额及其新增额

指标	年末余额（亿元）	比年初新增额（亿元）
各项存款	36220.6	5438.8
其中，境内存款	36187.2	5434.7
住户存款	18800.7	2045.3
活期存款	7196.2	762.1
定期及其他存款	11604.5	1283.2
非金融企业存款	9860.5	1970.0
活期存款	5155.8	1374.7
定期及其他存款	4704.7	595.3
非银行业金融机构存款	1375.0	506.3
境外存款	33.4	4.1
各项贷款	24221.9	3438.2
其中，境内贷款	24126.5	3391.5
住户贷款	7786.0	887.1
短期贷款	2133.3	167.2
中长期贷款	5652.7	720.0
非金融企业及机关团体贷款	16340.2	2504.6
短期贷款	4436.6	348.2
中长期贷款	11022.2	1637.7
境外贷款	95.4	46.7

2015 年年末全省上市公司数量 99 家。其中，境内上市公司 84 家，境外上市公司 15 家。全年直接融资总额 2466.1 亿元，增长 30.0%。其中，通过发行、配售股票共筹集资金 351.9 亿元。年末证券公司营业部 322 家，证券交易额 116134.9 亿元。辖区共有期货公司 3 家，成交金额 187462.8 亿元。

2015 年年末全省有普通高校 109 所。普通高等教育研究生毕业生 1.9 万人，本专科毕业生 30.1 万人，中等职业教育毕业生 20.4 万人，普通高中毕业生 33.5 万人，初中学校毕业生 70.0 万人，普通小学毕业生 73.0 万人。在园幼儿 216.6 万人，比上年增长 6.6%。

小学适龄儿童入学率99.97%，高中阶段教育毛入学率90.0%。各类民办学校12280所，在校学生248.5万人。落实义务教育保障资金74.1亿元，发放普通高中国家助学金4.2亿元；发放中职国家助学金3.0亿元，资助中职学生30.3万人次；落实中职免学费资金11.1亿元，资助中职学生92.2万人次；发放高校国家奖学金、助学金10.8亿元，资助高校学生52.6万人·次。2015年各级学校招生、在校及毕业生人数及其增长速度如表1-9所示。

表1-9　　　　　2015年各级学校招生、在校及毕业生人数及其增长速度

指标	招生人数		在校（学）人数		毕业人数	
	绝对数（万人）	比上年增长（%）	绝对数（万人）	比上年增长（%）	绝对数（万人）	比上年增长（%）
研究生教育	2.2	3.6	6.9	3.9	1.9	−2.1
普通高等教育	36.0	4.3	118.1	3.9	30.1	1.5
成人高等教育	10.7	−14.2	24.2	−0.1	10.5	−1.1
中等职业教育	23.8	4.7	64.8	0.5	20.4	−0.5
普通高中	38.0	4.1	107.4	1.6	33.5	4.6
初中学校	73.9	−0.9	222.4	0.8	70.0	7.3
普通小学	88.7	8.9	488.9	3.2	73.0	−1.5
特殊教育	0.5	58.2	2.3	43.5	0.2	47.1

2015年年末全省有国家工程（技术）研究中心18个，省级工程（技术）研究中心282个。国家级重点实验室15个，省级重点实验室141个。国家（与地方联合）工程研究中心14个，国家（与地方联合）工程实验室26个。国家认定企业技术中心39个。签订技术合同3710项，技术合同成交金额105.4亿元。登记科技成果777项。获得国家科技进步奖励成果14项、国家技术发明奖励4项。"天河二号"超级计算机获全球超算"六连冠"，"海牛"深海钻机、永磁同步牵引电机、新一代大容量石墨烯超级电容、常导短定子中低速磁悬浮列车等一批高新成果研发成功。专利申请量54501件，比上年增长23.3%。其中，发明专利申请量19499件，增长34.7%。专利授权量34075件，增长27.9%。其中，发明专利授权量6776件，增长62.9%。工矿企业、大专院校和科研单位专利申请量分别为26867件、8628件和595件，专利授权量分别为18207件、4632件和291件。高新技术产业增加值6128.8亿元，增长17.8%。2010—2015年专利申请量和授权量如图1-3所示。

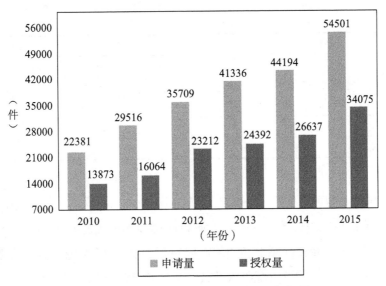

图 1-3 2010—2015 年专利申请量和授权量

2015 年年末全省共有卫生机构 62646 个。其中，医院 1173 个，妇幼保健院（所、站）139 个，专科疾病防治院（所、站）88 个，乡镇卫生院 2296 个，社区卫生服务中心（站）674 个，诊所、卫生所、医务室 10405 个，村卫生室 44822 个。卫生技术人员 37.1 万人，比上年增长 8.6%。其中，执业医师和执业助理医师 15.1 万人，增长 13.0%；注册护士 14.9 万人，增长 9.6%。医院拥有床位总数 27.6 万张，增长 11.7%；乡镇卫生院拥有床位总数 9.3 万张，增长 11.0%。

2015 年年末全省常住人口 6783.0 万人。其中，城镇人口 3451.9 万人，城镇化率 50.89%，比上年年末提高 1.61 个百分点。全年出生人口 91.8 万人，出生率 13.58‰；死亡人口 46.4 万人，死亡率 6.86‰；人口自然增长率 6.72‰。0～15 岁（含不满 16 周岁）人口占常住人口的比重为 19.57%，比上年年末提高 0.22 个百分点；16～59 岁（含不满 60 周岁）人口比重为 63.26%，下降 0.67 个百分点；60 岁及以上人口比重为 17.17%，提高 0.45 个百分点。2015 年年末常住人口数及构成如表 1-10 所示。

表 1-10 　　　　　　　　　　2015 年年末常住人口数及构成

指标	年末数（万人）	比重（%）
常住人口	6783.0	100.00
其中，城镇	3451.9	50.89
乡村	3331.1	49.11
其中，男性	3496.1	51.54

指标	年末数（万人）	比重（%）
女性	3286.9	48.46
其中，0～15岁（含不满16周岁）	1327.6	19.57
16～59岁（含不满60周岁）	4291.0	63.26
60岁及以上	1164.4	17.17
其中，65岁及以上	774.0	11.41

全省全体居民人均可支配收入19317元，比上年增长9.6%，扣除价格因素实际增长8.1%；人均可支配收入中位数16654元。城镇居民人均可支配收入28838元，比上年增长8.5%，扣除价格因素实际增长6.9%；城镇居民人均可支配收入中位数27216元。2010—2015年城镇居民人均可支配收入及其实际增长速度如图1-4所示。农村居民人均可支配收入10993元，增长9.3%，扣除价格因素实际增长8.1%；农村居民人均可支配收入中位数10032元。2010—2015年农村居民人均可支配收入及其实际增长速度如图1-5所示。分区域看，长株潭地区居民人均可支配收入30655元，增长8.4%；湘南地区18070元，增长9.2%；大湘西地区12877元，增长10.2%；洞庭湖地区17603元，增长9.6%。城乡居民收入比由上年的2.64∶1缩小为2.62∶1。

全省城镇居民人均消费支出19501元，比上年增长6.4%；农村居民人均生活消费支出9691元，增长7.4%。城镇居民食品消费支出占消费总支出的比重（恩格尔系数）为31.2%，农村居民为32.9%。

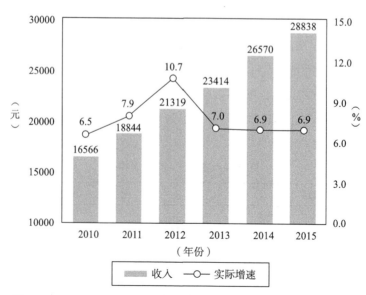

图1-4　2010—2015年城镇居民人均可支配收入及其实际增长速度

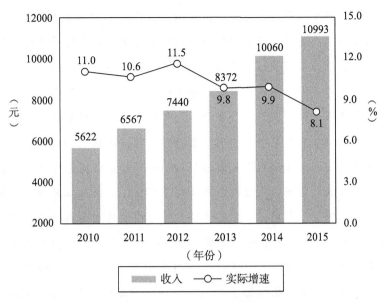

图1-5 2010—2015年农村居民人均可支配收入及其实际增长速度

全省新增城镇就业人员 78.0 万人。2015 年年末参加城镇基本养老保险职工人数 1160.7 万人，比上年年末增加 41.8 万人。其中，参保职工 791.0 万人，参保离退休人员 369.7 万人。参加城镇基本医疗保险人数 2660.5 万人，比上年年末增加 359.8 万人。其中，城镇职工基本医疗保险参保人数 818.7 万人，城镇居民基本医疗保险参保人数 1841.8 万人。参加失业保险职工人数 521.2 万人，增加 11.7 万人。参加工伤保险职工人数 777.9 万人，增加 29.9 万人。参加生育保险职工人数 544.3 万人，增加 6.7 万人。新型农村养老保险登记参保人数 3280.1 万人。参加新型农村合作医疗人数 4412.1 万人（不含长沙、益阳），参合率 99.03%。年末领取失业保险金职工人数 14.2 万人。获得政府最低生活保障的城镇居民 127.3 万人，发放最低生活保障经费 41.6 亿元；获得政府最低生活保障的农村居民 318.0 万人，发放最低生活保障经费 45.3 亿元。年末各类收养性社会福利单位床位 22.7 万张，收养各类人员 12.2 万人。城镇建立各种社区服务设施 11303 个，其中，综合性社区服务中心 4155 个。全年销售社会福利彩票 77.7 亿元，筹集社会福利资金 21.2 亿元；直接接收社会捐赠 2.4 亿元。解决农村 715.6 万人饮水不安全问题，支持 21.3 万户农村危房改造，新增公共租赁住房 20.1 万套，城市棚户区改造 27.8 万套，国有工矿棚户区改造 1.4 万套。

资料来源：财政数据来自省财政厅；物价、城乡居民收入和支出、恩格尔系数、部分农业数据来自国家统计局湖南调查总队；铁路客货运输量、周转量，铁路里程数据来自石

长铁路有限责任公司、广州铁路（集团）公司和南昌铁路局；公路客货运输量、周转量，水路客货运输量、公路里程数据来自省交通运输厅；民航客货运输量、周转量数据来自省机场管理集团有限公司；管道货运量数据来自中国石化集团资产经营管理有限公司长岭分公司、中国石化集团资产经营管理有限公司巴陵石化分公司、中国石化股份有限公司长岭分公司、中国石化销售有限公司华中分公司湖南输油管理处、长沙新奥燃气有限公司；汽车保有量、道路交通事故数据来自省公安厅；电信业务量、移动电话用户数、固定电话用户数、互联网宽带用户数来自省电信公司、省移动公司、省联通公司和省铁通公司；邮政业务量来自省邮政管理局；旅游数据来自省旅游局；存贷款数据来自中国人民银行长沙中心支行；上市公司数据来自省人民政府金融工作办公室；证券数据来自中国证券监督管理委员会湖南监管局；保险业数据来自中国保险监督管理委员湖南监管局；教育数据来自省教育厅；科技数据来自省科技厅；专利数据来自省知识产权局；质量检测、行业标准数据来自省质量技术监督局；测绘、矿产资源、地质公园遗迹、土地数据来自省国土资源厅；艺术表演团体、博物馆、公共图书馆、文化馆、非物质文化遗产保护数据来自省文化厅；广播、电视、报纸、期刊、图书数据来自省新闻出版广电局；卫生、新型农村合作医疗数据来自省卫生和计划生育委员会；体育数据来自省体育局；城镇新增就业、社会保险数据来自省人力资源和社会保障厅；城乡低保、社会福利、社区服务、敬老院、社会捐赠数据来自省民政厅；农村饮水安全数据来自省水利厅；农村危房改造、保障房建设、污水和垃圾处理数据来自省住房和城乡建设厅；自然保护区、造林、育林、活立木、森林覆盖率数据来自省林业厅；地表水质量、污染物排放数据来自省环境保护厅；安全生产数据来自省安全生产监督管理局；其他数据来自省统计局。

三、2015年湖南现代物流业供给能力分析

（一）物流基础设施建设加快

1. 公路基础设施

2015年，全省交通运输行业深入贯彻落实省委省政府决策部署，以"四个全面"战略布局为统领，坚持稳中求进工作总基调，统筹稳增长、促改革、调结构、惠民生、防风险，实现了"十二五"圆满收官，为"十三五"开好局、起好步奠定了坚实基础。公路建设加快。年末全省公路总里程236886千米，比上年年末增加636千米。公路密度111.84千米/百平方千米，提高0.3千米/百平方千米。公路养护里程236600千米，占公路总里程99.9%。2011—2015年全省公路总里程及公路密度如图1-6所示。

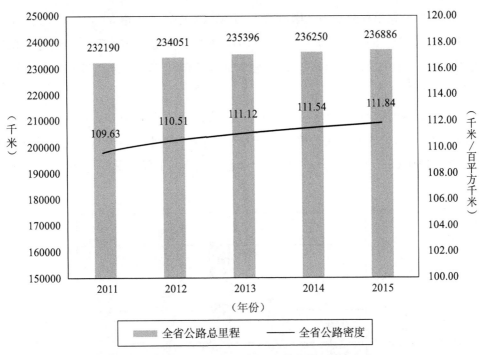

图 1-6 2011—2015 年全省公路总里程及公路密度

全省各技术等级公路里程分别为：高速公路 5653 千米、一级公路 1292 千米、二级公路 12606 千米、三级公路 5618 千米、四级公路 188343 千米、等外公路 23374 千米。等级公路里程 213512 千米，比上年年末增加 2233 千米，等级公路占公路总里程 90.1%，提高 0.7 个百分点。其中，二级及以上公路里程 19550 千米，增加 1322 千米，占公路总里程 8.3%，提高 0.5 个百分点。2015 年全省各技术等级公路里程构成如图 1-7 所示。

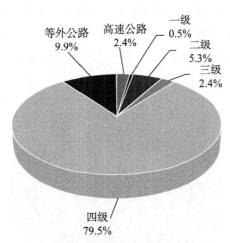

图 1-7 2015 年全省各技术等级公路里程构成

各行政等级公路里程分别为：国道 7267 千米（其中普通国道 3957 千米）、省道 38523 千米（其中普通省道 36180 千米）、县道 31542 千米、乡道 54600 千米、村道 103420 千米、专用公路 1534 千米，比上年年末分别增加 25 千米、178 千米、170 千米、35 千米、228 千米和保持不变。

全省高速公路里程 5653 千米，比上年年末增加 160 千米。其中，国家高速公路 3310 千米，增加 34 千米；地方高速公路 2343 千米，增加 126 千米。全省高速公路车道里程 23227 千米，增加 639 千米。2011—2015 年全省高速公路里程如图 1-8 所示。

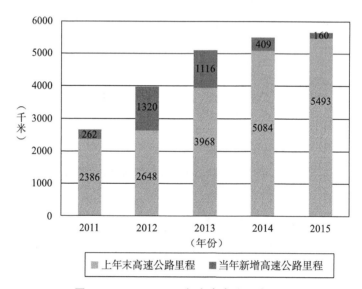

图 1-8　2011—2015 年全省高速公路里程

全省农村公路（含县道、乡道、村道）里程 189562 千米，比上年年末增加 433 千米。全省通公路的乡（镇）占全省乡（镇）总数 100%，其中，通硬化路面的乡（镇）占全省乡（镇）总数 100%；通公路的建制村占全省建制村总数 99.97%，其中，通硬化路面的建制村占全省建制村总数 99.93%，提高 1.37 个百分点。2015 年湖南农村公路里程构成如图 1-9 所示。

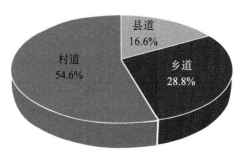

图 1-9　2015 年湖南农村公路里程构成

全省公路桥梁 37716 座、1991909 米，比上年年末增加 366 座、82395 米。其中，特大桥梁 126 座、253805 米，大桥 3733 座、929050 米。全省公路隧道为 654 处、530200 米，比上年年末增加 44 处、长度增加 38259 米。其中，特长隧道 22 处、91827 米，长隧道 131 处、223338 米。

公路交通流量，全省国道网机动车年平均日交通量为 17301 辆（当量标准小客车，下同），按可比口径（下同）比上年增长 5.6%。全省国道网机动车日平均行驶量为 10556 万车千米（当量标准小客车，下同），增长 7.0%。全省国道网年平均交通拥挤度为 0.530，增长 2.9%。其中，国家高速公路日平均交通量为 25790 辆，日平均行驶量为 7126 万车千米，年平均交通拥挤度为 0.469，分别增长 5.8%、7.6% 和 5.9%；普通国道日平均交通量为 10274 辆，日平均行驶量为 3430 万车千米，年平均交通拥挤度为 0.727，分别增长 4.9%、5.9% 和下降 5.3%。全省高速公路日平均交通量为 18855 辆，日平均行驶量为 8400 万车千米，年平均交通拥挤度为 0.333，比上年分别增长 5.9%、8.4% 和 5.7%。

2. 水运设施快速发展

内河航道，2015 年年末全省内河航道通航里程 11968 千米，与上年年末一致。等级航道 4216 千米，占总里程 35.2%，与上年年末一致。各等级内河航道通航里程分别为：二级航道 161 千米，三级航道 539 千米，四级航道 375 千米，五级航道 395 千米，六级航道 1525 千米，七级航道 1221 千米。等外航道 7752 千米。2015 年湖南内河航道通航里程构成如图 1-10 所示。

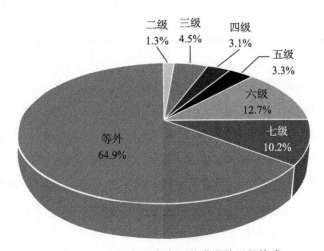

图 1-10　2015 年湖南内河航道通航里程构成

港口。2015 年年末湖南内河港口拥有生产用码头泊位 1855 个，比上年年末增加 2 个。全省港口拥有千吨级及以上泊位 106 个，比上年年末增加 2 个。其中，专业化泊位 49 个，通用散货泊位 16 个，通用件杂货泊位 29 个，多用途泊位 6 个，其他泊位 6 个，与上年年末比分别为持平、增加 1 个、持平、增加 1 个和持平。全省千吨级及以上泊位构成如表 1－11 所示。

表 1－11　　　　　　　全省千吨级及以上泊位构成（按主要用途分）　　　　单位：个

泊位用途	2015 年	2014 年	比上年增加
专业化泊位	49	49	0
集装箱泊位	13	13	0
煤炭泊位	7	7	0
金属矿石泊位	2	2	0
原油泊位	12	12	0
成品油泊位	6	6	0
液体化工泊位	5	5	0
散装粮食泊位	1	1	0
液化气泊位	1	1	0
滚装泊位	1	1	0
散装水泥泊位	1	1	0
通用散货泊位	16	15	1
通用件杂货泊位	29	29	0
多用途泊位	6	5	1
其他泊位	6	6	0

3. 铁路建设进入高潮期

《湖南省国民经济和社会发展第十三个五年规划纲要》（以下简称《纲要》）提出，建设"一核三极四带多点"平衡发展新格局，打造京广、环洞庭湖、沪昆、张吉怀经济带"四带"。以京广沿线重要城市为节点，建设京广高铁经济带。以岳阳、常德、益阳为主体，以交通、水利等重大基础设施互联互通为载体，建设环洞庭湖经济带。以娄底、邵阳为重要支点，以湘中经济走廊为腹地，建设沪昆高铁经济带。以打造张家界国际旅游目的地为重点，建设张吉怀精品生态文化旅游经济带。

湖南东部有纵贯中华大地的京广高铁，中部有横跨重庆、贵州、湖南的横向沪昆高铁，加上已在规划的西北往东南方向的渝厦高铁，三条高铁交会在东部偏北的省会长沙。目前湖南已有 9 市州纳入全国高铁路网，分别是：长沙、株洲、岳阳、衡阳、郴州、湘潭、娄底、邵阳、怀化。加上已在规划的渝厦高铁，未来只剩永州市未纳入高铁路网。

2000—2015年湖南省运输线路长度和民用汽车拥有量如表1-12所示，2000—2015年湖南省运输线路、铁路机车基本情况如表1-13所示。

表1-12　　　　　2000—2015年湖南省运输线路长度和民用汽车拥有量

年份	铁路营业里程（千米）	复线里程（千米）	公路里程（千米）	高速公路（千米）	内河航道（千米）	民用汽车拥有量（万辆）	私人汽车（万辆）
2000	2924	1836	60848	449	10041	46.10	25.98
2001	2894	1282	66593	585	10041	50.43	27.95
2002	2829	1282	84808	1012	10041	57.67	30.72
2003	2771	1273	85233	1218	11968	65.08	36.01
2004	2774	1282	87875	1218	11968	71.78	41.60
2005	2802	1247	88200	1403	11968	82.76	52.13
2006	2806	1246	171848	1403	11968	94.64	61.35
2007	2799	1250	175415	1764	11398	121.72	85.36
2008	2795	1246	184568	2001	11398142.67	101.89	—
2009	3693	1852	191405	2226	11968	200.07	138.28
2010	3695	1847	227998	2386	11968	243.72	179.57
2011	3693	1852	232190	2649	11968	290.58	222.93
2012	3825	1987	234051	3968	11968	340.18	271.33
2013	4028	2033	235396	5084	11968	397.75327.24	—
2014	4532	2540	236250	5493	11968	443.42	393.26
2015	4521	2541	236886	5653	11968	516.60	466.14

注：2006年起，公路里程含村道。

表1-13　　　　　2000—2015年湖南省运输线路、铁路机车基本情况　　　　　单位：千米

指标＼年份	2000	2005	2013	2014	2015
铁路营业里程	2924	2802	4028	4532	4521
复线里程	1836	1247	2033	2540	2541
电气化线路里程	672	1245	2534	3091	3047
高速铁路里程			604	1102	1110
公路线路里程		19228	235396	236250	236886
有铺装路面（高级）		56975	157692	167759	173227
未铺装路面（中低无）	33380	45801	72952	64396	60059

指标 年份	2000	2005	2013	2014	2015
等级公路	449	1403	206625	211279	213512
高速	239	530	5084	5493	5653
一级	3761	5563	1073	1184	1292
二级	27468	42399	10702	11550	12606
等外路	10041	11968	28771	24971	23374
内河航道	164	168	11968	11968	11968
管道线路里程			1982	2044	2052
中央铁路					
内燃机车（台）	529	363	314	338	342
电力机车（辆）	120	393	567	641	657
地方铁路（窄轨）					
客车（辆）	27		35	35	35

4. 航空网络建设速度加快

2015 年 11 月底，岳阳三荷机场开工建设，力争 3 年内建成投入使用。该机场是按 2020 年旅客吞吐量 60 万人次、货邮吞吐量 1800 吨的目标设计的。目前，湖南建成投入使用的民用机场有长沙机场、张家界机场、常德机场、怀化机场、永州机场和衡阳机场等。2015 年 10 月 25 日起至 2016 年 3 月 26 日期间，湖南各机场计划航班由 44 家公司执行，通航 87 个城市，每周航线 178 条，每周计划航班总计为 4000 架次。

根据《湖南省通用航空产业 2013—2020 年发展规划》，未来湖南将建设 21 家通用机场。目前，长沙在建或已建成的长沙国金中心、万家丽国际摩尔、华远华中心等大型超高层建筑的楼顶都建有直升机停机坪。2015 年国庆节前，山河智能旗下的山河通航有限公司正式拿到许可证，随着机组人员的到位，即将进入试运行阶段，未来将发展成一个国内运动飞行的孵化器，并将打造国内第一所特技飞行培训机构。与此同时，主打小飞机的乔治海因茨通用飞机制造项目 2015 年落地长沙高新区，总投资 20 亿元，主要生产超短距滑行起飞降落飞机，项目拟于 2017 年建成投产，预计年产值可达 50 亿元，届时也将助力长沙的通用航空产业发展。

5. 运输装备能力明显增强

（1）公路营运汽车。2015 年年末拥有公路营运汽车 440535 辆，比上年年末减少 9.4%。拥有载客汽车 47867 辆、1143768 客位，比上年年末分别减少 1.8% 和增长 0.2%。

其中，大型客车 11897 辆、504009 客位，分别增长 2.1％和 3.1％。2011—2015 年湖南省载客汽车拥有量如图 1–11 所示。

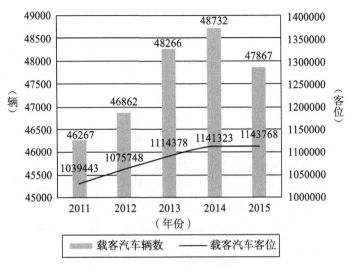

图 1–11　2011—2015 年湖南省载客汽车拥有量

拥有载货汽车 378483 辆、2261210 吨位，比上年年末分别减少 5.8％和增长 0.7％。其中，普通货车 339818 辆、1832124 吨位，分别减少 6.5％和 1.3％；专用货车 24763 辆、429086 吨位，分别增长 3.9％和 10.5％。2011—2015 年湖南省载货汽车拥有量如图 1–12 所示。

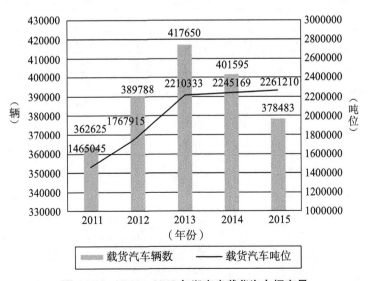

图 1–12　2011—2015 年湖南省载货汽车拥有量

（2）水上运输船舶。2015年年末拥有轮驳船7140艘，比上年年末减少3.0%；净载重量4040074吨，增长20.4%；载客量67964客位，减少7.6%；集装箱箱位4408TEU（国际标准集装箱单位），增长6.7%；船舶功率1462726千瓦，增长15.3%。2011—2015年湖南省水上船舶拥有量如图1-13所示，2015年湖南省水上运输船舶构成如表1-14所示。

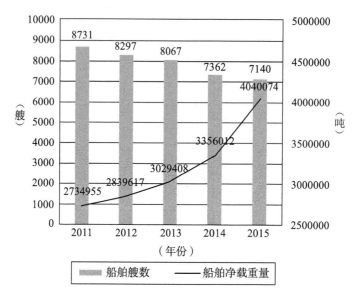

图1-13　2011—2015年湖南省水上船舶拥有量

表1-14　　　　　　　2015年湖南省水上运输船舶构成（按航行区域分）

指标	计量单位	实绩	比上年增长（%）
内河运输船舶			
运输船舶数量	艘	7109	−2.96
净载重量	吨	3784731	22.49
平均净载重量	吨/艘	532	26.23
载客量	客位	67964	−7.61
标准箱位	TEU	4408	6.73
功率	千瓦	1424482	16.43
沿海运输船舶			
运输船舶数量	艘	28	−15.15
净载重量	吨	37343	−22.37
平均净载重量	吨/艘	1334	−8.51
载客量	客位		
标准箱位	TEU		
功率	千瓦	11679	−36.36

指标	计量单位	实绩	比上年增长（%）
远洋运输船舶			
运输船舶数量	艘	3	0.00
净载重量	吨	218000	0.00
平均净载重量	吨/艘	72667	0.00
载客量	客位		
标准箱位	TEU		
功率	千瓦	26565	0.00

（3）城市客运车辆。2015年年末城市及县城拥有公共汽电车22030辆、24757标台，比上年年末分别增长11.5%和13.0%，其中，BRT（快速公交系统）车辆106辆，增长47.2%。按车辆燃料类型分，其中，柴油车、天然汽车、汽油车分别占49.6%、16.9%和0.6%。拥有地铁车辆162辆，增长68.8%。出租汽车运营车辆35991辆，增长1.1%。城市客运轮渡14艘，减少6.7%。

6. 运输服务能力明显提升

2015年，公路水路完成客运量139755万人、旅客周转量770亿人·公里，货运量209940万吨、货物周转量3399亿吨·公里，比上年分别减少8.1%、减少1.2%、增长5.9%和增长3.3%。2000—2015年湖南省货物运量如表1-15所示，2000—2015年湖南省货物周转量如表1-16所示。

表1-15　　　　　2000—2015年湖南省货物运量　　　　单位：万吨

年份	合计	铁路	中央	地方	公路	水运	民用航空
2000	51228	4676	4628	48	42868	3406	2.00
2001	53035	4965	4913	52	44340	3572	2.00
2002	52156	4942	4905	37	42982	3760	2.00
2003	59952	5214	5214		51136	3600	2.00
2004	69680	5400	5400		60291	3986	3.00
2005	76876	5218	5218		67040	4615	3.00
2006	84998	5643	5643		72457	6894	3.74
2007	99501	5831	5831		85432	8234	3.77
2008	115810	5552	5552		98759	11495	3.80
2009	128582	5392	5392		111351	11834	4.62

续　表

年份	合计	铁路	中央	地方	公路	水运	民用航空
2010	149168	5716	5716		127635	15811	6.09
2011	168152	5951	5951		144241	17954	6.11
2012	190712	5331	5331		166670	18705	5.80
2013	210659	4890	4890		156268	23097	6.07
2014	202800	4495	4495		172613	25687	6.25
2015	214130	4184	4184		184831	25109	6.08

表 1-16　　　　　　　2000—2015 年湖南省货物周转量　　　　　　单位：亿吨公里

年份	合计	铁路	中央	地方	公路	水运	民用航空
2000	1074.50	632.12	631.94	0.18	297.79	143.76	0.11
2001	1132.18	674.39	674.25	0.14	316.03	141.22	0.14
2002	1223.09	730.86	730.76	0.10	355.96	135.48	0.16
2003	1361.12	782.60	782.60		455.45	121.74	0.24
2004	1574.21	896.49	896.49		513.45	162.21	0.32
2005	1661.97	930.29	930.29		538.57	190.32	0.38
2006	1781.11	951.66	951.66		592.37	236.66	0.42
2007	1981.63	1038.39	1038.39		682.69	260.10	0.45
2008	2340.11	971.47	971.47		1085.06	283.10	0.48
2009	2505.27	990.00	990.00		1259.65	255.03	0.59
2010	2904.98	1022.71	1022.71		1539.36	342.14	0.77
2011	3345.76	1046.16	1046.16		1878.57	420.26	0.77
2012	3953.62	998.13	998.13		2392.49	562.26	0.74
2013	4227.44	923.76	923.76		2329.54	552.45	0.81
2014	4122.58	832.92	832.92		2578.90	709.94	0.82
2015	4149.45	749.95	749.95		2731.80	666.83	0.87

2015 年，公路水路完成客运量 139755 万人、旅客周转量 770 亿人·公里，货运量 209940 万吨、货物周转量 3399 亿吨·公里，比上年分别减少 8.1%、减少 1.2%、增长 5.9% 和增长 3.3%。

（1）公路运输。2015 年，全省营业性客运车辆完成公路客运量 138221 万人、旅客周转量 767 亿人·千米，比上年分别减少 8.2% 和 1.2%，平均运距 55.5 千米。营业性货运车辆完成货运量 184831 万吨、货物周转量 2732 亿吨·千米，比上年分别增长 7.1% 和

5.9％，平均运距147.8千米。截至2015年年末，全省有99.96％的乡镇开通了客运线路，乡镇通车率比上年年末提升0.05个百分点；94.51％的建制村开通了客运线路，建制村通车率比上年年末提升1.37个百分点。

（2）城市客运。全省拥有公共汽电车运营线路1588条，运营线路总长度24306.9千米，比上年年末增加120条、2800.9千米，其中，公交专用车道374.4千米，增加92.8千米；BRT线路长度181.5千米，增加64.1千米；全年新辟、调整、撤销公共汽车运营线路条数分别为122条、96条和25条。轨道交通运营线路1条，运营线路总长度26.6千米，增加4.7千米。城市客运轮渡运营航线7条，运营航线总长度5.9千米，减少1条、1.5千米。

全年城市客运系统运送旅客522456万人，比上年增长1.8％。其中，公共汽电车完成337535万人，增长2.0％，公共汽电车运营里程179392万千米，增长7.7％；轨道交通完成8407万人，增长83.6％，运营里程238万千米，增长62.1％；出租汽车完成176385万人，运营里程529039万千米，分别减少0.5％和增长0.2％，平均每车次载客人数2.05人/车次，空驶率30.0％；客运轮渡完成130万人，减少8.2％。2015年全省城市客运系统客运量构成如图1-14所示。

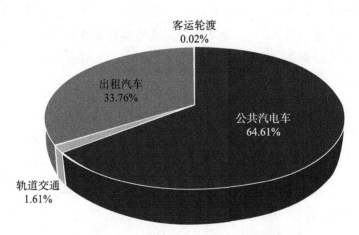

图1-14 2015年全省城市客运系统客运量构成

（3）水路运输。完成水路客运量1534万人、旅客周转量3.07亿人·千米，比上年分别增长5.9％和7.9％，平均运距20.0千米。完成水路货运量25109万吨、货物周转量666.83亿吨·千米，比上年分别减少2.2％和6.1％，平均运距265.6千米。

在水路货运中，内河运输完成货运量24933万吨、货物周转量498.13亿吨·千米；远洋运输完成货运量176万吨、货物周转量168.70亿吨·千米。

（4）港口生产。2015年全省港口完成货物吞吐量29053万吨，比上年增长14.7％。

2011—2015 年全省港口货物吞吐量如图 1-15 所示。

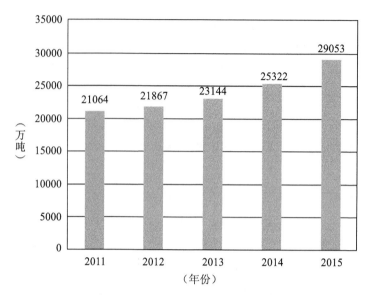

图 1-15　2011—2015 年全省港口货物吞吐量

全省港口完成旅客吞吐量 1382 万人，比上年增长 10.5％。全省港口完成外贸货物吞吐量 381 万吨，比上年增长 3.7％。全年港口完成集装箱吞吐量 36.7 万 TEU，比上年增长 9.2％。2011—2015 年全省港口集装箱吞吐量如图 1-16 所示。

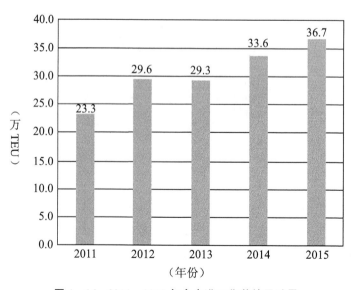

图 1-16　2011—2015 年全省港口集装箱吞吐量

全省港口完成液体散货吞吐量962万吨，比上年减少1.0％；干散货吞吐量25687万吨，增长18.8％；件杂货吞吐量1948万吨，减少15.7％；集装箱吞吐量（按重量计算）456万吨，增长11.0％。2015年全省各形态货种吞吐量构成如图1-17所示。

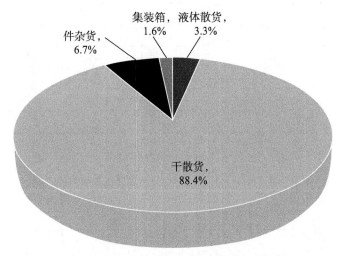

图1-17　2015年全省各形态货种吞吐量构成

（5）航空运输。2015年年末共有颁证民用航空机场210个，比上年年末增加8个，其中，定期航班通航机场206个，定期航班通航城市204个。2015年旅客吞吐量达到100万人次以上的通航机场有70个，比上年增加6个，年旅客吞吐量达到1000万人次以上的有26个，比上年增加2个。年货邮吞吐量达到10000吨以上的有51个，比上年增加1个。

7. 交通运输行业固定资产投资基本稳定

固定资产投资全年全省完成交通固定资产投资686.5亿元，比上年减少2.9％。

（1）公路运输业。

全年完成投资647.0亿元，比上年减少3.5％。

①公路线路基础设施。全年完成投资617.2亿元，比上年减少4.5％。其中，高速公路建设完成投资316.6亿元，减少19.1％。2011—2015年全省公路线路基础设施投资额如图1-18所示。

②公路场站基础设施。全年完成投资29.8亿元，比上年增长22.7％。2011—2015年全省公路场站基础设施投资额如图1-19所示。

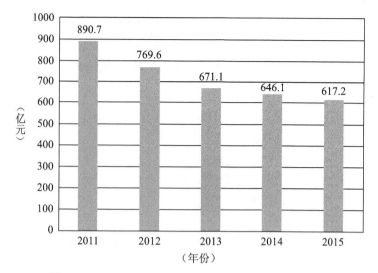

图 1‑18　2011—2015 年全省公路线路基础设施投资额

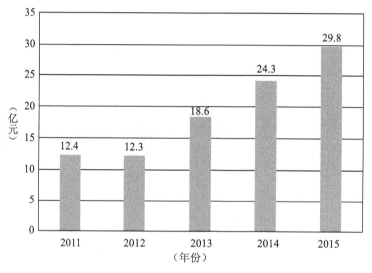

图 1‑19　2011—2015 年全省公路场站基础设施投资额

（2）水上运输业。

全年完成投资 34.0 亿元，比上年减少 0.02％。

①航道。全年完成投资 21.5 亿元，比上年减少 7.1％。2011—2015 年全省航道投资额如图 1‑20 所示。

②港口。全年完成投资 8.5 亿元，比上年减少 21.7％。内河港口新建码头泊位 2 个，新增通过能力 72 万吨/年和 2.5 万标准箱/年。2011—2015 年全省港口投资额如图 1‑21 所示。

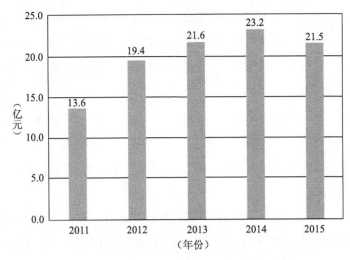

图 1‑20　2011—2015 年全省航道投资额

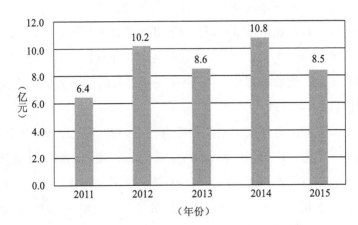

图 1‑21　2011—2015 年全省港口投资额

（3）机场与航线建设。

机场与航线建设情况如表 1‑17 所示。

表 1‑17　　　　　　　　　　　　机场与航线建设情况

机场	旅客吞吐量（人）	排名	货物吞吐量（吨）	排名	起降架次	排名
衡阳	114511	164	484	131	1318	181
张家界	1405465	58	914.2	115	14087	78
常德	376384	117	189.6	152	83942	31
怀化	184285	148	17	181	3335	139
永州	63979	182	48.3	169	1338	179

注：以上统计数据从 2015 年 1 月 1 日起至 12 月 31 日止。

岳阳三荷机场。地点在岳阳经济技术开发区三荷乡群贤村和西塘真力村附近，将于2015年11月底开工建设，力争3年内建成投入使用。2013年7月31日获得国务院、中央军委批复；2015年7月，《岳阳三荷民用机场建设项目环境影响报告书》获得国家环保部批复；2015年8月，《岳阳民用机场工程可行性研究报告》获得国家发改委批复。

长沙黄花国际机场。地点在湖南省长沙市长沙县黄花镇，开通航线：长沙黄花国际机场目前已开通航线123条，包括中国大陆境内大中城市以及中国香港、中国澳门、中国台湾等地的两岸航线和泰国、韩国、新加坡、日本、越南、柬埔寨、德国、马尔代夫、美国、肯尼亚等国际航线。

张家界荷花国际机场。地点在湖南省张家界市机场路，开通航线：目前，张家界荷花机场已经开通至中国香港、中国澳门地区航线，以及至韩国首尔、釜山、日本福冈、大阪等国际客运包机，累计开通国内、地区航线56条，国际航线16条。张家界机场属全省第二大机场，充分体现了旅游城市的特性，航班上座率高。

常德桃花源机场。地点在常德市西南方（斗姆湖镇内），开通航线：截至2015年，常德桃花源机场已开通北京、上海、广州、深圳、昆明、海口、武汉、重庆、厦门、西安、天津、大连等国内航线，机场计划于2015年年底全部升级改造完成，将新增国内航线数条，并于2016年开通国际航线。

芷江机场。地点在湖南省怀化市芷江侗族自治县，开通航线：截至2015年3月，芷江机场已开通北京、上海、广州、深圳、昆明、海口、西安、北海等城市航班。

永州零陵机场。地点在永州市零陵区和冷水滩区中间，开通航线：先后开通过永州—长沙、永州—海口、永州—深圳、永州—广州航班。现有永州—长沙—北京、永州—昆明2条航线。

衡阳南岳机场。地点在衡阳市衡南县云集镇，开通航线：目前拥有衡阳至北京、上海、张家界3条航线。

2015年湖南省航空网项目11个，投资162.5亿元，建设"一枢纽一干多支"为支撑的运输网，实现地级城市80千米范围内（或1.5小时车程）可以享受航空运输服务；推进长沙黄花机场"国际化""快线化""枢纽化"建设进程，提高长沙飞往主要城市间航班密度，开辟新的国际航线。

（4）铁路建设投资加大。

2015年铁路网项目19个，投资3594亿元。加快形成"六纵六横"干线网格局，实现路网基本覆盖所有城区人口20万人以上城市，快速铁路覆盖全部城区人口50万人以上城市。建设具有增值服务功能的铁路客货运中心，形成以长沙为中心的"一环八射"快速网。

（二）物流产业发展水平不断提高

"十二五"期间，拥有"一带一部"地域优势又处在长江经济带中部的湖南，物流业地位逐步提升，产业规模快速扩张，设施建设明显加快，市场主体不断壮大。在物流业发展过程中，一批企业家和优秀员工锐意改革、勇于创新、艰苦创业、无私奉献，从而使一些带动力大、整合力优、竞争力强、知名度高的湖南物流行业龙头企业脱颖而出。

由湖南省物流与采购联合会组织了2015年度湖南省物流行业"综合实力二十强企业"评选活动。依据企业营业收入、资产状况、经营创新、诚信建设、社会责任五个方面制定量化指标，对参评物流企业展开综合实力评估。评选工作按照企业申报、社会审计机构复核、专家组打分等程序，取总分值排名前20的物流企业。2015年度湖南省物流行业"综合实力二十强企业"如表1-18所示。

表1-18　　　　　　2015年度湖南省物流行业"综合实力二十强企业"

序号	企业名称
1	湖南一力股份有限公司
2	物产中拓股份有限公司
3	湖南粮食集团有限责任公司
4	国药控股湖南有限公司
5	云通物流服务有限公司
6	湖南星沙物流投资有限公司
7	湖南湾田实业有限公司
8	华润湖南医药有限公司
9	湖南电力物流服务有限责任公司
10	中都（株洲）物流有限公司
11	湖南省衡缘物流有限公司
12	郴州市金煌物流有限公司
13	湖南湘钢洪盛物流有限公司
14	招商局物流集团湖南有限公司
15	长沙畅通物流有限公司
16	湖南省宏发物流有限公司
17	长沙市实泰物流有限公司
18	伟鸿食品股份有限公司
19	湖南涟钢物流有限公司
20	湖南顺丰速运有限公司

1. 产业规模快速增长

2015 年，全省物流业增加值 1806 亿元，"十二五"期间年均增长 12.6%；占 GDP 的比重为 6.2%；从业人员 135 万人，比 2010 年增加了 3 倍多；产业成熟度为 2.32，处于加速发展的成长期。带动了农业生产结构调整，促进了农业产业化进程；初步实现工业产供销结合，助推了以工程机械、装备制造、食品、有色等为重点的优势产业发展；推进了服务业新型业态变革，为产业转型升级提供服务支撑。

2. 服务能力显著提升

全省有 153 家物流企业通过《物流企业分类与评估指标》国家标准评估认定（其中 5A 级企业 9 家、4A 级 67 家、3A 级 77 家），总数在全国省市区位居前列。第三方物流企业迅猛发展，跨境物流、电商物流、快递物流、冷链物流、智慧物流等新兴业态探索前行。

3. 物流市场逐渐规范

全省现代物流体系初步建立，主要物流领域价格已放开，物流服务主体专业化程度不断提升，形成了一批所有制多元化、服务网络化和管理现代化的物流企业，工商登记注册的物流公司达 13.2 万家。在各级物流主管部门的引导规范下，物流产业自主加快创新升级，有序竞争格局初步形成。

4. 物流信息技术的充分运用

重点推进了仓储和转运设施、运输工具、停靠和卸货站点的标准化建设和改造，推广托盘、快递分拨场地、周转箱等标准化设施设备。标准化托盘循环共用系统建设的推进，建设物流信息化服务平台，开发利用全社会物流信息资源，用来支持运输配载、跟踪追溯、库存监控等有实际需求、具备可持续发展前景的物流信息平台发展，鼓励各类平台创新运营服务模式，进一步推进交通运输物流公共信息平台发展。完善省级物流标准体系，重点研究制定农产品、医药、汽车、先进制造业等特色重点行业的湖南物流标准。实施仓储和转运设施、运输工具、托盘、快递分拨场地、周转箱等标准化设施设备建设示范工程。物流大数据信息集成，依托湖南省交通物流公共信息平台，按照开发、公益的原则，综合政府、企业与社会各类基础和专用信息，形成物流大数据中心，实现物流信息资源的互联共享，并加强对数据的挖掘应用。

5. 冷链物流发展空间大

依托肉类、水产品、蔬果生产企业、大型农产品批发市场、大型商业连锁企业，建设全程冷链物流体系。构建布局合理、规模适度、功能完善、技术先进、设施配套、上下游无缝衔接、运行管理规范的冷链物流发展格局。支持建设大宗鲜活农产品产地预冷、初加工、冷藏保鲜、冷链运输等设施设备。按照规范化、标准化运作的要求，推广应用符合国际先进标准的农产品生产、加工、安全与新鲜度等指标，加大保鲜技术的研究，推动实施保鲜技术和制冷保温技术标准。加强温度监控和追溯体系建设，实现农产品在生产流通各环节的品质可控性和安全性。引导全省农产品物流产业集聚发展，通过打造"北粮南运"中心、"南菜北运"中心和"西果东运"中心，培育一批龙头企业。

总体上，我省物流业已进入"转型升级、提质增效"的发展新阶段，需要进一步加强统筹协调，推进物流规划实施，优化物流业供求结构，提升物流业市场集中度和物流信息化标准化。

四、主要瓶颈

机场、铁路、公路、货柜港口等运输类基础设施的大力投资建设使中国成为全球贸易出口超级大国，但随着政府将发展重点转向拉动内部国民消费，国内物流产业流程烦琐、成本高、效率低的弊端日益凸显。长期以来，物流资源分散分割、物流市场秩序混乱、与相关产业缺乏有效联动、不可持续问题突出等，不仅是造成我省全社会物流费用居高不下的重要原因，也严重影响了我省经济的运行质量、效率和竞争力。物流业已经成为制约我省经济社会持续发展、工业大省迈向工业强省、贸易大省迈向贸易强省的关键因素。"十三五"时期，物流业结构调整将持续加速，产业发展新动力逐步显现，行业发展将由规模速度型增长方式向质量效率型增长方式转型。

1. 费用居高不下是主要制约因素

10年前，物流行业基本上没有什么竞争，利润至少有50％，有的甚至高达60％以上；而现在就不一样了，从事物流的企业越来越多，竞争也越来越激烈，一般情况下，毛利也只有10％～15％，如果扣除员工工资、油费、过路过桥费等费用，能剩下5％的利润就很不错了。由于货运干的都是体力活，一般来说，需要年轻力壮的员工，但现在的年轻人都不太愿意从事这个行业，人员的流动性非常大，往往是今天招来的人，干不了三五天就走了。现在物流公司的运营成本主要是人工费、油费和过路过桥费，其中过路过桥费约占总成本的1/3。过去油价5元/升，现在近8元/升；过去员工没有社保，现在要交"五险一金"；过去司机工资3000元/月，现在起码要4000～4500元/月。各地高速收费标准不一样，运价也有所不同。大型挂车，收费标准一般是2元/千米，东北相对便宜些，在2元以内，安徽大约1.4元，而山西收费最高，为3.2元/千米（湖南采用计重收费，基本费率0.08元/吨·公里）。

2. "低、小、散"问题突出

物流公司所遇到的情况基本上大同小异。除了成本因素外，制约因素还表现在企业规模小、从业人员素质低、行业社会地位不高、缺乏合理规划和引导、低小散问题突出等。现在很多地方的物流园区都处于自发状态，缺乏整体规划。现在整个社会对物流行业有歧视，快递员去收件、送件得不到应有的尊重。制约中国物流企业发展的因素，除了缺乏规划、竞争无序外，难以招到和留住合格的员工，特别是高素质的大货车司机是当前中国物流企业面临的普遍性难题。

3. 管理体制不顺

由于体制问题，受行政区划分割以及财政包干制度的影响，出现发展规划的产业同构、特色不足的现象。城市圈内龙头市场的牵引、辐射作用不强。缺乏大型的专门针对原材料和产品交易的无形市场，导致原材料和要素价格偏高。且目前物流市场多为小型企业，缺少龙头企业的带动，使企业间出现盲目投资建设，恶性竞争加剧，浪费资源。另外，缺乏直接为产业服务的专业市场。

4. 物流基础设施尚不完善

首先，集装箱码头运输通过能力低；其次，装卸设备落后，效率低；再次，外贸直达航线少；最后，铁路运费高、运力受限制。

5. 商贸流通产业化水平低

目前大多数物流企业主要由零散的小型配货站、个体运输户，以及提供简单仓储租赁的企业等构成，难以形成规模效应。工业企业物流大多数还是沿用传统的上游企业送货或下游企业取货的方式。

6. 资源环境承载约束日益加强

十八大以来，党中央把生态文明建设列入中国特色社会主义"五位一体"总体布局，提出了一系列发展新理念、新思想、新战略，生态文明的进程明显加快，《大气污染防治行动计划》《水污染防治行动计划》等硬措施开始实施。物流业必须转变发展方式，大力发展绿色物流，切实降低能源消耗、环境污染，缓解城市交通压力。

五、发展建议与保障措施

为促进湖南省物流业向现代物流业的转型发展，针对改造提升物流产业的重点和难点问题提出如下对策建议。

（一）发展建议

1. 优化物流产业发展布局

一核。以长株潭城市群为中心，打造长江经济带物流业核心增长极。依托长株潭两型试验区、自主创新示范区和湘江新区等国家级平台，推动长株潭核心区物流一体化，引领高附加值的高端物流产业集群发展，重点发展制造业与物流业两业联动、多式联运、航空物流、农产品冷链物流、城市共同配送及电子商务物流等。

三区。环洞庭湖地区：以岳阳市为增长极，常德市、益阳市为支点，构建环洞庭湖物流网络。依托洞庭湖生态经济区，借助长江黄金水道，建成长江中游区域性航运物流中心，为推进临湖、临港产业发展提供物流服务。重点发展港口物流、农产品冷链物流及能源、石化物流。湘南地区：以郴州市为增长极，衡阳市、永州市为支点，建设泛珠三角物流集群。依托湘南承接产业转移示范区，对接珠三角、东盟，为承接产业转移提供高效物流服务。重点发展公铁联运、无水港、农产品物流及快递物流。大湘西地区：以怀化市为增长极，邵阳市、娄底市、湘西州、张家界市为支点，建成五省边区物流中心。依托武陵山片区区域发展和脱贫攻坚，对接成渝城市群和云贵经济区，辐射大西南。重点发展商贸物流、电商物流、农产品物流及公铁联运。

多园。服务国家级新区、国家级经济技术开发区、高新技术开发区、综合保税区和特色产业园区，配套建设一批物流园区。重点建设2～3家国家级示范物流工程，支持建设20家省级示范物流园区。以区域中心城市为节点，以县城为支撑，以中心集镇为网点，以电商物流为载体，构建城市间、城乡间对接有序、安全快捷、高效率、低成本的物流网络体系，打通"最后一公里"。

六通道。以服务四大经济带为目标，依托五纵五横的铁路网、七纵七横的公路网、一纵五横的水运网、一枢纽一干多支的航空网等综合运输大通道，国家一级物流园区布局城市长沙市、二级物流园区布局城市（岳阳市、衡阳市、娄底市）和三级物流园区布局城市（株洲市、湘潭市、郴州市、常德市、邵阳市、怀化市、永州市）为节点，构建陆、水、空对外开放的六大物流通道，全面对接国家和省经济社会发展大战略。

2. 深入推进供给侧结构性改革

加快"三去一降一补"供给侧结构性改革，推动物流业转型升级，提供高品质、高附加值的专业化、标准化、智能化物流服务，改善提升"供应链管理"。大力发展铁路、水运物流，降低物流综合运输成本。通过创新驱动、整合物流数据资源，运用全网采购、调度、监控服务，有效减少资源错配及无效运行，提供精益、精准、精细的创新物流服务，满足供给侧结构性改革的新需求。

着力提高物流业集约化水平。推动物流业走向国际市场，引导物流资源跨区域整合，加快形成区域一体化的物流服务格局。促进电子商务、邮政快递、现代交通、物流配送与现代产业体系的对接和配套融合，提升物流业服务供给能力。整合物流园区、物流设施，引导物流企业向物流园区聚集。提升物流企业核心竞争力，培育一批技术水平先进、主营业务突出、核心竞争力强的大型现代物流龙头企业，培育新增3家5A级物流企业、15家4A级物流企业。引进一批国内外知名物流企业，提升全省物流业发展整体水平。推动物流与商流、资金流、信息流的集成化运作，提高物流运作效率和服务标准。充分发挥邮政、供销的网络优势，推动与电子商务企业的战略合作，构建"工业品下乡"和"农产品进城"的双向流通渠道。

3. 创新发展"互联网＋"高效物流

推动大数据、云计算、物联网等先进信息技术与物流活动高度融合，提升物流业信息化、标准化、组织化、智能化水平。通过电子化、数据化方式采集物流交易和物流活动信息，推动传统物流活动向信息化、数据化方向发展。促进公安、海关、质检、港口、铁路、路政、工商、税务等部门和单位的信息共享，推动公路、铁路、水运、航空等不同交通运输方式之间的信息衔接。以省交通物流公共信息平台为基础，加快对物流园区及企业的信息整合，推动平台之间数据对接、信息互联，为优化社会物流资源配置提供平台支撑。完善智能仓储配送设施网络，提升智慧物流配送水平。通过运用"互联网＋"车货匹配、"互联网＋"运力优化、"互联网＋"运输协同、"互联网＋"仓储交易、"互联网＋"物流企业联盟、"互联网＋"供应链管理等方式，不断创新发展高效便捷物流新模式。

4. 加强物流基础设施衔接配套

推进综合交通运输体系建设，合理规划布局物流基础设施，完善综合运输通道和交通枢纽节点布局，构建便捷、高效的物流基础设施网络，促进多种运输方式顺畅衔接和高效中转，提升物流体系综合能力。着力打通全链条、构建大平台、创建新模式，加快交通、物流与互联网三者融合。完善枢纽集疏运系统，支持铁路入重要港口、公路货站和物流园区，打通连接枢纽的"最后一公里"；统筹交通枢纽与物流节点空间布局，加强功能定位、建设标准等方面的衔接，增强交通枢纽的物流功能；推行物流全程"一单制"，实现货物"一站托运、一次收费、一次认证、一单到底"，强化一体化服务保障。

5. 提升物流业运营效率和效益

重点发展铁路运输和水路运输等绿色运输方式，优先发展公路甩挂运输、共同配送、统一配送等物流组织模式。推动大型运输企业和货主企业建立战略合作关系，支持有实力的运输企业向多式联运经营人、综合物流服务商转变。加快建设具备快速集散功能的流通型仓储中心、服务于电商的仓配一体化仓储中心，优先发展基于仓储的供应链一体化服务模式，控制发展低水平重复的物流地产项目。大力发展智能物流。

6. 进一步扩大物流业对外开放

完善跨境保税物流平台，加快实施物流企业"走出去"战略。加快建设长沙黄花综合保税区，推进郴州出口加工区升级为综合保税区。充分发挥衡阳综合保税区、湘潭综合保税区、岳阳城陵矶综合保税区的保税功能，建设航空国际物流网络。在有效监管的前提下，简化审批手续，优化口岸通关作业流程，推动实施申办手续电子化和"一站式"服务，提高通关效率。充分发挥口岸联络协调机制作用，推进大通关信息整合。整合海关特殊监管区和保税监管场所，推进检验检疫进口直通和市场采购出口集中查验场所建设。推动航空物流网络与综合交通网络的互联互通，加快推进重点机场与高速铁路站、快递分拨中心和物流园区的互联互通，组合构筑快速化的综合物流体系。支持优势物流企业参与"一带一路"建设，建设一批"海外仓"。构筑对外国际物流网络，引进和培育全球性知名物流企业。

7. 打造开放共享的物流服务生态圈

以资本、资源、大数据为纽带，以"社会物流资源""物流运营企业""货主企业"等物流系统要素为服务对象，以基础设施网络、诚信体系、整合与标准化为三大支撑，推进物流平台网络的互联互通，围绕"物流价值链"与"服务价值链"产业链，构建"物流＋互联网＋金融"的物流服务生态圈。

（二）保障措施

1. 强化产业政策扶持

贯彻落实国家物流业发展政策，明确任务分工，细化相关措施。强化规划引导，在土地利用总体规划、城市总体规划、综合交通规划、商业网点规划中充分考虑并统筹保障物流业发展的合理用地需求；优化物流业用地空间布局，合理确定用地规模和强度。制定完善支持物流企业"做强、做大"的政策，培育一批网络化、规模化发展的大型物流企业。优化货运车辆通行管控，对企业从事生活必需品、药品、鲜活农产品和冷藏保鲜产品配送，以及使用节能与新能源车辆从事配送的，按照规定给予通行便利。规范公路超限治理处罚标准，减少执法中的自由裁量权。强化政策扶持，优先支持铁路、水运物流等低成本物流行业发展，降低湖南省物流综合成本，提升服务水平与竞争力。支持完善物流标准化工作体系，建立标准技术认定机制。

2. 拓宽投融资渠道

积极争取国家专项资金支持，加快现代物流产业发展，支持重点企业重要物流基础设施项目建设。鼓励银行业金融机构探索适合物流业发展特点的信贷产品和服务方式，进一步加大信贷支持力度。积极推动供应链金融服务持续健康发展。支持符合条件的企业上市和发行公司债券、企业债券，支持物流企业发行非金融企业债务融资工具筹集资金。

3. 支持物流创新

支持企业进行业务流程和商业模式创新，推动大中型企业的物流资源和业务整合，加大整合扶持力度，支持一批物流龙头企业做优做强做大。积极推动一批与物流业结合紧密的科技创新和服务创新，加强对物流关键技术和设备的研制，加强物流领域知识产权认定和保护。完善物流企业申请高新技术企业、技术先进型服务企业的认定标准，推动物流企业加强标准化建设及品牌建设。

4. 改善行业监管

加强行业管理，强化物流企业市场主体责任。依托湖南省交通运输物流公共信息平台，推动政务信息资源共享和业务协同。清理违规收费，规范监管执法行为。推进关检合作，深化通关一体化、无纸化、"双随机"等改革，推行国际物流"单一窗口"建设和"一站式作业"服务，实现货畅其流。加强寄递渠道安全体系建设，落实货物安全检查责任，推进实施寄递渠道安全监管"绿盾"工程。推广使用先进技术对集装箱和货运物品进行探测查验，提高对违禁品和危险品的发现能力。

5. 夯实基础工作

利用大数据技术，做好社会物流总额和社会物流成本等指标的监测工作，准确反映物流业的发展规模和运行效率。构建组织体系完善、调查方法科学、技术手段先进、队伍素质优良的现代物流统计体系。推进产、学、研合作，建立多层次的物流综合培训体系、实验基地和人才孵化基地，提高物流业从业人员业务素质。完善物流诚信体系，促进物流行业规范自律。充分发挥物流协会在政府与企业和企业之间的桥梁和纽带作用。

第二章　湖南区域物流产业发展
竞争力评估研究报告（2016）

一、研究背景与意义

"十二五"是我国全面迈进建设社会主义小康社会的新时期，同时也是加快转变经济发展方式的攻坚时期。在新的经济发展环境下，随着专业分工的细化，物流逐渐脱离生产方和销售方，作为独立的产业发展起来，成为世界经济的又一利润增长点，具有很大的发展前景和市场空间。从已有实际经验可以看出，物流业作为社会经济的重要成分之一，在很大程度上影响着经济的发展速度和方向。在经济转型时期，各行各业均开始由单纯的规模增长逐步向高效、经济、绿色、可持续的发展过渡，在这种趋势下，如何加快区域物流发展，转变区域物流的发展模式，提升区域物流竞争力水平成为亟待研究的问题。

区域物流竞争力是区域物流水平及物流综合能力的集中体现，是一个地区与其竞争对手相比在发展过程中所具有的吸引资源、占领市场、提升质量、为物流需求者提供服务的优势和能力。区域物流竞争力水平与区域经济发展及结构相互作用、相互影响，现代区域经济的发展依赖于产业链的延伸及产业市场的构建，而区域物流作为构建产业供应链关系的基础，在区域系统内连接各层面的企业和资源，使之能信息共享、协同式生产，从而达到提高区域资源利用率、企业产出率及降低成本的目标。因此，区域物流竞争力决定着区域产业结构及规模，进而决定着区域经济发展在全国乃至全球的竞争力水平。

如何发展和建立强势的物流产业是各地方政府所努力追求的，但如何才能建立起符合自身特点的物流体系，使其不仅能满足本地区经济对物流的需求，而且可以为更大的区域服务，甚至成为全国物流网络的枢纽，成为本地经济发展的支柱和动力。从近年来各地政府提出的各种"口号"来看，确实存在着"虚热"，存在着"盲目"，存在着"形式主义"的东西。这些都在不同程度上影响着物流业的顺利发展。要想改变这种局面，必须认真研究和探讨区域物流存在和发展的规律，遵循这些客观规律，并不断地关注有关的竞争要素，技术路线和可持续发展策略，重点是要确立符合本地物流实际的发展方向。

在《湖南省"十二五"物流发展规划》中，明确提出要围绕"四化两型"战略要求，结合省内不同区域经济发展特点和产业特色，优化物流发展总体布局。因此，对湖南省各个区域物流竞争力进行客观、准确的分析和评价，并在地区之间进行物流竞争力综合比较，做到知己知彼，是促进湖南经济发展、本地物流发展准确定位、制定科学物流发展战略规划、出台相关对策措施的重要前提。对湖南各区域物流竞争力研究具有十分重要的理论意义和现实意义，主要表现在以下几个方面：

（1）通过建立多层次的区域物流竞争力评价指标体系，剖析湖南各区域物流产业中各个要素及其相互作用关系，有助于找准湖南物流发展的关键环节，将人力、财力集中于物流发展的核心要素和瓶颈要素上。

（2）可以确立区域物流竞争力的评价方法，为湖南乃至全国区域物流竞争力评价和比较提供一套较为系统的标准和方法，以便为测评区域物流竞争力的状态、程度和水平，找准各区域间的差距并进行跟踪监测。

（3）通过对湖南14个省市自治区的区域物流竞争力进行实证评估和比较研究，为湖南省物流业的区域布局和物流产业结构调整提供理论依据和实践参考。针对湖南物流区域发展不平衡的现状，指出湖南物流竞争力较弱的西部地区发展物流应该合理定位，突出重点，避免盲目建设和竞争。

（4）深入探讨区域物流竞争力的内涵，为我国区域物流的进一步发展奠定基础；把竞争力理论引入物流研究体系，丰富物流竞争力评价的方法和手段。

二、区域物流及其相关理论研究

（一）区域物流的内涵

区域物流不同于平常意义上的物流概念，要了解区域物流的内涵，首先要明确区域的含义。区域是在经济和地理上具有同质性或内聚性且具有共同利益的空间单元，而区域物流是基于区域及区域经济的概念。

国外学者对区域物流没有给出明确而统一的定义，他们一般倾向于认为区域物流是物品从供应地向需求地的有效流动过程，活动的区域一般是有着地缘关系的两个及两个以上地区或者国家区域，是运输、存储、装卸搬运、流通加工、包装、配送、信息处理等物流活动的有机集成。

对区域物流的定义，国内很多学者都提出了自己的见解。董千里（1997）对区域物流给出界定：区域物流是包括原材料、半成品、制成品在内的物品在城市内部、城市与城市之间、城市与农村之间、各种类型的开发区及不同企业间的从供应地到需求地的运输与集散一体化过程。华蕊（2004）给区域物流做出的界定是在某一区域内，物品从供方向需方的有效流动过程，是运输、存储、装卸搬运、流通加工、包装、配送及信息处理等功能的有机结合，并同时实现了物品的空间、时间和形质效用。彭城（2012）等认为区域物流是指在一个经济活动范围内部，以区域为基本单位而发生的所有物流活动，包括运输、保管、装卸、搬运、包装、流通加工及信息传递等的实体性流通及物流过程中各个环节的物品运动。周君侠（2012）将区域物流定义为：一个地区在一定的时间内发生的所有物流活动，包括直接的物流活动，也包括间接的物流活动。

通过综合考察以上学者对区域物流的定义，我们认为：首先，区域物流是一个空间概念，是一类基于地缘关系的经济活动，承载面是一个地区，至于这个地区的大小，可以是城市、城市群甚至更大范围上的经济体，它或跨越经济区域或行政区域；其次，区域物流还包括经济、文化、法律和制度概念，是一个政治、经济、文化共同体的物流；最后，区域物流是一个实体流动过程，包括了物品在活动区域内发生的运输、储存、装卸、流通加工、包装、配送及信息处理。

（二）区域物流的特点

（1）协同性。区域物流是运输、装卸、搬运、流通加工、配送及信息处理等一系列物流活动的有机集成，不是流通环节各相关要素的分散运动，强调整体的最优化。

（2）复杂性。区域物流横跨生产、流通和消费三大领域，涉及对象遍及各种社会物质资源，其多样化、大量化的特征使区域物流变得更为复杂。从事区域物流活动的人员、资金和经营网点的范围更广、数量更大，这些无疑都给物流的组织造成很大的困难。

（3）动态性。区域物流受社会物资生产状况、需求及资源的影响，而这些因素都存在变化，一个区域物流系统内的要素及结构也要随之发生变化。为了适应这种变化性，区域物流体现出动态性。

（4）大跨度性。区域物流不仅地域跨度大，而且时间跨度也大。随着经济全球化，物品的生产和消费通常不在一个地点，而是处在不同的空间，企业间的物流往往会跨越不同地域，致使区域物流的地域跨度加大；另外，在区域物流的地域跨度大的背景下，物品的生存和消费通常不在一个地点，这就导致区域物流的时间跨度大，物品产需间的时间矛盾一般采取储存货物的方式解决，这也造成了区域物流活动管理难度较大。

（三）区域物流竞争力

随着对区域物流研究的关注加大，区域物流竞争力的研究也越来越多，不少学者对区域物流竞争力给出了自己的理解。

李虹（2012）提到区域物流竞争力是指在不同区域间的物流活动通过比较分析体现出来的综合能力，这种能力包括获得发展要素的能力、软硬件环境的支持能力、开拓市场的能力和综合利用各种资源形成的总体发展实力与潜力；周亚蓉（2012）利用博弈表达式来分析区域物流竞争力水平，在研究中，她认为区域物流主体的素质、区域物流策略能力、区域物流信息能力及区域物流支付函数以乘和的方式共同决定区域物流竞争力水平；江帆（2013）通过借鉴波特五力模型分析区域物流竞争力，从宏观层面界定区域物流竞争力，他认为区域物流竞争力主要是一个地区获得环境支持的能力、物流供给需求平衡的能力、扩大物流产业规模的能力及深化物流发展质量水平的能力，体现的是区域物流核心竞争力；张冬梅（2012）对区域物流竞争力进行界定时将物流业的资源优化配置及关联其他产业的耦合力考虑在内，其对区域物流竞争力的界定是：区域物流竞争力是指某一经济区域内的物流产业具有的资源优化配置能力、关联其他产业的耦合力、市场适应能力、可持续发展能力、技术创新能力。

通过综合思考以上观点，我们理解的区域物流竞争力是指在研究阶段内一个特定的经济区域，物流供给主体与其竞争对手相比在发展过程中所具有的吸引资源、占领市场，以及为物流需求主体提供物流服务的优势和能力。即区域物流系统利用各种资源所具备的物流服务实力和潜力的集合能力，是区域物流发展水平及物流综合能力的集中体现。区域物流竞争力会受到软硬件支持环境、区域经济水平，以及市场运作管理等多种因素的影响。

基于以上定义，可以更深层理解区域物流竞争力：首先，区域物流竞争力是通过比较得出的能力，具有相对性；其次，区域物流竞争力既包括现实竞争力也包括未来发展潜力，具有动态性，在竞争力评价中应当有一个目标时间；最后，区域物流竞争力是一种综合能力，是物流业效率效益、物流业规模、基础设施设备、物流人才竞争力、信息化水平等的综合体现。

（四）区域物流竞争力的内部结构

一般认为，区域物流竞争力的内部结构由两部分组成：现实竞争力和潜在竞争力。其中，现实竞争力是指一个地区根据现有的资源优势而体现出的一种竞争能力，是竞争主体在一定的竞争市场环境下将竞争潜力转化为竞争优势的能力，是区域物流竞争力的直接体现。潜在竞争力是指区域物流竞争力的比较优势和发展前景，物流竞争潜力支撑物流竞争行为，是区域物流竞争力的基础，是在区域物流竞争中改进现实竞争力，使其得以创新发展的有利条件。

在一个区域内，如果物流现实竞争力强而潜在竞争力弱，则不利于区域物流的可持续发展并可能遭到市场淘汰；如果现实竞争力弱而潜在竞争力强，则表明该地区区域物流需要通过一定的手段发挥潜在优势，从而增强现实竞争力。

（五）区域物流竞争力的特点

基于区域物流产业竞争力的定义，其拥有与一般产业相似的系统性、广泛性、独立性、不可分离性等特征，还具有不同于其他产业的特点：

（1）综合性。区域物流竞争力的综合性体现在区域物流竞争力不应简单以某几个因素来评价。物流活动涉及生产、消费等广泛领域，物流功能是运输、仓储、包装、搬运、流通加工、配送和信息处理等多个环节的有机集成。所以区域物流竞争力是各种相关要素的综合。与木桶原理相似，如果某个要素存在短板，那么区域物流竞争力将会被削弱。所以，区域物流竞争力由多因素、多指标来综合体现。

（2）动态性。持续竞争力决定了区域物流竞争力具有动态性。可持续竞争力的定义也表明区域物流竞争力是随着外界变化而不断适应衍变具有的竞争力。外界处于不断发展变化的状态中，区域物流只有具备适应动态环境的能力，才能实现区域物流业的可持续发展。

（3）与区域经济相互影响性。一方面，区域物流以区域经济为服务对象，是区域经济的重要组成部分。区域内城市完善的基础设施设备、强劲的软硬件环境的支持能力及丰富的生产要素会提升区域物流竞争力，带动区域物流的发展。另一方面，强劲的区域物流竞争力会引导资金流、物流及信息流在区域内进行资源要素的优化配置，促进区域经济的发展。

（4）关联性。物流产业本质上是服务产业，本身与社会经济活动密切关联，是联结上下游产业的链条，因而具有很强的产业关联度，区域物流产业竞争力的强弱直接影响着关联产业。相关资料表明，物流业与第一、第二、第三产业的关联度均相对较高。

三、区域物流及其竞争力研究综述

涉及区域物流的研究，国际学术界主要侧重于以下四个方面。

（1）基于跨国公司和供应链视角对区域物流资源配置与协调的研究。物流可以推动经济全球化和商品的国际流动，供应链管理作为其中的一个重要领域，当今经济市场下，没有良好供应链管理的企业很难成功。Marco Mazzarino（马扎里诺，2012）指出全球物流管理战略将会在全球范围内盛行，它的两个基本子要素（本地和全球）起决定性作用，并且评估了全球物流管理战略对欧洲物流系统的影响。Ral Elbert（埃尔伯特，2009）指出全球供应链的整体观引发的经济竞争使企业更专注于通过区域物流产业集群来解决相关问题。物流产业集群作为一种特定的跨组织形式，在网络和供应链中的合作优势很快得到业界的认可。

（2）区域物流网络及物流基础设施的发展与影响研究。物流基础设施及物流网络的优化对区域物流具有重要作用。从日本发展的不同阶段可以看出，20世纪50年代日本实行赶超战略，政府着手增加建设物流基础设施的投资，提高区域物流发展的信息化及自动化水平，促进区域经济发展；赶超阶段之后，日本政府依然加强物流基础设施建设并优化物流网络，达到区域物流对经济发展的促进目的。Rambabu（兰巴布，2006）指出在具有竞争力的供应链网络中，设施选址（制造工厂、配送中心）是供应链规划和重大资本投资的重要决策，会对供应链绩效造成长期的影响。Vittorio（维托里奥，2010）在探讨物流网络优化的问题时，以意大利向俄罗斯出口为例，指出俄罗斯物流配送存在的结构性问题，可以通过物流网络的建设和完善降低成本，并且强调结合多式联运构建新的物流网络是有效手段之一。

（3）区域物流信息网络建设对区域物流发展的作用及影响。Hui Wu（吴慧，2012）指出区域物流信息资源的有效整合，能够提升区域物流企业物流和业务流的信息交换，从而提供协同服务、降低经营成本，使物流企业保持迅速的市场反应能力。Cachon（卡雄，2001）通过实证研究得出结论：借助于物流信息网络实现信息充分共享与沟通的供应链参与者，其供应链的整体成本相比传统方式平均可以降低2.2%，甚至可达12.1%。而美国具有明显的信息技术发展和比较成本优势，因此其物流服务已不仅仅局限于传统的运输、仓储，对产品异地加工、装配、分拨、配送乃至销售等增值物流服务进行大力鼓励和推广，区域物流信息网络使物流服务的跨国经营也日渐普遍。

（4）政府在区域物流中的作用。GA. Gianno Poulos（吉安诺·普洛斯，2008）指出由多式联运进一步发展的模态合作运输物流，可以通过特定准则或政策达到一个或多个最优目标的实现，它包括区内、区域及全球三个层面。美国2011年区域物流规划会议第一次探讨灾难物流的通用方法，参与者有地方应急管理专业人员、各州和联邦政府以及私人非营利部。除此之外，德国政府主要通过以下五个手段促进区域物流发展：①做好物流的发展规划、建设和协调工作；②强化物流中心、物流基础设施网络的建设；③推动不同运输方式之间的协调发展并形成综合运输网络；④促进科研单位与咨询机构在物流技术研发作用的发挥；⑤制定物流标准并督促企业在物流运行中具体实施。

国外学者对竞争力有较为丰富的研究，其中有两个著名的理论：第一个是"钻石模型"理论，由美国哈佛大学教授Michael Porter（迈克·波特）基于比较优势理论提出。在该理论中，区域竞争力是一个区域产业上或者产业在大市场中的集中表现。第二个是《国际竞争力报告》中的一个国际竞争力评价理论体系，这个报告由世界经济论坛和瑞士国际管理发展学院联合发表。在这个报告中，世界经济论坛围绕金融、政府职能、基础设施、技术、企业管理劳动和法规制度及开放程度等方面构建国际竞争力评价体系。但是，在这些理论中，物流业并没有被单独研究，只是被视作竞争力要素中的组成部分。只有部分学者对国家或地区的物流发展水平有所研究。

比如，Goh（戈赫）和Ang（昂，2000）对柬埔寨、缅甸、老挝及越南地区的物流现状进行了研究，运用定性分析和对比分析方法全面剖析了这些地区的物流现状，指出该地区物流发展落后在很大程度上源于这些地区的运输网络不完善、物流基础设施设备落后及物流理念陈旧等，由于定量分析存在难度，所以文章未能构建可行的物流发展水平评价指标体系；Bookbinder（布克班德）和Tan（谭，2003）从宏观经济的角度提出了区域物流竞争力评价指标体系，以此来比较欧洲和亚洲的物流环境；James（詹姆斯）和Chris（克里斯，2003）比较了亚洲与欧洲的物流系统，在此基础上按照各国物流系统的完善性划分了若干个级别。James和Chris在分析了亚洲与欧洲物流的大环境的前提下，初步构建了国际物流系统评价体系，为在世界范围内比较各国的物流系统提供了依据。最后利用聚类分析方法将亚洲与欧洲的物流系统具体地划分为三个级别。相对于一般学者用定性方法分析区域竞争力，James和Chris基于区域物流评价指标体系来分析竞争力，客观性更强，不过也存在几个方面的不足。首先，James 和 Chris 多以国家或各州的物流现状为研究对象，从宏观经济上阐述其物流竞争力，因而选取的评价指标显得不够精细；其次，在评级方法上多采用主观赋值评价，评价的有效性受学者对现状认识的深刻程度、对现实的把握、对知识和相关信息的掌握程度等因素影响，对评价结果造成影响。最后，对实践的探讨有待进一步研究。

区域物流产业竞争力研究中，除了学者个人的观点之外，还有一类研究是一些国家为了发展本国物流而做的相关数据统计以及制定的发展文件，在一定程度上可以看作是区域物流产业竞争力的研究。如日本曾提出了 9 项评价指标来检验《综合物流施政大纲》的实际实施效果，这 9 项指标包括大都市圈车辆的实载率、货物托盘和标准托盘应用比例、进出口集装箱的运输费用、10 分钟内可达空港和港口的比率、船只进出港的操作时间、铁路及海运利用率等。

国内区域物流研究是在引进、吸收国外物流发展经验的基础上进行的。受国内计划经济经历的影响，宏观层面、区域层面的物流研究比较受到重视。从文献检索信息看，研究无论在方向上还是数量上都要多于国外。目前专门针对区域物流业竞争力研究的文献还比较少，竞争力多是以经济和制造业为背景进行研究。由于区域物流竞争力评价属于区域物流综合评价范畴，因此对区域物流综合评价对区域物流竞争力评价研究具有重要的参考借鉴作用。

宋则、张弘（2003）等提出从流通总规模、对国民经济的贡献、流通效率、流通环境、流通效益、流通组织化程度、流通结构、流通人才素质、流通信息化水平、流通方式、流通资本等方面建立了中国流通现代化评价指标体系，但没有给出各个指标的权重及相应的评价方法；袁步思（2003）分析了区域物流核心竞争力的构成要件，主要从交通条件、经济环境、物流人才、综合服务环境、相关政策、技术条件、企业服务水平七个方面对区域物流核心竞争力进行了定性分析。该文献对区域物流核心竞争力的构成要件分析比较全面，但是没有定量描述；汪波、杨天剑（2005）等提出从物流合理程度、物流子系统效率及服务水平、外部环境三方面建立评价指标体系；姚建华（2006）提出从基础设施水平、产业基础水平、产业竞争潜力、产业经营效率等方面对物流产业竞争力进行测评，其评价体系影响物流产业竞争力的指标体系分解为 4 个一级指标，11 个二级指标，13 个三级指标，并对全国 31 个省市自治区物流产业竞争力系数进行计算。所提出的评价指标体系有明显改善，但仍忽略了对区域物流竞争力影响较大的政府管理、制度、信息等指标，而且对所有指标都采用统计数据，没有考虑软指标；邵万清（2006）从物流产业规模、物流产业效益、物流产业结构、物流产业资源、物流产业潜力五大要素，17 项具体评价指标对物流产业进行综合评价。但由于物流产业数据的不完整，没有运用该指标体系对我国物流产业发展水平进行实证分析；吴维昕（2008）在以义乌为例的区域物流竞争力水平分析及培育研究中，将指标体系划分成三个层次，第一层为准则层，包括基础竞争能力、技术竞争能力和环境竞争能力；第二层为一级指标层，共 6 个指标；第三层为二级指标层，共 31 个指标。吴维昕在该指标体系的建立中，对区域物流竞争力评价指标体系进行了很好的补充和完善，包括区域经济发展水平、物流需求规模、物流供给规模、物流企业发展水平、信息发展水平和物流发展宏观环境六个方面，但是此指标体系中没有考虑到物流人力资源对物流竞争力的影响；高秀丽、王爱虎（2010）在区域物流竞争力综合评价体系及实证研究中以广东省 21 个地区为例，利用主成分分析法和熵值法分别对这 21 个地区进行了物流竞争力研究。其中将物流竞争力评价体系首先划分成三个层次，第一层包括两个指标为区域物流竞争实力和区域物流竞争潜力，其中区域物流竞争实力下设两层指标，一层指标包括 4 个，二层指标包括 14 个；区域物流竞争潜力也下设两层指标，一层指标包括 3 个，二层指标包括 8 个。此篇文章中的指标体系相比姚建华的指标体系有一定的改善，不仅考虑到了信息水平对物流竞争力的影响，同时还涵盖了物流竞争潜力，虽有完善，但还是忽略了政策环境的影响；赵莉琴、郭跃显（2011）在城市物流竞争力评价研究一文中将影响城市物流竞争力的影响因素分成了三个部分：城市物流基础设施层、相关主体层、服务保障层。其中城市物流基础设施层又包括车站、码头、机场、物流园区、物流中心、配送中心、仓库等主体设施，同时还包括运输、装卸、搬运等辅助设施；相关主体层主要包括货主物流企业、第三方物流企业、物流信息企业、物流基础设施建设企业、物流装备制造企业和其他相关企业；服务保障层包括四个方面的指标，分别是物流网络抗毁性指标、物流信息网络先进性指标、物流政策保障体系完善性指标和物流预警与应急体系有效性指标。江罗凝（2011）在基于 SPSS 的区域物流竞争力评价分析中，通过主成分分析和聚类分析相结合的方法对浙江省 11 个地区的物流竞争力进行了研究。在指标体系的建立过程中，主要是根据波特的钻石模型从区域宏观经济基础、物流行业基础设施和物流产业发展水平三个方面选取了 11 个指标。在该指标体系中，江罗凝考虑了区域经济发展水平、物流产业、信息水平等对物流竞争力的影响，但是忽略了政府职能影响的同时，在二级指标的选择上只选择了境内公路里程数，没有将铁路、水路等因素考虑进去；张剑（2012）用主成分分析法评价江西省内 11 个城市物流竞争力水平，从信息发展水平、物流供给状况、物流需求规模、物流发展宏观环境四个方面构建了评价指标体系；杨玉香（2013）通过建立模糊综合评价模型来分析区域物流产业竞争力。构建的指标体系包括物流业技术创新能力、物流企业能力和发展环境支持能力 3 个一级指标及物流业科技项目数等 8 个二级指标。

竞争力本身是一个比较概念。物流产业的发展水平已逐渐成为衡量国家或地区整体经济实力、投资环境以及工业基础的重要指标。

四、湖南省区域物流竞争力评价的目标与原则

在进行区域物流产业竞争力水平分析与评价时，要从明确评价目标开始，通过评价目标来规定评价对象，并对其功能、特性和效果的属性进行科学测定。具体来说，区域物流竞争力水平分析与评价是对区域物流业的竞争力水平分析的过程和结果的鉴定，其主要目的是看此区域的物流业发展达到的程度，此区域的物流竞争力所处的水平，此区域管理者是否重视物流，能否投入使用将来规划决策所需的信息。

从区域物流业发展需要出发，区域物流竞争力水平评价工作的目标就是对整个区域物流运作管理过程的监督、控制和指挥。物流竞争力水平评价工作的目标主要表现对一定区域或城市的物流产业发展水平、物资流通能力，以及物资流通效率做出科学、系统、全面的评价，也为了给政府、企业决策者提供重要的决策依据。

由于区域物流体系是一个复杂的系统，涉及诸多因素，实现对其进行准确评价相当不易。为了更好地发挥评价工作的作用和准确性，在构建物流竞争力水平评价指标体系时必须遵循一定的基本原则。

（1）目的性原则。区域物流竞争力水平评价工作的目的在于：对一定区域或城市的物流产业发展水平、物资流通能力，以及物资流通效率做出科学、系统、全面的评价，也为了给政府、企业决策者提供重要的发展决策依据。

（2）客观性原则。评价的目的是决策，因此评价的质量影响着决策的正确性。所以必须弄清评价资料是否全面、正确、可靠，并注意评价人员的组成应该具有代表性。

（3）系统性原则。物流是一个包含运输、仓储配送、信息处理等的复杂系统，受来自经济、社会、环境的影响，应从系统论的观点出发，注意系统中各子系统与外部系统的关系。物流系统既是"人—机"系统，又具有时间、空间跨度大的特点，涉及的政府、企业、终端用户数量大，复杂性高，所以在物流业发展评价工作中，所选取的评价指标要尽量能反映系统的各个方面，除定量指标外，还要有恰当的定性指标，以保证评价结果的全面性。

（4）科学性原则。首先，物流业发展评价工作的开展应具有科学的理论根据；其次，评价指标体系的建立应当结合湖南省具体情况，根据我国物流产业构成特点选择指标体系，并力求反映所评价区域物流发展状况的本质，进而判断出区域物流的竞争力水平；最后评价指标体系应能准确地反映实际情况，有利于地区之间的横向比较，发现自身优势和不足之处，挖掘竞争潜力。

（5）全面性、权威性和连续性原则。全面性是指区域物流评价不能等同于区域物流业统计。湖南物流的社会化程度还不高，只评价社会化物流是不能反映物流业全貌的；连续性是指时间上保持连贯和延续，初期以调查报告或普查资料的形式为主，中长期过渡到湖

南与各地市州统计年鉴；权威性是指统计数据必须真实、可靠并与统计部门发布的其他经济信息相互补充和检验，不能出现相互矛盾的情况。

（6）可行性和可操作性原则。指标是统计理论与实际操作的结合点，构建区域物流竞争力水平评价指标体系既要以理论分析为基础，又要考虑统计实际的可操作性和现实数据资料的可得性。湖南在物流研究初期，物流评价指标体系尚处于研究探索阶段，在相关信息缺乏的情况下，可得性和可操作性往往是指标体系选择的最大障碍。因此，在构建指标体系时力求选择指标含义清晰，具有现实统计数据依据，并且易于进行整理、抽样和典型调查获得。

（7）完备逻辑性原则。指标体系是相互联系、相互补充，能够进行全面评价的一套指标的集合。作为一个有机的整体，指标体系不但要能够从不同角度全面地反映出区域物流竞争力水平的本质内容和主要特点，而且还要反映出系统的动态变化，从而使决策者能够把握系统的发展趋势。另外，既然是一个指标体系，各个指标和指标之间都要具有严密的逻辑性。

（8）定性与定量相结合的原则。在综合评价区域物流竞争力水平时应综合考虑影响区域物流竞争力水平的定量和定性指标。对定性指标要明确其含义，并按照某种标准赋值，使其能恰如其分地反映指标的性质。定性和定量指标都要有清晰的概念和确切的计算方法。

（9）针对性原则。应选取代表性较强的典型指标，尽可能以最少的指标包含足够的信息，避免选入意义相近、重复、关联性过强或具有导出关系的指标，力求使指标体系简洁易用。物流产业涉及的领域相当广泛，在研究工作的实践中为了全面涵盖物流产业的各个方面，往往导致指标体系规模急剧膨胀，从而导致大量信息重叠指标的引入，不仅冲淡了所要表达的主题，也给信息收集和实际操作带来了许多的困难。所以应当尽可能兼顾两者，选取恰当的指标。

（10）绝对与相对相结合，过程与状态相结合的原则。绝对指标主要反映总量、规模等因素；相对指标主要反映速度、结构等因素。过程指标指区域内长期、稳定的影响物流竞争力的因素，如物流基础设施等因素；状态指标指反映区域物流竞争力或竞争支撑的指标，如区域政府管理状况、信息化水平、区域经济活力等。依据各类指标相结合的原则，可以保证指标模型构建的科学性和可靠性。

总之，区域物流产业竞争力评价指标体系必须充分体现区域物流产业系统的运营目标，从区域产业发展的全过程出发，全面反映影响其产业竞争力的各种因素。为满足体现区域物流产业竞争力的整体状况，指标体系既要反映区域物质环境，又要反映区域人文环境；既要反映区域经济因素，又要反映整体宏观政策等因素。

五、湖南省区域物流竞争力评估指标体系的建立

区域物流产业竞争力指标的建立是由各个区域物流产业和社会经济发展的实际情况决定的。在经济实证问题研究中，为了全面、系统地分析问题，必须考虑众多对经济过程有影响的因素，这些因素在多元统计分析中被称为变量。由于每个变量都不同程度地反映了某些信息，且彼此间有一定的相关性。因此，在运用统计方法进行定量分析时，希望涉及的变量较少，而得到的信息量较多。主成分分析是解决该问题的一个理想方法，该方法通过对原始变量相关矩阵内部结构关系的研究，找出影响经济过程的几个综合指标，使综合指标成为原来变量的线性组合。根据它计算出来的综合指标不仅保留了原始变量的主要信息，而且彼此间又不相关，比原始变量具有更优越的性质。

基于主成分分析的思想和研究步骤，根据区域物流产业竞争力的基本内涵，借鉴相关的研究成果，本着上述区域物流竞争力评价指标建立的目标与原则，结合湖南省物流业发展的实际情况，建立与往年研究报告保持一致的三级区域物流竞争力评估指标体系。

对于影响区域物流竞争力的解释性因素，我们把它分为物流基础设施、物流产业结构、物流人才、区域经济活力、地区政府管理能力五类，因此该指标体系共设立 5 个一级指标，同时包含 10 个二级指标以及 24 个三级指标。该体系充分反映了湖南省各区域物流产业竞争力的整体状况、区域社会经济发展水平以及整体宏观政策等因素。具体指标体系如表 2-1 所示。

表 2-1 　　　　　　　　　　　　区域物流竞争力评价指标体系

	一级指标	二级指标	三级指标	备注
区域物流竞争力	物流基础设施竞争力 A1	物流基础设施指数 B1	人均道路面积 C1	
			人均机动车数量 C2	
			境内高速公路里程数 C3	
			市州关于交通运输、仓储和邮政业的城镇新增固定资产 C4	
		信息技术指数 B2	每百人拥有移动电话数 C5	
			每百人拥有固定电话数 C6	
			电信与互联网业务总量 C7	
	物流产业结构竞争力 A2	物流产业结构指数 B3	运输、仓储、邮政占 GDP 比重 C8	
			运输、仓储、邮政从业人员占比 C9	
		物流产业结构转化速度指数 B4	第三产业增长速度 C10	
			城市化增长速度 C11	

一级指标	二级指标	三级指标	备注
物流人才竞争力 A3	物流人才指数 B5	2013 年物流从业人员总量 C12	
		物流高技术人才占比率 C13	
区域物流竞争力	区域经济活力 A4	地区参与国际市场程度化指数 B6	区域人均进出口总值 C14	
		对外经济合作 C15	
	区域经济规模指数 B7	区域人均 GDP C16	
		区域规模以上工业总产值 C17	
		消费品零售额 C18	
	地区政府管理能力 A5	地区建设和仓储用地指数 B8	区域或城市规模 C19	
		仓储用地 C20	
	地区政府推销能力指数 B9	地区吸引外资能力 C21	实际利用外资
		地区吸引游客能力 C22	旅游人数与收入
	地区财政水平指数 B10	人均财政收入 C23	
		人均财政收入增长率 C24	

六、区域物流竞争力测算方法、模型及指标数据的标准化

（一）区域物流竞争力测算方法与模型

1. 评价方法

物流是一项系统工程，涉及范围广，需要从多个方面比较全面地对区域物流竞争力进行评价。在评价方法上，到目前为止，仍没有形成一套完整的、通用的、标准的竞争力评价方法。常用的竞争力评价方法主要有以下几种：

（1）基于因素筛选的综合评价法。由于影响产业国际竞争力的因素有很多，不可能也不现实对所有的影响因素都进行分析评价，因此，对各种影响因素的选择和分组，又有不同的处理方法，如 Rough 方法、聚类法、主成分分析、因子分析以及各类回归分析等，不同方法还可以相互结合，取长补短，组合形成多种复合评价法。

（2）DEA 数据包络分析方法。DEA 法是建立在相对效率概念基础上的一种系统分析方法，该方法使用数学规划模型对各决策单元的相对效率进行比较，从而对决策单元做出定量的综合评价。它最大的优点就是不需要事先人为地对各输入和输出指标确定权重，因此，这种方法特别适用于处理多输入/多输出的复杂系统的定量综合评价问题。但是目前对 DEA 研究仍然存在许多问题，如生产可能集的限制问题、饱和现象、输入输出的不确定性等，不断产生的新问题要求人们要不断改进和提高该方法

及其模型。

（3）投入产出分析法。该方法的基本原理是：基于一定的投入对其产出成果进行评价，或者基于给定的产出衡量其投入量的多少，以此对产业的生产过程做出判断。这种方法比较容易理解，是经济核算中常用的传统方法。其缺点是对于一些投入或产出指标很难定量化，如文化知识投入、管理投入等，因此，在运用该方法进行产业国际竞争力评价建模时，应充分考虑各种影响因素，给出一种科学合理的量化方法，使投入产出模型更加符合产业国际竞争实际。

（4）加权综合法。这种方法的总体思路是：首先，设计竞争力的评价指标；其次，根据各指标对竞争力的影响力大小赋予相应的权重；最后，做综合加权运算，得到竞争力的综合评价结果。这种方法思路容易理解，操作也比较简单。但其缺点也比较明显：由于指标权重的确定具有主观性或随机性，因此，难以保证评价结果的客观性和准确性。为此，基于指标权重的确定又展开了广泛讨论，开发了各种各样的权重确定方法，例如层次分析法、模糊运算法、神经网络、主观概率调查法等。其中层次分析法是目前比较成熟的一种加权综合法，它模拟人脑对客观事物的分析与综合过程，是一种将定量分析与定性分析有机结合的方法，具有简单明了、层次清晰、系统性强等优点，应用最为广泛。

2. 评价模型的选择

本书采用加权综合法。其常用的评价模型包括线性评价模型、非线性评价模型和理想点模型等。我们采用要求均衡性较强的非线性评价模型。公式如下：

$$y = \prod_{j=1}^{m} x_j^{w_j} \qquad (j = 1, 2, \cdots, m)$$

式中，y 为评价对象的综合评价结果，w_j 为指标 x_j 的权重。这种模型中，如果有一项指标偏低，那么这种情况会迅速地反映到综合评价结果当中。

（二）测算方法和权重的确定

（1）区域物流竞争力的指标分为三级，在三级指标合成二级指标时，采用先标准化再等权相加的方法；而在二级指标合成一级指标以及一级指标合成区域物流竞争力指数时均采用方差加权和熵值法结合的综合赋权方法，其公式为：

$$w_j = \rho w_{jd} + (1-\rho) w_{je}$$

式中，w_{jd} 为用方差加权法算出的权重；w_{je} 为用熵值法算出的权重；ρ 系数取 0.6。

（2）w_{jd} 的确定。

$$w_{jd} = \frac{s_j}{\sum_{t=1}^{m} s_t} \qquad (j = 1, 2, \cdots, m)$$

其中，

$$s_j = \sqrt{\dfrac{\sum\limits_{i=1}^{n}(x_{ij}-\overline{x}_j)^2}{n}} \ ; \quad \overline{x}_j = \dfrac{\sum\limits_{i=1}^{n}x_{ij}}{n}, \quad (j=1, \ 2, \ \cdots, \ m)$$

（3）w_{je} 的确定。

$$w_{je} = \dfrac{\alpha_j}{\sum\limits_{i=1}^{n}\alpha_i} \quad (j=1, \ 2, \ \cdots, \ m)$$

其中，$\alpha_j = 1 - e_j$ 为差异系数；而

$$e_j = -\dfrac{1}{\ln n}\sum_{i=1}^{n}p_{ij}\ln(p_{ij}) \ 为第\ j\ 项指标的熵值；$$

其中，

$$p_{ij} = \dfrac{x_{ij}}{\sum\limits_{i=1}^{n}x_{ij}} \quad x_{ij} > 0 \ 且 \sum_{i=1}^{n}x_{ij} > 0$$

（三）指标数据的标准化

由于各项指标数据的量纲不同，首先必须对所有指标数据进行无量纲化处理。本研究主要采取指数化法和标准化法。

指数化法的公式：

$$Z_i = \dfrac{x_i}{x_0} \quad (i=1, \ 2, \ \cdots, \ n)$$

其中，Z_i 为指标指数；x_i 为原始指标数据；$x_0 = \max\,(x_i)$。

标准化法的公式：

$$Z_i = \dfrac{x_i - \overline{x}}{s} \quad (i=1, \ 2, \ \cdots, \ n)$$

其中，$\overline{x} = \dfrac{\sum\limits_{i=1}^{n}x_i}{n}$；$s = \sqrt{\dfrac{\sum\limits_{i=1}^{n}(x_i - \overline{x})^2}{n}}$。

七、湖南省 14 个市州区域物流竞争力 2015 年度排名及分析

（一）湖南省 14 个市州区域物流竞争力排名

根据上述方法与模型，对湖南省 2015 年 14 个市州的区域物流竞争力进行测算，报告中的所需数据全部来自《湖南统计年鉴（2016）》，得出了 2015 年湖南省 14 个市州的区域物流总竞争力的综合指数和排名（见表 2-2）。

表 2‑2　　　　　2015 年湖南省 14 个市州区域物流总竞争力指数和排名

	长沙市	株洲市	岳阳市	湘潭市	衡阳市	益阳市	郴州市
区域物流总竞争力指数	0.9462	0.5521	0.5167	0.5122	0.4972	0.4536	0.4228
区域物流总竞争力排名	1	2	3	4	5	6	7
	常德市	娄底市	永州市	邵阳市	怀化市	张家界市	湘西州
区域物流总竞争力指数	0.3766	0.3645	0.3555	0.3476	0.3418	0.2929	0.2917
区域物流总竞争力排名	8	9	10	11	12	13	14

（二）结果分析及湖南省区域物流发展布局

对湖南省区域物流竞争力测算的结果进行分析，可以发现湖南省区域物流产业竞争力在 2015 年出现了一些变化。从历史经验来看，对 2009 年与 2014 年湖南区域物流竞争力排名之间进行拟合，发现决定系数为 0.8725，说明 2009 年与 2014 年排名之间相关程度较高，表明湖南区域物流竞争力发展具有很强的历史惯性。但是，经过各地区的努力，湖南省区域之间物流发展水平差异出现缩小的趋势。另外，有些地区（如岳阳、衡阳、邵阳）竞争力指数改善较明显，排名上升。

计算结果表明，湖南省各市州区域物流竞争力的差距主要产生于物流基础设施竞争力、区域经济活力与地区政府管理能力这三项指标上。其中，区域物流竞争力指数与区域经济活力呈明显正向相关关系。物流产业与经济发展彼此联系、相互促进，物流产业竞争力强，物流效率高、物流成本低，既能保证物流顺畅，又可以提高经济效益，从而促进经济发展；同时，经济快速发展，物流需求不断扩大，以此带动物流产业的进一步发展。竞争力最强的长沙市、湘潭市和株洲市都是湖南经济相对发达的地区，其工业经济在湖南处于领先水平；衡阳市、郴州市作为湖南承接产业转移的前沿，物流产业取得了长足的发展，在省内位居前列。竞争力较强的岳阳等都是交通枢纽城市，区位优势十分明显，拥有陆、水、空各种运输能力，为物流产业的发展提供了良好的条件。

通过上述分析可以勾勒出湖南省各市州物流发展的空间整体布局：以长株潭为中心，以物流发展水平较好的衡阳、岳阳、常德、郴州等为节点，连接其他城市，并形成点、线、面相结合的物流发展体系。其中，中心和节点城市有物流发展优势，应优先发展，使其成为区域物流中的增长极，辐射周边地区。

湖南物流的发展需要区域统筹，也需要兼顾区域特点协同发展。毋庸置疑，长株潭城市圈物流业发展潜力巨大，未来将成为湖南省区域物流发展的中心地带。同时，衡阳、岳阳、郴州和常德等地物流发展相对成熟，作为区域物流建设的节点城市，也属于应优先发展的地区。这几个城市物流发展地理区位优势比较显著。衡阳地处湖南省中南部，是重要的交通枢纽城市，人口集中，经济比较发达；岳阳毗邻洞庭湖，航运发达，其航运系统渗透湘、资、沅、澧四大河流，是湖南省最大的航运物流中心；郴州是湖南的"南大门"，东界江西赣州，南邻广东韶关，在承接沿海地区产业转移上有明显的区位优势，发展潜力巨大；常德是近几年湖南省经济增长最快的地区之一。这些地区可兴建具有一定规模的物流园区或保税物流园区，尽快将地理区位优势转化为经济发展优势。在地理位置上，岳阳、常德位于湖南省北部，属于环洞庭湖区域，连接长江经济带；衡阳地处中南部，郴州坐落于南部地区，是湘南承接产业转移的重要区域。这几个城市可作为连接湖南省区域物流建设的重要节点城市，积极与周边地带进行互动，加强物流网络体系的建设，加强经济联系，带动周边地区的物流建设和社会经济发展。

邵阳、娄底、益阳、永州、怀化、张家界、湘西州等城市地处湖南省中西部地区。前些年，由于地形复杂，山高路险，使交通建设非常困难，相比之前几个城市经济发展和物流建设相对落后，劣势比较明显。但是近几年来，这些地区政府提供了大量扶持手段和优惠政策，吸引外来投资，同时加快和加强了物流交通基础建设。此外，它们在经济建设上开始向其他节点城市或中心城市靠拢，加强发展其薄弱环节，已经开始摆脱前些年物流落后的状况。例如，怀化将自己定位为东西部经济合作的"二传手"，力图构筑东西部的商贸物流中心，推动传统商贸向现代商贸物流转型发展；永州正力图成为湘粤桂边界地区的交通枢纽和物流中心，紧抓铁路、公路、水运和航空交通系统建设，构筑四位一体的立体交通网络；益阳则积极融入长株潭城市群，按照"大产业、大物流、大市场"的发展思路大力发展农产品冷链物流。目前，益阳果蔬生产经营已基本形成规模化、区域化、专业化的格局，成为农民增收、农村致富的一个重要产业。

　　根据上述计算结果分析，张家界和湘西州物流发展仍有待提高，物流发展在省内各地区中处在末位，造成这种状况的主要因素仍是交通条件。但是，这两个城市旅游业比较发达，张家界的奇山怪石、自然风光和湘西州的凤凰古城等是全国知名的旅游景区，旅游业已然成为当地的支柱产业。旅游业要做大做强，同样需要强有力的交通系统作为支持。因此，这两地区正以此为契机，抓住机遇，在进行旅游区开发的同时搞好交通基础设施建设，以促进特色物流产业的发展。

八、总结评述

　　研究报告根据对区域物流竞争力的解释性因素的理解，利用三级区域物流竞争力指标体系，并运用基于方差加权与熵值法相结合的综合赋权法的非线性评价模型对湖南省 14 个市州的物流竞争力指数进行了计量，所计算出的结果与湖南省物流发展现状非常吻合。这也说明了报告中所建指标体系及方法运用的有效性。

　　区域物流是一个复杂的有机系统，是以提高本区域物流活动的水平和效率、扩大物流活动的规模和范围为目标，以物流中心城市为中心节点，以区域物流网络为基础，通过各种运输方式，在各种物流机制下，经过众多物流功能与物流运作各参与主体的综合作用，使区域内外的各类物品从供应地向需求地进行有效实体流动的复杂网络系统。湖南省各市州由于所处地理位置、资源禀赋、经济发展水平、产业结构、科技水平、人力资源、政府调控、支持力度等方面不同，区域物流发展存在较大差异。各地区主管部门、物流企业等主体只有客观认识区域物流协同成长关系，对本地区物流所处的成长水平与协同水平有一个科学、正确的评价，按照区域物流成长规律办事，才能真正促进本地区物流可持续健康发展。

　　区域物流协同演化关系表现为以下几个方面：

　　（1）物流经济单元层面。在一个特定的区域物流市场，会存在各种不同类型的物流企业，同时也会存在不同类型的企业物流，这些非物流企业也会有相应的部门（如采购部、物流部等）从事专门的物流活动。从物流经济单元层面看，区域物流系统"种群"间存在竞争与协作的复杂关联。

　　（2）物流地域层面。从地域层面看，区域物流由多个物流区域（物流园区、区域物流中心城市、物流经济带等）组成，由于物流在社会生产消费过程中的衔接作用，不同区域之间的物流活动需要满足其所在地域社会、经济、文化以及环境发展的综合需要，这就使各物流区域的物流活动之间必须进行协作。

　　（3）协同机制层面。随着区域物流系统内部各子系统之间、区域物流系统与环境之间的持续协同，区域物流系统将不断发生新质出现、旧质消亡的现象，并呈现出不同的阶段性特点：物流中心城市阶段、物流经济带阶段、物流网络阶段、物流经济圈阶段。因此，区域物流协同促进了区域物流的整体进步。

要取得区域物流协同发展的成效，就必须首先正确理解区域物流发展与区域物流协同的内涵。区域物流协同发展包括区域物流内部协同发展和区域物流外部协同发展两层含义，是区域物流内部协同与外部协同的统一。从协同形式看，区域物流协同体现为多个区域物流智能主体之间的协同。区域物流多主体协同是区域物流系统中供给主体、需求主体、网络运营主体、政府部门、高等学校、金融机构、行业协会等在物流运作过程中的合作、协调、同步。区域物流的有效运转必须依靠区域物流系统多个智能主体的协同，才能最大限度地实现区域物流系统的整体高效与经济效益的最大化。其次，要正确处理区域物流发展与区域物流协同的关系。区域物流发展与区域物流协同之间存在十分密切的关系。一方面，区域物流协同促进了区域物流发展；另一方面，区域物流发展离不开区域物流系统内部各子系统（要素）之间以及区域物流系统与外部环境之间的协同，区域物流协同是区域物流发展的基础和前提。从数量关系上讲，区域物流发展与区域物流协同之间是一种线性正相关关系，区域物流协同效应与水平越高，区域物流发展基础越好，起点越高，那么区域物流发展水平就越高。最后，各地区政府在制定物流相关政策时，既要考虑结果，也要看到现状，更要关注过程。在提出一个地区的物流发展规划或对策之前，首先要对区域物流成长与区域物流协同之间的关系有一个客观认识，并对本地区物流成长与协同水平有一个科学评价。这种评价既要有横向的，也要有纵向的。通过横向评价，可以看到本地区与其他地区在成长基础、协同效应、协同水平等方面的差距；通过纵向评价，可以看到本地区区域物流成长的轨迹（过程），了解区域物流协同效应与协同水平的波动情况，可以深入分析波动产生的原因，并采取相应措施（如建立或完善协同机制、出台管理规范、制定物流技术标准等）。

2015年是"十二五"收官之年。十二五期间，湖南省制定了《湖南省流通产业总体规划》，规划建立长株潭、环洞庭湖、大湘西、大湘南四大区域物流体系。从研究的结果来看，湖南省区域物流的协同发展开始慢慢彰显成效。湖南省各市州在立足自身特点的基础上，逐步整合与优化内外部资源，各区域物流的协同不断深化。

第三章　2015年物流产业对湖南经济发展的影响分析

随着世界经济的快速发展和全球化进程的进一步加快，物流业作为现代经济的重要组成部分，正在全球范围内迅速发展。国务院《物流业发展中长期规划（2014—2020年）》指出："物流业是融合运输、仓储、货代、信息等产业的复合型服务业，是支撑国民经济发展的基础性、战略性产业。加快发展现代物流业，对于促进产业结构调整、转变发展方式、提高国民经济竞争力和建设生态文明具有重要意义。"明确要求"加强物流领域理论研究，完善我国现代物流业理论体系，积极推进产学研用结合"。

我国经济发展与市场化改革的深入，让更多的企业和地区置身于开放的市场环境中，竞争也日趋激烈。而物流产业被誉为国家和区域经济发展的加速器和助推器，其发展程度是衡量一个国家和区域经济实力和现代化程度的重要标志之一。所以，在节约资源和保护环境的可持续发展战略的指引下，被喻为企业的"第三利润源泉"和经济发展的加速器的现代物流产业正在成为区域经济新的增长热点。目前，各地政府正逐渐认识到物流产业对于推动经济增长的重要作用，加大物流产业发展的扶持力度，从而将地区的经济水平推上一个新台阶。

就湖南省的实际情况而言，现代物流产业在推动本省经济发展的过程中发挥着越来越重要的作用。尤其是物流产业在促进分工、降低交易费用、促进物质交换、增加产品价值方面都发挥了不可替代的重大影响，对促进湖南经济快速增长和转型发展起到了基础性、总战略性作用。

一、物流产业与区域经济发展的关系分析

湖南省物流业在快速发展的同时，由长期粗放发展所累积的矛盾亦日益突出，物流业高投入、高污染、低产出、低效能的特点已成为制约物流业提质增效和转型发展的瓶颈。因此，如何借助物流业与国民经济的联动发展推动国民经济产业结构调整、转变发展方式、提高国民经济竞争力和建设生态文明，就成为摆在学术界和管理当局面前的一项重要课题，具有重要的理论意义和实践价值。

为了能更为准确、科学分析以上问题，并提出科学系统的对策，必须搞清楚物流产业与区域经济增长的关系。

（一）区域物流的整合能力

区域物流可以整合区域经济内部的各种资源，利用有效的渠道保护区域经济发展的基础和内容，区域物流的发展集中表现为区域物流园区的建设和物流网络体系的构建。区域物流园区在形成和发展过程中，具有人力资源迅速聚集、支柱产业迅速形成、资金迅速密集的特点，物流园区建设中的细节建设有助于区域经济。

区域健康和可持续化发展，可以降低一定的运行成本，提高物流园区的系统化和规模化建设需要投入科学化和系统化的物流管理，通过区域经济一体化的发展形成了一定服务规模的交易一体化系统。区域物流的核心思想和竞争意识就是提高区域物流对区域经济的带动作用，能够帮助区域经济实现新的飞跃和发展，帮助地区实现新的发展，并且创造更多的机会，实现区域的就业，降低运输成本，实现新的资源配给的均衡，帮助企业提高财务管理能力，更好地实现环境保护等。

物流对于区域经济的整合能力，还体现在对其他行业商品库存与积压的疏解作用。物流业可以提高交易双方的效率，随着双方确立了合作关系，并建立起了互信，生产商不用担心销售出路，销售商也不用担心商品的生产，这样间接性地提高了交易双方的经济效益。据中国物流信息中心统计核算，近几年，我国社会物流总费用与GDP（国内生产总值）的比率一直维持在16%～17%，该指标比欧美以及日本、韩国等发达国家高出一倍以上。而湖南省的这一比率还略高于全国平均，考虑到我省国情和发展阶段的差异，剔除产业结构等多种因素影响，较为合理的物流费用率应在13%左右。因此，降低社会物流成本，提高宏观经济效益的空间巨大。以2014年统计数据测算，如果我省物流成本与GDP的比率降低1个百分点，则可增加经济效益约800亿元；如果降至13%这个较为合理的水平，则可节约物流成本3000多亿元。

（二）区域物流的扩散能力

区域经济体发展的最终动力是依靠区域物流内部整合资源的能力和可持续运输实现的最终资源配给的能力而实现的。在区域物流的发展中，提高区域内部物流的扩散能力对区域经济周边的区域经济发展具有一定的扩散作用，可以实现扩散化的经济发展与经营管理。现代化的物流管理方式可以建立一种全新的物流管理模式，目前的物流管理主要是一种物资运输的流通体系，在通过相应的渠道开展相应的流通发展，在成本和运输控制中在流通模式下要有科学化的管理，比如在对待传统的生产型企业中就会依赖物流运输，对于商场发展而言，物流配送的一体化和完整化对产品或者服务的意义就在于能够更好地占领市场。区域物流的发展和经营依靠一定量的物流扩散和物流转变，从而更好地让区域经济体周边的地区实现经济的发展和飞跃，帮助更多的地方实现经济发展。

区域物流能优化区域产业结构，促进区域产业升级。从根本上来讲，物流业属于第三产业，它主要是以商品的生产商和销售商作为主要的服务对象，对其提供运输、装卸等服务，所以物流业的发展本身就促进了区域产业结构的优化，另外，依据现代产业结构的发展趋势，高度化和合理化是区域经济在发展过程中结构优化的方向，其中高度化是指物流业的发展带动了其他产业的发展与集聚，有利于实现不同产业间的集中生产和处理，区域物流业的发展带动了当地金融、娱乐、运输、信息等行业的发展，促进了技术、信息以及金融业的集中，这些产业作为第三产业，其发展水平在一定程度上决定该地区第三产业的发展水平。合理化是指第一、第二、第三产业之间发展均衡问题，由于区域物流业的发展，很多劳动力从第一、第二产业中脱离出来，加入到了第三产业的发展中，逐渐地提高了第三产业在地区产业结构中的数量和发展水平，从而实现了该地区第一、第二、第三产业之间的合理发展。总之，区域物流业作为第三产业，以及其发展带动了相关第三产业的发展，这都促进了区域内的产业结构和优化与发展。

（三）区域物流发展的推动效应

对区域产业发展的前向效应、后向效应和旁侧效应。物流产业的前向效应是指物流产业在提供物流服务的过程中对需要投入其他产业提供的产品和技术而形成的关联效应。区域物流产业的发展将促进物流装备制造业、物流系统业、物流新工艺和新技术的发展，新原料、能源、新装备工具等出现的诱导作用，提高物流活动的效率，促进物流产业优化，潜在地增进经济和社会机会。区域物流发展的前进效应就是不断提高区域经济的内部发展能力，对实现经济发展需要的动力做出合理的规划和建议，让物流活动更加顺畅地发展，更好地适应社会需求。

区域物流业发展能增加区域就业机会，提高居民收入。众所周知，第三产业在促进就业方面有着不可替代的作用。随着区域物流业的发展，区域内的产业结构更加合理，相应地带动了其他第三产业的发展，运输、娱乐、包装、金融、信息等行业不断地出现，很多从事第一、第二产业的劳动力逐渐摆脱了原来从事的行业，并转而加入第三产业的发展当中。另外，第三产业对于其从业人员的教育水平要求相对较低，可以吸引文化水平较低的人从事第三产业，而且第三产业投入成本较小，收益较大，在一定程度上提高了居民的平均收入，也提高了其生活水平和生活质量。据《湖南省统计年鉴2015》显示，2015年全省交通运输、仓储和邮政业及批发零售在内的物流业人员达到了521.27万人，吸收第三产业就业人员大约36.31%，占全省总就业人数的12.89%，2015年，物流业就业人员达1233325人，相比2014年年增加了3.7个百分点，由此可见，我省物流业已经创造了大量的就业机会，吸纳了大量的劳动力。

物流的发展还能促进地区经济发展，提高区域核心竞争力。区域物流业的发展不仅带动了其他产业的发展，也提高了居民的收入。在物流业迅速发展的过程中，很多相关产业如雨后春笋快速建立与发展起来，为当地提供了更多的就业机会，也给当地政府带来了巨大的税收，促进了当地的经济发展。同时，在区域物流业的发展，可以吸引外地或者国外很多企业投资本地，建立公司，发展生产，尤其是高新技术产业。高新技术产业的发展不仅可以为一个地区的经济发展带来活力，而且还可以促进地区核心竞争力的提升。2015年，全省物流业增加值达1806亿元，"十二五"期间年增速12.6%；占GDP的比重达5.9%；从业人员达135万人，比2010年增加了3倍多；产业成熟度为2.32，处于加速发展阶段。近年来，以大物流综合交通管理体制为保障，以物流园区为载体、高端物流产业群为依托的现代物流业实现了持续快速健康发展，为湖南省经济社会发展提供了强有力支撑。具体来看，物流业带动了农业生产结构调整，促进了农业产业化进程；初步实现工业产供销结合，助推了以工程机械、装备制造、食品、有色等为重点的优势产业发展；推进服务业新型业态变革，为产业转型升级提供物流服务支撑。

（四）区域经济可以提高区域物流的规模

区域经济的规模在很大程度上与区域物流的规模发展形成了相应性的配合，因为区域经济发展过程中的一些特点和内容在区域物流的发展之中可以得到体现，为了更好地将区域经济的规模扩大，就要更好地做到区域物流的有效发展。物流业属于服务业，有着与其他服务业共同的特点，即需要依附于区域的生产性、流通性产业而存在。区域经济规模越大，区域物流发挥作用的空间亦越大，则区域物流的规模就越大。区域经济越发达，或区域的制造业、商贸业越活跃，物流业也就越有良好的客户群和市场基础，就有大规模发展的可能。

物流业的发展能有效降低企业运行成本，提高企业经济效益。随着我国物流业的快速发展，我国的物流体系不断得到完善，尤其是区域物流，与传统的物流运输相比，其运输方式更加多样化，由传统的公路、铁路运输扩展到公路、铁路、水路、航空运输以及混合运输等方式；运输设备完善化，现在的物流运输主要有专业性商品的搬运中心、专业性商品的运输中心、专业性商品的储存中心、专业性商品的包装中心、专业性商品的信息处理中心以及专业性商品的卸载中心等；这种完善的现代物流体系促进了我国物流尤其是区域物流的工作效率和工作水平，在商品市场竞争激烈、商品的更新周期较短的今天，物流业的快速发展，使企业的商品零库存成为了现实，降低了企业的库存积压风险，提高了企业的经济发展效益。

具体而言，企业库存商品的数量越多，会占用企业资金，带来市场风险以及仓储与保险费用，从而推高企业成本。尤其是在商品更新较快的情况下，企业的商品就会出现大量积压，甚至很难有机会销售出去，还会进一步造成企业经济效益的大幅降低。就区域经济发展来看，区域物流产业的发展有利于企业之间降低商品交易过程中的各项费用，从而降低企业的运营成本。其原因是交易双方可以根据企业的实际订单进行生产、订购，尤其是现代网络技术的发展，双方之间的交易可以通过网络实现，完全没有区域物流，在发展过程中忽视了本地的实际情况，例如，地理位置、当地的交通以及企业发展水平等，对区域发展的目标认识不够清楚，定位不够准确，最后造成了发展过程中资源的严重浪费。所以，任何地区的区域物流经济，都必须对当地的地理位置、地理环境、发展水平有一个明确的认识，制定正确的、符合本地实际的发展目标，并根据实际情况进行科学的规划，充分发挥本地的优势，发展优势产业，完善基础设施。

（五）区域经济与区域物流的协调适应性

区域经济的适当发展规模在一定程度上实现了与区域物流的对接，在区域协调与发展的道路上，区域经济可以为区域物流的发展寻找到相应途径，区域经济的发展水平和层次决定着区域物流的发展水平和层次。通常情况下，区域经济相对发达的地区对区域内部的物流发展水平要求也相对较高，因为区域经济内部就需要这样的基础性发展物质条件，反过来讲，区域经济发展不好的地方，相应地也缺少发展动力，对经济发展地区较弱地区的物流水平要求也较差，必备的通信、交通、仓储等设施都存在不足。区域经济的发展依靠技术、资本、人力、物力以及其他资源的有效对接，在资源的合理和科学的对接过程中要保持良好的状态实现最终的区域物流实现方式，对待区域经济的发展还需要不断转变区域物流的基础性和稳健性等特点。

（六）区域经济与区域物流的结构一体化

区域经济的发展结构离不开区域物流的结构发展，因为区域经济结构与区域物流结构的发展不能合为一体，就区域经济发展的速度而言，做到科学合理地发展好区域物流的规模化与产业化就可以有效地提高区域经济的经济规模和速度，实现区域经济和区域物流的一体化发展。区域的经济结构及其变动趋向对区域物流结构，如物流基础设施、物流服务范围、类别、路线及水平等有着重要的影响，这是由物流业的服务属性所决定的。区域物流业的发展是区域经济发展的产物，属于后发产业。它是维系区域经济各个部门、产业和企业之间关系的纽带，并使之成为一个统一的有机整体。区域经济与区域物流双方资源的获得与合理发展，展现出了区域经济与区域物流协调发展的一定特性，要充分满足两者之间的结构具有相适应性和互补性，对未来经济发展具有指导意义。

总之，区域经济的发展与区域物流的发展本身就是一种相辅相成和可持续化互相替代性发展的表现，对于区域经济的发展和转变就可以在区域物流中给出一定的探索和研究。这两者之间的互相推动的作用在国内研究就有很多。基于相关的实际资料和调研报告，并分析大量资料得出了一些看法和认识，认为区域物流作为推动区域经济发展的一种动力，本身又作为区域经济的一部分，在区域经济发展中具有一定的贡献作用，在实现产业化集群和集团经济发展过程中，物流具有不可或缺的功能与效果，为了实现未来的区域经济与国际化对接，区域经济就必须实现扩大与创新。在以区域经济为平台和背景的环境要求下，对待区域经济的发展要不断试验，要以理论为依据，以科学化和产业化的背景为基础，为了实现国家战略目的而不懈努力。

二、物流产业对湖南经济发展的影响分析

从湖南省的实际来看，物流业不仅是本省国民经济的重要组成部分，而且在国民经济产业结构调整、转变发展方式、提高国民经济竞争力和建设生态文明方面，具有重要的推动作用。区域经济发展的整体水平影响和制约区域物流的运行效率，而区域物流的效率、服务水平和物流成本反过来也会影响和制约区域经济发展和竞争力提升。因此，研究湖南省物流业与经济增长、经济结构优化、经济发展方式转变之间的加速效应、带动作用、因果关系或动态耦合机理，从而为推动经济增长和结构优化升级提供理论支持，具有重要的理论意义和实践价值。

（一）模型构建

为揭示物流产业和经济发展之间的关系，以湖南省及各市经济增长、经济转型升级与物流业发展之间的关系为研究对象，通过时间序列的平稳性分析，运用协整理论和Granger因果检验揭示经济增长、经济转型升级与物流业发展之间存在怎样的长期关系、因果关系和动态变化规律。从而为湖南省制定区域物流发展战略，推动湖南省产业结构优化调整、促进经济提质增效提供理论依据。

学者们对此开展了积极的研究工作，取得了一系列成果。高秀丽、王爱虎、房兴超（2012）以广东省1978—2009年年度数据为研究样本，选择代表区域物流发展水平的3个重要指标，研究了广东省经济增长与物流业发展之间的关系。通过建立向量自回归模型，采用脉冲响应模型分析经济增长与物流发展间的联动效应，并应用协整分析和Granger因果检验方法，取得了一系列成果。

检验方法揭示了经济增长与物流业的长期关系和因果关系。武富庆、李巍巍、吴冲、赵丽（2015）选择产业结构为因变量，选择物流产业集聚为核心解释变量，采用货运量、物流人力资本、固定资产投资及政府干预为控制变量，以黑龙江省12地市2005—2012年数据为研究样本，利用面板数据个体固定效应模型，实证检验各市物流产业集聚对产业结构贡献的影响。陈虎、杨勇攀（2010）运用Granger因果关系检验及协整分析方法，研究了四川攀枝花市的区域经济发展状况与物流能力水平之间的关系，以丰富区域经济理论，并为地方政策制定提供政策建议。李泉、王占学（2014）以西部地区1979—2011年物流产值增额与GDP增额的时间序列数据为研究样本，构建了两者的协整方程和误差修正模型，并运用格兰杰因果关系检验、脉冲响应函数和方差分解等方法，分析了区域经济增长与物流发展之间的因果关系、动态变化。刘维林（2011）设计了系统动力学模型，采用天津滨海新区案例仿真研究了区域物流系统与区域经济增长之间的动态关联关系及耦合结构，分析了其三大作用子系统及多重嵌套反馈回路，模拟了自适应、物流系统适度超前和其他产业优先三种不同发展模式下的协同演化路径。金芳芳（2012）以1995—2009年全

国以及上海市、湖南省、广东省的统计数据为研究样本，以相关分析方法和经济增长模型实证分析了不同时期和不同区域物流产业如何影响我国的经济增长。沈江、张婷（2012）依据1995—2009年的省级面板数据，分析了东部地区物流业发展对经济发展的加速效应，揭示出物流业发展对经济发展具有一定加速效应，并描述了加速路径是促进产业结构的升级、优化吸引外资的环境和提升制造企业的竞争力等。孙浩杰、吴群琪、汪蕴慧（2011）以西安市为例，结合相关分析、贡献率模型、区位商法、产业乘数法等多种模型和方法，定量分析了西安市物流业促进经济结构优化，发现西安市在优化经济结构方面要优于全国平均水平，但其作用仍然需要进一步改进，这可以为西部地区乃至全国提供经验借鉴。张予川、张金鑫（2015）通过实证分析长江经济带9省2市1999—2012年的面板数据，表明长江经济带物流业发展对制造业效率提升有显著的促进作用，认为城市化水平和政策环境两因素对物流业发展的外溢效益为负。在物流发展与经济增长之间关系的研究方面，现有的文献多集中于物流发展与经济增长之间的联动效应与因果关系、物流产业集聚对产业结构贡献的影响、物流系统与区域经济增长之间的动态关联关系及耦合结构、物流业发展对经济发展的加速效应、物流业发展提升制造业效率等方面。

但是，区域物流发展与经济发展之间存在何种关系、关系方向和强度大小如何，处于不同区域、不同发展阶段，所得结论是否一致？另外，物流业发展与国民经济产业结构调整、转变发展方式之间联动效应、因果关系的研究，仍未见有文献进行专门、系统的研究，同时也未见有文献专门研究湖南经济转型升级的测度问题。因此，结合若干年来湖南区域经济和物流发展的数据，科学把握和回答这些问题，既是合理规划和控制湖南物流发展速度和规模，从而实现区域物流和区域经济协调发展的客观需要，也是优化物流资源配置，从而借助现代物流推动区域经济转变发展方式、加快结构调整的理论依据。

（二）实证分析

1. 变量选择与数据来源

在变量的选择方面，高秀丽、王爱虎、房兴超（2012）为研究广东省经济增长与物流业发展之间的关系，选择交通、仓储、邮电的年产值衡量物流成效，选择国内生产总值衡量经济增长。武富庆、李巍巍、吴冲、赵丽（2015）以产业结构为因变量，物流产业集聚为核心解释变量，货运量、物流人力资本、固定资产投资及政府干预为控制变量。陈虎、杨勇攀（2010）选择货运量代表区域物流能力，选择当地GDP代表经济发展水平。李泉、王占学（2014）采用交通、仓储、邮电产值增加额的总和描述物流发展的规模，采用国内生产总值描述经济增长。韦琦（2011）采用工业增加值衡量制造业发展，交通、仓储、邮电产值增加额的总和描述物流发展的水平。沈江、张婷（2012）选用人均GDP衡量经济发展水平，选用货运周转量衡量物流发展水平。李国刚、曹昱亮（2012）采用区域物流效率、区域物流资源两个因素衡量区域物流能力，一个因素衡量区域经济增长因素，并对三个因素选用多个变量予以具体量化。

因此，本书选取交通、仓储和邮电通信业的年产值衡量物流发展水平，选择湖南省国内生产总值代表湖南省经济发展水平。对于衡量区域经济转型升级的水平，学者们进行了大量的探索，取得了一系列有意义的成果。这些测度方法大致可以分为三大类：第一类是采用 More（附加）值测定法或 Lilien（利连）指数模型测度转型升级速度，采用产业结构超前系数测度转型升级方向（高燕，2006；谭晶荣、颜敏霞、邓强、王健，2012）；第二类是通过建立一套指标体系，测度转型升级的水平（程惠芳、唐辉亮、陈超，2011）；第三类是采用全要素生产率表征转型升级的效率或者建立一套基于静态投入产出模型的产业结构优化升级测度方法（王志华、陈圻，2012；李博、胡进，2008）。

考虑到数据的可获得性和本书研究的需要，我们选择 More 值测定法测度区域经济转型升级的水平。本书的数据主要来源于《湖南统计年鉴》《中国统计年鉴》等官方资料。值得指出的是，对物流产值和地区产值的数据，相关资料提供的是当年值而非可比值，我们对其进行转换使其具有可比性。其中，More 值测定法测度区域经济转型升级的水平，计算过程如下。More 值测定法是基于空间向量原理，将产业分为 N 个部门，而构成一组 n 维向量，以向量间的夹角作为表征产业结构变化的指标，并定义该夹角的余弦值为 More 值。通过建立向量自回归模型，采用脉冲响应模型分析经济增长与物流发展间的联动效应，并应用协整分析和 Granger 因果。具体如表 3－1 至表 3－8 所示。

表 3－1   LNWL 原序列的平稳性检验

		t－Statistic（统计量）	Prob.＊（可能性）
Augmented Dickey－Fuller test statistic （扩张迪基-富勒检验统计量）		－1.975472	0.59881
Test critical values： （检验临界值）	1% level	－3.5648221	
	5% level	－2.6714326	
	10% level	－3.1328503	

表 3－2   LNWL 一阶差分原序列的平稳性检验

		t－Statistic（统计量）	Prob.＊（可能性）
Augmented Dickey－Fuller test statistic （扩张迪基-富勒检验统计量）		－4.762851	0.00231
Test critical values： （检验临界值）	1% level	－3.864329	
	5% level	－2.7655815	
	10% level	－2.5847621	

表 3－3 　　　　　　　　　　LNZS 原序列的平稳性检验

		t－Statistic（统计量）	Prob.* （可能性）
Augmented Dickey－Fuller test statistic（扩张迪基-富勒检验统计量）		－5.064872	0.0001
Test critical values：（检验临界值）	1% level	－3.865482	
	5% level	－2.8754901	
	10% level	－2.576382	

表 3－4 　　　　　　　　　　LNGDP 原序列的平稳性检验

		t－Statistic（统计量）	Prob.* （可能性）
Augmented Dickey－Fuller test statistic（扩张迪基-富勒检验统计量）		－3.166596	0.1167
Test critical values：（检验临界值）	1% level	－4.284580	
	5% level	－3.562882	
	10% level	－3.215267	

表 3－5 　　　　　　　　　LNGDP 一阶差分序列的平稳性检验

		t－Statistic（统计量）	Prob.* （可能性）
Augmented Dickey－Fuller test statistic（扩张迪基-富勒检验统计量）		－4.807569	0.0004
Test critical values：（检验临界值）	1% level	－3.689194	
	5% level	－2.971853	
	10% level	－2.625121	

表 3－6 　　　　　　　　　　VAR 模型的滞后期选择

Lag	（似然函数）LogL	LR	FPE	AIC	SC	HQ
0	－27.27367	NA	0.025822	1.818516	1.978529	1.991498
1	85.66623	210.0126	1.45e－05	－5.774415	－5.161536*	－5.321254
2	94.19394	10.26279*	1.25e－05*	－5.626279*	－5.113592	－5.684761*
3	95.20585	4.889295	1.31e－05	－5.572347	－4.845915	－5.163631
4	97.66621	1.857307	1.25e－05	－5.374758	－4.375659	－5.124085

表 3 - 7   特征根迹检验

Hypothesized No. of CE（s） CE（s）的假设	Eigenvalue （特征值）	Trace Statistic （跟踪统计）	0.05 Critical Value （0.05 的临界值）	Prob. **
None*	0.378826	15.43928	11.903487	0.0077
At most 1	0.078191	2.928523	4.387581	0.1354

表 3 - 8   最大特征值检验

Hypothesized No. of CE（s） CE（s）的假设	Eigenvalue （特征值）	Max—Eigen Statistic （最大特征统计量）	0.05 Critical Value （0.05 的临界值）	Prob. **
None*	0.382678	14.76046	10.27640	0.0134
At most 1	0.071918	2.523928	4.648837	0.1296

2. 实证处理结果分析

通过设定滞后期为 2～4 期，结果显示变量 LNWL 和 LNGDP 之间并不存在明确的 Granger 因果关系。这与李泉、王占学（2014），陈虎、杨勇攀（2010），刘南、李燕（2006）等学者的研究结论并不完全一致，他们的结论大多认为经济发展是物流发展的格兰杰原因。具体如表 3 - 9 至表 3 - 11 所示。

表 3 - 9   滞后 2 期的 Granger 因果关系检验

Null Hypothesis：（零假设）	Obs（观测值）	F—Statistic（F 统计量）	Prob.
LNWL does not Granger Cause LNGDP	32	0.49867	0.6024
LNGDP does not Granger Cause LNWL		0.85315	0.4246

表 3 - 10   滞后 3 期的 Granger 因果关系检验

Null Hypothesis：（零假设）	Obs（观测值）	F—Statistic（F 统计量）	Prob.
LNWL does not Granger Cause LNGDP	31	0.22112	0.9215
LNGDP does not Granger Cause LNWL		0.95406	0.4315

表 3 - 11   滞后 4 期的 Granger 因果关系检验

Null Hypothesis：（零假设）	Obs（观测值）	F—Statistic（F 统计量）	Prob.
LNWL does not Granger Cause LNGDP	30	0.65249	0.6423
LNGDP does not Granger Cause LNWL		0.43716	0.7587

究其原因，其一是研究的时间序列的对象区域、时间并不一致，所得的结论当然不尽相同；其二是测度物流发展、经济发展的指标变量不尽相同。以交通、仓储和邮电通信业的年产值衡量物流发展水平，而其他研究可能以货物运输量或周转量、物流网络里程测度物流水平。为揭示湖南省及各市经济增长、经济转型升级与物流业发展之间的关系，本书通过时间序列的平稳性分析，运用协整理论和 Granger 因果检验揭示经济增长、经济转型升级与物流业发展之间存在怎样的长期关系、因果关系和动态变化规律。研究结果表明，湖南物流发展水平 LNWL 和湖南经济发展水平 LNGDP 是一阶单整的，存在长期的稳定关系。从长期来看，物流业发展促进了区域经济的发展和增长，而区域经济的发展亦促进了物流业的发展；尽管湖南物流业发展和湖南经济发展水平之间存在协整关系，但它们之间并不存在明确的 Granger 因果关系；实证结果显示，经济转型升级水平 LNZS 原序列是平稳的，湖南省经济转型升级水平与物流发展、区域经济发展之间，尚未发现存在长期的稳定关系。

三、对策建议

考虑面临的形势，结合湖南省的区位与资源优势，以全省物流产业发展作为切入点，针对物流产业发展在物流理念、人才结构、企业规模、基础设施、第三方物流等方面面临的主要问题，提出相应的建议，希望能对湖南经济发展起到积极的推动作用。

(一) 明确物流经济的发展目标

当前阶段，湖南省区域物流业正处于初步发展阶段，为了促进本地区的经济发展，当地政府应根据物流经济对区域经济的促进作用坚持宏观与微观效益两手抓。区域经济圈发展的主要基础就是区域物流的发展，区域经济圈的发展不仅具有宏观效益，还具有微观效益。所谓宏观效益是指由区域物流带动的区域产业结构的合理化，促进当地经济实力的发展；微观效益主要指区域物流的发展促进了当地企业自身的经济增长，提高了当地居民的收入和生活水平。一个地区综合实力的提高，不仅要依靠宏观经济的发展，还需要微观经济水平的提高，只有宏观与微观同时取得了巨大的增长效益，地区的综合实力才能得到明显的提升，同时这两者也是相辅相成的，宏观经济的发展带动了微观经济水平的提升，微观经济水平的提升反过来又促进了宏观经济的发展，任何一个地区在发展区域经济和区域物流的过程中，都必须高度重视宏观经济与微观经济的协调发展，坚持两手抓，避免只重视宏观经济或者只重视微观经济的现象。

(二) 加强政府政策的落实，加大对物流企业的政策扶持力度

近些年来，湖南省陆续出台了《湖南省现代物流发展规划》《物流业调整和振兴规划》《关于促进物流业健康发展政策措施的实施意见》《加快推进绿色循环低碳交通运输发展指导意见》《湖南省服务业发展三年行动计划的通知》等一系列政策，为全省物流业健康有

序发展提供了强有力的政策保障。下一步，应加强政府政策的落实，对积极贯彻落实相关政策的物流企业给予政策倾斜和资金支持，适当减免这些企业的部分税款及土地租金，鼓励更多的物流企业努力改进现有技术，不断提高物流信息化水平。加大物流技术推广力度，如EDI（电子数据交换）系统、GIS地理信息系统、GPS（全球定位系统）定位技术、RFID射频技术、RS遥感技术等。积极推动物流业升级，出台政策鼓励企业内部物流外包剥离，促进物流企业专业化发展。

加强政府对物流经济的保障。当前阶段，我国市场经济发展还处于初级阶段，市场管理体制还不健全，国民经济的主要产业还要政府主导，而区域物流的发展涉及很多政府主要的产业，例如，土地收购、交通建设、海港机场建设等，这就需要当地在发展区域物流的过程中，政府能够采取积极的措施，鼓励当地物流企业的发展，并给予最大限度的人力、物力、财力的支持，采取减免税政策，简化企业审批程序、放宽市场准入机制，改革相关产业管理部门，允许非公有制经济进入公有制经济当中，防止市场垄断现象的发生，正确引导市场竞争，打击不正当交易等。通过各种政策支持和职能改革，推动当地区域物流的发展，带动相关产业的发展，优化区域产业结构，实现区域物流和区域经济的共同发展。

（三）加强物流基础设施建设，提高物流业信息化、智能化水平

湖南省作为中部地区，应加大基础设施建设投入力度，促进物流业健康有序发展。一是有规划、有目的地建设物流基础设施，同时合理控制物流园区和物流中心建设数量。应将物流园区、物流中心规划建设在生产点或消费市场附近，以便物流集中运输，促进集约型物流形成。二是加大交通基础设施建设力度。交通基础设施是连接生产和贸易的纽带，加强公路、水路、铁路特别环城公路建设，有利于全省物流业发展。三是提升物流业信息化、智能化水平。加大物流业高科技研发投入力度，充分运用EDI、GIS、GPS等技术，提高物流业信息化、智能化水平。通过构建物流网络信息化平台，提高现有物流设施设备利用效率。

在政策层面，通过强化产业政策扶持，加快物流业的基础设施建设以及信息化、智能化发展，由此充分发挥物流对区域经济的拉动作用。贯彻落实国家物流产业发展政策，明确任务分工和细化相关措施。强化规划引导，确立物流业产业主体地位，对纳入区域经济发展规划的重点工程和重大项目，简化审批核准程序，在制定和修改城市发展相关规划时，优先保障规划选址和土地供应。制定完善支持物流企业"做强、做大"的扶持政策，培育一批网络化、规模化发展的大型物流企业。严格执行鲜活农产品运输"绿色通道"政策，研究配送车辆进入城区作业的相关政策，完善城市配送车辆通行管控措施。强化政策扶持，优先支持铁路、水运物流等低成本物流行业发展，降低湖南省物流综合成本，提升服务水平与竞争力。支持完善物流标准化工作体系，建立标准技术认定机制，提高效率。

对货运车辆通行费实行优惠，对持 ETC 通行湖南省高速公路的货运车辆给予通行费优惠。

（四）发展区域优势产业，促进物流业与全省经济协调发展

湖南省作为装备业制造大省，应充分发挥自身的优势。目前湖南省装备制造业产业已经逐渐走向成熟，应将学习西方先进技术与自我创新有效结合起来，以自我创新为主，不断提高装备设计和制造水平。积极拓展装备制造业产品研发项目，提升装备制造优势产业竞争力，进而带动区域经济发展。加大对装备制造业零部件生产企业的支持力度，出台政策扶持零部件生产企业出口贸易，培养有竞争力的龙头企业。

抓住国家精准扶贫战略的机遇，通过将物流产业与扶贫攻坚战结合起来，从资金、资源和技术方面提升产业发展水平。以精准扶贫项目为导向，带动农村物流的发展，深化物流产业扶贫。鼓励物流企业用技术和资源进行帮扶，由此打通物流产业的链条，扩展产业覆盖面，提升产业带动和拉动能力。在此过程中，物流业一定要正确处理好与当地优势产业的融合问题，充分利用好当地优势资源，结合当地实情大力发展物流产业，带动贫困地区脱贫致富，推动城乡一体化，促进全省经济的协调、有序发展。

（五）寻找最适合的发展途径

一个地区在根据其地区的实际情况，制定符合实际发展需求的区域物流目标之后，还需要建立一套物流发展平台，实现与区域物流发展现状和区域经济发展水平相适应，促进物流支持平台的建设，促进区域物流和区域经济的发展。要实现这一目标需要从多方面采取措施，主要有：第一，增加重视和投入，尤其是关于物流基础设施支持平台的建设，因为只有物流基础设施平台建设完善，才能实现区域物流的发展，而区域物流基础设施平台的建设必须根据当地的实际情况、发展目标、发展战略、发展政策以及区域物流的需求量、交通设施的建设和区域产业结构等方面综合考虑，建立适合当地物流发展的物流基础设施平台，实现物流基础设施作用的最大化。第二，如果说物流基础设施平台是区域物流发展的硬件设施，那么物流网络信息平台则是区域物流发展的软件设施，现在企业间的交易普遍是通过计算机网络实现的，生产商的商品销售、销售商的商品订购等都在网络上完成，这就需要地区在发展区域经济和区域物流的同时，必须加快建设物流信息网络平台，保证企业间能够方便、快速、有效地实现信息的交换和商品的交易，在区域物流的硬件和软件共同作用下，实现区域物流和区域经济的跨越式发展。

综上所述，区域物流在降低企业经营成本、提高企业经济效益、优化地区产业结构、提高地区就业率和增强地区的综合实力方面有着不可替代的作用，要想实现区域经济的发展就必须从实际情况出发，明确区域物流的发展目标、坚持宏观与微观经济的共同发展、尽快完善物流基础设施和物流网络信息平台的建设，同时，政府要采取积极的措施，制定合理的支持政策、鼓励发展区域物流，最终实现区域物流和区域经济的双赢。

区域物流发展篇

第四章 湖南省物流业"十二五"发展的调研情况报告

物流业作为第三产业的代表性产业，是现代服务业的重要组成部分，是推动全省经济进一步发展的核心动力，对服务第一、第二产业有重要的先导作用，对实现我省经济转型升级整体战略目标有着重要意义。

一、"十二五"时期湖南省物流产业发展回顾与评估

"十二五"以来，湖南省物流业保持较快增长，服务能力显著提升，基础设施条件和政策环境明显改善。湖南省的现代物流体系初步形成，物流业成为湖南省国民经济的重要组成部分。

(一) 近年来湖南物流业发展的主要成就

1. 湖南物流产业进入成长期，经济贡献能力显著提升

"十二五"期间，全省物流产业规模持续扩大。2014年，全省物流业增加值达1604亿元，比上年增长13.3%，高于全国平均增长水平；物流业增加值占GDP的比重达5.9%；物流业增加值占服务业增加值的比重达到14.9%，比全国平均水平高3.6个百分点；物流业从业人员达135万人，比2010年增加了3倍多。以上数据表明物流产业已经成为我省的支柱性产业。具体如表4-1、表4-2、图4-1、图4-2所示。

表4-1 　　　　　　　　　　　2007—2015年全国物流业基本统计数据

年份	社会物流总额（万亿元）	物流业增加值（万亿元）	物流业增加值占GDP比重（%）	社会物流总费用占GDP比重（%）
2007	75.2	1.7	6.9	18.4
2008	89.9	2.0	6.4	18.1
2009	96.65	2.3	6.8	18.1
2010	125.4	2.7	6.9	17.8
2011	158.4	3.2	6.8	17.8
2012	177.3	3.5	6.8	18.0

年份	社会物流总额 （万亿元）	物流业增加值 （万亿元）	物流业增加值占 GDP 比重（%）	社会物流总费用占 GDP 比重（%）
2013	197.8	3.9	6.8	16.9
2014	213.5	3.5	5.5	16.6
2015	219.5	4.0	5.8	16.0

资料来源：国家发展改革委、国家统计局、中国物流与采购联合会 2008—2015 年联合发布的《全国物流运行情况通报》及中国物流与采购网。

表 4 - 2   **2007—2015 年湖南物流业基本统计数据**

年份	社会物流总额 （万亿元）	物流业增加值 （亿元）	物流业增加值 占 GDP 比重（%）	社会物流总费用 占 GDP 比重（%）
2007	1.72	637	6.7	18.9
2008	2.26	745	6.5	18.7
2009	2.46	832	6.4	18.5
2010	3.26	946	5.9	18.2
2011	3.72	1077	5.5	18.1
2012	4.21	1226	5.5	18.4
2013	4.78	1401	5.7	18.5
2014	5.37	1604	5.9	18.7
2015	9.25	1806	6.2	17.5

资料来源：省发展改革委、省经信委、省统计局、湖南物流与采购联合会联合发布《物流运行情况通报》数据。

根据霍利斯·钱纳里（Hollis B. Chenery）产业周期核算模型，湖南物流产业成熟度指标为 2.32，处于成长期前半段，进入快速增长的后续发展阶段；全国物流产业成熟度指标为 2.76，处于成长期后半段，后续发展将保持相对稳定速度增长，服务水平和能力将逐步提升，进入成熟期。随着我省现代物流体系初步形成，物流产业在传统制造业向"工业 4.0"转型升级、传统流通业向"互联网＋现代流通"变革中起到激活的关键作用，对国民经济发展的引领力度不断提高，战略性和支柱性地位不断凸显。

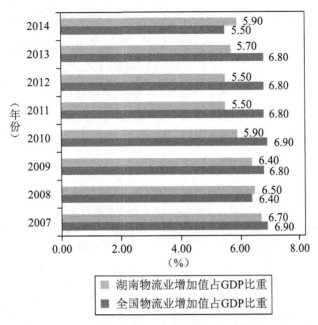

图 4 - 1　2007—2014 年全国和湖南省物流业增加值占 GDP 比重对比情况

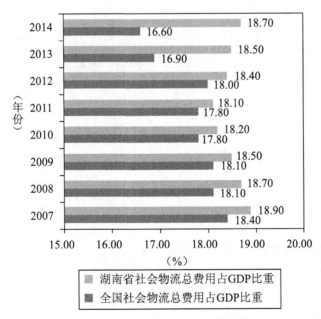

图 4 - 2　2007—2014 年全国和湖南省社会物流总费用占 GDP 比重对比情况

2. 物流基础设施覆盖全面，技术装备条件改善

物流基础设施覆盖全省 14 个地州市，形成全省物流网络体系。截至 2015 年年底，全

省铁路营业里程达 4521 千米；年末全省公路总里程 236886 千米，比上年年末增加 636 千米；2015 年年末全省内河航道通航里程 11968 千米，与上年年末一致；湖南内河港口拥有生产用码头泊位 1855 个，比上年年末增加 2 个；2015 年年末共有颁证民用航空机场 210 个，比上年年末增加 8 个，其中，定期航班通航机场 206 个，定期航班通航城市 204 个；全省营业性库房面积约 13 亿平方米。另外，信息技术广泛应用，大多数物流企业建立了管理信息系统，物流信息平台建设快速推进。物联网、云计算等现代信息技术开始应用。湖南省 2005—2014 年物流基础条件如表 4-3 所示、湖南省 2007—2014 年交通基础设施条件增速变化如图 4-3 所示。

表 4-3 　　　　　　　　　　　　湖南省 2005—2014 年物流基础条件

年份	铁路营业里程（千米）	复线里程（千米）	公路里程（千米）	高速公路（千米）	内河航道（千米）	民用汽车拥有量（万辆）
2005	2802	1247	88200	1403	11968	82.76
2006	2806	1246	171848	1403	11968	94.64
2007	2799	1250	175415	1764	11398	121.72
2008	2795	1246	184568	2001	11398	142.67
2009	3693	1852	191405	2226	11968	200.07
2010	3695	1847	227998	2386	11968	243.72
2011	3693	1852	232190	2649	11968	290.58
2012	3825	1987	234051	3968	11968	340.18
2013	4028	2033	235396	5084	11968	397.75
2014	4532	2540	236250	5493	11968	443.42
2015	4521	2541	236886	5653	11968	516.60

3. 物流市场成熟度提高，行业自律逐渐形成

我省主要物流领域的资源已市场化，大部分价格已放开，物流服务的运作主体已公司化，工商登记注册的物流公司已达 13.2 万家。在政府指导、协会组织下，我省物流行业加强自律，物流产业自主升级趋势明显。

4. 物流企业竞争力增强，服务效率得到提高

"十二五"期间，全省有 13 家通过评估认定，其中，五星级仓库 7 个，仓储服务金牌企业 6 个。已有 153 家物流企业通过国家标准认定，其中，5A 级企业 9 家，4A 级企业 67

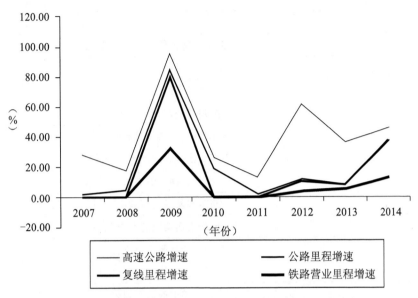

图 4-3 湖南省 2007—2014 年交通基础设施条件增速变化

家，3A 级企业 77 家，省级重点物流企业 33 家。总数在全国排名第 8 位。第三方、第四方物流企业迅猛发展，电商物流、快递物流、智慧社区等新兴业态探索前行。为促进物流企业做大做强，为全省经济社会的发展提供有力支撑，湖南省物流与采购联合会组织了 2015 年度湖南省物流行业"综合实力二十强企业"评选活动。此次评选依据企业营业收入、资产状况、经营创新、诚信建设、社会责任五个方面制定量化指标，对参评物流企业展开综合实力评估。评选工作按照企业申报、社会审计机构复核、专家组打分等程序，排名前 20 的物流企业。

表 4-4　　　　　　　　　　湖南省物流企业二十强（2015 年度）

序号	企业名称
1	湖南一力股份有限公司
2	物产中拓股份有限公司
3	湖南粮食集团有限责任公司
4	国药控股湖南有限公司
5	云通物流服务有限公司
6	湖南星沙物流投资有限公司
7	湖南湾田实业有限公司
8	华润湖南医药有限公司

序号	企业名称
9	湖南电力物流服务有限责任公司
10	中都（株洲）物流有限公司
11	湖南省衡缘物流有限公司
12	郴州市金煌物流有限公司
13	湖南湘钢洪盛物流有限公司
14	招商局物流集团湖南有限公司
15	长沙畅通物流有限公司
16	湖南省宏发物流有限公司
17	长沙市实泰物流有限公司
18	伟鸿食品股份有限公司
19	湖南涟钢物流有限公司
20	湖南顺丰速运有限公司

资料来源：省发改委、省物流与采购联合会发布数据。

5. 产业现有技术水平快速提升

湖南省现代物流技术水平在全国处于较领先水平。在物流工程技术研究方面：具有主要研究物流信息化方面的湖南省物流信息与仿真技术重点实验室（挂靠湖南大学）、湖南天骄物流信息科技有限公司等研究平台；主要研究物流包装和标准化的湖南工业大学物流工程研究所等科研机构。在物流产业经济研究方面：有专门研究物流产业发展的湖南省现代物流理论研究基地（挂靠湖南商学院）。在专业物流技术研发与应用领域，以湖南大学、长沙理工大学和湖南白沙物流有限公司研究的"烟草物流系统信息协同智能处理关键技术及应用"获 2010 年度国家科学技术进步奖二等奖。

6. 各级政府重视，发展环境不断优化

省政府先后印发《物流业调整和振兴规划》《湖南省现代物流业发展三年行动计划（2015—2017 年）》《湖南省农产品冷链物流三年实施计划（2015—2017 年）》等引导性文件，相关部门制定出台了促进物流业健康发展的政策措施。物流标准化工作有序推进，人才培养工作进一步加强。

相比全国平均水平，湖南物流产业对经济的推动作用更为直接、更为明显，湖南物流产业感应度系数明显高于全国平均水平。

（二）存在的主要问题及瓶颈

从我省经济社会发展要求来看，物流产业还存在部分发展问题，具体表现在以下方面。

一是我省物流产业结构不平衡、区域不平衡，特别是高端物流服务业态规模偏小，湘西等经济欠发达地区物流产业条件较为落后。

二是我省物流产业贝恩系数 CR20 约为 13.5％，明显低于全国 16％ 的平均水平，物流产业集中度低，产业集聚效应尚不明显。

三是我省物流产业在技术、产品、模式、业态上还没有形成突出的创新成果，特别是在物流链创新、物联网技术应用、供应链金融等商业模式上的成果还不多见。

四是我省物流产业联动效应不显著、区域空间发展不协同，尤其是物流业与先进制造业联动效应不显著、长株潭物流区对其他经济区物流产业带动能力还比较弱。

五是我省物流的供给能力不能满足服务需求，特别是流量、流向与物流资源条件不匹配。

二、"十三五"湖南物流产业发展环境分析

(一) 面临的形势

1. 面临的机遇

物流产业发展的四大机遇。伴随湖南省全面深化改革，工业化、信息化、新型城镇化和农业现代化进程持续推进，产业结构调整和居民消费升级步伐不断加快，我省物流业发展空间越来越广阔。一是"十三五"期间湖南经济增长必然带来物流需求和物流市场规模的快速扩大。二是湖南新型工业化和承接产业转移，必然带来大宗能源、原材料和主要商品的物流需求持续增长。三是我省居民消费水平、心理、方式和结构的变化，必然带来高附加值和个性化物流需求旺盛。四是新技术、新业态推动网络消费，必然带来快递物流与共同物流新需求。面临内部环境变革。根据测算，湖南省物流业正处于由成长期的前期迈向后期的发展阶段，物流产业规模增长最为迅速，创新、技术进步及效率提升最为快速，市场竞争加剧，市场集中度快速提高、要素成本上升、产业转型升级不断加速。

2. 面临的挑战

在全国经济新常态大背景下，湖南省经济增长由高速转为中高速。依靠投资驱动的发展模式难以为继，创新驱动尚处于初始阶段，湖南经济的"新常态"需要"新物流"，全面深化物流改革势在必行。

资源环境约束日益加强。随着社会物流规模的快速扩大、能源消耗和环境污染形势的加重、城市交通压力的加大，传统的物流运作模式已难以为继。按照建设生态文明的要求，必须加快运用先进运营管理理念，不断提高信息化、标准化和自动化水平，促进一体化运作和网络化经营，大力发展绿色物流，推动节能减排，切实降低能耗、减少排放、缓解交通压力。

国内外竞争日趋激烈。随着国际产业转移步伐不断加快和服务贸易快速发展，全球采

购、全球生产和全球销售的物流发展模式正在日益形成，迫切要求湖南省形成一批深入参与国际分工、具有国际竞争力的跨国物流企业，畅通与主要贸易伙伴的物流大通道，形成具有全球影响力的国际物流中心，以应对日益激烈的全球物流企业竞争。

综上所述，湖南省物流业正处于重要战略机遇期。一系列内外部环境的变化将成为我省物流业发展与转型升级的重要驱动力。

（二）十三五期间湖南省社会物流总成本预测分析

1. 社会物流费用相关指标

（1）社会物流总费用。2010 年的《社会物流统计与核算报表制度》规定指出，社会物流总费用是报告期内，国民经济各方面用于社会物流活动的各项费用支出，包括支付给运输、储存、装卸搬运、包装、流通加工、配送、信息处理等各个物流环节的费用；应承担的物品在物流期间发生的损耗，社会物流活动中因资金占而承担的利息支出；社会物流活动中发生的管理费用等。

根据中国物流与采购联合会、湖南省物流与采购联合会、湖南省统计厅的历年调查数据，全国与湖南省 2004—2014 年社会物流总成本与 GDP 占比如表 4 - 5 所示。

表 4 - 5 　　　　全国与湖南省 2004—2014 年社会物流总成本与 GDP 占比

年份	全国 GDP（亿元）	全国社会物流总成本（亿元）	全国占比（％）	湖南省 GDP（亿元）	湖南社会物流总成本（亿元）	湖南占比（％）
2004	160714.4	29126	18.12	5612.26	937.4	16.70
2005	185895.8	33860	18.21	6473.61	1223.5	18.90
2006	217656.6	38414	17.65	7493.17	1246.7	16.64
2007	268019.4	46954	17.52	9145.00	1736.8	18.99
2008	316751.7	56716	17.91	11556.64	2080.6	18.00
2009	345629.2	60800	17.59	12930.69	2391.4	18.49
2010	408903.0	70984	17.36	15902.12	2919.1	18.36
2011	484123.5	83956	17.34	19635.19	3625.3	18.46
2012	534123.0	94000	17.60	22154.23	4205.0	18.98
2013	588018.8	102000	17.35	24501.67	4635.7	18.92
2014	636138.7	106000	16.66	27048.50	5058.0	18.70

我国物流总费用占国内生产总值的比重一直居高不下，从 2004 年至今我国的物流总费用占国内生产总值的比率一直在 18％ 左右的高位，远高于发达国家 10％ 左右的水平。湖南省的这一指标一直略高于全国平均水平。

（2）社会物流总额。社会物流总额是指一定时间内，初次进入社会物流领域，经社会物流服务，已经或正在送达最终用户全部物品的价值总额。2010 年中国物流与采购联合会发布的《社会物流统计与核算报表制度》规定，社会物流物品总额，简称社会物流总额，即报告期内社会物流物品的价值总额。社会物流总额包括进入需求领域的农产品物流总额，进入需求领域的工业品物流总额，外部流入货物物流总额，包括我国海关进口总额和从区域外流入的物品总额，进入需求领域的再生资源物流总额，单位与居民物品物流总额五个方面。根据湖南省统计厅与湖南省物流与采购联合会历年调查数据得到湖南省 2006—2014 年社会物流总额数据如表 4-6 所示。

表 4-6　　　　　　　　　　湖南省 2006—2014 年社会物流总额

年份	湖南省社会物流总额（亿元）
2006	13563.0
2007	17184.3
2008	22626.3
2009	24566.4
2010	32600.0
2011	40965.3
2012	45880.0
2013	46790.0
2014	53700.0

（3）边际社会物流费用。边际社会物流费用是指增加一单位的社会物流随即而产生的社会物流费用增加量。边际社会物流费用等于社会物流总费用的变化量除以对应的社会物流总额上的变化量。需要研究的是社会物流总额如何影响社会物流总费用，从而得到社会物流总费用的变化趋势。这个问题属于单因变量与自变量之间关系的问题，可以用曲线回归分析来解决这类问题。

2. 湖南社会物流总额与社会物流总成本的关联分析

研究社会物流总额如何影响社会物流费用，可以用曲线回归分析来解决这类问题。

曲线回归分析是构造一个逼近函数来表达样本数据的总体趋势和特征，一般通过最小二乘法使实测值和模拟拟合值差值的均方差最小来求得模型参数。

利用统计分析软件绘制以社会物流总额为横轴，社会物流总费用为纵轴的散点图（见图 4-4），根据图中样本点的分布规律，可以初步判断因变量社会物流总费用与自变量社会物流总额存在如下关系 $Y = b_0 + b_1 t$。

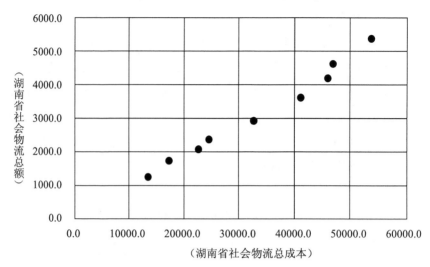

图 4 - 4　湖南省社会物流总额与社会物流总成本散点

运用最小二乘法，并利用统计分析工具我们得到如下结果，具体如图 4 - 5 所示。

$$Y = 13.00862 + 0.093266t$$

Dependent Variable: HNWLZCB
Method: Least Squares
Date: 12/25/15　Time: 13:53
Sample: 2006 2014
Included observations: 9

Variable	Coefficien...	Std. Error	t-Statistic	Prob.
C	13.00862	133.9348	0.097127	0.9253
HNWLZE	0.093266	0.003745	24.90648	0.0000

R-squared	0.988842	Mean dependent var	3099.844
Adjusted R-squared	0.987248	S.D. dependent var	1348.896
S.E. of regression	152.3261	Akaike info criterion	13.08305
Sum squared resid	162422.7	Schwarz criterion	13.12688
Log likelihood	-56.87374	Hannan-Quinn criter.	12.98847
F-statistic	620.3328	Durbin-Watson stat	1.878606
Prob(F-statistic)	0.000000		

图 4 - 5　统计软件的分析结果

从统计软件的分析结果上得到判定系数 $R_2 = 0.989$，显示拟合程度非常高，F 检验的显著性水平小于 0.001，模型显著性也很好。该结论将用于对各项指标预测结果的验证。

3. 基于 ANN 的湖南社会物流总费用预测

物流业作为新兴产业，相关统计数据不全或缺失，很难构建出以大量历史观测数据为主要依据的数学模型来推断预测目标。社会物流总费用源于物流需求的满足，但是物流需求属于派生性需求，既包含了线性时序的成分，又包含了非线性时序的成分，呈现出线性和非线性的特性，是个复杂的双特征系统。神经网络（ANN）在解决预测问题时对数据的要求较低，建模比较容易且具有极强的模糊推理能力，特别适用于非线性系统的建模。

（1）模型构建。

首先对湖南社会物流总成本序列原始数据做消除线性特征预处理，即对湖南社会物流总成本的年增量、年增长率做预处理，社会物流总成本年增长率序列仍具有线性特征，再对社会物流总成本年增长率序列求年增长率的增长率处理，然后用 ANN 预测社会物流总成本年增长率的增长率，最后转化为对社会物流总成本的预测。本预测选取能够从权威途径得到的湖南省 2004—2014 年的社会物流总成本数据，按照下式对数据做预处理，所得数据及原始数据如表 4-7 所示。

年增量序列 $\{y_t\}$：$y_t = x_{t+1} - x_t$，x_t 为第 t 年的社会物流总成本值。

年增长率序列 $\{z_t\}$：$z_t = y_t / x_t$。

年增长率的增长率序列 $\{k_t\}$：$k_t = (z_{t+1} - z_t) / z_t$

表 4-7　　湖南省 2004—2014 年社会物流总成本原始数据及预处理数据

年份	湖南社会物流总成本（亿元）x	增量 y	增长率 z	增长率的增长率 k
2004	937.4	—	—	—
2005	1223.5	286.16	0.30529	—
2006	1246.7	23.16	0.01893	—0.28636
2007	1736.8	490.12	0.39314	0.37421
2008	2080.6	343.8	0.19795	—0.19519
2009	2391.4	310.82	0.14939	—0.04856
2010	2919.1	527.67	0.22065	0.07126
2011	3625.3	706.21	0.24193	0.02128
2012	4205.0	579.71	0.15991	—0.08202
2013	4635.7	430.7	0.10243	—0.05748
2014	5058.0	422.3	0.09110	—0.01133

从图 4-6 可以直观地观察到湖南社会物流总成本序列具有明显的单调上升趋势，其增量仍具有较为明显的上升趋势。图 4-7 中的年增长率序列则呈现出下降趋势，并含有线性特征，图 4-8 中总成本的增长率的增长率已经没有了明显趋势，也不含线性特征，

以具有非线性特征的总成本年增长率的增长率序列作为网络输入，以前五年即2006—2010年的数据为网络输入，以2011—2014年的增长率的增长率数据作为目标输出，组成样本数据对网络进行训练。因此，神经网络的输入神经元为5，输出神经元为1，中间层的节点数经试验对比，最终选定为8个，网络结构为5‐8‐1。

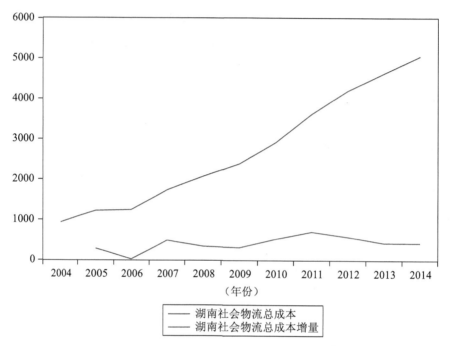

图4‐6　湖南社会物流总成本值及年增量曲线

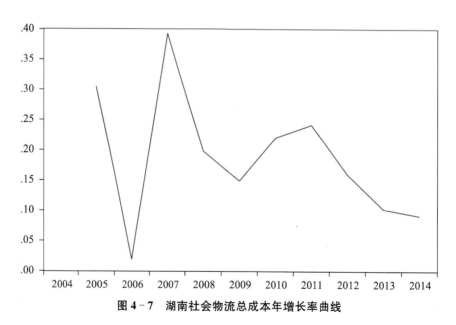

图4‐7　湖南社会物流总成本年增长率曲线

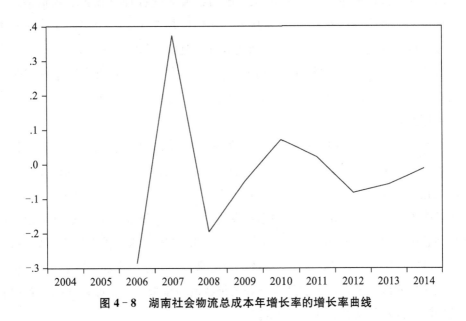

图 4-8 湖南社会物流总成本年增长率的增长率曲线

（2）影响因素。

考虑到"十三五"期间湖南省产业结构和经济环境的巨大变化，将对社会物流总费用产生直接影响，主要体现如下。

①湖南省"十三五"期间的产业结构面临重大变化，第三产业的比例将加速上升。通过计算发现，在产业结构调整过程中，第二产业占 GDP 比重每降低 1 个百分点，或者第三产业占 GDP 比重每升高 1 个百分点，社会物流总费用占 GDP 比重会降低 0.56 个百分点。保守预计湖南省"十三五"末第三产业占 GDP 的比重将比"十二五"末提升 5 个百分点。

②经济发展方式改变。"十三五"期间，随着国家进一步调整经济结构，压缩产能过剩，工业发展由之前的重数量向重质量转变，投资中心由传统重化工业向新兴产业转移。这一环境的变化将会从源头上降低物流总体需求。

③物流直接费用和政策变化。运输成本占据着社会物流总费用构成中的最大份额，而直接影响社会运输成本的两大费用：油费和过路费，在"十三五"期间费用降低是主要趋势。

根据国际政治格局和国内外石油价格研究的权威文献预测，国际石油价格在未来 3～5 年内将长期在低位徘徊，油价的低迷将直接拉低"十三五"期间湖南物流业运输成本。

从国内高速公路的发展趋势来看，随着国家交通运输管理改革的深入，高速公路降低收费，甚至完全取消收费是长期趋势。

随着政府相关部门的进一步简政放权，湖南物流业的各种行政管理收费将进一步降低。目前湖南物流业管理成本在 $13\%\sim15\%$，美国仅是 $3.5\%\sim3.8\%$。其中很重要的一个原因就是行政性收费过多，"十三五"期间这一状况将得到明显好转。

综合以上影响因素的变化趋势，在进行湖南省"十三五"期间物流总费用数据测算时，需要在模型中引入渐变因子，设置下降趋势干预系数来体现其影响。

（3）数据测算。

在 MATLAB 的神经网络工具箱中，训练函数采用是数值优化 L - M 学习算法 trainlm，输入层与隐层，隐含层与输出层之间的传递函数选为 tansig，logsig 函数。训练次数最大设置为 1000 次，网络收敛误差为 0.0001。

在模型中人工设置干预系数，干预系数在 $[1\%\sim5\%]$ 范围内随机递增取值（即考虑上述影响因素的效果逐步增强），并将图 4-8 中的年增长率的增长率先进行归一化处理，使样本数据落在 $[0, 1]$ 范围之内：$\bar{k}_i = k_i - k_{min}/k_{max} - k_{min}$，式中：$k_{min}$ 和 k_{max} 分别是 k_i 数据中的最小值和最大值，再加载到设置好的神经网络模型中，最终转化为对社会物流总成本值的预测。计算结果如表 4-8 所示。

表 4-8　　　　　　　　　湖南社会物流总成本值预测值　　　　　　　　单位：亿元

年份	实际值	预测值
2012	4205.0	4315.6
2013	4635.7	4589.3
2014	5058.0	5126.7
2015	5144.56	5362.5
2016	5426.78	5669.1
2017	—	5941.9
2018	—	6119.5
2019	—	6278.6
2020	—	6413.8

4. 测算结论

采用二次平滑时间序列预测对湖南省"十三五"期间的 GDP 数据进行预测，结合以上预测数据，得到"十三五"期间湖南社会物流总成本占 GDP 比例预测如表 4-9 所示。

表 4 - 9   "十三五"期间湖南社会物流总成本占 GDP 比例预测

年份	湖南省 GDP 预测值（亿元）	湖南省社会物流总成本预测值（亿元）	占比（%）
2015	28914.8	5362.5	18.55
2016	30794.3	5669.1	18.41
2017	32672.8	5941.9	18.19
2018	34600.5	6119.5	17.69
2019	36538.1	6278.6	17.18
2020	38876.5	6413.8	16.50

可以看到，"十三五"期间湖南社会物流总成本占 GDP 比例将呈缓慢下降趋势，到"十三五"末将达到 16.5% 的水平。

三、发展思路

（一）指导思想

高举中国特色社会主义伟大旗帜，全面贯彻党的十九大，以及党的十八大和十八届三中、四中、五中全会精神，以马克思列宁主义、毛泽东思想、邓小平理论、"三个代表"重要思想、科学发展观为指导，深入贯彻习近平总书记系列重要讲话精神，全面落实党中央、国务院各项部署，以"一带一路""长江经济带"等国家经济发展战略引领，充分发挥"一带一部"新优势，坚持"五个发展"新原则，落实"三量齐升"新要求，加快实施"五化两型"新战略，实现我省"两个全面"战略，着力建立和完善现代物流服务体系，加快提升物流业发展水平，确立物流产业在湖南经济发展中的战略性、支柱性地位，实施物流产业倍增计划，打造扶贫攻坚新引擎，提升经济增长质量，为全面建成小康社会提供物流服务保障。

（二）基本原则

第一，从发展理念上，坚持服务产业经济原则。牢牢把握服务实体经济这一根本原则，将物流业作为湖南经济的战略性、支柱性产业大力发展，在服务地方经济中做大做强。一方面加强物流对湖南传统产业的提升作用，加快传统产业转型升级；另一方面强化物流对战略性新兴产业的引导作用，促进经济提质增效。从而建成加速湖南经济发展方式转变的现代物流支撑体系，进一步提升物流对产业、经济的服务能力、驱动能力以及保障能力。

第二，从发展方向上，坚持统筹协同与差异化发展原则。坚持规划引领，统筹物流业发展规划、城乡规划、土地规划和项目建设规划，强化规划的约束力和执行力，优化物流产业布局，促进物流业有序发展。结合湖南省现有产业基础和发展优势，继续完善物流产业链，提升物流业差异化水平和竞争力，以现代物流带动新兴产业的发展。

第三，从发展模式上，坚持科技引领与创新发展原则。始终把握现代物流科技创新这一生命线，不断增强湖南省物流业发展的驱动力。通过湖南省物流的改革创新形成制度优势，争取物流改革创新政策在湖南省先行先试。加快推进物流园区建设创新，鼓励各物流企业结合湖南实际开展创新，加强产品创新，加快流程、管理和机制创新，提升物流服务水平和效率；大力发展互联网＋物流产业的新业态，以产业联动和融合发展作为突破口，继续扩大物流对外开放，发展开放型、创新型、科技型特色物流。

第四，从发展路径上，坚持市场化与政府引导原则。坚持市场主导，充分发挥市场在资源配置中的决定性作用，强化企业的市场主体地位。立足湖南省物流业发展现状，结合国家物流业市场化改革方向，积极发挥政府对现代物流业在战略、规划、政策、标准等方面的引导作用。推动建立市场化的物流业准入制度，积极引导民间资本进入物流领域，大力培育；大力推进地方物流市场体系建设，加快建立各类物流资源交易市场，完善各种信息平台和配套体系。

（三）发展战略

湖南物流业正经历从传统物流到现代物流的重要变革。湖南物流业已成为超 2000 亿元产值的战略性新兴产业，是全省国民经济的新增长点和广大企业的"第三利润源泉"，对于产业优化升级和经济转型起到关键性作用。"十三五"是湖南扶贫攻坚，全面建成小康社会的关键期，湖南亟待从"一带一部"战略高度重新审视物流发展趋势，明确物流业战略性、支柱性产业定位，按照"大流通""大物流""大产业"的思路，优化顶层设计，高标准制定物流产业发展规划，引领物流业跨越式发展。

1. 适应需求变革，强化物流产业的创新发展

以提高物流效率、降低物流成本、减轻资源和环境压力为重点，以市场为导向，以改革开放为动力，以先进技术为支撑，通过技术、模式、理念、制度、组织管理等创新，加快形成以创新为主要引领和支持的物流体系和发展模式，加快实现物流业发展动力转换，通过"双创"为物流持续增长提供巨大的微观动力。

2. 促进多业联动，实现物流产业的协调发展

着眼于物流业服务生产、流通和消费的内在要求，实施物流业与制造业、商贸业、金融业等多业联动、协调发展。深化改革，整合资源，通过加强物流自身资源和供应链整合，提高物流市场集中度和产业集聚度。加强产业、部门以及企业的联动与融合，形成物流业与制造业、商贸业、金融业协同发展的新优势，增强物流业与各次产业、地区经济协同和互动发展。

3. 推进开放合作，实施物流产业国际化发展

站在全球化和区域一体化发展的高度，深化省际与国际合作，提升物流业的竞争力，

融入全球物流市场。充分发挥湖南"一带一部"的区位优势，依托航空、铁路、公路等现代综合交通枢纽网络，完善物流通道集散能力，加快建设长江经济带区域性物流中心，将湖南打造成为中部崛起的重要引擎和长江中游城市群的战略支点。提升物流通道能力，构筑好面向国际的"湘欧快线"铁路货运班列等跨境物流大通道和覆盖城乡的省内物流网络，大力发展保税物流，增开湖南直达欧美等地的国际水运和空运航线。支持优势物流企业加强联合，共同开发周边国家物流市场。支持优势物流企业实施"走出去"战略，联合、兼并和重组周边、欧美、新兴市场等国家的物流企业，构筑对外国际快递网络，打造全球性知名物流企业。

4. 推广新型业态，坚持物流产业绿色发展

坚持绿色发展，绿色惠民，把生态文明建设摆在突出位置，融入物流业发展的各方面和全过程，加快推动物流生产与运作方式的绿色化，走生态良好的文明发展之路，形成人与自然和谐发展的现代物流新格局。大力发展物流服务新业态，鼓励采用节能环保的技术、装备，推广低能耗低污染的物流运输方式，降低物流业的总体能耗和污染物排放水平，现实节能减排的目标。大力发展再生资源物流，实现环境友好的绿色发展。

5. 加快资源共享，形成互联网＋物流产业的融合发展

加强信息网络技术的运用，建立一体化的物流信息系统，实现全省、全国、全球范围内现代物流的信息共享。推动"互联网＋"变革物流产业的资源共享方式，形成"利他共生，共创共享，互利共赢"的局面，促进物流服务体系高效运转。

（四）发展目标

1. 总量目标

在"十三五"期间，全省物流业综合实力明显提升，进入全国物流业发展先进省份。到2020年，基本建立布局合理、技术先进、便捷高效、绿色环保、安全有序的现代物流服务体系，将湖南打造成为长江经济带重要区域性物流中心，使物流业对经济社会发展的服务能力显著增强。物流整体运行水平进一步提高。力争到2020年，全省物流业增加值达到4000亿元左右，年均增长12％以上，物流增加值占GDP的比率由2014年的14.9％上升到2020年的18％。

2. 市场目标

物流园区发展水平上台阶。物流园区网络体系、布局更加合理，多式联运、甩挂运输、共同配送等现代物流运作方式不断发展，培育形成25个设施先进、功能完备、集聚集约发展的省级示范物流园区，建设6～10家国家级示范物流园区。

物流龙头企业引领能力显著增强。培育一批具有国际竞争力的大型物流企业集团和物流服务品牌，第三方、第四方物流企业实现较快发展，重点支持建设100个重大物流项目，到2020年，年营业收入过10亿元的企业达到60家以上，其中，年营业收入超100

亿元物流企业达到 8 家；国家 5A 级物流企业达到 18 家；进入全国 100 强的物流企业达到 8 家。

物流专业化、社会化服务能力显著提升。初步建成覆盖全省的物流公共信息平台，全面推进物流技术设施标准化。湖南省"十三五"时期物流业发展定量目标，如表 4 - 10 所示。

表 4 - 10　　　　　　　　湖南省"十三五"时期物流业发展定量目标

	目标	2014 年	"十三五"期末
总量目标	1. 全社会物流总额（亿元）	5.37	8.2
	2. 物流业增加值（亿元）	1604	3000
	3. 物流业增加值占 GDP 比重（%）	5.9	7
	4. 物流业增加值占服务业增加值比重（%）	14.9	16
	5. 社会物流总费用占 GDP 比重（%）	18.7	16.5
	6. 物流从业人数（万人）	135	150
市场目标	7. A 级物流企业数量（家）	110	160
	8. 星级仓储企业数量（家）	13	20
	9. 物流产业成熟度指标	2.32	2.80
	10. 物流产业贝恩系数	13.5	16.5

四、布局规划

科学规划，优化物流业空间和产业布局，即一个核心，两大通道，三级物流节点城市，四大运输体系、五大重点产业物流和十二大重点工程。

（一）主要物流要素空间布局规划

一个核心。即长株潭物流产业核心，集中全省优势资源，推动中国长沙自由贸易园区建设，重点将长株潭打造成为长江中游城市群重要的物流集散中心。

两大通道。一是依托长江黄金水道、京港澳高速、京珠铁路、湘江航运等基础条件，打造对接长江经济带战略的南北向物流大通道；二是依托杭瑞高速、湘黔铁路、沪昆高铁等基础条件，服务扶贫攻坚和全面建成小康社会的东西向物流大通道。

三级物流节点城市。一级物流节点城市：长沙市、岳阳市、郴州市、怀化市；二级物流节点城市：湘潭市、衡阳市、株洲市、常德市、娄底市、邵阳市；三级物流节点城市：张家界市、湘西州、永州市、益阳市。

四大运输体系。将多式联运作为重要的着力点，优化运输组织。形成以覆盖全省的高速公路网络和省道为骨干的公路运输体系；以长沙为重点，构筑好面向国际的"湘欧快线"铁路货运班列，以怀化、郴州、株洲为核心的铁路运输体系；建成以岳阳城陵矶港、长沙新港和常德港为主体的水运综合物流体系；加快发展以长沙黄花机场、张家界荷花机场、怀化芷江机场、常德桃花源机场等为基础的航空货运体系。

（二）重点物流产业布局规划

先进制造业物流。重点发展工业机器人、3D打印装备、智能制造装备、先进轨道交通、节能与新能源汽车、航空及航天装备、新能源装备、海洋工程装备、高端工程机械、智能集成建筑、现代农业机械、电子信息、新材料、节能环保、生物医药、钢铁产业、有色金属、石化化工、轻工食品、纺织服装等支柱产业物流。积极发展互联网＋物流，升级改造传统物流。

电子商务快递物流。重点建设电子商务快递物流园、邮政速递物流邮件处理中心和快递分拨集散中心。推动国际大型快递企业在长沙设立转运中心。

农产品冷链物流。建设产业链全流程质量监控和追溯系统，提升批发市场等重要节点的冷链设施水平，完善冷链物流网络。

跨境保税物流。积极推进衡阳综合保税区、湘潭综合保税区、岳阳城陵矶综合保税区、郴州出口加工区项目建设，加快长沙自由贸易试验区申建筹备工作，支持郴州出口加工区升级为综合保税区。加强各地市州保税仓库和监管仓库建设，提升跨境保税物流园区服务功能。

再生资源回收物流。依托汨罗、松木、永兴、桂阳等国家循环经济示范园区，加快建立再生资源回收物流体系。

五、重点工程与行动计划

（一）多式联运与甩挂运输工程

基本目标：建成2个多式联运枢纽场站，在多式联运和甩挂运输的组织模式、信息系统上有所创新；完善多式联运设施、装备、信息化、运营组织等方面的技术标准和服务规范；探索托盘集装单元等管理运营模式；逐步充实推进多式联运发展的政策与法规。

主要任务：

（1）强化多式联运基础设施衔接。加强港口、铁路、公路货运枢纽的对外专用通道建设，以专业化的集装箱和半挂车多式联运中转站建设改造为重点，提高不同运输方式间基础设施衔接水平。

（2）探索创新多式联运组织模式。探索创新多式联运组织模式，推动建立多式联运运营组织一体化解决方案，支持推进"一单制"的全程无缝运输服务。

（3）统一规范多式联运服务规则。按照不同联运模式的特点和要求，探索建立健全多式联运服务规则并进行示范应用，为制定行业标准和国家标准奠定基础。

（4）推广应用快速转运装备技术。加强基于国际集装箱、厢式半挂车等标准运载单元的多式联运快速转运装备的研发，支持发展铁路专用平车、公铁两用挂车等专业化装备，实现装卸设备和转运设备的无缝对接。

（5）推进多式联运信息系统建设。建立区域性交通运输信息系统，提供多式联运公共信息服务。推进不同运输方式、不同企业间多式联运信息开放共享和互联互通，鼓励企业建立多式联运信息系统。

行动计划：

（1）以长沙市和岳阳市为试点城市，加强基础条件建设，在全省加快推广多式联运和甩挂运输。建成1～2个现代化多式联运集疏枢纽，配备现代化的中转设施，建立多式联运信息平台。

（2）完善立体交通网络的多重叠加，提升临港铁路场站和港站后方通道能力。

（3）发展海铁联运、铁水联运、公铁联运、陆空联运，加快推进运输装备和装卸装备标准化，积极发展干支直达和江海直达等运输组织方式，探索建立铁路"驮背运输"、水路滚装运输等多式联运体系。

（4）对传统货运站场进行升级改造，逐步构建层次清晰、功能完善、衔接顺畅的站场节点体系，支撑甩挂运输的发展。加快综合交通枢纽建设，促进公铁、公水等多种运输方式间的有效衔接和一体化运输。

（二）物流园区工程

基本目标：在完善现有十大省级物流园服务功能的基础上，加快整合与合理布局物流园区，完善园区基础设施，建设现代化立体仓库，推广应用甩挂运输等先进运输方式，提升管理和服务水平。

主要任务：在严格符合土地利用总体规划、城市总体规划的前提下，严格执行土地使用标准，按照节约集约用地原则，根据湖南三级节点城市安排，加快整合与合理布局物流园区。

行动计划：

（1）推进物流园区水、电、路、通信设施和多式联运设施建设，加快现代化立体仓库和信息平台建设。

（2）统筹协调，完善周边公路、铁路配套，推广使用甩挂运输等先进运输方式和智能化管理技术。

（3）完善物流园区管理体制，提升管理和服务水平，培育10个以上的国家级示范物流园区。

（4）重点发展集合多种物流功能的综合性物流园区，鼓励建设服务于工程机械、轨道交通、汽车、钢铁、盐化工、输变电、建材、粮食、医药等行业的专业化物流园区。

（三）农产品物流工程

基本目标：继续加大对农产品基础设施的投入，培植农产品物流龙头企业，发展特色农产品物流，建设重要的冷链物流基地；构建面向鲜活农产品的冷链物流体系，优化冷链物流空间布局，构建主要农产品冷链物流体系；大力培育农产品与冷链物流龙头企业，因地制宜发展特色农产品冷链物流；加快农产品和冷链物流信息化与标准化建设，基于电子商务公共服务平台和物联网技术，开启湖南现代农业物流智慧时代，建立较为完善的农产品物流体系。

主要任务：加大中心城市和集中产区批发市场及流转中心、农产品现代化仓储设施、运输设施、仓储设施和运输工具建设；重点打造"一核三基地"，即长株潭城市群冷链物流聚集区、环洞庭湖冷链物流基地、湘南冷链物流基地和大湘西冷链物流基地；构建以肉类、水产品、蔬果生产企业为主体，大型农产品批发市场为依托，大型商业连锁企业为主体的终端冷链物流体系；积极培育大型冷链物流企业，建立以生产企业为核心的冷链物流体系；建立以 HACCP（危害分析的临界控制点）为基础的全程质量控制体系，积极推行质量安全认证和市场准入制度，推动保鲜技术和制冷保温技术标准的实施；加强农产品批发市场等重要物流节点的冷藏设施建设，积极发展铁路、公路、水路联合运输网，逐步形成冷藏多式联运体系。推行与国际接轨的物流标准，推广应用符合国际先进标准的农产品生产、加工、安全与鲜度等指标，加大保鲜技术的研究；推进农产品电子商务发展，建设一批农业特色网站，将农产品展示、农产品互联网商品化研发、线上销售、线下开发和农民网商等资源整合于一体，搭建集网上交易、供应链管理和社会化服务为一体的电子商务平台，构建农商企业间紧密合作的产业联盟。

行动计划：以长株潭为核心区，重点配套建设一批果蔬冷藏物流配送中心，建立完善城镇冷链物流配送终端网点；以环洞庭湖冷链物流为基地，重点发展特色农产品冷链物流，建立完善的水产品、猪肉冷链配送体系；以湘南冷链物流为基地，重点发展肉类、果蔬冷链配送体系；以大湘西冷链物流为基地，重点发展果蔬、牛羊肉冷链配送体系，特别是柑橘、猕猴桃、杨梅等特色水果冷链配送；依托新五丰、伟鸿、海泰、大康牧业、湘佳、临武鸭等重点骨干屠宰加工企业，改造完善冷链物流设施，依托省水产公司、益华水产、大湖股份、天泓渔业、渔家姑娘等水产加工养殖骨干企业，进一步提升冷藏设施和装备；依托泸溪、麻阳、石门、洞口、洪江等柑橘主产区，吉首、永顺、溆浦等猕猴桃主产区，炎陵黄桃主产区，宁乡、浏阳、道县、祁东等蔬菜主产区，发展一体化冷链物流；依托全省重点农产品批发市场，进一步完善冷藏加工配送；依托大型商业连锁超市，进一步建设、完善、提升为终端消费服务的冷链设施；积极发展冷链运输和低温销售，加强温度监控和追溯体系建设，加大物流企业各类保鲜、冷藏、冷冻、预冷、运输、查验等冷链物流基础设施建设。加强物联网、云计算、大数据、移动互联等先进信息技术在冷链物流领域的应用；依托各类生鲜农产品优势产区、重要集散地区和大中城市，建立区域性生鲜农产品冷链物流公共信息平台。

（四）产业转移物流配套工程

基本目标：充分利用承接产业转移的契机，在郴州、衡阳、永州等主要产业转移承接区打造配套物流园区，建成集商贸仓储、物流配送、进出口贸易、保税物流、产品展示于一体的现代化综合物流区；组建一批专业化物流企业，服务充分覆盖制造企业物流业务外包需求。

主要任务：

（1）加强对产业转移区制造业物流分离外包的指导，围绕制造业产业集群发展现代物流业，支持现有制造企业改造现有业务流程，促进物流业务分离外包，提高制造企业核心竞争力。

（2）着眼降低社会化物流成本，以高效率的物流服务促进制造业的发展，以集约化的物流服务加速制造业联动发展，以推动制造业物流外包和增强专业化服务功能为重点，提升两业联动中的一体化、集成化运作水平。

行动计划：

（1）加强产业转移区制造业物流设施建设。围绕湖南省"十三五"重点发展工业领域，依托产业聚集区，配套建设具有仓储、采购、原料供应、产品配送、特种运输等功能的物流设施，衔接产业链条，增强物流配套能力。

（2）加快专业化制造业物流项目建设。进一步推进我省工程机械物流园、汽车物流园、烟草物流园、烟花物流园等项目建设，完善配件供应、定制服务、对外分拨等增值服务功能，形成一批以优势产品为依托、以订单业务为核心的专业化制造物流基地。

（3）培育壮大第三方制造物流企业。培育一批适应现代生产方式的物流企业。鼓励和支持专业化物流企业，广泛应用集装技术和单元化装载技术，提高与制造业信息共享和标准对接能力，增强一体化服务能力。

（五）电子商务物流工程

基本目标：形成能够适应电子商务快速发展的现代城乡物流配送体系，城市配送覆盖率达100%，乡村配送覆盖率达80%以上，将长株潭打造成全国区域性电子商务物流枢纽。

主要任务：抓住电子商务快速发展的重大机遇，依托区位和交通优势，吸引境内外电子商务和快递业巨头布局建设区域物流节点，构建覆盖省、地（市、州）、县（区）、乡（镇）、村四级行政区域的电子商务物流配送体系，将长株潭打造成全国区域性电子商务物流枢纽。深化与阿里巴巴、京东、亚马逊等知名电商的战略合作，实施"湘品网上行"工程。鼓励快乐购、步步高网上商城、通程天下、友阿网上商城、网上供销社等省内知名电子商务企业加快发展，引进天猫国际、易贝、亚马逊等知名平台，扩大跨境贸易业务规模。重点建设电子商务快递物流园、邮政速递物流邮件处理中心和申通、圆通、中通、汇通、韵达、顺丰、宅急送等公司区域中心或分拨集散中心。推动 DHL（中外运敦豪）、联合包裹、联邦快递、TNT 四大快递企业在长沙设立转运中心，支持有实力的快递企业在中小城市和重点乡镇布局网点。在长沙、株洲、岳阳、衡阳、郴州、娄底、怀化等地区建成一批区域性仓储配送基地，吸引制造商、电商、快递和零担物流公司、第三方服务公司入驻，提高快递物流配送效率和服务水平。推动高铁货运场站、空港货运设施等建设，积极开展高铁、航空快递业务，不断扩大快递规模。开展电子商务与快递协同发展试点，建立适合电子商务快速发展的物流快递管理制度和服务体系。

行动计划：重点建设和培育一批覆盖省、地（市、州）、县（区）、乡（镇）、村四级行政区域的电子商务物流配送项目。

（六）跨境保税物流工程

基本目标：坚持差异化发展，建设特色化园区，以现代物流为基础、跨境商贸服务为主体，着力打造国家级跨境保税物流平台。

主要任务：

（1）提升对外开放融合程度。支持企业扩大对外投资，推动装备、技术、标准、服务走出去，深度融入全球产业链、价值链、物流链。

（2）完善跨境保税物流平台。努力建成长沙自由贸易试验区，在建设好衡阳综合保税区、湘潭综合保税区、岳阳城陵矶综合保税区的基础上，推进郴州出口加工区升级为综合保税区。

（3）完善保税跨境物流功能。实现保税仓储、转口贸易、退税服务、转厂服务、国际配送、国际采购服务、集装箱服务、进出口加工及附加值服务、物流信息处理等服务功能的全覆盖。

行动计划：努力在长沙建成自由贸易区，构建与周边国家、世界其他国家有效衔接的物流网络。以金霞跨境保税物流园区为试点，逐步在全省建成 3～5 家跨境保税销售与物流仓储示范项目。

（七）物流金融体系建设工程

基本目标：组建物流金融服务中心，建立以政府为主导的物流金融服务体系和运作系统，创新物流金融服务。物流金融服务中心联合行业协会、银监会、金融机构、物流企业、保险公司以及融资企业等，以实行多种融资方式、改善中小企业的融资环境、推动金融机构创新物流金融服务模式为目标，着力完善信用体系和风险体系，实现信息共享和物流金融服务的统一监管，引导和督促金融机构按照市场原则和商业化运作模式，努力建立和完善风险定价、独立核算、高效审批、激励约束、专业培训和违约信息通报等重要机制，使金融机构在物流金融方面的业务拓展和产品创新更加安全、便捷。

主要任务：加强金融服务体系建设，鼓励金融机构在风险可控的前提下创新金融产品和服务，开展供应链融资、海外并购融资、应收账款质押贷款、仓单质押贷款、融资租赁等业务。鼓励政策性金融机构在现有业务范围内加大对服务贸易企业开拓国际市场、开展国际并购等业务的支持力度，支持服务贸易重点项目建设。鼓励保险机构创新保险品种和保险业务，探索研究推出更多、更便捷的外贸汇率避险险种，在风险可控的前提下采取灵活承保政策，简化投保手续。引导服务贸易企业积极运用金融、保险等多种政策工具开拓国际市场，拓展融资渠道。推动小微企业融资担保体系建设，积极推进小微企业综合信息共享。加大多层次资本市场对服务贸易企业的支持力度，支持符合条件的服务贸易企业在交易所市场上市、在全国中小企业股份转让系统挂牌、发行公司债和中小企业私募债等。

行动计划：搭建"三大平台"与"一大体系"。其中"三大平台"分别为物流金融信用体系平台、物流金融信息管理平台、物流金融信息监管平台；"一大体系"为物流金融风险控制体系。

（八）再生资源回收物流工程

基本目标：以降低社会资源消耗和健全回收服务体系为着眼点，构建满足社会生产生活需要的配套逆向物流体系。

主要任务：

（1）完善废旧物品回收交易体系。加快传统旧货市场升级改造步伐，适应消费升级带动的产品淘汰，围绕二手车、旧家电、旧家具等淘汰商品，建设一批集回收、加工、整形、拼装等功能为一体的废旧交易市场，积极拓展回收加工、信息服务、价格评估等业务，形成废旧物资物流分拣加工基地。

（2）建立健全再生资源回收利用网络。加大市场整顿力度，建立一批规范化运作的再生资源回收网点，发挥再生资源加工企业带动作用，谋划建设再生资源物流园，积极开展回收、采购、加工、配送等业务，提高再生资源利用效率。

行动计划：

（1）构建适用于废旧汽车、电子信息产品、橡塑、机电产品精深加工与再制造、新能源和节能环保等产业发展的逆向物流体系。

（2）在钢铁、建材、汽车、家电等重点行业，制定逆向物流规划，建立"资源—生产—产品—消费—废弃物再资源化"的清洁闭环经济流动模式，从源头削减和控制污染物的产生。

（3）制定相关政策及措施，确立企业在废弃物产生方面的源头作用，明确逆向物流的责任主体，建立循环物流系统激励机制。

（4）积极运用财政补贴、贷款融资、税收优惠等方式鼓励和支持逆向物流企业的发展，推动第三方物流公司介入逆向物流领域，为逆向物流服务需求者提供个性化和专业化的逆向物流服务。

（九）危险化学品物流工程

基本目标：形成能够适应我省经济快速发展的危险化学品物流运输配送体系，危化品仓储事故率下降100％以上，危化品运输事故率下降100％以上，较大和危化品重大事故起数下降50％以上。

主要任务：统筹危险化学品发展规划及化工园区或化工集聚区布局，推动涉及危险化学品生产及应用的企业搬迁，利用化工产品上下游关联的特点，形成"链式"发展，减少危化品在园区之外运输量。完善公用工程配套和安全、环保保障设施。对不在化工园区等专业工业园区的危险化学品生产、储存企业制订"关、停、并、转（迁）"计划。

在规划设计危险化学品物流网络时，使危化品仓储靠近生产企业基地和大用户群，减少危险品的流动性。在人流、物流量大的地段，修建危险化学品、超限尺寸货物运输的专用道路和停车场，并建立快速应急机制。整合市场主体，努力推动危险化学品货物道路运输向规模化经营、集约化管理方向发展；鼓励技术力量雄厚、设备和运输条件好的大型专业危险化学品生产企业从事道路危险货物运输，鼓励发展具有健全安全管理体系的大型专业化运输及物流企业；督促危险货物道路运输及物流企业严格落实安全生产主体责任；禁止任何形式的挂靠车辆从事危险货物道路运输。利用现代物联网技术，建立起完善的危化品物流信息化监控系统、业务运营系统，打造智慧化工物流体系，实现危险化学品物流优化管控。

行动计划：统筹危险化学品发展规划和优化园区布局，重点建设和培育一批专门负责危险化学品的物流运输和仓储企业，构建危险化学品物流服务信息平台。

（十）应急物流工程

基本目标：健全分类管理、分级负责、条块结合、属地为主的应急物流运行体制，建立统一协调、反应迅捷、运行有序、高效可靠的应急物流体系，全面提升应急物流保障能力，在全省范围内（不含边远地区）实现24小时内的应急物流响应，即24小时内将所需应急物资调运到事发地，及时、高效地满足突发事件物资保障需求。

主要任务：加强应急物流领导机构和办事机构的建设，有必要在政府应急办公室之下设置应急物流管理委员会，负责常态情境和危机情境下的应急物流管理工作；将我省应急物流体系构建工作纳入全省物流基础设施网络建设的通盘考虑之中，加强应急物流中心、应急物资配送和发放场所、道路基础设施、通信基础设施等多方面的应急物流基础设施建设，以期提升我省有效应对突发自然灾害、公共卫生事件以及重大安全事故的应急物流作业能力；做好食品、饮用水、帐篷等临时食宿类物资，以及医疗设备、通信设备和工程机械等应急物资采购储存工作；引导社会物流企业储备应急物流运输、储存能力，提升特种物流，以提升其应急物流社会化和专业化能力；做好科学的应急物流运力调度与运输保障机制，充分调动并合理安排军队、物流公司、航空公司以及普通企业等各方的运力资源，做好应急物资的调度和配发工作；帮助企业提升现代信息技术的使用程度，整合企业信息系统数据，实现"互联—物联"的转变，提升社会依托大数据开展应急物流作业的能力；对使用先进物流设备的企业予以奖励和帮扶，尤其对采购食品冷链、医药等专业物流设备进行专业指导，登记备用，提升应急物流的作业效能；不断深化物流行业标准，推广实施，以期在实际展开应急物流作业时可以在标准化环境下快速作业；协调区域物流发展和国际物流发展，考虑"一带一路"沿线地区与国家的实际情况，有针对性地夯实我省对外应急物流基础，提升陆—港、铁—港、陆—空联运能力，构建我省与"一带一路"沿线地区与国家的应急物流的联动机制、体制。

行动计划：组建湖南省应急物流管理委员会；制定一个涉及整个应急物流的运作、资源的分配、职责的分工等的应急物流预案；制定一个包括政府协调机制、全民动员机制、法律机制和绿色通道机制等在内的应急物流保障机制；在全省建立四个应急物流中心，形成高效的应急物流配送系统。

（十一）城乡物流配送工程

基本目标：加快完善城乡配送网络，构建城乡物流一体化配送体系；优化城市配送通道建设，统筹规划物流园区，合理布局配送节点，构建高效快捷的城市配送服务平台；科学合理规划客运、货运的分配，引导建设专业化、社会化的城乡配送专用车队，为城市配送高效率运行提供良好的交通环境；推广物流配送新技术，大力支持电子商务与配送体系的协同发展，积极推进县、乡、村消费品和农资配送网络体系建设，破解城乡配送"最后一公里"难题。

主要任务：加强流通基础设施网络服务能力，推动网络基础设施和物流配送设施建设；建立城市集中配送示范区，打造城市共同配送中心项目；鼓励各地制定城市配送发展规划，开辟城市配送专用路线，完善大型商业场所配送设施的配建标准；加强农村邮政网点、村邮站、"三农"服务站等邮政终端设施建设，推动智能快递箱建设；加强冷链物流基础设施建设，夯实"互联网＋物流"发展基础；提高配送车辆的标准化、专业化水平；加强农业生产主体与电商平台的互动融合，推动电商平台开设农业电商专区、降低平台使用费用和提供互联网金融服务，构建与实体市场互为支撑的电子商务平台；完善城市配送车辆通行许可证发放制度，放宽城市配送车辆停靠限制，鼓励汽车制造企业，设计生产适合城乡配送的专用车辆；积极采用共同配送、分时段配送、夜间配送等配送模式；鼓励企业建设或租用标准化仓库。

行动计划：拓展宽带网络和移动互联网覆盖范围，加快建设县、乡、村农村三级物流节点网络；在农村、社区、学校建设物流快递取送点，继续推进"快递下乡"工程，提升快递服务能力和水平，构建覆盖城乡的快递配送网络；引导快递企业加强与以电商为代表的互联网产业融合，加速形成协同发展，合作共赢的产业链；加快建立完善农产品物流配送体系，支持农产品产地集配和冷链等设施建设，推动农产品流通标准化；创新运用现代化的"云端"系统，建立电子商务平台，促进农产品进城、生产生活物资下乡双向流通；使用规范厢式标准配送车辆，推广标准编码、带板运输、仓储笼运输等先进配送技术，提高城市配送专业化水平。

（十二）反恐与安全监管工程

基本目标：加快建成全省物流行业的反恐与安全监督体系，实现对重点物流货物的全流程、全体系监控。加强事中事后监管，构建面向企业的全程监管体系，完善经营许可程序，全面推进科学化和属地化监管，完善"政府监管、行业自律、社会监督"三位一体的邮政行业监管体系。

主要任务：

（1）建成物流行业安全监管组织体系。每个县成立一个集中安全监管站，采用事业单位编制，属发改委管理。

（2）建成物流行业安全监管场地。每县建设一个集中安全监管中心，地州市建设一个集中安检抽查中心。

（3）建成物流行业安全监管信息调度平台。基于信息技术网络，建立覆盖全省所有安全监管站和集中安检抽查中心的不间断录像监控信息平台和指挥调度平台。

行动计划：由发改委牵头，公安、交通（邮政）、商务、财政等部门协同，共同完成相关建设任务。

六、发展对策建议

（一）全面深化改革释放新红利

抢抓新一轮改革发展机遇，以打造"开放、创新、生态、规范"的物流产业市场环境为核心，以问题为牵引，全面推进改革，不断完善现代物流产业市场体系，创新管理机制，努力建立物流产业发展的"负面清单"，改善发展环境，最大限度释放改革红利。将物流产业纳入节能降耗、提高国民经济质量"总盘子"，探索物流产业生态化发展路径。

（二）优化物流产业发展空间布局

推动湖南与国家重点战略实施区域的互动合作，优化物流产业空间布局，明确湖南三级节点城市。一级节点城市：长沙市、岳阳市、怀化市、郴州市；二级节点城市：株洲市、湘潭市、衡阳市、娄底市、常德市、邵阳市；三级节点城市：张家界市、永州市、湘西州、益阳市。

打造"一核三极多点"的物流发展集约区。

一核：长株潭物流产业核心区。突出长沙作为国家一级物流园区布局城市的地位，重点发展长沙金霞物流园、长沙临空物流产业园、湘潭荷塘物流园，积极推动长沙高铁物流、湘潭一力公路港物流、株洲轨道交通物流、株洲芦淞服饰物流园等项目建设。

"三极"：依托城陵矶港和洞庭湖生态经济区，打造岳阳临港物流新增长极；依托湘南承接产业转移示范区，打造郴州制造业物流新增长极；依托区域性交通枢纽和生态优势，打造辐射大西南、对接成渝城市群的怀化商贸物流新增长极。

多点：民族地区与边贸区域物流产业示范点。在湘西州、永州市、郴州市、张家界市等省际边界城镇，建设一批商贸物流中心，形成辐射面宽、带动力强的区域物流示范节点。

（三）完善四大运输体系

发挥湖南"一带一部"的区位优势，结合我省"十三五"经济社会发展规划思路，打造四大运输体系，加快建设长江经济带区域性物流中心，将湖南打造成为中部崛起的重要引擎和长江中游城市群的战略支点。依托航空、铁路、公路等现代综合交通枢纽网络，完善物流通道集散能力。

四大运输体系：将多式联运作为重要的着力点，打造物流通道、完善物流格局、优化运输组织。优化以覆盖全省的高速公路网络和省道为骨干的公路运输体系；完善以长沙为重点，构筑好面向国际的"湘欧快线"铁路货运班列，以怀化、郴州、株洲为核心的铁路运输体系；建成以岳阳城陵矶港、长沙新港和常德港为主体的水运综合物流体系；加快发展以长沙黄花机场、张家界荷花机场、怀化芷江机场、常德桃花源机场等为基础的航空货运体系。

（四）着力发展四大优势物流产业

电子商务物流。重点建设电子商务快递物流园、邮政速递物流邮件处理中心和快递分拨集散中心。推动国际大型快递企业在长沙设立转运中心。

农产品冷链物流。建设产业链全流程质量监控和追溯系统，提升批发市场等重要节点的冷链设施水平，完善冷链物流网络。

保税物流。积极推进衡阳综合保税区、湘潭综合保税区、岳阳城陵矶综合保税区、郴州出口加工区项目建设，支持郴州出口加工区升级为综合保税区，加快长沙自由贸易试验区申建筹备工作，加强各地市州保税仓库和监管仓库建设。

再生资源回收物流。依托汨罗、松木、永兴、桂阳等国家循环经济示范园区，加快建立再生资源回收物流体系。

（五）重点发展二十大支柱产业物流

重点发展工业机器人、3D打印装备、智能制造装备、先进轨道交通、节能与新能源汽车、航空及航天装备、新能源装备、海洋工程装备、高端工程机械、智能集成建筑、现代农业机械、电子信息、新材料、节能环保、生物医药、钢铁产业、有色金属、石化化工、轻工食品、纺织服装等支柱产业物流。积极发展互联网＋物流，升级改造传统物流。

（六）完善物流产业发展的政策措施

首先，要建立健全与国家相对应且符合我省实际的促进物流业健康发展组织协调工作推进机制。在条件成熟基础上，充分借鉴国内部分省份先进经验，整合发改、经信、交通、商务等部门资源，组建湖南省交通委物流局，并进一步完善部门职能与工作职责。具体职责是：①贯彻执行国家和省有关物流发展工作的有关法律、法规、政策和技术标准；②参与拟定全省物流发展规划及有关政策；③拟定全省重点物流发展项目，指导和推进物流基础设施和信息化、标准化建设；④扶持和指导全省物流企业发展，推进传统运输业向现代物流产业转型；⑤承担物流市场的监管工作，维护物流市场秩序；⑥承担物流从业人员培训和职业资格管理工作；⑦承担物流发展有关协调工作。

其次，要多渠道加大物流产业资金投入力度。根据国家产业结构调整指导目录，结合我省物流产业发展重点领域，积极争取国家服务业专项资金，积极运用湖南省"十三五"服务业发展引导资金、技术改造和信息化专项资金等，加大对物流基础设施投资的扶持力度。积极利用相关政策性资金，对符合条件的设立国内外物流企业总部和物流运营中心、企业运用低碳环保技术设备、物流科技项目投入给予支持。建立政府资金投入统筹评估机制，提高资金使用效率。积极引导银行资金、社会资本通过信贷、股权投资基金等方式，提高对物流企业的金融服务水平。积极支持符合条件的物流企业上市和发行企业债券。

再次，要建立健全物流统计调查制度。加强物流统计基础工作，完善我省物流业统计指标体系，研究科学统计方法，明确统计口径。按照国家有关要求，探索建立我省物流业统计调查与核算制度，定期发布我省物流业运行情况。积极支持行业协会充分发挥作用和力量，开展物流统计调查，促进物流统计信息交流共享，提高统计数据的准确性和及时性。建立湖南物流产业发展的大数据中心和云计算平台，实现物流产业发展的动态调控。

最后，要加强物流专业人才培养与引进，进一步发挥行业中介组织作用。积极鼓励物流企业联合省内外知名高校建设现代物流创客学院，鼓励产教融合，共同培养新时期物流产业"双创"人才。构建物流专业人才引进、培养和使用的激励机制，吸引海内外高层次物流紧缺人才来湘。大力推进产、学、研合作，支持建立多层次的物流综合培训体系、实验基地和人才孵化基地，开展多渠道物流专业人才培训，加快将我省打造成为我国中部地区物流人才教育培训基地。充分发挥物流、仓储、交通运输和国际贸易（货代）等协会的桥梁和纽带作用，加强在调查研究、提供政策建议、做好服务企业、规范市场行为、开展合作交流、人才培训咨询等方面的中介服务。建立湖南省内物流协会诚信建设协调机制，支持物流企业参加诚信守法及等级评估，促进物流行业规范自律，推动物流市场有序健康发展。

第五章　湖南省"十三五"快递产业发展对策研究报告

一、快递业概述

快递，又称速运、速递、航空快递/快件，是物流业的一部分，其本质含义都是指"物件的快捷运送"。快递物品相对于快运货物较小，一般在 100 克至 20 千克，且品种多，时间性极强，并均为"门到门"的服务。

(一)快递业相关概念

快递业是指承运方通过铁路、公路、航空等交通方式，运用专用工具、设备和应用软件系统对国内、国际及中国港澳台地区的快件揽收、分拣、封发、转运、投送、信息录入、查询、市场开发、疑难快件进行处理，以较快的速度将特定的物品运达指定地点或目标客户手中的物流活动，是物流的重要组成部分，特点就在于"快"字。能够在极短的时间内将物品运达到目标地点，但是运量相对较小，运费较高，同时由于要经过不同的站点，几经周折，易使物品流失或损坏，安全系数相对较低。

从快递的定义，可以归纳出一些快递的基本特性：快递的实际含义就是将包裹等进行快速传递，快递的本质是物流服务。

1. 快递与物流的联系与区别

在 20 世纪 60 年代，出现了最早的快递形式，那时的快递是指承运方按照规定的时间用最快捷的方式将货物运输到指定地点，最终将货物送到指定人手中。

快递出现之前就产生了物流，物流出现的具体时间已经没有办法进行考证，物流主要就是将物品从出发地运送到目的地的过程。在物流运输过程中，承运方需要按照客户的要求运输、搬运货物，将货物运输过程中需要的各种功能全部集中到一起。

快递服务主要负责运送的对象一般都是商务小件以及小型包裹等；快递具有很强的针对性，也就是一对一服务，提供上门取货以及送货上门服务，并且能够在规定时间内将快件送到指定地点；物流所针对的对象往往都是中大型货物，而且不会像快递公司那样提供上门取件和送货上门服务。物流和快递之间存在以下两个方面的联系，第一就是快递从属于物流，其涵盖在物流范围之内，快递和物流之间共同构成完善的运输体系。第二就是快递和物流在提供服务过程中都需要交通运输工具，这是它们赖以生存的主要依靠，通过运

113

输实现服务能够在很大程度上推动国内经济发展。两者的区别主要表现在快递公司主要为个人服务，而物流公司则主要为企业客户提供服务。快递公司主要是服务个人，比如有一份文件要从中国寄到美国，那么应选择快递公司，而不是物流公司。物流公司主要服务于企业，例如公司有一车货物要从深圳运到纽约，那么需要选择一个物流货代公司。快递公司主要运送的是 50kg 以下的货物（一般都是 2kg 以下的小包），例如衣服、文件、水果、生活用品、少批量的电子产品等，主要是小物件。物流公司主要运送的大型货物，例如大型机械、大件设备、数目多的产品。要寄一部手机到国外，可以选择快递公司；如果是一批手机的话，就选择物流货代公司。

快递公司是由各个网点的快递员提供上门发货送货，而物流公司是专线运输或者拼箱运输、零担运输等，物流公司基本都有一个固定地点进行物品自取。快递业务的费用一般远高于普通物流或货运业务，主要因为快递追求快件的时效性，从而大大地增加运行成本，以满足寄件人对快件时间的要求而增加的增值。

综上所述，快递是以网点、分拨批次、快速集散为三要素组成的。依靠不同的运输方式在最短的时间内将货物送到客户手中，快速方便，费用较高，通常是较小的物品，它的特征是以速度和标准化的操作为竞争亮点的。物流一般是由仓储、干支线运输、配送这三个要素组成的。它的特征是以一条龙的服务和项目管理为竞争亮点的。小物件找快递公司，大物品、多数量的产品就找物流公司。正确认识快递公司和物流公司的区别有利于准确地将货物运送出去，以免遭受不必要的损失。

2. 快递基本特征

快递业务在分类过程中通常都是根据所送快件的性质以及运送时间和递送范围等，按照快件性质可以将快递分为信件、文件以及包裹等；按照运送时间可以将快递分为当日到达、第二天到达以及隔天到达等；如果按照快递递送范围进行分类的话，可以将快递分为同城快递、国际快递等。除此之外，还有的快递公司在划分过程中采用的是按快件重量以及价格进行划分。快递企业主要以时限或递送范围划分其产品，政府机构则常以性质来划分快递业务产品，主要是为了方便对整个快递市场的管理。

根据快递的性质，原本我国法律条文中规定除了 EMS 不允许存在其他形式的快递公司，可是随着我国经济的快速发展以及人民生活的需求，国家现在已经对相关的法律进行了修改，快递成为合法经营项目。

根据修改后的邮政法对于快递的规定，法律中特别增加了快递业务相关方面的规定。修改后的邮政法将快递业务作为企业可以经营的项目，并由国务院制定其业务范围。但是在修改后的法律尚未生效之前，为了国内经济的快速发展，很多地方政府都默许了市场中存在的快递业务，所以现在很多非邮政企业所从事的项目一般都是商业信件、文件以及包裹等物品的送递。

前面从定性的角度讨论了快递业务产品的范围，下面从定量的角度分析。为便于讨论，从时间和重量两个维度来定量地考察快递业务的范围。国内跨区经营的快递企业产品范围中，重量主要集中在小于 30 千克，时限上主要集中在 24～48 小时，具体特征表现如下：

（1）快捷性。快递从本质上来说还是一种物流，但是其相对于普通物流来说更加快捷方便，递送速度得到很大程度上的提升。

（2）安全性。快递在运输过程中全程都会受到监控，这样就保证了快递在递送过程中的安全性。

（3）网络化。快递运送信息通过网络实现同步，这样客户就可以通过登录快递公司网站便捷查询快递包裹的递送情况。

（4）专业化。现在快递服务已经形成了标准化的操作流程，包括"收件、派送、分拨、转运、录入、预报、查询、报关、统计、结算"等，将这些环节进行有效结合能够全面提升快递服务效率。

（5）规模经济性。随着市场需求的不断扩大以及生产规模的扩张，现在快递服务成本已经变得越来越低。

3. 快递行业定位

从快递行业进入我国市场以来，政策问题就一直是业内外探讨的热点问题。行业内始终在争论快递业务到底是不是邮政业务，邮政企业与非邮政企业对这一问题的看法各不相同。当前，各国的政府机构、科研单位以及企业都认为快递行业的产生离不开经济的发展，伴随着不断进步的技术、不断发展的现代生产力以及持续深入的社会分工，快递行业飞速发展，成为了跟传统邮政业存在本质区别的新兴独立行业。

（1）快递服务与邮政普通服务业务的不同性质。

事物的性质在展现自身本质的同时，还是人们对其进行了解，并将它与其他事物区分对比的依据。同为服务产品，快递服务跟邮政普通服务业务之间存在着根本上的区别，它们具有截然不同的社会属性，一个来自社会，属于公共产品；一个来自商家，属于私人产品。按照万国邮联的相关要求，为了保证全体公民在通信上的规范统一和价格合理，邮政在国家法律规定下进行部分信函的专营，因此具有公共产品的性质。同时，万国邮联还有规定称，各国可以将这一服务委托给公共或私营部门经营。但包括邮政 EMS 特快专递在内的快递服务则不同，这些服务面向市场，是在市场经济不断发展中产生的，其主要功能是帮助那些具备支付能力或特殊需要的部分人群，向他们提供限时送达的个性化服务，因此具有私人产品性质，需要面临激烈的市场竞争。因为两种业务存在性质上的巨大差异，因此出现了以下比较明显的区别。

（2）快递服务与邮政普遍服务业务的主要区别。

①不同的经营范畴。邮政主要提供私人信件和包裹之类的服务；快递业务则主要提供小型物品、资料、商务文件等物品的寄送。

②不同的服务对象。邮政的普通服务对象是整个社会的所有人，工作准则在于向所有社会成员提供基本通信服务。而快递服务的服务主体则来自经济贸易领域，向他们提供个性化的特殊服务。

③不同的服务标准。万国邮联在邮政的普遍服务质量上有明确要求，提供服务的过程中，邮政必须坚持统一的标准；快递服务关注的重点在于客户的个性化需要，提供服务时注重针对性和便捷性。这两种业务的服务类型完全不同。

④不同的传递渠道。邮政服务的传递在邮局之间进行，如果出现国际间邮政服务，则利用万国邮联的协议开展传递工作。快递业务则不同，进行国内或跨国快递传输的时候，快递往往利用自身的传递网络，或者借助两个航空货运代理公司发展。

⑤不同的定价机制。邮政在进行普遍服务定价时，需要受到万国邮联相关规定的限制，必须符合所有人能够接受的原则，制定能够在全国范围内统一实行的固定资费标准，这一价格标准往往很低，具备一定的公益性；但快递企业往往在价值规律的引导下进行服务价格的制定，根据自身的服务程度和效率，参考市场供求关系来确定自身价格水平。

⑥不同的企业运行规则。邮政企业属于国家公用事业单位，尽管采取企业化管理方式，但就算遭遇政策性亏损，也有国家财政的专项补贴为后盾，所以永远不会面临倒闭危险，邮政职工的职位可能产生变化，但是工作稳定收入可观，不存在事业风险。相反地，快递企业必须遵循市场经济规律运行，必须依靠自身实力发展、自负盈亏，在激烈的竞争中只有占据优势才不会被淘汰。快递企业在市场经济形势下面临着诸多挑战，而工作人员的收入也随着企业效益的变动而变动，所以存在很强的不确定性。

⑦不同的行业监管体制。邮政普遍业务是国家公共事业，而快递服务则是市场化业务，具有竞争性，因此国际上几乎很少由国家的邮政部门有权利进行快递行业的监管，而快递也没有被归类到邮政的专营范围之中。

⑧不同的国家政策待遇。我国对邮政部门采取了国家政策性亏损专项补贴、税收减免、报关便利、允许扩大经营范畴等大量优惠政策，目的在于帮助邮政部门顺利开展普遍业务，履行自身责任。但快递企业则不同，其服务属于商业服务，具备很强的竞争性，因此行业间必须坚持公平竞争原则，根据国家相关法律规定，依法经营、照章纳税，国家在政策上对其没有任何特殊优惠。

（二）快递业的基本特征与分类

1. 基本特征

快递业作为新兴行业，同传统运输业既有联系又有本质区别，它的基本特征表现为高度的专业服务性、网络性、规模经济性、极强的时效性和物流管理性等方面。

（1）高度的专业服务性。

快递服务的特性及作用决定了它主要服务于商务贸易活动，客户群主要集中在商贸领域。高度的专业服务性主要体现在服务广度、深度及满意度等多个层次。

快递服务地域范围和业务种类就叫快递服务广度。如代签回单服务、代收货款服务、分类包装服务等，业务种类越多，服务地域范围越大，服务广度就越大。但如果种类少且服务地域范围小，服务广度也就小了。服务深度的概念是快递给客户带来的便利程度大小。快递可以在货运过程中提供的服务有：客户可以查阅物流信息，小件快递能够保证桌到桌，能够及时传递货物信息。这样，用户更加便捷，服务深度也越深；但是如果客户不能得到相应的服务，就说明快递便捷程度就小，快递服务深度就越浅。服务满意度是指以员工服务态度、服务质量和工作效率为要素，用户在使用过程中，个人意愿得到满足的优劣程度。

（2）网络特性及由此产生的规模经济性。

快递的网络性表现在三个方面。第一方面，快递服务主要依靠各种交通运输工具如飞机、火车、汽车等组成的物理网络来实现，类似于传统运输中的"多式联运"，要求各种运输方式的有效配合与衔接。快递业的服务时效性，对网络内各种运输工具的营运调度能力及作业操作规范化、标准化、效率化的要求远远高于传统运输行业。第二方面，快递业的广度服务要求营业网点在地理位置上的充分铺设，其服务网络覆盖区域的大小及服务质量是客户选择的重要因素。

北京交通大学荣朝和教授在《西方运输经济学》中关于网络经济有充分的论述，应用在快递网络上，主要是网络的幅员经济和密度经济理论，即随着快递营业网点、运输干线在地理空间范围内的扩大和分布，由此带来更大的规模经济性，同时，体现了快递实物流量自身对规模经济性的要求。第三方面，一个企业资源有限，企业必须慎重考虑对快递服务的全过程监督、控制及提高运营效率、业界合作，并做出谨慎选择，这对企业运营结果会产生十分重要的影响，因为快递服务的全过程必须要由不同企业在全国（以至全球）范围内完成，或同一家企业的不同子公司在不同区域间合作完成。

（3）限时传递性。

时效性是信息、物品类传递服务的基本要求。快递的时效性突出表现在用户对物品传递速度的严格要求，一般分为：12 小时、24 小时、48 小时限时服务。快递的限时传递性决定了快递服务在保证安全、准确的前提下，传递速度成为反映其服务质量的核心要素。

（4）物流管理性。

快件产品在递送过程中必然伴随着实体流、信息流与资金流的联合管理和产品创新，加之快递服务的地域分散性及作业的多环节、服务产品的多样性决定了信息控制与集成在管理整合中的重要作用。它是实现快递服务管理的全程性、可控性、可见性的重要手段与保证，是客户服务的主要组成部分，而企业越来越重视经营历史数据与客户资料的研究与分析，进而挖掘出对企业运营有利的因素，使企业管理者做出正确的决策。

除了以上四个基本特性外，从快递过程看，快递服务所承载的实体流、资金流、信息流的快速传送，还集中体现了供应链管理的一个基本特性，即：在整条供应链（快递过程）中，起决定性作用的关键市场只有一个，即最终产品到达最终客户这个交易市场。所有其他的市场都只是将原材料转变为产成品这个过程的一部分，而只有成功实现了最终产品的销售，整个供应链才能获取到收益，因此只有最终市场才是所有收益的来源，其他环节的效益都取决于最终市场上商品销售实现的程度。这个特性充分体现了快递业所强调的"最后一公里"能力，又称为终端服务能力。要求快递企业在以分钟为计量单位的有限时间内，依靠人力，把数量众多的快件派出去并争取把更多的快件收进来，后台所有的干支线运输、信息传递、客户服务工作都在围绕这"最后一公里"所产生的收派行为而进行，企业的最终收益也在这"最后一公里"中得以实现。

2. 快递业的分类

现在，用来分类快递的方法很丰富，一般的分类方法是根据服务地区的区别，共分为三种，即同城快递、异地快递以及国际快递。可是，快递行业在运行时，也存在很多"约定俗成"的分类方法，这里将一一列出，同时也进一步补充了快递分类方法。

（1）根据快递内件性质区别分为包裹、商业文件以及信函类。信函类，即实现个人通信作用的文件。商业文件，即一些纸质制品，比如说报表、手稿文件、单据、商业合同以及有价证书等。

（2）根据快递服务区域划分为国内快递、国际快递业务。再进行具体划分，可以将国内快递业务分为两种，即异地快递业务与同城快递业务。

（3）根据快递服务的主体不同分为民营快递企业、国有快递企业、国际快递企业。具有代表性的民营快递企业有申通、顺丰以及圆通等；而国有快递企业主要有 EMS 等；国际快递企业主要有 TNT、UPS 以及 DHL 等。

（4）根据送达时间的区别分为三种，即当天递、次晨达以及隔日达。

（5）根据运输方式的区别分为三种，即航空运输、铁路运输以及公路运输。

（三）国内快递业的兴起与发展

1980 年和 1984 年，邮政（原邮电部）先后在国内率先开展全球邮政特快专递业务和国内邮政特快专递业务。20 世纪 80 年代，我国快递行业主要由邮政经营。

20 世纪 80 年代中晚期，DHL、UPS、FedEx、TNT 等国际快递公司开始通过合资形式涉足我国国际快递业务，但所占市场份额较小。

2007 年 9 月，国家邮政局颁布了快递服务标准，填补了我国快递服务标准的空白，并立项政策启动快递服务标准的国家级标准。2009 年 4 月 24 日，修订的邮政法审议通过，

2009 年 10 月 1 日正式实施。2012 年 5 月 1 日开始,国内快递行业实施《快递服务》,改变了以往"先签字后验货"的快递规定,进而保证消费者的利益不受侵害。该规定指出快递派件员把快递交给收件人后,需要告诉收件人当面验收快递。如果是电视购物、邮购、网络购物以及代收货款等快件,收件人就有权利先验视内件,然后签收。快件验收时,不仅可以验收内件外观,而且也可以验收内件数量,可是不可以进行内件的试用,或者测试产品性能。也就是说,快递公司没有权利让消费者"先签字后验货"。

2012 年 5 月 28 日起,电商购物发生投递延时、节假日投递不及时、超 3 天未送达时,最高赔偿 10 元/件。由中国快递协会牵头,全国九大快递企业同国内最大的电商网购平台天猫签署战略合作协议,共同打造电商社会化物流的新标准。2010 年邮政系统受理的消费者有效申诉中,涉及快递业务的占到 92.8%。其中,反映丢失短少快件的占到 23.3%,反映损毁快件的占 12.4%。据国家统计局综合司资料显示,快递作为一项满足市场经济高速度、快节奏的业务,一经推出就得到快速的发展,快递业迅速扩大了市场规模。尤其在 20 世纪 80 年代后期,邮政业放开了快递业市场,民营和外资的快递企业逐渐发展壮大起来。目前,国有、外资和民营快递企业共存、相互竞争的市场格局已经形成,有力地促进了邮政业的快速发展。

20 世纪 90 年代中期,我国其他国有和民营企业开始涉足快递行业。民航快递、中铁快运、顺丰速运、申通快递、宅急送快运等相继成立。但受政策法规、网络覆盖、资金实力等限制,这些快递公司均只在个别领域或局部地区开展业务,规模较小。

21 世纪以来,快递行业的市场化程度不断提高,社会经济节奏不断加快,导致对快递业务需求的增加。特别是电子商务等新型消费模式,为快递业务带来了新机遇,快递行业进入高速增长期。2001 年,我国加入 WTO(世界贸易组织)时,承诺开放除中国法律规定的邮政部门专营业务以外的快递市场,允许设立中外合资企业,外资所占股权比例不得超过 49%;加入后 1 年内,允许外资拥有 50% 以上股权;入股 4 年内,可以由外国服务商在中国建立全资子公司。现在,全球主要快递公司都入驻我国开展业务,快递企业所有制形式出现多元化格局。2009 年 10 月 1 日,修订后的《邮政法》正式施行,进一步明确了政府部门对快递市场的监管职能,有利于快递行业的有序竞争。

进入 21 世纪,我国快递行业的竞争继续加剧,但国有和民营快递企业仍占据我国快递国内业务市场的主导地位。2011 年 6 月 29 日,中外运敦豪国际航空快件有限公司(DHL 和中外运空运发展股份有限公司各持股 50%)将中国香港金果快递、北京中外运速递有限公司以及上海全宜快递全部股权转让出去,DHL 在中国的业务重新集中到国际快递业务方面。DHL 退出中国的国内快递业务市场,意味着目前我国的国内快递业务市场基本被国有和民营快递企业占据。

在 2011 年 12 月时,我国出台了《快递业服务"十二五"规划》,在《规划》中有:

截至 2015 年，我国快递行业应当完成三个目标：第一，确保快递业务量大于 61 亿件，年增长率达到 21%；第二，我国快递业务盈利大于 1430 亿元，年均增率达到 20%，而且是"十一五"末的 2.5 倍，在邮政业业务收入中占据的比重为 55%；第三，创造就业岗位超过 35 万个，快递行业工作者数量大约在 100 万人。在 2015 年时，努力实现业务收入大于百亿元的快递企业超过 5 个的目标，提升国内快递企业的竞争能力。积极引导企业发展快递行业，打造自己的品牌特色，最终实现快递服务等级评定四星级以上的企业超过 8 个。截至 2011 年年底，全国持有快递业务经营许可证的法人企业超过 7500 家，其中跨省（自治区、直辖市）经营快递业务的网络型企业 52 家，快递行业从业人员超过 70 万人，同比增长 29%。

从 2006 年到 2012 年的 6 年间，我国快递业务量由 10 亿件增长至 57 亿件。快递业务量年均增幅达到 33.7%，规模总量已跃居世界第 2 位，最高日处理量突破 3000 万件，有 8000 余家不同所有制企业依法公平竞争，其中，包括 5 家世界五百强企业。2012 年 7 月，红楼集团并购希伊义斯快递（CCRS），成立国通快递；2012 年 8 月，海航集团正式剥离天天快递业务，原申通集团总裁奚春阳以 1.6 亿元的价格接过天天快递 60% 的股权；包括京东商城、凡客、1 号店等在内的一大批 B2C 垂直电商，在面临资金压力的情况下，依然斥巨资投入布局物流建设。以京东为例，2012 年 6 月，获得快递业务经营许可证；2012 年 10 月 15 日开始，与民营快递申通分开；2012 年 11 月，京东快递向平台卖家开放。

截至 2013 年年底，全国共实现快递业务量 96 亿件，同比增长 62%，仅次于美国位居世界第二，由管理部门依法经营许可证的快递企业超过 9000 家，其中 6 家过百亿元的快递企业占有了快递市场 79% 的份额。

（四）快递业影响因素

1. 宏观因素

（1）网络信息与技术。

从中国电子商务研究中心的数据来看，到 2012 年 12 月底，6800 家快递有赖于网络购物业务，由此产生了 360.2 亿元的收益，是整个快递业总收入的 60%。

总之，电子商务的迅速崛起，尤其是网上购物的繁荣，有力推进了国内快递的快速发展。快递业发展受信息技术、互联网发展的影响较大。这些年，宽带通信不断增加，使互联网上网人数不断增多，带来了电子商务的长足进步，给电子商务实物配送带来便利，同时也是联系商家与客户的纽带。物流业信息技术的提升和互联网信息系统的发展为快递行业的发展提供了较好的信息支撑平台。

（2）工业化程度。

快递业务量随着服饰、电子产品、日常用品的需求量不断增大。快递业运输的产品中，三成是礼品饰品、食品糖酒、服装、数码家电，而国内业务中的同城快递和异地业务中 67.5％的业务也与电子产品、日常用品、服饰有关。在国内快递业务中,大多数产品由轻工业提供。我国的轻工业由于物美价廉在全球市场中占据了较大的份额,这也是促进我国快递业务迅猛发展的一大因素。在国内快递业务中,其国际业务的 85％以上是皮革、家电、食品等,11.4％是出口国外的塑料制品,40.2％是家电、皮革行业。

(3)市场化程度。

国外零售业市场交易方式不断改变,更多消费者开始采取网购的方式对商品进行购买,在 2011 年年底,相关报告中表示,欧洲各国在 2011 年的网购市场中最活跃的是英国,英国的网购市场份额占据社会零售市场总份额的 12％,瑞士与德国的网购市场也相对较为活跃,分别占据社会零售市场总份额的 8.7％与 9％。网上零售的交易促进了各国快递业的迅速发展。据 2012 年统计,在世界 100 强物流公司排名中,欧洲占到了 50％以上,法国、英国、德国等一些国家中的物流公司,特别是有 9 家物流企业进入世界百强物流企业的德国,这都同网购的发展有着直接的关系。

(4)运输化程度。

便捷是快递最大的特点,在交通运输方面有着相对较高的要求。国家在公路、航公、铁路、航海的发展程度直接影响着快递行业的发展,因为只有具备发达的基础设施,才可以使快递发挥高效、安全、准时的作用。根据我国快递工作的多少来看,异地快递与同城快递通常是用铁路与公路运输,而国际快递通常是依靠飞机运输。根据快递工作的结构来划分,我国的异地、同城、中国港澳台以及国际的快递工作量在所有的快递工作量中都占据相当大的比例,尤其是在总工作量中的异地快递工作量占据很大比例。很明显,因为异地快递大多是通过高速公路进行运输,2005—2009 年间,对于高速公路以 58.78％的速度增加线路长度,这个速度比公路里程的增长速度高得多,这极大地推动了异地快递的发展,公路中的货物周转量与同城快递业务的增加有着正比例关系。

2.微观因素

(1)人力资源。

国际快递公司表示,快递工作是终端物流性质的业务,需要运送快递的员工与顾客当面交接,因此,快递员所表现出的个人素质能够对企业产生重要的影响。企业需通过培养员工基本素质来吸纳更多顾客,并保留固定顾客。DHL 企业十分重视企业内部员工的综合素质培训,培训内容包括待人接物的礼仪、穿戴的仪表,甚至细致到走路说话的细节。该企业的培训经费逐年上升。对国际快递企业的投诉情况进行统计,明显发现外资企业很少有人投诉,相比之下,国内形势堪忧,应加快培养员工素质的脚步,否则国内快递企业难以在市场上立足。

(2)信息资源。

快递行业在运行过程中,具有全程联网、共同作业、服务一体的显著特征。这是由快递的异地传送性质所决定的，为实现高效率、高质量的快递送达，必须联合若干家共同提供服务，并且全程联网，在服务网络中实现共同服务。如今，在全国范围内，均可找到中国邮政 EMS 设置的 30000 多个网点，无论在城市还是在乡村，均可实现快速传递。其中，约有 2800 个城市实现传递网的连接，在此之中又有接近 300 个城市实现快递的次日送达或次晨送达，无论是区域范围、城际范围还是省际范围，传递网都具有高度的传递效率。在我国，中铁快运的网点设立遍布 500 个城市，包含国内 30 多个省、自治区以及直辖市，共计超过 1700 个经营网点，为顾客提供上门取件等服务，服务范围囊括 900 多个市区和城镇与乡村。民营快递多发源于经济发达区域，比如长三角地区、珠三角地区或者环渤海地区，然后一步步向市区城镇等地发展。通常，民营快递企业很少将网点设到国外，因为其缺乏提供国际快递服务的能力。国际间的快递服务受到国际网点的限制，难以顺利开展。

（3）基础设施。

快递的主要优势在于其快捷、灵活的特点。一家快递公司，不但要具备小型运输工具用于装载货物以及分发派递，还要具备快速运输工具以实现长短途运输，这是快递公司的必备设施。不仅如此，部分发展顺利的快递企业，在货源集散地配置中转中心与控制中心，在大型仓库群、运输工具存放点、控制中心、客户服务点等基础设施的配合下有效运行。国家邮政局颁布的《中国邮政业经济运行报告》表明，跨国和民营快递企业的规模扩大很快，大量资金雄厚的快递公司为获得竞争的主动权，自 2012 年起纷纷参与投资。申通斥资多达 1 亿元来建造 4 万平方米的华东地区运转处，以实现货物的自动分拣；顺丰仍在强化建设自营航空货运公司；中外运空运为强化国内机场附近基础设施的建设，投入多达 10 亿元的支持资金；圆通、宅急送等企业纷纷投入资金优化企业布局，尝试运行航空与舱位服务，维持民营企业的时效性，使其不至于在国际快递业落后出局。

二、2015 年我国快递业发展竞争格局变化

（一）2015 年快递产业竞争格局现状

我国经济进入新常态，正处在调结构、转方式的关键阶段。受新旧动力转换等因素影响，国内经济下行压力较大。2015 年以来，党中央、国务院推出了一系列稳增长、促改革、调结构、惠民生的重大举措，实现了经济总体平稳发展。主要经济指标趋稳向好，上半年国内生产总值同比增长 7%，达到全年目标线水平。中物联发布的 7 月中国制造业采购经理指数（PMI）为 50，连续 5 个月处在荣枯线上方；服务业采购经理指数（PMI）升至 53.9，基本反弹至 3 个月前水平。当前，我国经济正着眼于保持经济中高速增长和迈向中高端水平的"双目标"，着力打造大众创业、万众创新和增加公共产品、公共服务的"双引擎"。这为中国经济适应新常态，加快提质增效和转型升级提供了战略方向。

2015 年，全社会物流总额增速回落，社会物流总费用与 GDP 的比率稳步下降。

1. 快递市场继续加速发展

2014 年，我国快递业务量接近 139.6 亿件，业务收入超过 2045.4 亿元。我国快递业务量首次超过美国，跃居全球第一大快件国。但是我国的快递业务收入和件均收入与美国相比还有很大的差距。2014 年，我国快递件均收入为 14.65 元，同比差额为 1.04 元，同比下降 6.6%。快递件均收入同比下降说明我国内资快递企业盈利能力进一步下降，"以价换量"的发展模式基本没有改变。同时，我国内资快递企业在国际快递市场所占份额较低，意味着我国快递业在做大之后的做强之路还很长。总体来说，我国快递行业的发展在 2014 年呈现以下几个主要的特点。

第一，国内快递市场进一步开放。

2014 年 9 月 24 日，国务院总理李克强主持召开国务院常务会议，决定进一步开放国内快递市场，推动内外资公平有序竞争。会议指出，扩大全方位主动开放，打造内外资企业一视同仁、公平竞争的营商环境，是我国长期坚持的重大政策取向。这将有利于倒逼国内快递企业改善经营管理、提升服务水平。因此，外资快递企业进入国内包裹、信件（文件）快递市场将是必然趋势。但根据目前国内民营快递占 80% 市场份额的格局分析，我国全面开放国内包裹快递市场，对符合许可条件的外资快递企业，按核定业务范围和经营地域发放经营许可，并不会在短期内对内资快递企业造成明显影响。外资快递企业短期内很难抢夺国内快递包裹的市场份额。我国对外资快递企业开放国内包裹市场的政策利好意义大于实际意义。

另外，国内快递企业也开始深入涉足国际快递业务。目前，国际商务快递已经被"国际四大"和邮政速递所垄断。其中中国邮政占跨境电商快递的 80% 左右。对于民营快递企业来说，国际快递市场的空间有限，主要切入点应是以跨境电商快递为主的专线快递。对于国际快递业务的拓展方式则应分为三个层级：初级阶段是代理合作；中级阶段是以代理为主，自营为辅；高级阶段是以自主快递品牌为主，代理为辅。具体来看，2014 年我国多家民营快递进军国际快递市场，业务拓展方式以跨境电商为主。如申通快递开通了日本专线；顺丰速运开通了俄罗斯小包专线和欧洲小包服务，顺丰速运"优选国际"海购平台正式上线；韵达快递的欧洲快递物流服务中心已在德国运营，美国服务中心网站正式上线；圆通速递推出"俄易邮"专线产品。

第二，快递市场竞争格局进一步显现，市场集中度依然很低。

从目前快递市场的竞争格局看，外资企业在国际快递市场中处于主导地位，顺丰速运占据着国内商务快递和"网购"的高端型市场，中国邮政速递在国家公文、国有企业快递市场中处于核心地位，"三通一达"等民营快递企业占据着国内"网购"经济型市场，中国邮政在跨境电商寄递市场中处于垄断地位。大型电商的自建快递物流主要为其自身经营提供服务，如京东、苏宁、国美、酒仙网、我买网、顺丰优选、日日顺、亚马逊、当当银河一号、1号店、唯品会、聚美优品等都在自建快递板块。

同时，大型快递企业综合化、中型快递企业专业化、小型快递企业个性化的转型趋势已经开始显现。如顺丰速运正在向综合物流企业转型，"落地配"企业的服务更加个性化。由于我国快递企业主要采取以品牌为主导的加盟模式，加盟商拥有自主经营权（包括定价权），因此我国快递业的市场集中度非常低。这也符合产业集中度越低，竞争形式以价格竞争为主，产业集中度越高，则以服务品质竞争为主的规律。

第三，铁路电商班列开通，快递干线运输格局发生变化。

2014年下半年，铁路部门开始与电商、快递企业合作，开通最高时速达160千米的电商班列，这是铁路货运改革的重要标志性成果之一。它将改变快递行业目前的以公路和航空两种干线运输方式为主的竞争态势，加快形成公路、航空和铁路三种运输方式并重的格局。与公路和航空运输方式相比，铁路电商班列具有速度快（公路汽运平均时速为70千米左右，铁路电商班列平均时速为110千米）、运输规模大（一列快递电商班列相当于9.6米的箱式货车45台）、时效性强、受气候影响极小、运输成本低和节能环保等优势。而且，在1000～1500千米干线运输中，铁路较其他运输方式优势明显。但由于快递企业对运输作业场地具有特殊需求，所以铁路系统为了适应快递的装卸特点，必须采用效率较高的输送设备和装卸模式。这就意味着铁路进入快递业干线运输市场还需要对相关配套设施进行技术改造。

第四，快递业"最后一百米"的服务呈现多样化的趋势。

在传统快递"门到门"的基础上，"最后一百米"的服务业态在探索中不断推陈出新，快递智能自助柜、便利店代理、社区物业代理、校区公共配送平台等新业态加速推广和使用。2014年快递智能自助柜"取派件"终端模式的业务量增速在两倍以上，快递企业纷纷介入"最后一百米"的新业态。如韵达与杭州邮政启动"E邮站"项目战略合作，广州邮政首推"小蜜蜂邮包包"同城配送便民服务，圆通速递北京分公司与小麦公社签署战略合作协议，顺丰速运4000家"嘿店"打通线上线下经营模式，百世汇通在京沪试点运行智能快递柜。

"最后一百米"新型终端模式的飞速发展主要是基于其收寄快件智能化程度高、便利、运营成本低、安全性高等优势。目前，多样化的"最后一百米"新型终端模式已成为了智慧城市、物联网和民生工程的重要组成部分，也成了社区和校区一道亮丽的风景线。

第五，资源整合加速。快递行业的竞争方式开始由快递服务能力的竞争向快递上游发货权的竞争转变，即控制了快递的发货权，就控制了快递的服务资源。

以菜鸟网为例，其正在准备控制阿里巴巴体系电商"网购"快递物流的发货权，主要手段是通过免费为电商提供ERP（电子运单）服务，以掌握电商"网购"快件的分配权；制定电商快递的服务标准，从而达到整合快递资源的目的。同时，菜鸟网络联合日日顺物流，全面激活全国 2600 个区县的物流配送体系，实现了全国 93％的区县家电送货入户，降低了对"三通一达"等大型快递企业的依赖度。

与此同时，2014 年 7 月，"三通一达"联合组建了投资平台"蜂网投资有限公司"（以下简称蜂网）。蜂网的成立标志着"三通一达"之间的市场关系将由竞争向竞合转型。蜂网的投资定位主要是打造快递集约化的投资平台，推动智慧快递、物联网和"云计算"在"三通一达"快递企业的应用，以及推广应用快递智能自助柜，推动"三通一达"在跨境电子商务发挥作用等。与阿里集团所成立的菜鸟网不同，菜鸟网主要是整合快递资源针对普通消费者提供服务；而蜂网则是将快递资源整合，形成规模化效应，针对"三通一达"提供服务。目前，"三通一达"之间的竞争属性依旧一如既往，价格仍是各自定价，不过未来将会以良性的竞争方式来竞争。

2. 政府监管向精细化管理转型

2014 年，国家邮政局出台了《邮政业消费者申诉处理办法》《经营快递业务的企业分支机构备案管理规定》《快递业务经营许可注销管理规定》《邮政行业安全信息报告和处理规定》《寄递服务用户个人信息安全管理规定》《无法投递又无法退回邮件管理办法》《无法投递又无法退回快件管理规定》7 个规范性文件，以及《快递专用电动三轮车技术要求》《邮政业标准体系》《快递营业场所设计指南》3 个标准。各地方政府出台了如《青海省邮政条例》《海南省邮政条例》《湖北省邮政条例》《贵州省邮政条例》4 个邮政条例。

各项规范、文件及标准的出台，标志着国家邮政局的监管正向精细化管理转型，对适应快递业发展的新变化、保护消费者合法权益和快递企业的合法权益，起到了积极的促进作用。地方性法规的颁布实施，使地方邮政管理局实现了依法监管、依法行政。

3. 基础设施投资力度空前

2014 年，继京东亚洲一号启动后，大型快递企业和大型电商加速基础设施的投资建设。据初步统计，2014 年仅顺丰速运、"三通一达"民营快递总部（包括加盟商）、邮政速递等用于基础设施建设的投资已超过 150 亿元。例如，2014 年邮政集团公司投资约 1 亿元建立电子支付服务基地；京东商城投资 70 亿元在武汉建设华中物流基地，投资 20 亿元在东莞建设现代服务产业园；苏宁云商借力移动网络计划建设 60 个物流基地；唯品会中部枢纽物流基地正式落户郑州；圆通速递在 12 座城市投资建仓配一体化服务体系。

总体而言，2014 年是我国快递市场竞争最为白热化的一年。快递行业在保持快速发展的同时，竞争格局也开始发生变化。今后，我国快递市场在继续保持高速增长态势的同时，面临的挑战也更加严峻。

（二）2015 年影响中国快递业发展的十件大事

1. 快递业首次进入政府工作报告

李克强总理两度视察快递网点。2014 年全国两会上，政府工作报告首次提出要推动快递行业的发展。李克强总理指出，要深化流通体制改革，清除妨碍全国统一市场的各种关卡，降低流通成本，促进物流配送、快递业和网络购物发展，充分释放十几亿人口蕴藏的巨大消费潜力。

一年间，李克强总理先后两次深入快递企业实地考察，五次点赞快递业在"搞活流通、拉动内需、增加社会就业"等方面的重要作用，肯定企业发展成绩，鼓励快递行业发展。国家的高度重视与政策的扶持开启了中国快递行业发展的新纪元。

2. 国内包裹市场全面开放，倒逼国内快递转型升级

2014 年 9 月 24 日，国务院总理李克强主持召开国务院常务会议，决定全面开放国内包裹快递市场，对符合许可条件的外资快递企业，按核定业务范围和经营地域发放经营许可。会议强调，要坚持放管结合，确保快递行业有序健康发展。自此我国快递业改革开放迈出重要一步，内外资快递企业将共同参与中国市场竞争，推动快递业成为现代服务业发展的"黑马"。

3. 中国快递迎来"百亿时代"

市场规模跃居全球第一，最高日处理量超 1 亿件。

2015 年，全国快递服务企业累计业务量达到 140 亿件，快递业务收入完成 2040 亿元。这是我国快递年业务量首次突破百亿，并跃居世界第一。当年，我国成世界最大网络零售市场，快递服务 3.61 亿网购用户。"双 11"期间，在 11 月 11—16 日 6 天时间里，全行业共处理快件 5.4 亿件，比去年同期增长 56%；最高日处理量首次突破 1 亿件，达到 1.026 亿件，比去年同期增长 57.8%。截至目前，中国快递业务量已经连续 46 个月保持 50% 以上速度增长，成为中国经济转型升级的重要引擎。

4. 邮政业试点"营改增"

新旧税制实现平稳转换。自 2014 年起，邮政服务业被纳入营改增试点。新政策从税收角度对快递业进行了行业划分，快递企业按从事的收派服务与交通运输服务的划分，适用不同的税率。"营改增"试点实施以来，有效减轻了快递企业的税负，做到了"应纳尽纳、应改尽改"，基本实现了新旧税制平稳转换。业内普遍认为，"营改增"的实施，在推动行业转型升级、逐步降低快递税负以及规范财务管理制度三个方面发挥了积极作用。

5. 国家邮政局启动"三向"工程

快递"下乡""出海"成效显著。2014 年 1 月 6 日，全国邮政管理工作会议提出推动快递企业"向下""向西""向外"拓展。快递下乡与西进工程开展以来，农村与中西部地区快递业务发展迅猛。快递服务全国乡镇平均覆盖率大幅度提升，已经接近 50%，全年农村地区包裹数量达到 20 亿个，带动工业品销售下乡 1600 亿元。快递企业在助力广大农民利用网络打开市场、盘活渠道、增加收入等方面开始发挥更大的作用。在国际市场上，跨境快递业务量也创新高，借助"海淘"业务东风，"国家队"积极拓展业务范围和规模，

民营企业也在保税区内和海外建仓布点，奋力开拓东南亚、日韩和北美等国际市场，共同开启了快递企业海外发展元年。

6. 国家邮政局加快简政放权

政府改革为快递业释放更多红利。2014 年 2 月 17 日，国家邮政局对快递业务经营许可等现有 9 项审批进行公示，并在 3 月起正式实施快递业务经营许可变更审核流程优化方案，建立"绿色通道"制度等有效措施。同时，国家邮政局审议通过了《经营快递业务的企业分支机构备案管理规定》，将经营快递业务的企业分支机构备案职能下放到省级以下邮政管理机构，并简化了备案流程。政府持续的改革为快递业发展提供更多红利。

7. 首趟电商快递班列开通

2014 年 7 月 1 日凌晨，国内首趟电商班列申通快递沪深线开通，之后，顺丰速运、京东快递等电商专列也相继开通。铁路版图开通北京、上海、广州、深圳四地的 3 对 6 列"电商班列"，改革成果惠及快递业。据了解，电商班列满载一次，运输量相当于 62 辆 9.6 米长的货车，或者 36 架波音 737 的运力，可载约 22 万件快件。继公路、航路运输后，其准时、安全、稳定的特性正在给快递业注入新鲜、强大的活力。我国快递企业的运输方式正在不断创新和优化，大交通体系和多式联运的格局也正逐步形成。

8. "最美快递员"揭晓

2014 年 4 月 29 日，历时一年的"中国梦·邮政情　寻找最美快递员"活动揭晓发布会在北京举行，从 154 名被推荐接受公众票选的基层快递员中脱颖而出的 50 名"最美快递员"候选人悉数出席。最终，李元明、艾克帕尔·伊敏等 10 位个人和"顺丰 8 哥"、泸州韵达 2 个团体获得"最美快递员"称号。活动不仅在行业内影响深远，也将社会的目光更多地聚焦到快递领域，传播了行业正能量。

9. 电商巨头接连上市

2014 年 5 月和 9 月，京东集团和阿里巴巴分别在美国纳斯达克与纽交所挂牌上市。分析人士认为，京东集团和阿里巴巴能成功上市，近年来电子商务及快递物流业高速发展是其重要推动力。

美国《洛杉矶时报》在评价阿里巴巴的上市时表示，如果中国在过去的 10 年里没有形成 8000 多家快递公司，阿里巴巴绝对不可能达到今天的规模。就在此前的 6 月 12 日，阿里巴巴与中国邮政集团公司签署战略合作框架协议，宣布在物流、电商、信息安全等领域开展深度合作，合力建设中国智能物流骨干网。

10. 快递助力 O2O 等新兴消费

在移动互联思维冲击传统行业观念，把互联网作为工具、平台、思维乃至战略对接的 O2O 时代已经来临。快递"最后一公里"也从快递服务的一个环节，逐渐演变成一个服务于本地生活的全新生态圈。智能快件箱、校园共同配送、社区 O2O 门店、第三方代收平台竞相角逐这个千亿级别的新市场，有诱惑，更具挑战。

三、湖南省快递产业发展的现状及存在的问题

（一）2015年湖南快递产业发展总体状况

2015年我省全省快递业务量累计完成3.18亿件，增幅39.93%。如图5-1所示。业务收入完成3.64亿元，累计完成33.89亿元，占邮政行业收入的40.59%，较上年同期增长29.3%。如图5-2所示。我省快递平均单价为10.70元/件，同比下降7.6%。

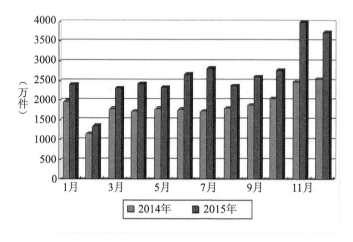

图5-1　湖南省快递业务量变化情况

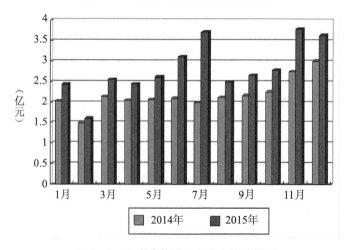

图5-2　湖南省快递业务收入变化情况

异地业务量累计达到2.56亿件，同比增长33.36%，占比80.55%；同城业务量累计完成5665.07万件，同比增长84.4%，占比17.82%；国际及中国港澳台业务量累计完成518.13万件，同比增长16.43%。同城快递业务稳定增长。全年同城快递业务量完成

3072.16 万件，同比增长 29.76%；实现业务收入 2.21 亿元，同比增长 21.56%。快递业务量各项指标占比，如图 5-3 所示。

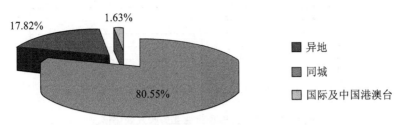

图 5-3 快递业务量各项指标占比

快递业务收入累计完成 33.89 亿元。其中，异地快递本月完成收入 2.08 亿元，累计完成 21 亿元，同比增长 15.58%，占比 61.96%；同城业务收入累计完成 4.61 亿元，同比增长 108.26%，占比 13.59%；国际及中国港澳台业务收入累计完成 2.32 亿元，同比增长 21.57%，占比 6.83%。快递业务收入各项指标占比，如图 5-4 所示。

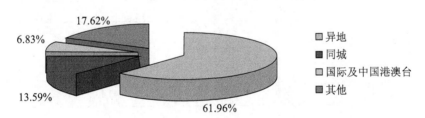

图 5-4 快递业务收入各项指标占比

（二）湖南省各市州快递业务发展情况

1. 湖南省 2015 年 12 月各市州快递业务发展情况

2015 年，我省邮政行业业务总量 12 月完成 10.82 亿元，本年累计完成 104.15 亿元，同比增长 28.25%，业务总量全国占比 2.1%，居全国第 13 位；12 月业务收入完成 7.67 亿元，本年累计完成 83.49 亿元，同比增长 23.73%，业务收入全国占比 2.1%，居全国第 13 位。

省邮政企业 12 月完成邮政业务总量 5.12 亿元，本年累计完成 56.39 亿元，同比增长 14.03%，占全省业务总量的 54.14%；12 月完成业务收入 4.75 亿元，累计完成 56.48 亿元，同比增幅 16.14%，占全省邮政业务收入的 67.65%。湖南省邮政行业业务收入变化情况，如图 5-5 所示。

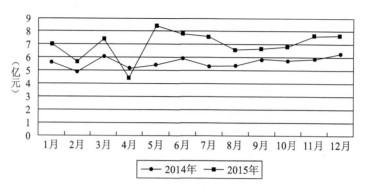

图 5－5　湖南省邮政行业业务收入变化情况

　　2015 年 1—12 月中部六省邮政业务总量如图 5－6 所示，中部六省邮政业务收入如图 5－7 所示。

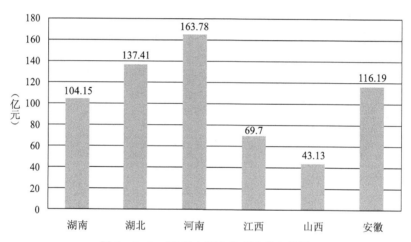

图 5－6　1—12 月中部六省邮政业务总量

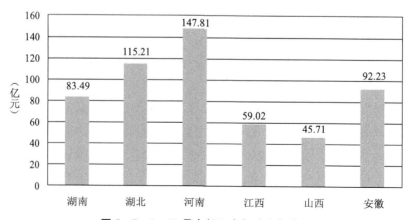

图 5－7　1—12 月中部六省邮政业务收入

湖南各市州邮政业务发展情况如表5-1～表5-3所示。

表5-1　　　　　　　　　　　分地市邮政行业业务总量

地区	邮政行业业务总量					
	本月完成（万元）	同比增长（%）	本年累计（万元）	排名	同比增长（%）	占全省比重（%）
湖南省	108229.36	39.15	1041508.85	0	28.25	100.00
长沙市	52409.09	59.54	422810.05	1	38.51	40.60
株洲市	8072.85	16.20	80607.69	2	32.33	7.74
湘潭市	3102.71	27.58	36494.91	10	28.67	3.50
衡阳市	6459.03	29.42	70220.24	4	24.20	6.74
邵阳市	5615.78	22.45	63556.50	5	20.73	6.10
岳阳市	4591.49	21.86	51673.59	7	25.99	4.96
常德市	4215.10	21.80	48595.21	8	12.57	4.67
张家界市	1231.57	32.43	13082.05	14	22.29	1.26
益阳市	5295.00	62.91	54367.67	6	42.47	5.22
郴州市	5995.30	−4.27	74008.24	3	2.46	7.11
永州市	3289.85	15.13	39458.43	9	24.75	3.79
怀化市	3105.13	38.07	34388.20	11	11.98	3.30
娄底市	3171.55	62.75	32980.39	12	35.27	3.17
湘西土家族苗族自治州	1674.88	34.55	19265.69	13	17.70	1.85

表5-2　　　　　　　　　　　分地市邮政行业业务收入

地区	邮政行业业务收入					
	本月完成（万元）	同比增长（%）	本年累计（万元）	排名	同比增长（%）	占全省比重（%）
湖南省	76696.15	22.85	834919.54	0	23.73	100.00
长沙市	28534.67	15.18	269112.95	1	21.39	32.23
株洲市	5234.75	40.47	53124.31	5	33.01	6.36
湘潭市	2289.67	35.74	29629.65	12	24.48	3.55
衡阳市	5583.34	19.28	67184.25	2	21.42	8.05
邵阳市	5256.22	23.08	62056.78	3	22.41	7.43

地区	邮政行业业务收入					
	本月完成（万元）	同比增长（%）	本年累计（万元）	排名	同比增长（%）	占全省比重（%）
岳阳市	3563.79	4.41	48131.36	7	26.23	5.76
常德市	3892.36	21.83	50942.60	6	22.27	6.10
张家界市	1164.03	22.52	13509.76	14	21.68	1.62
益阳市	3817.30	27.48	44149.69	8	28.27	5.29
郴州市	5216.86	16.58	59176.53	4	18.69	7.09
永州市	3602.28	32.74	42343.52	9	27.36	5.07
怀化市	3440.94	48.14	39169.63	10	24.97	4.69
娄底市	2895.68	56.92	33722.26	11	37.66	4.04
湘西土家族苗族自治州	2204.26	59.44	22666.25	13	18.80	2.71

表 5-3　　　　　　　　　　分地市规模以上快递企业业务收入情况

地区	本月完成（万元）	同比增长（%）	本年累计（万元）	排名	同比增长（%）	占全省比重（%）
湖南省	36406.49	20.97	338934.32	1	29.30	100.00
长沙市	21623.36	6.40	198517.51	2	19.61	58.57
株洲市	2712.63	53.26	25188.54	3	52.96	7.43
湘潭市	742.63	45.76	8996.64	11	51.03	2.65
衡阳市	1115.51	19.31	10411.44	10	24.35	3.07
邵阳市	1202.64	43.95	10865.31	7	47.95	3.21
岳阳市	1039.71	9.38	11724.82	6	54.86	3.46
常德市	1128.00	52.13	10838.03	8	36.51	3.20
张家界市	447.93	92.62	3624.99	15	43.98	1.07
益阳市	1325.67	37.65	12245.34	5	72.47	3.61
郴州市	1776.56	20.82	16938.07	4	21.51	5.00
永州市	916.14	64.58	8298.79	12	38.17	2.45
怀化市	809.81	238.07	6758.02	13	44.96	1.99
娄底市	1184.42	173.25	10790.74	9	102.21	3.18
湘西土家族苗族自治州	381.48	181.76	3736.08	14	27.40	1.10

2. 湖南省 2016 年 5 月各市州快递业务发展情况

全省 2016 年 5 月快递业务量完成 3892.11 万件，累计完成 16975.92 万件，增幅 66.84%；业务收入完成 4.04 亿元，累计完成 18.05 亿元，较上年同期增长 54.16%。5 月异地业务量完成 3247.38 万件，累计完成 14070.25 万件，同比增长 70.74%，占比 83.44%；同城业务量 5 月完成 598.38 万件，累计完成 2675.05 万件，同比增长 52.75%，占比 15.37%；国际及中国港澳台业务量 5 月完成 46.35 万件，累计完成 230.62 万件，同比增长 18.55%，占比 1.19%。5 月快递业务收入完成 4.04 亿元，累计完成 18.05 亿元，同比增长 54.16%。其中，异地快递 5 月完成收入 2.67 亿元，累计完成 12.01 亿元，同比增长 65.77%，占比 66.08%；同城业务收入 5 月完成 0.36 亿元，累计完成 1.65 亿元，同比增长 0.25%，占比 8.95%；国际及中国港澳台业务收入 5 月完成 0.21 亿元，累计完成 1.06 亿元，同比增长 9.65%，占比 5.21%。

各市州规模以上快递企业业务情况如表 5 - 4、表 5 - 5 所示。

表 5 - 4　　　　　　　　　市州规模以上快递企业业务量

地区	本月完成（万元）	同比增长（%）	本年累计（万元）	排名	同比增长（%）	占全省比重（%）
湖南省	3892.11	66.84	16975.92	1	56.25	100.00
长沙市	2106.34	61.55	9625.29	2	59.15	56.70
株洲市	471.20	102.78	1823.47	3	82.27	10.74
湘潭市	97.77	37.21	424.03	10	46.36	2.50
衡阳市	109.80	69.18	469.77	9	53.77	2.77
邵阳市	118.96	61.04	552.67	7	65.89	3.26
岳阳市	190.15	98.09	769.51	5	81.09	4.53
常德市	100.53	57.55	482.73	8	—6.76	2.84
张家界市	34.13	44.42	150.41	15	71.79	0.89
益阳市	232.16	98.48	881.53	4	61.00	5.19
郴州市	180.66	68.58	683.83	6	39.80	4.03
永州市	60.12	50.67	273.83	12	62.39	1.61
怀化市	56.22	60.91	272.39	13	65.74	1.60
娄底市	89.06	66.43	400.59	11	71.47	2.36
湘西土家族苗族自治州	45.01	155.45	165.88	14	71.35	0.98

表 5－5　　　　　　　　　　市州规模以上快递企业业务收入

地区	本月完成（万元）	同比增长（％）	本年累计（万元）	排名	同比增长（％）	占全省比重（％）
湖南省	40427.10	54.16	180506.73	1	54.53	100.00
长沙市	22713.20	48.75	100959.13	2	55.29	55.93
株洲市	3724.38	92.35	15811.38	3	81.26	8.76
湘潭市	1004.54	60.43	4355.57	12	38.85	2.41
衡阳市	1385.43	71.06	5930.50	9	44.49	3.29
邵阳市	1211.64	44.85	6603.13	7	67.20	3.66
岳阳市	1676.45	85.74	6939.52	6	64.81	3.84
常德市	1231.05	35.14	6122.44	8	47.46	3.39
张家界市	448.34	63.72	2144.97	15	63.64	1.19
益阳市	1867.99	75.55	7530.19	5	65.55	4.17
郴州市	1810.62	39.21	7618.39	4	15.04	4.22
永州市	932.36	46.94	4361.98	11	55.26	2.42
怀化市	806.37	57.65	4220.28	13	63.19	2.34
娄底市	1115.46	31.14	5629.34	10	32.37	3.12
湘西土家族苗族自治州	499.27	68.69	2279.97	14	63.45	1.26

3. 2014 年 12 月与 2015 年 5 月湖南省市州快递业务关键指标比较分析

（1）快递业务量规模与快递业务收入排在前 3 位的均为长沙、株洲、郴州。

（2）2015 年 5 月快递业务量增幅排前 3 位的由 2014 年 12 月的湘潭、长沙、邵阳变为邵阳、娄底、湘潭。

（3）长沙快递业务量在全国省会城市排名由第 11 位下降到第 13 位。

（4）2015 年 5 月快递业收入增幅排前 3 位的由 2014 年 12 月的益阳、娄底、永州变为娄底、张家界、邵阳。

（5）长沙快递业务收入在全国省会城市排名由第 12 位下降到第 15 位。

（三）湖南省各主要快递品牌经营地域范围一览表

表5-6　湖南各主要快递品牌经营范围

品牌＼城市	长沙市	益阳市	常德市	邵阳市	岳阳市	株洲市	湘潭市	衡阳市	娄底市	怀化市	永州市	湘西州	张家界市	郴州市
EMS	✓	✓	✓	✓	✓	✓	✓	✓	✓	✓	✓	✓	✓	✓
顺丰	✓	✓	✓	✓	✓	✓	✓	✓	✓	✓	✓	✓	✓	✓
宅急送	✓	✓	✓	✓	✓	✓	✓	✓	✓	✓	✓	✓	✓	✓
申通	✓		✓			✓	✓	✓	✓	✓	✓	✓	✓	✓
圆通	✓	✓	✓	✓		✓	✓	✓	✓	✓	✓	✓	✓	✓
中通	✓													✓
汇通	✓		✓	✓	✓	✓			✓			✓		✓
韵达	✓			✓				✓						✓
天天	✓											✓		✓
全峰	✓			✓			✓		✓	✓			✓	✓
国通	✓		✓	✓	✓	✓		✓	✓	✓				✓
优速	✓				✓									
速尔	✓						✓						✓	
德邦	✓			✓					✓					
快捷	✓					✓								
京东	✓								✓					
苏宁	✓											✓		
创一	✓	✓	✓	✓	✓	✓	✓	✓	✓	✓	✓			✓
风行天下	✓	✓	✓	✓	✓	✓	✓	✓	✓	✓	✓			✓
全一	✓	✓							✓	✓	✓			✓
龙邦	✓		✓	✓			✓		✓					
DHL	✓					✓								
FEDEX	✓											✓	✓	
TNT	✓													
UPS	✓													

（四）湖南省快递业发展中存在的问题

近年来，快递业以价位低、便利性强、速度快和经营方式灵活的优势，被人们普遍接受，行业快速发展壮大。但其发展中也存在很多不容忽视的问题。

（1）市场竞争无序。随着快递行业高速增长，快递市场竞争加剧，而该行业市场准入门槛较低，小型快递服务企业数量激增，"小、弱、散、差"现象突出，湖南省快递业缺乏品牌优、实力强、网络全、具有国际竞争力的大型快递服务企业。快递服务领域产品同质化比较严重，面对激烈的竞争，众多快递企业的竞争手段主要是价格竞争，有的甚至以低于综合成本的价格取件，通过压价来打压竞争对手，无序竞争、恶性竞争严重，不断压低的价格使企业的利润水平不断下降，市场环境也不断恶化。

（2）企业信息化程度低。目前仅有邮政速递 EMS 和顺丰速运两家快递企业为直营布局，其他的如中通、申通、圆通、韵达多为品牌加盟公司。加盟单位和其他小型民营快递企业，规模小、经营灵活但管理比较混乱。快递的硬件设施设备和信息化的投入明显不足，包装、分拣、装卸、搬运等大部分物流环节都是手工作业，快件自动分拣设备、计算机电话集成（CTI）、全球定位系统（GPS）、地理信息系统（GIS）、通用分组无线业务（GPRS）、射频识别（RFID）技术仍没有全面铺开，只有部分大型快递企业采用。缺乏了信息化手段的有力支持，快递服务企业在优化快递服务操作流程、提高运营效率方面缺少技术保障。在服务和效率方面远远落后国外同行和其他大型快递公司。

（3）从业人员素质有待提高。快递服务从业人员流动性大，多数快递服务企业没有建立业务和技能培训制度，专业化、技能型人员紧缺，管理、运营、技术等方面的专业人才匮乏，严重制约了企业的发展。在部分快递企业中，从事快递服务行业的人员基本上没有什么职业要求就招进来做快递服务，后期也根本没有进行任何的专业培训。从业人员素质不高导致了长沙快递服务质量处于较低水平，企业的竞争力不足。

（4）民营快递企业遭遇"资金瓶颈"。在民营快递企业发展诸多制约因素中，企业缺乏正常发展所必需的资金渠道及流动资金成为最主要制约因素。融资难集中表现在：一是缺乏有效、正常的融资渠道，从银行贷款困难。大多民营快递企业资金来源主要以自有资金为主，仅有少数的企业建立了银行信贷、风险投资、私募基金等融资渠道。二是融资担保体系不健全。目前银行信贷的抵押物主要以不动产为主，对于民营物流企业的车辆、物流设备、应收账款等抵押担保业务还没有普遍开展起来。三是其他融资方式缺乏。除了传统的融资方式之外，还有很多的金融服务是民营快递企业经营中急需的。

四、加快快递业发展的建议

（一）完善制度，加强监管

为促进快递业的健康快速发展，政府应该对快递业的发展进行统一规划引导：一是完善制度，设置其准入门槛。政府有关部门要针对快递市场现状，加强协调沟通，完善相关的政策法规，制定行业管理规定，明确经营者的从业条件与经营范围，规范服务流程和标准。二是加强监管，严格快递市场监管机制，规范市场秩序，解决行业缺乏管理、市场竞争无序等现象，正确处理企业随意压低快递资费、超范围经营、投错件、损坏件、不能按时投递等损害消费者的行为，从而切实维护快递企业和广大客户的利益。同时企业自身要提高管理水平，打造全方位、综合性、跨区域的快递服务网络，实施品牌战略，加强行业自律，树立商业诚信，遵守职业道德，强化服务意识，提高服务水平。

（1）完善规范快递企业运营行为的法律法规和行业规范指南。建议以新《邮政法》和《快递业务经营许可管理办法》为基础，逐步出台并完善专门的《快递行业管理办法》和《快递标准化操作指南》。修改后的法规应对快递业准入标准、服务承诺、服务项目、服务价格、服务地域做出统一规定；除对总公司的注册金额、人员、车辆做出最低限定外，对分部、送件点的设立标准也要做出明确界定；明确货物收取、分拣、发送操作流程，避免"暴力分拣"现象的发生；明确快递物品投递范围，建立快递收寄查验登记制度，防止违禁品通过快递渠道传播；明确赔付标准，规定快递物品丢失需按商品原价赔偿的制度；印发统一制定的快递合同文本，完善快递员从业资格考试，实行快递员持证上岗、统一着装；对快递车辆配发通行证并统一喷涂专用标识、客服电话等信息。

（2）明确界定快递行业监管部门监管权限。由湖南省邮政管理局为主导开展政策引导和市场环境监管；工商部门主管市场准入及日常经营活动监督，并负责对违规企业进行处罚；消协主管行业升级投诉及索赔等，要定期组织联合检查组，开展联合检查，采用罚款、罚没、取缔等措施对违规快递企业进行处罚，确保监管活动务实有效。

（3）充分发挥行业协会作用，规范市场竞争行为。协会要发挥其服务、协调的作用，重点关注低价竞争局面，组织各快递企业从生存发展的角度出发实现思想的统一性，严格制定并执行价格公开化、公平化等标准，签订市场竞争自律公约，致力于快递市场的规范，避免业内恶性竞争等现象，推动快递业更健康持续地发展。

（4）尽快建立快递企业及快递员"诚信档案"，加大重点监管力度。邮政部门根据快递企业的服务态度、送货速度、货物缺失率、消费者投诉率等因素，尽快建立快递企业的"诚信档案"，实施将快递企业分为"诚信、一般失信、严重失信"的信用分类监管制度。对于诚信经营企业在一定程度上减少检查频次；对一般失信的企业进行定期、重点巡查和监控，促使其自觉诚信经营；对严重失信的企业，取消其从业资格，将之在媒体上予以公布，并禁止在3年内再次进入快递市场。对快递员建立诚信档案，对快递员在工作过程中违规记录进行统一备案，各快递企业共同遵守。

（5）尽快论证出台《快递服务质量保证金制度》，提高快递企业的违规成本。即从事快递经营必须缴纳一定数额的"快递服务质量保证金"，并交由所在地区的邮政管理部门统一管理。对于确因快递公司失误引起的损失，在快递企业不予以赔付时，可由消费者协会提出申请，由工商部门审核"快递服务质量保证金"，由邮政部门先行赔付给消费者；对于经常出现快件延误、丢失、破损的快递公司，可以启用"保证金"予以处罚，处罚标准可以设定为"保证金"的 10％～40％不等。

（二）加大信息化投入，与电子商务融合快速发展

信息是未来。信息是快递企业最能经得起时间考验，最难被竞争对手所复制和效仿的竞争力，信息的流动与集成将给快递企业带来前所未有的发展机遇。目前世界处于信息化的时代，信息量化了一切，尽可能地多收集信息并挖掘信息的价值，是每一家企业的必修课，成千上万的信息中隐藏着的千丝万缕的联系要被充分开发和加以运用。信息技术与物联网的发展必将加强快递行业在客户下单、上门收件、运输调度、储存保管、转运分拨、快件集散、流通加工等诸多环节的信息收集与管理，使从劳动密集型产业向技术密集型产业转移。协作、开放、前瞻，浓缩了快递企业信息化建设的过程，也将构建行业转型升级的未来。

快递企业要实现企业竞争力的提高，需通过机械化、自动化、信息化来转型，也就是要"创新驱动、转型发展"。相关部门要推动快递服务企业采用先进科学技术，提升信息化水平。努力提高快递服务企业信息技术应用水平，利用手持终端（PDA）、计算机电话集成（CTI）、全球定位系统（GPS）、地理信息系统（GIS）等信息技术及设备，提升服务水平和生产作业效率。支持快递服务企业设立统一服务热线，建立统一的客户服务平台。同时，促进快递服务与电子商务产业紧密结合，融合发展。推动快递服务企业加强与电子商务网站合作，不断优化业务结构，提升服务水平，实现互利共赢。

（三）注重培训，提升从业人员素质

经济越是发展，市场竞争越是激烈，企业越要培养高素质专业人才。一方面，企业要从自身发展的需要出发，加大培训资金投入，及时开展业务和岗位培训工作。为员工提供具有竞争力的薪资待遇，采取有效的奖惩制度激励员工和约束员工；另一方面，政府主要监管部门也应将快递服务技能培训纳入城乡劳动技能培训体系之中，加强从业人员的培训学习，提高从业人员业务与职业素质，以诚信服务、优质服务来满足广大消费者的需要。

一个公司发展的长足动力与资源来自于人才，快递行业同样需要大量的综合性人才。快递公司在人才管理方面，需结合公司业务类型与构架，有计划有针对性地培育、培训职工的专业技能，例如，在规模较大的快递公司，现代化、工业化操作水平相对较高，公司偏重于高文化水平、职业素养的人才，以有效地降低底层快递员工的招收，节约人力资源。而对于基层快递物流人员的培养要提升工作技巧，提高工作效率和收件、派件能力，防止因工作技巧的不娴熟或量不够，致使公司基础员工的人力浪费或不足，需依照企业订单的多少来合理、科学配置派件人员数。

人数的增加并非意味着物流行业的人力资源水平提高，它更加重视人力质量的提升。首先，可以采取合作办学，在各大专院校中加设快递业相关专业知识，针对性地培养快递业营销、经营、管理人员，定期输送至各快递企业，如与湖南本科及高职院校合作开发快递经营管理高级课程，或与职业技术学院合作开发快递专业等，有针对性地寻找不同岗位用工对象，并以较快速度完成培训，达到上岗要求，降低企业内部培训的质量不高、人员流失率高的风险；其次，要加强行业职业能力水平的鉴定及培育工作，推广服务模式的标准化，通过行业鉴定及监管，提升整个行业的标准化服务水平；最后，支持快递企业开展用工培训，加强企业内部轮训及在岗培训，重视培育内训师，开发快递业职业培训项目，开展对外服务、营销技巧、思路创新等方面的培训内容，政府对此可落实专项补贴资金。

人才的引进与内部组织培养是有效改善企业领导性人才不足的有效办法。第一，吸引国际化、优质的物流领导人才，引进世界先进的物流理念、运营方式、内部员工竞争体系等。第二，企业内部定期开展形式多样的培训，组建系统、科学有力、完善的人才培训机制。加强对高层领导人才、技术性人才、中层管理人才的培育。不但开展短期、在职培训活动，同时需做好系统培训工作与基础知识教育工作。结合我国目前物流行业的实际情况与快递行业自身的特点，需加大对物流人才的培育力度，从而实现人才培养的"三个结合"——传统学历教育与在职培育相结合、专业技能教育与理论基础教育相结合、各层学历教育相结合。除了以高校理论教育培养人才外，还须加大对在岗人员的培育力度，进而培养出有着专业技能知识型的针对性人才，像报检型、保险型、运输型、计算机技术型、电子商务实务与理论型人才等，从而满足我国快递物流行业的现代化发展需求。

新形势下，在快递企业开展职业发展规划十分必要，职业发展规划应包含派件员在内的所有岗位、所有人员，都能从一线基层岗位为起点，按照规定晋升路径，找到自身发展的最终目标。每年利用综合评价模型，对全体人员进行业绩和综合能力评价，将评价结果运用于职业发展规划中，各岗位分等分级，可为结果优秀者进档和晋升。

（四）加大金融政策支持，加强基础设施建设

一是制定相关的融资和税收优惠政策。对于快递企业资金不足的问题，政府可以给予相应的政策优惠；对布局合理、具有发展潜力的快递园区（基地、中心）可给予优先贷款和贴息；设立民营快递企业应急基金，积极开拓民间融资渠道，解决企业因资金不足发展受限的问题。二是加大快递基础设施建设平台的投入和支持，由于基础设施投资巨大，单靠企业自身力量往往力不从心，政府应加大区域内的快件分拣中心、转运中心、集散中心、处理枢纽等快递处理设施建设和资金投入。

（1）加快政府"快递园区"建设力度，重点解决快递处理中心场地不足问题。要依托机场、高速、铁路等综合交通枢纽，加快建设快递邮件集散中心，并以配套园区产业发展

为重点的综合快递园区，注重分拣中心、仓储中心建设，加强电子商务、物流配送、城市快递平台建设，为大中型快递企业解决集散处理、仓储配送问题。

（2）对快递企业基础设施做到"有标准、有政策"，根据快递企业等级不同，对规模以上快递企业提出明确生产处理中心使用面积及基础设施配备标准，提高自动化、流程化处理水平；对小规模快递企业提出相对应的处理场地及设施要求，并对未纳入快递园区范围的快递企业在土地划拨、购置等过程中给予一定政策倾斜，使其能够自主实现能力提升。

（3）加快招商引资步伐，加快对网络交易货物分仓的组建与发展。货物分仓极大地促进了快递物流送件速度与效率，提高了消费者的购物享受与体验水平，并且能够有效地减少物流支出费用，有利于缓解交通、保护环境。各地政府机构需加大对分仓占地、税务收取等的优惠策略，从而减少物流公司支出费用。

附件一 湖南省快递企业名录

截至 2014 年 3 月 28 日，共 428 家快递企业获得我局颁发的《快递业务经营许可证》，企业名录如下。（排名不分先后，按所在城市分类）

所在地	序号	公司名称	公司地址
长沙市	1	浏阳全一寄递服务有限公司	湖南省浏阳市翠园路 33 号
	2	湖南创一快递服务有限公司	长沙市芙蓉区隆平高科技园隆园四路
	3	湖南省邮政速递物流有限公司	长沙市远大路 323 号
	4	长沙传龙快递有限公司	长沙市芙蓉区雄天路 98 号孵化楼 2 号栋
	5	宁乡县敦豪航空快件有限公司	湖南省宁乡县城郊梅兰景园 A 栋 2
	6	宁乡县申通快递有限公司	湖南省宁乡县白马大道南祥街 15 号
	7	湖南速顺物流有限公司	长沙市雨花区高桥二号小区 C1 栋中门
	8	湖南申通快递有限公司	湖南省长沙市雨花区黎托乡花桥村 3 组
	9	望城县申通快递有限公司	湖南省望城县聚缘路 42 号
	10	长沙市龙之邦快递有限公司	长沙市雨花区黎托乡川河村厂禾组
	11	浏阳市湘申快递服务有限公司	湖南省浏阳市百宜商贸一街 57 号
	12	湖南省圆通速递有限公司	长沙市芙蓉区马坡岭街道张公岭村四组（东风小学旁）李正云私房
	13	湖南迪比翼快递服务有限公司	长沙市芙蓉区人民东路五一新村 C 栋东门 102 号
	14	长沙特能市场推广有限公司	长沙市芙蓉区八一东路和达公寓 4 - 108 号
	15	长沙羿翔航空货运代理有限公司	长沙市芙蓉区东屯渡农场二分场 1 栋 202
	16	长沙灵通速运有限公司	湖南省长沙市望城县高塘岭镇高塘社区四组 31 号
	17	宁乡通达速递有限公司	宁乡县春城北路新城大市场一区五栋
	18	宁乡全洲速递有限公司	宁乡县金洲开发区龙桥安置区
	19	长沙神行太保速递有限责任公司	湖南省长沙市宁乡县白马桥开发区黄花西路 26 号（县妇幼保健院后门处）
	20	长沙玉麒麟快递服务有限公司	长沙市雨花区人民路王公塘附 1 号 A 栋 112 号
	21	湖南优速快递有限公司	长沙市雨花区东山街道长托社区三组王军辉私房
	22	浏阳市明湘速递有限公司	浏阳市孙隐路 55 - 58 号
	23	湖南顺丰速运有限公司	长沙市芙蓉区雄天路 1 号金丹科技创业大厦 8 楼东头

所在地	序号	公司名称	公司地址
长沙市	24	长沙速之尔快递有限公司	长沙市雨花区黎托乡东山街道办事处黎明渔场社区速尔快递仓库
	25	长沙三六五速递有限公司	长沙市芙蓉区八一路 68 号 608 室
	26	长沙市三人行快运有限公司	长沙市芙蓉区五一路锦绣中环 2225 室
	27	浏阳市顺捷寄递服务有限公司	浏阳市淮川办事处劳动北路 165 号
	28	长沙华晟货运有限公司	长沙市雨花区五一村安置小区 H－16－2－10 号门面
	29	浏阳益通速递服务有限公司	浏阳市北川里 17 号
	30	长沙御邦快递服务有限公司	长沙市雨花区红旗区 3 片 8 栋 205 房
	31	浏阳市速尔快递服务有限公司	湖南省浏阳市集里办事处大塘路 2 号
	32	长沙信包快递服务有限公司	长沙市雨花区五一村安置小区 F－5 栋 104 号
	33	宁乡捷便快递有限公司	湖南省宁乡县东沩西路振宁巷 7 号
	34	长沙市阔韵快递有限公司	长沙县黄花镇黄垅村（黄花工业园 3 号）
	35	长沙韵必达快递有限公司	长沙市芙蓉区嘉雨路 467 号扬帆小区 F6 栋中间门面
	36	长沙县晨达快运有限公司	湖南长沙县星沙镇一区九栋 59 号
	37	长沙白驹快递有限公司	湖南省长沙市芙蓉区人民东路 10 号西街花园 A1 栋 102
	38	长沙烊韵快递有限公司	湖南长沙雨花区井湾子红星安置小区 2 栋 1 楼
	39	长沙韵申达快递有限公司	长沙市芙蓉区浏城桥识字里 15 号
	40	长沙振鑫快递有限公司	长沙市岳麓区青山镇排山大道 5 号
	41	长沙韵腾速递有限公司	湖南长沙市含浦联丰村卫裕小区 A17 栋 6 号
	42	长沙全峰快递有限公司	长沙市雨花区黎托乡花桥村花桥工业园东 A2 栋
	43	长沙韵都快递有限公司	长沙市开福区新开福建材市场十七栋六单元一楼
	44	长沙龙腾速递有限公司	湖南省长沙市芙蓉中路三段 613 号浦沅 22 栋 105 号
	45	长沙市辉烨快运服务有限公司	湖南长沙岳麓区新靳江小区 27 栋 102 门面
	46	长沙市升良速递有限公司	长沙市开福区毛家桥 021 号 C 栋
	47	长沙韵虎速递有限公司	长沙市山月路御景龙城第一十五门面
	48	长沙百网电子商务有限公司	湖南省长沙市芙蓉区韶山北路 82 号 204 室
	49	长沙芷寓快递有限公司	湖南省长沙市雨花区曙光中路 254 号 101 房
	50	长沙急先达速递有限公司	长沙市雨花区黎托乡平阳村 9 组
	51	长沙市方圆速递有限公司	长沙市望城区高塘岭镇取忠路
	52	长沙市湘速电子商务孵化器有限公司	长沙高新开发区火炬城住宅会所 101 室

续　表

所在地	序号	公司名称	公司地址
	53	湖南国通快递有限公司	长沙县经济技术开发区螺丝塘路5号
	54	长沙茂捷快递服务有限公司	长沙开福区福城路49号水韵花都家园C栋
	55	长沙市骥通快递服务有限公司	长沙市雨花区洞井镇桃阳村
	56	浏阳市韵达快递服务有限公司	浏阳市淮川办事处劳动北路181号
	57	湖南风行天下速运有限公司	长沙芙蓉区火炬村一片安置小区邹桃珍房屋
	58	长沙飞越快递服务有限公司	长沙市岳麓区华兰路129号兰庭12栋架05房
	59	长沙市德邦物流有限公司	长沙市开福区新港路30
	60	长沙正通快递有限公司	长沙市高新技术产业开发区麓云路100号（10号车间）
	61	长沙晨旭快递有限公司	长沙市雨花区桂花村32栋3门
	62	长沙市望城区韵达速递有限公司	长沙市望城区东马重建地4排19栋153号
	63	长沙升瑞速递有限公司	长沙岳麓区黄鹤小区五片四栋三单元
	64	长沙明宇快递有限公司	长沙芙蓉区人民东路望龙小区A区26栋
	65	长沙韵海快递有限公司	长沙芙蓉区马王堆新桥家园A9栋
	66	长沙速韵快递有限公司	长沙市开福区捞刀河镇彭家巷农业银行对面
	67	长沙韵昱快递有限公司	长沙开福区秀峰路母山小区30栋1单元1楼
长沙市	68	长沙韵嘉快递有限公司	长沙市长沙县泉塘镇泉塘安置小区二期31栋231号
	69	长沙韵旭杰速递有限公司	长沙市岳麓区观沙岭茶子山路金岭小区4区7栋
	70	长沙荷韵快递有限公司	长沙市芙蓉区高岭小区46栋5-6号门面
	71	湖南苏宁电器有限公司	长沙市芙蓉区黄兴中路80号湘浙汇商厦1-6层
	72	长沙国邦快递有限公司	长沙市雨花区黎托乡川河村
	73	长沙中吉快递有限公司	长沙市天心区九峰安置小区6栋3单元
	74	长沙恩泽快递有限公司	长沙市梓园路440号梓园花苑2-23 2-24
	75	湖南平达快递服务有限公司	长沙市芙蓉区一环线中环路宝庆公寓E栋113号房
	76	长沙晨韵快递有限公司	湖南长沙市雨花区黎托乡政府龙凤小区9栋3门
	77	长沙一天快递有限公司	长沙市芙蓉区张公岭三组
	78	湖南潇湘晨报传媒经营有限公司	长沙市天心区韶山南路258号潇湘晨综合楼
	79	长沙鸿湖快递服务有限公司	宁乡县玉谭镇新康安置小区1栋18-22号门面
	80	长沙金亚速递有限公司	长沙市开福区四方坪双拥路先福安置小区B9栋一楼门面
	81	长沙义恒快递有限公司	长沙市雨花区长塘小区6A栋11号
	82	长沙速驰快递有限公司	长沙市雨花区万家丽中路2段圭塘一小区26栋1-101

所在地	序号	公司名称	公司地址
长沙市	83	长沙金苹果快递有限公司	长沙市雨花区黎托乡粟塘村唐家湾组 3 - 89 号
	84	长沙市岳麓区祥和快递有限公司	长沙市岳麓区雷锋大道青山安置小区 19 栋
	85	浏阳市百世汇通快递服务有限公司	长沙市浏阳市邮电路 69 号
	86	长沙新腾快递服务有限公司	长沙市雨花区长塘里 98 号活力康城 E 栋 105 门面
	87	宁乡华通快递服务有限公司	宁乡县玉潭镇花明社区春城南路 170 号
	88	长沙速派快递有限公司	长沙市五一中路乔庄 018 号 004 栋 108
	89	长沙苏腾速递有限公司	长沙市岳麓区雷锋大道青山安置小区 19 栋 1 楼
	90	长沙一公里快递有限公司	长沙市芙蓉区南湖五金机电市场二区 10 栋 2 号
	91	长沙汇速诚快递有限公司	长沙市芙蓉区马王堆农科金苹果服装大市场 2 栋 22 - 23 号门面
	92	长沙市陈维快递有限公司	长沙市望城区高塘岭镇仁和社区横塘新村 9 栋 15 号
	93	长沙风景快递有限公司	长沙市天心区新开铺办事处新天村茅家冲组（南二环二段附 455 - 457 号）
	94	长沙市胜俭速递有限公司	长沙市雨花区曙光中路赤岗冲红花坡杨铭园 C 座住宅楼架 01
	95	长沙韵驰快递有限公司	长沙市岳麓区左家垅村洋海塘小区 27 栋 4 单元一楼
	96	长沙星火速递服务有限公司	长沙市天心区书院路 148 号院内
	97	长沙市星铭速递有限公司	长沙市岳麓区观沙岭街道黄泥塘 A 区 6 栋 2 单元
	98	长沙极致速递有限公司	长沙县星沙镇泉塘社区泉塘安置小区 B07 栋 109 号全部
	99	长沙市启晨速递服务有限公司	长沙市天心区桂花坪街道金桂小区 C 区 14 栋 2 号门
	100	长沙必通速递服务有限公司	长沙市雨花区韶山中路 583 号金地华园 4 栋 101
	101	长沙县和通速递有限公司	长沙县黄花镇远大三路 1971 号
	102	长沙江林速递有限公司	长沙市芙蓉区东岸景城 A1 栋 108
	103	长沙驿夫速递服务有限公司	长沙市天心区书院南路 582 号中栋
	104	长沙县开泰速递服务有限公司	长沙县星沙经济开发区特立路 542 号松雅小区 D-1 栋
	105	长沙市信使速递有限公司	长沙市岳麓区桃花村藕塘组
	106	长沙子琪速递服务有限公司	长沙市天心区万芙路青园小区 B31 栋东一门

续 表

所在地	序号	公司名称	公司地址
长沙市	107	长沙宇速速递有限公司	长沙市雨花区木莲东路 81 号木莲花苑 3 栋 106 号门面
	108	长沙康通速递服务有限公司	长沙市雨花区高桥街道五一新村 E 座 7-3
	109	长沙千骑峰速递服务有限公司	长沙市雨花区城南东路 342 号自由大厦 203 号
	110	长沙简捷速度有限公司	长沙市雨花区黎托街道大桥社区二区 29 栋南二门
	111	长沙市昌高通速递服务有限公司	长沙市芙蓉区人文路（人民中路）120 号人民新村 50 栋 101
	112	长沙市睿鹏速递服务有限公司	长沙市雨花区环保工业园金井馨苑小区 A 区 11 栋 1 单元右
	113	长沙市日青速递有限公司	长沙市岳麓区含浦镇联丰村裕园小区 84 亩 13 栋 2 层 1 号门面
	114	长沙棉生态快递服务有限公司	长沙市开福区四方坪先福安置区 B12 栋西二门面
	115	长沙正刚速递有限公司	长沙市芙蓉区九道湾火炬 4 片 C24 栋 1 楼
	116	长沙市亮波速递服务有限公司	长沙市岳麓区润泽园小区 B6 栋
	117	长沙星顺速递有限公司	长沙县星沙镇 6 区 37 栋 127 号
	118	长沙市勇达速递有限公司	长沙市岳麓区向日葵小区 4 栋 1503 室
	119	湖南中通汽车配件有限公司	长沙市芙蓉区隆园三路 98 号彩绘车间 101A 号
	120	湖南远为快递服务有限公司	长沙市芙蓉区东岸乡杉木村 5 号
	121	长沙明桂速递有限公司	长沙市天心区中意一路湘府中学对面先锋村 386 号
	122	长沙雄洲速递服务有限公司	长沙市雨花区井圭路 820 号
	123	长沙敏思速递服务有限公司	长沙市天心区银杏小区 14 楼 1 楼 3 单元左边两空门面
	124	长沙精准速递有限公司	长沙市芙蓉区凌霄东路 588 号新桥家园 15 栋 106 门面
	125	长沙根深速递服务有限公司	长沙市天心区蔡锷南路朗公街八号
株洲市	1	攸县宇泰速递有限责任公司	株洲市攸县联星街道富康社区大仁坪小区 4-1 号
	2	株洲市申通快递服务有限公司	湖南省株洲市新华东路 398 号
	3	株洲韵达快运有限公司	株洲荷塘区学林办事处大丰横塘组
	4	醴陵申通快递有限公司	湖南省醴陵市湖南师范大学附属湘东医院高职楼沿街 5、6 号门面
	5	株洲中通快递有限公司	株洲市天元区栗雨工业园五十二区
	6	株洲利通速递有限公司	株洲荷塘区文化路书香路工大东苑 14 栋 1-3 号
	7	攸县永昇快递有限公司	湖南省株洲攸县联星街道富康社区大仁坪小区 6-3 号

所在地	序号	公司名称	公司地址
株洲市	8	醴陵市鑫达速递有限公司	醴陵市寨子岭 9-10 号
	9	株洲市李卫速尔快递有限公司	株洲市荷塘区石宋路太阳新村二栋 5-6 号门面
	10	株洲市优之速快递物流有限责任公司	株洲市红旗南路原荷塘区劳动局就业培训楼 108 号门面
	11	醴陵韵达快递有限公司	湖南省株洲醴陵市阳三石办事处立三大道
	12	株洲汇达速递服务有限公司	株洲市石峰区田心安置小区自编 1 栋 1 号门面
	13	株洲市华文快递有限公司	株洲市荷塘区大坪路罗马花园 121-221
	14	炎陵圆通速递有限公司	湖南省株洲市炎陵县步行街 8 号楼 14 号
	15	茶陵顺通速递有限公司	茶陵县云阳街十八丘一组
	16	株洲全峰快递有限公司	株洲市荷塘区石宋路财富小区 2 栋 112
	17	攸县祥达快递有限公司	攸县城关镇邮电路大仁坪 2-12
	18	茶陵县速达快递有限公司	湖南省茶陵县城关镇炎帝南路城西路口畜牧水产局对面
	19	攸县顺丰速递有限公司	湖南省株洲市攸县城关镇梅城花园 12 栋 20 号
	20	醴陵畅通速递有限公司	醴陵市江源大道 118 号
	21	茶陵县华通快递有限责任公司	茶陵县原化工厂家属楼 4 号门面
	22	株洲洪武贸易有限公司	湖南省株洲市芦淞区贺嘉土天泰喜梅小区 1 栋 506 号
	23	炎陵县速暄达快递有限公司	炎陵县华昌实业有限公司仓储门面 8-9 号（边贸市场正对面佳舟宾馆院内）
	24	攸县百汇快递有限公司	攸县富康社区梅城花园邮电路 21 栋 5 号
湘潭市	1	湘潭速腾速递有限公司	湖南省湘潭市岳塘区东湖路 20 号
	2	湘乡顺达速递服务有限公司	湖南省湘乡市工贸新区幸福小区 8 号
	3	湘潭市申通快递有限公司	湘潭市岳塘区书院路街道新塘村原修缆汽修厂内
	4	湘乡市申通快递有限公司	湖南省湘乡市工贸新区中山北路人民银行旁
	5	湘潭市韵达快运有限公司	湘潭市雨湖区韶山东路百姓家园同康园 7 栋 2 号门面
	6	湘潭市海航天天快递有限公司	湖南省湘潭市荷塘现代物流园
	7	湘乡市广群天天快递有限公司	湖南省湘乡市云门寺安置区 13 栋门面
	8	湘潭优速快递服务有限公司	湘潭市汽车东站东楼 5 号门面
	9	湘潭一统快运物流有限公司	湘潭市红旗商贸城内 K 区 19-20 号门面
	10	湘潭市汇通快递有限公司	湖南省湘潭市岳塘区宝塔街道长新路隆鑫花苑 F 栋 1 单元 123 号门面

续 表

所在地	序号	公司名称	公司地址
湘潭市	11	湘潭中运通速递有限公司	湘潭市岳塘区丝绸中路东侧
	12	湘乡市蓝光快递有限公司	湘乡市金海市场 247 号
	13	湘潭龙邦速递有限公司	湘潭市岳塘区建设路街道 50 葩金路 4 号霞光山庄 19 栋玉兰楼 B 座 2 单元 501 号
	14	湘乡捷达快递有限公司	湘乡市望春门办事处云门商贸步行
衡阳市	1	耒阳市远通速递有限责任公司	耒阳市蔡子池街道办事处康福路
	2	湖南东讯速递有限公司	衡阳市蒸湘区石坳路 11 号
	3	常宁圆通速递服务有限公司	湖南省常宁市新华大厦
	4	衡阳至信快递有限公司	湖南省衡阳市蒸湘区衡西市场 7 号
	5	衡阳市韵达速递有限公司	衡阳市蒸湘北路 89 号
	6	耒阳市韵达快递有限公司	湖南省耒阳市农民街
	7	衡阳市申通快递有限公司	湖南省衡阳市蒸湘区天马山南路一号
	8	耒阳市申通快递服务有限责任公司	湖南耒阳市野鹅塘巷
	9	衡阳市全一物流有限公司	衡阳市高新技术产业开发区青峰路 3 号
	10	衡阳市中通速递有限公司	衡阳市蒸湘区石坳街半边街 2 号仓库
	11	衡阳海航快递有限公司	衡阳市蒸湘区立新区大地一组荣发花苑 A 栋
	12	衡阳希伊艾斯快递有限公司	衡阳市蒸湘区红湘路幼儿园 102 号
	13	衡山华锐物流有限公司	衡山县开云镇开云北路 3 号（县中医院斜对面）
	14	衡东县通达速递有限公司	衡东县城关镇衡岳北路紫荆花园 7 栋 2 单元 402
	15	祁东县圆通速递有限公司	湖南省祁东县鼎山东路 182 号
	16	衡阳市黑马快运有限责任公司	衡阳市蒸湘区立新开发区 43 栋 3 号
	17	衡阳县顺通速递有限公司	衡阳县西渡镇新正东路 113 号
	18	常宁市远望贸易有限公司	常宁市桃江路 129 号
	19	衡阳优速快递服务有限公司	衡阳市蒸湘区立新大道 103 号
	20	衡南县申通快递有限公司	衡南县新县城黄金路富康小区 121 号
邵阳市	1	邵阳市诚信速递有限公司	邵阳大祥区迎春路美林园购物广场 B 栋 5 号门面
	2	绥宁县风顺速递服务有限公司	绥宁县长铺镇大公坪居委人民路
	3	隆回园湘通快递有限公司	湖南省邵阳市隆回县
	4	邵阳市申通快递有限公司	邵阳市双清区宝庆中路黄家山体育运动学校内
	5	邵东韵达快递有限责任公司	湖南省邵阳市邵东县两市镇山沿路 54 号
	6	邵东县圆顺速递有限责任公司	湖南省邵阳市邵东县两市镇枫树路 39 号
	7	邵阳市中通速递有限公司	邵阳市城北路狮子街 70 号
	8	洞口县金丰速递有限公司	湖南省邵阳市洞口县

所在地	序号	公司名称	公司地址
邵阳市	9	邵阳市天天快递有限公司	邵阳市双清区铁砂岭轻纺市场 B－408 号门面
	10	武冈市风顺速递物流有限公司	湖南省武冈市庆丰东路 19 栋 5 号
	11	邵阳市韵达快递有限公司	湖南省邵阳市大祥区敏州西路庙皇路 8 号
	12	邵阳希伊艾斯快运有限公司	邵阳市双清区石桥乡陶家冲社区双坡南路安置区
	13	邵东县商通速递有限公司	邵东县两市镇湖南路 74 号
	14	武冈市申通快递有限公司	武冈市兴隆小区 2 号门面
	15	邵阳市城熹速递有限公司	邵阳市双清区双坡南路得丰市场安置区 7 栋 6－7 号
	16	新宁县速达快递有限公司	新宁县金石镇解放路 121 号
	17	武冈市汇通快递有限责任公司	武冈市东升路忠义小区忠义楼门面
	18	新宁县金城物流有限责任公司	邵阳市新宁县金石镇崀山大道 1 栋 1 号门面
	19	邵阳市龙邦快递有限公司	邵阳市大祥区火车南站安置地 26－2 号
	20	洞口县雪峰快递有限责任公司	洞口县洞口镇商贸批发大市场
	21	邵阳市优速快递服务有限公司	邵阳市大祥区火车南站安置地 26－2 号
	22	城步宏伟速递有限责任公司	邵阳市城步县城西路 101 号
岳阳市	1	岳阳县馨源速递有限公司	湖南省岳阳县城关镇
	2	平江县行者速递服务有限公司	湖南省岳阳市平江县城关镇南街 276 号
	3	岳阳园顺速递有限责任公司	湖南省岳阳市岳阳楼区五里乡德胜村
	4	汨罗市申通快递有限公司	湖南省汨罗市荣家路
	5	岳阳韵达通快运有限公司	湖南省岳阳洛王办事处雷峰山居民点
	6	岳阳全一物流有限公司	岳阳市城东南路 10 号
	7	汨罗市晨希快递有限公司	汨罗市汨新路
	8	华容宇轩速递有限公司	湖南省华容县港西南路 85 号
	9	岳阳市红春速递服务有限公司	岳阳市长虹路 229 号虹桥家园
	10	岳阳市天天快递有限公司	岳阳市白杨坡路阳光家园 4 号门面
	11	汨罗市中诚快递有限公司	湖南省岳阳市汨罗市二中路北侧
	12	湘阴飞扬快递有限公司	湖南省湘阴县东茅路精密花园 138 号门面
	13	临湘市中通速递有限公司	临湘市永昌东路 9 号
	14	岳阳希伊艾斯快递有限公司	岳阳市王家河路科技路交会处琪明轩小区 104 号门面
	15	华容中通速递有限公司	华容县城关镇安居小区
	16	平江县申通快递有限公司	湖南省平江县城关镇民建路
	17	汨罗市韵达快递有限公司	汨罗市荣家路 130 号
	18	平江县快韵速递有限公司	平江县开发区浮桥街 14 号
	19	平江县汇捷快递有限责任公司	平江县新城区东兴大道人民公园美景华城出入口

续　表

所在地	序号	公司名称	公司地址
岳阳市	20	岳阳市云溪区永朋快运有限公司	湖南省岳阳市云溪区云溪南路 101 号
	21	岳阳全日通货运代理有限公司	岳阳市岳阳楼区长虹路 176 号
	22	汨罗市金宇达快递有限公司	湖南省汨罗市大众北路 243 号
	23	湘阴县权龙快递有限公司	湘阴县文星镇高岭社区石桥组
	24	岳阳县文祥韵达快递有限公司	湖南省岳阳县天鹅北路
	25	岳阳县立达快递有限责任公司	岳阳县城关镇民中路
	26	岳阳市申通快递服务有限公司	岳阳市梅溪乡梅子市村京珠连接线以北
	27	湘阴韵达快运有限公司	湘阴县文星镇先锋路
	28	岳阳市优先达快递服务有限公司	岳阳市冷水铺路通海公路管理所家属区 1 栋 1 楼 4 号门面
	29	湘阴宇扬快递有限公司	湘阴县文星镇精密新世纪花园 25 栋 135 号门面
	30	岳阳优速快递服务有限公司	岳阳市开发区通海路管理处北港社区 109 号（即长兴花园 109 号）
	31	临湘金江快递有限责任公司	临湘市金桥路
张家界市	1	张家界顺通速递有限公司	张家界市永定区崇文办事处凤湾居委会禾家山
	2	张家界申通快递有限公司	张家界市南庄坪办事处个体商业城
	3	张家界天韵速递有限公司	张家界市永定区南庄坪国土小区 0002 号
	4	张家界君悦速递有限公司	湖南省张家界市永定区南庄坪办事处永康居委会原种场 C2 - 09
	5	慈利县申通快递有限责任公司	湖南省慈利县零阳镇西街 017 号
	6	张家界希伊艾斯快递有限公司	湖南省张家界市永定区子午路塘坝溶巷 64 号门面
	7	张家界中通速递有限责任公司	张家界市永定区南庄坪医院旁边（麦田超市后面）
	8	慈利县喜韵快递有限公司	湖南省张家界市慈利县环城南路 111 号
	9	慈利县圆满通达速递有限公司	慈利县零阳镇零阳中路申泓华都 7 - 222 号
	10	慈利县惠欣快递有限公司	湖南省慈利县零阳镇古城路 28 号
益阳市	1	安化汇通物流服务有限公司	湖南省安化县东坪镇迎春路
	2	益阳申通货物快运有限公司	湖南省益阳市赫山区富民巷 45 号
	3	益阳市全畅航空快运有限责任公司	湖南省益阳赫山区人民街金泰路 153 号
	4	益阳市园通快递有限公司	湖南省益阳市银城北路海苑巷 8 号
	5	益阳市敦豪航空快件有限公司	湖南省益阳市赫山北路 2 号
	6	南县海君中通速递有限公司	湖南益阳南县业旺街
	7	沅江市天运快递有限公司	湖南省沅江市人民路 34 号

所在地	序号	公司名称	公司地址
益阳市	8	益阳市速捷快递有限公司	益阳市龙州北路 920 号
	9	益阳韵达快运有限公司	益阳市高新区康复南路 26 号搜空国际办公楼
	10	桃江县通达快递有限公司	桃江县资江路（桃江检察院门面）
	11	沅江市湘顺快递有限公司	沅江市永兴路 179 号
	12	益阳希伊艾斯快递有限公司	益阳市环保东路银海花园七栋 9－10 号门面
	13	安化县速达快递有限公司	安化县东坪镇泥埠桥
	14	益阳市优速快递有限责任公司	益阳市资阳区城内办事处东正街居委会
	15	南县速尔快递有限公司	益阳市南县南洲镇世纪城 6－155 店
	16	益阳天天快递有限公司	益阳市赫山区富民巷 47 号
	17	安化申通快递有限公司	益阳市安化县东坪镇柳溪西路 35 号
	18	沅江市世鸣快递有限公司	沅江市人民路 33 号
	19	桃江县飞跃快递有限公司	桃江县竹业城 A7 栋 19 号
	20	安化小杨快递有限责任公司	湖南安化县梅城镇启安新区汽车东站
	21	益阳市同飞快递有限公司	湖南省益阳市赫山区东茂路 6 号
	22	南县申通快递服务有限公司	湖南省南县南华北路天都大酒店院内
	23	沅江市汇坤快递有限公司	沅江市永安路 148 号
	24	安化县优奇速物流有限公司	安化县资江路 5 号
	25	益阳市优之速快递有限公司	益阳市赫山区汽车东路石头铺槟榔市场
	26	桃江给力快递有限公司	桃江县桃花江镇金鸦小区
	27	益阳市全峰快递有限公司	益阳市赫山区人民街金福巷 67 号
	28	南县有韵必达快递有限公司	南县南洲镇人民路口东边第四间
	29	南县群力速递有限公司	益阳市南县湘鄂边南门
常德市	1	澧县申通快递有限责任公司	湖南省澧县晓钟街锦绣玫瑰园南大门院内
	2	常德市申通快递有限公司	湖南省常德市武陵区城南鸡鹅巷 2 栋
	3	常德市圆通速递有限公司	湖南省常德市武陵区人民西路 540 号
	4	石门申通快递有限公司	湖南省石门县武陵新村 B2 栋 13 号
	5	汉寿圆通速递有限公司	湖南省汉寿县龙阳镇辰阳南路护城居委会芙蓉世纪城 9 栋 101
	6	石门龙腾速递有限公司	湖南省石门县楚江镇观山社区澧阳中路 044 号
	7	安乡圆通速递有限公司	湖南省常德市安乡县城关镇老干巷 10 号
	8	安乡县鑫驰速递物流有限公司	湖南省安乡县城关镇大桥东路 51 号
	9	常德东风快递有限公司	常德武陵区火车站大市场糖酒副食城 D 区 46 号
	10	澧县佳速快递有限公司	澧县澧阳镇红领巾街 41 号

续　表

所在地	序号	公司名称	公司地址
常德市	11	常德汇通快递有限公司	湖南省常德市水星楼 8B2501
	12	常德市远程快递服务有限公司	湖南省常德市武陵区三岔路郭家巷 106 号
	13	常德速尔快递有限公司	常德市鼎城区永安西街 79 号
	14	常德市鼎城区韵达快递有限公司	湖南省常德市鼎城区武陵镇王家铺社区善卷路（同德学院左侧 100 米）
	15	桃源县无忧快运有限公司	湖南省桃源县漳江镇浔阳路白云家具厂 01 栋 101
	16	临澧源之通快递有限公司	湖南省常德市临澧县星情湾小区 26A - 105
	17	安乡县申通快递有限公司	安乡县城关镇环保巷 296 号
	18	桃源县中韵速递有限公司	湖南省桃源县浔阳路渔父祠社区居委会 21 号
	19	桃源县顺发快递有限责任公司	湖南省桃源县漳江镇横东街
	20	汉寿优速快递服务有限公司	汉寿县龙阳镇北门闸口
	21	汉寿韵达快运有限公司	汉寿县龙阳镇东正街邮政局对面积谷巷
	22	常德优速快递服务有限公司	常德市武陵区护城乡西郊村五组
	23	安乡县顺发快递有限公司	安乡县卫生局往南 150 米
	24	安乡县速尔快递有限公司	常德市安乡县深柳镇潺陵社区新建巷 28 号
郴州市	1	郴州市郴申快递有限公司	郴州市郴州大道延伸段梨树山坝下组
	2	安仁县瑞通速递有限公司	湖南省郴州市安仁县城关镇日光路 161 号
	3	嘉禾县圆通速递有限公司	湖南省郴州市嘉禾县
	4	郴州市吉通快递有限公司	郴州市国庆北路 43 号北湖家园 2 幢 - 101
	5	资兴市瑞宇商贸有限公司	资兴市鲤鱼江大兴东路 32 号
	6	郴州祥通速递有限公司	郴州市北湖区郴江镇梨树山村坝下组
	7	郴州市顺邦快递有限公司	郴州市健康路 3 - 5 号
	8	郴州市全一快递服务有限公司	郴州市国庆北路 62 号晶鑫佳园 6 栋 110 房
	9	郴州汇成速递服务有限公司	湖南省郴州市北湖区梨树山坝下组
	10	宜章县优骐速递服务有限公司	湖南省宜章县玉溪河商业街后栋 6 - 101
	11	汝城县圆通速递有限公司	郴州市汝城县城关镇新建西路星城步行街东栋
	12	永兴银通速递物流有限公司	湖南省郴州市永兴县人民路 147 - 149 号（邮政局对面）
	13	桂阳华欣速递物流有限公司	湖南省桂阳县鹿峰路 12 - 5 号
	14	临武县同辉速递有限公司	临武县国土局私人门面
	15	郴州铃达快递有限公司	郴州市北湖区郴江镇梨树山村坝下组
	16	郴州巨辉快运有限公司	湖南省郴州市河街 2 号日兴大楼 3 栋 102 号
	17	桂东县圆韵顺速递有限公司	桂东县城关镇解放路 2 号

所在地	序号	公司名称	公司地址
郴州市	18	汝城县汝申快递有限责任公司	郴州市汝城县朝阳路农机局斜对面
	19	嘉禾县韵通快递服务有限公司	嘉禾县城关镇禾仓北路 19 号
	20	资兴市润达商贸有限公司	资兴市新区晋宁路 9 号门面
	21	桂阳县鹏程速递有限公司	湖南省桂阳县欧阳海大道公安局新大门旁
	22	汝城县怡佳快递有限公司	湖南省汝城县城关镇城关粮站 B6 栋一楼
	23	安仁县蓉华商贸有限公司	湖南省郴州安仁县万福西路 90 号
	24	宜章县智莲速递服务有限公司	湖南省宜章县城关镇蒋家湾市场 2 - 106 号
	25	湖南省惠尔物流有限公司	郴州市开发区柏树下（联发贸易公司院内）
	26	临武县韵达快运服务有限公司	湖南省郴州市临武县城晴岚路私人门面
	27	永兴兴都快运有限公司	永兴县城关镇内环路县卫生监督所对面
	28	宜章韵达快递服务有限责任公司	宜章县城关镇建设村玉溪河 8 栋 107 号
	29	永兴县速通速递有限公司	永兴县城关镇内环路 49 号
	30	资兴市资申快递有限公司	资兴市晋宁路物资局 4 号门面
	31	永兴县中通吉快递有限公司	永兴县内环路延伸段（国土局对面）
	32	临武县临申快递有限公司	临武县城关镇文昌南路一巷 3.5.7 号
	33	永兴县永申快递有限公司	永兴县人民东路银都商业街 C 区 122、124 门面
	34	桂阳桂申快递有限公司	桂阳县鹿峰路 12 - 6、12 - 7 号
	35	宜章中通快递服务有限公司	宜章县玉溪镇玉溪商业街二排 6 栋 112 号
永州市	1	江华瑶族自治县春晓快递有限公司	湖南省江华瑶族自治县沱江镇春晓路 113 号
	2	永州圆通速递有限公司	湖南省永州冷水滩区文昌路与湘江西路交会处 1 - 2 号门面
	3	宁远县经纬速递有限公司	湖南省宁远县舜陵镇兴旺街 5
	4	蓝山圆通速递有限责任公司	湖南省蓝山县塔峰西路广播局右侧门面
	5	永州市申通快递有限公司	湖南省永州冷水滩区零陵北路（面粉厂院内）七栋
	6	新田县圆通速递有限责任公司	湖南省永州市新田县龙泉镇中山广场步行街大世界商业城 215C
	7	祁阳县圆通速递服务有限公司	湖南省祁阳县浯溪镇金盆东路 32 号
	8	永州市中通速递有限公司	永州市凤凰园珊瑚经济区 158 号
	9	东安圆通速递有限责任公司	湖南省东安县白牙市镇
	10	永州市韵达快运有限责任公司	永州市冷水滩区珍珠路珍珠批发市场 2 栋 10 号门面
	11	祁阳传杰速递有限责任公司	湖南省永州市祁阳县盘龙中路 127 号

续 表

所在地	序号	公司名称	公司地址
永州市	12	道县圆通速递有限公司	湖南省永州市道县红星街 79 号
	13	永州市天天快递有限公司	永州市冷水滩西区路 17 号
	14	永州市云通快递有限公司	湖南省永州市冷水滩区肖家园 6 号门面
	15	江永申通快递有限责任公司	湖南省江永县电力局大门右第六间门面
	16	永州市新恒汇快递有限公司	湖南省永州市冷水滩区零陵路 815 号
	17	新田速跃快递有限公司	湖南省永州市新田县文化路 21 号
	18	祁阳县飞达快运有限责任公司	祁阳县椒山南路 3 号
	19	江永县圆通速递物流有限责任公司	湖南省江永县潇铺镇永明东路 200 号
	20	永州市优速快递有限公司	永州市冷水滩区梧桐路环卫小区 5 栋 C205
	21	东安县韵达快运有限责任公司	湖南省东安县东新路 28 号
	22	祁阳县韵达快运有限公司	祁阳县民生北路 81 号
	23	江永县韵达快运有限公司	江永县潇浦镇永阳路 15 号
	24	永州市全意快递服务有限公司	永州市冷水滩区中山路 12 号
	25	道县优速快递服务有限公司	永州市道县东阳路南面第二栋
	26	蓝山县韵达快递有限公司	蓝山县塔峰镇英才路 13 号
	27	祁阳申通快递有限公司	祁阳县浯溪镇金盆东路 167 号
	28	江华瑶族自治县韵达快递有限公司	江华瑶族自治县沱江镇寿域路 67 号
	29	宁远顺昌快递有限公司	宁远县舜陵镇仪凤路 119 号
	30	江华瑶族自治县汇通快递有限公司	江华瑶族自治县沱江镇商贸新城 176 号
	31	双牌韵达快递服务有限公司	双牌县泷泊镇文星街 8 号
怀化市	1	靖州友诚快递服务有限公司	湖南省靖州县万福路
	2	怀化申通快递有限公司	湖南省怀化市芷江路 350 号
	3	沅陵县圆通快递有限公司	湖南省怀化市沅陵县沅陵镇凤鸣街 77 号
	4	辰溪县辰通速递有限公司	湖南省辰溪县辰阳镇气象北路海利山庄旁
	5	怀化华通快递服务有限公司	怀化市鹤城区云集路 13 号
	6	新晃夜郎速递有限公司	湖南省怀化市新晃县太阳坪路 41 号
	7	麻阳红宇速递有限公司	湖南省麻阳县大桥路《南》尧里社区五小区 35 号
	8	怀化中园速递有限公司	怀化市锦溪南路 111 号
	9	芷江丰源速递有限公司	湖南省芷江侗族自治县
	10	怀化天天快递有限责任公司	湖南省怀化市锦溪南路 103 号

续　表

所在地	序号	公司名称	公司地址
怀化市	11	麻阳申通快递有限责任公司	麻阳县友谊路 15 号
	12	怀化市天韵速递有限公司	湖南怀化市湖天开发区锦园路 12 号
	13	通道怀通速递有限公司	湖南省怀化市通道侗族自治县城西街老车站门面
	14	溆浦县远宏速递有限责任公司	湖南省溆浦县卢峰镇民主街
	15	芷江辉煌诚达快递有限责任公司	怀化市芷江县和平路鼓楼广场（阳光水岸 6 号）
	16	洪江市云天速递物流服务有限公司	湖南省怀化洪江市黔城镇玉壶路移民局院内
	17	溆浦县申通快递有限公司	怀化市溆浦县卢峰镇民主街 58 号
	18	会同县韵达速递有限公司	湖南省会同县消防大队斜对面
	19	沅陵县韵达快递有限责任公司	湖南省沅陵县城迎宾北路土产公司内
	20	怀化汇通快运有限公司	湖南省怀化市汽车西站治安岗亭前 200 米
	21	新晃申通快递有限公司	新晃县人民路龙溪口大桥头南头门面
	22	通道侗族自治县申通快递有限公司	怀化市通道县双江镇城东路
	23	洪江市申通快递有限公司	洪江市黔城镇芙蓉中路芙蓉雅苑 7 栋 101
	24	靖州县韵通快递服务有限公司	湖南省靖州县万福路 202 号
	25	怀化洪江速达快运有限公司	湖南省洪江市洪江区新福路 11 号
	26	辰溪蜗牛快跑快递有限公司	辰溪县辰阳镇琼台新村 11 号门面
	27	怀化创达快递服务有限公司	麻阳县五一西路 037 号
	28	怀化市宏邦速递有限公司	怀化市湖天开发区花溪路 448 号
	29	溆浦韵达快递有限公司	溆浦县卢峰镇解放街（万顺楼）105
	30	沅陵县申通快递有限公司	沅陵县迎宾南路 1 号附 6 号门面
娄底市	1	娄底市申通快递有限公司	湖南省娄底市娄星区湘阳路
	2	娄底市天捷顺快递有限公司	娄底市娄星区乐坪东街 16 号
	3	娄底市顺通速递有限公司	娄底市氏星路明珠电脑城 4 栋 109 号
	4	娄底韵达快递有限公司	娄星区新星北路金谷市场西北角
	5	娄底市中外运全一快递有限公司	湖南省娄底市娄星区金谷大市场 60 栋 6 号
	6	新化县海航快递有限责任公司	新化梅苑开发区城南小商品市场 3 号门面
	7	新化县申通快递有限公司	新化县梅苑开发区上梅东路
	8	双峰县韵达速递有限公司	湖南省双峰县旺兴巷 18 号
	9	娄底全日通货运有限公司	娄底市娄星区月塘镇金谷市场医药公司第 9 号门面
	10	新化县捷惠快递有限公司	新化县上渡办事处唐家岭社区（唐家岭变电站对面）

续　表

所在地	序号	公司名称	公司地址
娄底市	11	冷水江市快飞速递有限责任公司	冷水江市金竹西路汇美天下负一楼 152 号门面
	12	双峰县恒通速递有限责任公司	双峰县永丰镇国藩路 143 号
	13	新化县新速度快递有限责任公司	新化县上梅镇火车站街滨江路鑫湘园一栋 103 房
	14	双峰县中通速递有限责任公司	双峰县蔡和森广场建设银行后面商业局院内
	15	娄底中通国柱速递有限公司	娄底市金谷市场 62 栋 101 号门面
	16	冷水江市飞能达快递有限公司	冷水江市金竹西路与新城路交会处金满地商业城外侧 1005 号门面
	17	冷水江市龙邦快递有限公司	冷水江市布办布溪居委会大成街 101 号门面
湘西州	1	花垣县通辕速递物流有限责任公司	湖南省花垣县骏华大厦 2 楼
	2	吉首航亚速递物流有限公司	湖南省吉首市小溪桥榕江小区
	3	湘西州申通快递有限公司	吉首市湘西物资大市场 A 栋 103 - 104 号门面
	4	花垣县中通速递有限责任公司	花垣县花垣镇三岔路
	5	吉首中通速递有限公司	湖南省吉首市镇溪办事处北门待 3 号（原配件厂内）
	6	湘西州鹏力商贸有限公司	吉首市峒河办事处教育路 3 号新桥安置小区 1 楼 9 号门面
	7	凤凰县湘运速递物流有限公司	凤凰县凤凰路建行宿舍
	8	湘西州韵达快运有限公	吉首市人民南路 53 号
	9	龙山县勇顺达速递物流有限公司	龙山县民安镇民族路瓦拱桥 2 号
	10	花垣韵达快运有限责任公司	花垣县花园镇东正街原老五金厂门面
	11	龙山县龙凤韵达快递有限责任公司	龙山县华塘乡华兴村 5 组
	12	凤凰县海滨速递有限公司	凤凰县沱江镇江北西路 79 号
	13	永顺县运达快递有限公司	湘西土家族苗族自治州永顺县灵溪镇大桥街 463 号
	14	龙山县中通速递有限责任公司	龙山县民安街道办事处怡和园小区 D 栋 123、124 门面
	15	永顺县波英速递物流有限责任公司	湘西州永顺县灵溪镇湘潭路
	16	保靖县韵达快运有限公司	保靖县迁陵镇西水南路老政府三岔路口

附件二　快递服务价格

以中国速递服务公司为例。

1. 国内快递资费

国内特快专递业务资费

起重资费	续重资费		
	每续重 500 克或其零数		
起重 500 克及以内	1500 千米及以内 （一区）	1500 千米以上至 2500 千米 （二区）	2500 千米以上 （三区）
20 元	6 元	9 元	15 元

注：

（1）运距按省会城市之间的距离核定，具体资费标准以分省资费表为准。

（2）省内续重资费可执行一区资费标准，也可由各省（自治区、直辖市）邮政局根据本地情况自定。

（3）同城特快专递业务资费标准由各省、自治区、直辖市邮政局自定。

国内特快专递业务资费表（分省）

收寄地	起重 500 克及以内	寄达区		
		每续重 500 克或其零数		
		一区（6 元）	二区（9 元）	三区（15 元）
北京	20 元	北京 天津 河北 山东 内蒙古 山西 辽宁 河南 吉林 安徽 江苏 黑龙江 陕西 宁夏 上海 湖北 浙江 甘肃 江西 湖南	福建 四川 重庆 青海 广东 贵州 广西 云南 海南	新疆 西藏
天津	20 元	天津 北京 河北 山东 内蒙古 山西 辽宁 河南 吉林 安徽 江苏 黑龙江 陕西 宁夏 上海 湖北 浙江 甘肃 湖南	江西 福建 四川 重庆 青海 广东 贵州 广西 云南 海南	新疆 西藏

收寄地	起重500克及以内	寄达区		
		每续重500克或其零数		
		一区（6元）	二区（9元）	三区（15元）
河北	20元	河北 北京 天津 山东 内蒙古 山西 辽宁 河南 吉林 安徽 江苏 黑龙江 陕西 宁夏 上海 湖北 浙江 甘肃 江西 湖南 四川 重庆 青海	福建 广东 贵州 云南 海南	广西 新疆 西藏
山西	20元	山西 北京 天津 河北 山东 内蒙古 辽宁 河南 吉林 安徽 江苏 陕西 宁夏 上海 湖北 浙江 甘肃 湖南 四川 重庆 青海	黑龙江 江西 福建 广东 云南 海南 西藏	贵州 广西 新疆
内蒙古	20元	内蒙古 北京 天津 河北 山东 山西 辽宁 河南 吉林 安徽 江苏 黑龙江 陕西 湖北 青海	宁夏 上海 浙江 甘肃 江西 湖南 福建 四川 重庆 广东 贵州	广西 云南 海南 新疆 西藏
辽宁	20元	辽宁 北京 天津 河北 山东 内蒙古 山西 河南 吉林 黑龙江 上海 湖北	安徽 江苏 陕西 宁夏 浙江 甘肃 江西 湖南 福建 四川 重庆 青海 贵州	广东 广西 云南 海南 新疆 西藏
吉林	20元	吉林 北京 天津 河北 山东 内蒙古 山西 辽宁 黑龙江	河南 陕西 安徽 江苏 宁夏 上海 湖北 浙江 湖南 福建 重庆 甘肃 江西	四川 青海 广东 贵州 广西 云南 海南 新疆 西藏
黑龙江	20元	黑龙江 北京 天津 河北 山东 内蒙古 辽宁 吉林	山西 河南 安徽 江苏 陕西 宁夏 上海 湖北 浙江 甘肃 江西 湖南 福建	四川 重庆 青海 广东 贵州 广西 云南 海南 新疆 西藏
上海	20元	上海 北京 天津 河北 山东 山西 辽宁 河南 安徽 江苏 陕西 湖北 浙江 江西 湖南 福建 广东	内蒙古 吉林 黑龙江 宁夏 甘肃 四川 重庆 青海 贵州 广西 云南 海南	新疆 西藏

收寄地	起重 500 克及以内	寄达区		
		每续重 500 克或其零数		
		一区（6 元）	二区（9 元）	三区（15 元）
江苏	20 元	江苏 北京 天津 河北 山东 内蒙古 山西 河南 安徽 陕西 上海 湖北 浙江 江西 湖南 福建 重庆 广东	辽宁 吉林 黑龙江 宁夏 甘肃 四川 青海 贵州 广西 云南 海南	新疆 西藏
浙江	20 元	浙江 北京 天津 河北 山东 山西 河南 安徽 江苏 陕西 上海 湖北 江西 湖南 福建 重庆 广东	内蒙古 辽宁 吉林 黑龙江 宁夏 甘肃 四川 青海 贵州 广西 云南 海南	新疆 西藏
安徽	20 元	安徽 北京 山西 天津 河北 山东 内蒙古 河南 江苏 陕西 上海 湖北 浙江 江西 湖南 福建 四川 重庆 广东 贵州 广西	辽宁 吉林 黑龙江 宁夏 甘肃 青海 云南 海南	新疆 西藏
福建	20 元	福建 山东 河南 安徽 江苏 上海 湖北 浙江 江西 湖南 广东 贵州 广西 海南	北京 天津 河北 内蒙古 山西 辽宁 吉林 黑龙江 陕西 宁夏 甘肃 四川 重庆 青海 云南	新疆 西藏
江西	20 元	江西 北京 河北 山东 河南 安徽 江苏 陕西 上海 湖北 浙江 湖南 福建 四川 重庆 广东 贵州 广西 海南 云南	天津 内蒙古 山西 辽宁 吉林 黑龙江 宁夏 甘肃 青海	新疆 西藏
山东	20 元	山东 北京 天津 河北 内蒙古 山西 辽宁 河南 吉林 安徽 江苏 黑龙江 陕西 上海 湖北 浙江 甘肃 江西 湖南 福建 四川 重庆	宁夏 青海 广东 贵州 广西 云南 海南	新疆 西藏

收寄地	起重500克及以内	寄达区		
		每续重500克或其零数		
		一区（6元）	二区（9元）	三区（15元）
河南	20元	河南 北京 天津 河北 山西 山东 内蒙古 辽宁 安徽 江苏 陕西 宁夏 上海 湖北 浙江 甘肃 江西 湖南 福建 四川 重庆 青海 广东 贵州	吉林 黑龙江 广西 云南 海南 西藏	新疆
湖北	20元	湖北 北京 天津 河北 山西 山东 内蒙古 辽宁 河南 安徽 江苏 陕西 宁夏 上海 浙江 甘肃 江西 湖南 福建 四川 重庆 青海 广东 贵州 广西 云南 海南	吉林 黑龙江 西藏	新疆
湖南	20元	湖南 北京 天津 河北 山东 山西 河南 安徽 江苏 陕西 上海 湖北 浙江 江西 福建 四川 重庆 广东 贵州 广西 云南 海南	内蒙古 辽宁 吉林 黑龙江 宁夏 甘肃 青海	新疆 西藏
广东	20元	广东 河南 安徽 江苏 上海 湖北 浙江 江西 湖南 福建 四川 重庆 贵州 广西 云南 海南	北京 天津 河北 山东 内蒙古 山西 陕西 宁夏 甘肃 青海	辽宁 吉林 黑龙江 新疆 西藏
广西	20元	广西 安徽 湖北 江西 湖南 福建 四川 重庆 广东 贵州 云南 海南	北京 天津 山东 河南 江苏 陕西 宁夏 上海 浙江 甘肃 新疆 西藏	河北 内蒙古 山西 辽宁 吉林 黑龙江 青海
海南	20元	海南 湖北 江西 湖南 福建 重庆 广东 贵州 广西 云南	北京 天津 河北 山东 山西 河南 安徽 江苏 陕西 上海 浙江 甘肃 四川	内蒙古 辽宁 吉林 黑龙江 宁夏 青海 新疆 西藏

收寄地	起重500克及以内	寄达区		
		每续重500克或其零数		
		一区（6元）	二区（9元）	三区（15元）
四川	20元	四川 河北 山东 山西 河南 安徽 陕西 宁夏 湖北 甘肃 江西 湖南 重庆 青海 广东 贵州 广西 云南 西藏	北京 天津 内蒙古 辽宁 江苏 上海 浙江 福建 海南 新疆	吉林 黑龙江
重庆	20元	重庆 河北 山东 山西 河南 安徽 江苏 陕西 宁夏 湖北 浙江 甘肃 江西 湖南 四川 青海 广东 贵州 广西 云南 海南	北京 天津 内蒙古 辽宁 吉林 上海 福建 西藏	黑龙江 新疆
贵州	20元	贵州 河南 安徽 陕西 宁夏 湖北 江西 湖南 福建 四川 重庆 广东 广西 云南 海南	北京 天津 河北 山东 内蒙古 辽宁 江苏 上海 浙江 甘肃 青海 新疆 西藏	山西 吉林 黑龙江
云南	20元	云南 陕西 宁夏 湖北 甘肃 江西 湖南 四川 重庆 广东 贵州 广西 海南	北京 天津 河北 山东 山西 河南 安徽 江苏 上海 浙江 福建 青海 西藏	内蒙古 辽宁 吉林 黑龙江 新疆
西藏	20元	西藏 四川	山西 河南 陕西 宁夏 湖北 甘肃 重庆 青海 贵州 广西 云南	北京 天津 河北 山东 内蒙古 辽宁 吉林 安徽 江苏 黑龙江 上海 浙江 江西 湖南 福建 广东 海南 新疆
陕西	20元	陕西 北京 天津 河北 山西 山东 内蒙古 河南 安徽 江苏 宁夏 上海 湖北 浙江 甘肃 江西 湖南 四川 重庆 青海 贵州 云南	辽宁 吉林 黑龙江 福建 广东 广西 海南 新疆 西藏	

续　表

收寄地	起重500克及以内	寄达区		
		每续重500克或其零数		
		一区（6元）	二区（9元）	三区（15元）
甘肃	20元	甘肃 北京 天津 河北 山东 山西 河南 陕西 宁夏 湖北 四川 重庆 青海 云南	内蒙古 辽宁 吉林 安徽 江苏 黑龙江 上海 浙江 江西 湖南 福建 广东 贵州 广西 海南 新疆 西藏	
青海	20元	青海 河北 内蒙古 山西 河南 陕西 宁夏 湖北 甘肃 四川 重庆	北京 天津 山东 辽宁 安徽 江苏 上海 浙江 江西 湖南 福建 广东 贵州 云南 新疆 西藏	吉林 黑龙江 广西 海南
宁夏	20元	宁夏 北京 天津 河北 山西 河南 陕西 湖北 甘肃 四川 重庆 青海 贵州 云南	山东 内蒙古 辽宁 吉林 安徽 江苏 黑龙江 上海 浙江 江西 湖南 福建 广东 广西 新疆 西藏	海南
新疆	20元	新疆	陕西 宁夏 甘肃 四川 青海 贵州 广西	北京 天津 河北 山东 内蒙古 山西 辽宁 吉林 河南 安徽 江苏 黑龙江 上海 湖北 浙江 江西 湖南 福建 重庆 广东 云南 海南 西藏

2. 国际及中国港澳台特快专递资费

国际及中国港澳特快专递业务资费　　　　　　　单位：元

资费区	国际及中国港澳特快专递邮件通达国家地区	起重500克		续重500克或其零数	中速快件通达国家地区
		文件	物品		
一区	中国香港、中国澳门	90	150	30	
二区	日本、韩国、蒙古	115	180	40	
三区	马来西亚、新加坡、泰国、越南、柬埔寨	130	190	45	印度尼西亚、菲律宾
四区	澳大利亚、新西兰、巴布亚新几内亚	160	210	55	文莱、新喀里多尼亚
五区	比利时、英国、丹麦、芬兰、希腊、爱尔兰、意大利、卢森堡、马耳他、挪威、葡萄牙、瑞士、（德国、荷兰、瑞典）	220	280	75	法国、西班牙、奥地利、斐济、瓦努阿图
六区	美国	180	240	75	加拿大
七区	老挝、巴基斯坦、斯里兰卡、土耳其、尼泊尔	250	325	90	印度 、孟加拉、直布罗陀、摩纳哥、列支敦士登

资费区	国际及中国港澳特快专递邮件通达国家地区	起重500克		续重500克或其零数	中速快件通达国家地区
		文件	物品		
八区	巴西、古巴、圭亚那	260	335	100	阿根廷、哥伦比亚、墨西哥、巴拿马、秘鲁、巴哈马、巴巴多斯、玻利维亚、智利、哥斯达黎加、多米尼加联邦、多米尼加共和国、厄瓜多尔、萨尔瓦多、格林纳达、危地马拉、海地、洪都拉斯、牙买加、巴拉圭、特立尼达和多巴哥、乌拉圭、委内瑞拉
九区	巴林、伊朗、伊拉克、以色列、约旦、科威特、科特迪瓦、吉布提、肯尼亚、马达加斯加、阿曼、卡塔尔、塞内加尔、突尼斯、阿联酋、乌干达	370	445	120	塞浦路斯、博茨瓦纳、刚果（金）、刚果（布）、布基纳法索、乍得、埃及、埃塞俄比亚、加蓬、加纳、几内亚、马里、摩洛哥、莫桑比克、尼日尔、尼日利亚、卢旺达、格陵兰岛、尼加拉瓜、马尔代夫、也门、黎巴嫩、沙特阿拉伯、阿尔及利亚、伯利兹、贝宁、布隆迪、喀麦隆、中非共和国、赤道几内亚、冈比亚、几内亚比绍、莱索托、利比里亚、利比亚、马拉维、毛里塔尼亚、毛里求斯、纳米比亚、塞舌尔、塞拉利昂、索马里、南非、苏丹、苏里南、坦桑尼亚、多哥、赞比亚、津巴布韦、安哥拉、佛得角、斯威士兰
十区	开曼群岛、捷克、俄罗斯、拉脱维亚、哈萨克斯坦、白俄罗斯	380	455	120	克罗地亚、爱沙尼亚、匈牙利、波兰、罗马尼亚、乌克兰、汤加、阿尔巴尼亚、保加利亚、阿富汗、亚美尼亚、阿塞拜疆、格鲁吉亚、立陶宛、马其顿、塞尔维亚和黑山、斯洛伐克、斯洛文尼亚、塔吉克斯坦、图瓦卢、乌兹别克斯坦、土库曼斯坦、摩尔多瓦、朝鲜、冰岛、关岛、塞班、东萨摩亚、西萨摩亚、安道尔、所罗门群岛、塔希提、加纳利群岛、海峡群岛、泽西岛（英属）、蒙特塞拉特、圣多美、安圭拉、安提瓜和巴布达、阿鲁巴、百慕大、瓜德罗普、马提尼克、波多黎各、科摩罗群岛、库克群岛、法属圭亚那、马绍尔群岛、马约特、瑙鲁、留尼汪岛、纽埃岛（波利尼西亚群岛）、

资费区	国际及中国港澳特快专递邮件通达国家地区	起重 500 克		续重 500 克或其零数	中速快件通达国家地区
		文件	物品		
十区	开曼群岛、捷克、俄罗斯、拉脱维亚、哈萨克斯坦、白俄罗斯	380	455	120	英属维尔京群岛、美属维尔京群岛、博内尔岛（荷属安的列斯）、库腊索岛（荷属）、尼维斯岛、特克斯和凯科斯群岛、圣巴泰勒米、圣尤斯特歇斯、圣基茨、圣卢西亚、圣文森特

注：

（1）单件重量不超过 500 克的物品类邮件可按文件类收取资费。

（2）本表中的一区资费指广东、福建以外其他省份寄往中国香港、中国澳门的特快专递邮件的资费。

（3）上表所列通达国家和地区范围仅供参考。

第六章 构建互联网＋农产品流通新模式
——长沙现代服务业综合试点的探索与创新

一、长沙市现代服务业综合试点项目综述

（一）基本情况

自 2011 年开始，财政部、商务部等部门在全国分三批选定 8 个省市开展现代服务业综合试点，充分发挥中央和地方的政策合力，采取先行先试、集成政策、重点支持等方式，积极探索服务业发展新模式，为全国提供可推广、可复制的示范经验。长沙市于 2012 年 7 月获批成为全国第二批现代服务业综合试点城市。5 年来，长沙按照两部的要求，结合现代服务业发展实际，围绕打造"全国农副产品交易集散中心"的功能定位，以"五性"（示范性、公益性、创新性、带动性、安全性）为原则，以重大项目实施为抓手，审核实施了 20 多个项目，总投资 317.3 亿元，部分项目已竣工投产。通过试点项目实施带动，促进了农产品物流的率先发展，全市社会物流成本得到有效控制和降低，全市社会物流总费用与 GDP 比值由 2011 年的 18.3％降低到 16％。2016 年全市服务业实现增加值 4439.52 亿元，比上年增长 12.4％，增速高于全省平均水平 1.9 个百分点，居全省第一，比 2015 年提升 0.3 个百分点，比 2014 年提升 2.7 个百分点。实现了长沙现代服务业发展提速、比重提高、水平提升。同时长沙连续在两部组织的年度绩效评价中获"优秀"等级。

（二）主要做法

长沙牢牢把握国家现代服务业综合试点的机遇，突破思维定式的藩篱，充分激发企业的创新活力，摸索出了适合长沙现代服务业发展的方法。

1. 强化工作方法创新，科学推进试点工作

长沙积极创新工作方法，提高工作效率，提升工作水平，不断顺应新的形势。一是完善顶层设计。长沙结合发展实际，科学制订了试点实施方案，确定了"六大重点工程"（市场交易升级工程、现代物流提质工程、电子商务建设工程、终端消费促进工程、肉菜溯源工程、农产品对外贸易工程），"五定"（定项目、定功能、定方式、定班子、定资金）工作方针和"八步走"（即：发布信息、公开申报、部门初审、专家评审、政府批准、结果公示、资金拨付、绩效考核）的工作程序。构建并完善推进试点工作的整体框架，使长

沙市现代服务业发展兼具整体性和可行性。建立长沙现代服务业综合试点项目申报指南、项目管理、专项资金管理、绩效考核、试点专家管理等一系列新制度新办法，为项目推进提供制度保障。二是建立工作机制。长沙成立了以市长任组长、常务副市长和分管副市长任副组长、各市直相关部门一把手为成员的现代服务业综合试点领导小组，领导小组办公室设商务局，下设综合组、项目组、绩效组、资金组及6个项目工程组，协同配合做好试点工作。建立试点工作领导小组联席会议机制，项目进度月报表、季调度机制；各区县（市）、各开发园区也建立了试点项目推进工作责任机制，着力提升服务试点项目的能力和水平。三是创新支持方式。长沙积极探索以参股控股、产权回购回租、公建配套等多种形式，改造和新建一批具有公益性质的农产品批发市场、农贸市场、社区菜市场、菜店。如试点项目中马王堆、新五丰等农产品市场，均采取股权投资的方式进行支持，既有效保障了农贸市场的公益性，又有利于国有资产的保值增值。四是实施动态管理。在项目管理上，严格按照项目管理办法和试点合同的规定，对项目实行动态跟踪调度与管理，强化项目监管。同时加大对试点项目补助资金使用的全程监管和绩效考评的力度，根据每年项目绩效评价的结果，对评为优的项目增加资金支持额度；对评为差的项目责令整改，整改不到位的取消试点资格，确保了财政资金安全、高效。试点以来已取消4个项目的试点资格。

2. 着力试点模式创新，初步显现特色亮点

3年来，长沙坚持以企业为创新主体的原则，积极探索了一条"互联网＋农产品流通"发展新路子、新方法、新模式。在交易模式创新上，创新采取现货交易与期货交易并行的商业模式，搭建全国性农产品物流公共平台，在有效解决长沙农产品生产中因季节性特征带来的时间性矛盾和生产中因分散性带来的空间性矛盾方面卓有建树，同时，能有效保障市场稳定和居民消费安全。在消费模式创新上，落实商务部社区商业"双进工程"，着力打造了一批社区"5全便利店"（"5全便利"即5分钟到达、购买便利、功能齐全）。5全便利店在为消费者提供蔬果、粮油及各类便民服务的同时，依托其遍布各社区的网点布局，成为了电商"最后一公里"的接力者，让优质的农产品以最快的速度流入千家万户。在技术创新上，试点不断加大对大型农产品企业信息化的建设，引导企业通过电子商务方式建立产品促销平台、在线交易平台、信息公布平台等，进行大宗农产品信息交流、产品交易、贸易洽谈。以信息化手段建立农副产品质量可追溯体系建设，实现农产品安全信息的可追溯管理。在产业链模式创新上，实行"农户＋龙头企业＋超市"的产业链模式，"农户"包括各类农产品原材料供应商；"龙头企业"主要提供物流中心和信息平台建设、冷链储存、运输、农产品深加工及配送等生产与服务；"超市"包括经销商、批发商和超市及终端客户，各环节依靠物流信息平台和相关系统实现联动。

3. 注重政策体系创新，凝聚现代服务业发展合力

长沙创新政策，不断优化产业发展环境，形成发展合力。一是制定规划。长沙市制定了《长沙市现代服务业发展行动计划（2014—2017年）》《长沙市现代物流业发展规划（2011—2020年）》，整合资源，加快推动了产业的融合发展，促进了全市现代服务业整体结构的优化和综合效益的发挥。二是出台政策。建立了以服务外包、电子商务、现代物流、金融、总部经济、移动互联网等若干个扶持政策为主要内容的政策体系。对原有电子商务、现代物流等政策及时修订，市政府统筹安排2亿元专项资金，扶持移动互联网、现代物流和电子商务产业发展。三是优化环境。长沙积极围绕农产品物流和集散交易，开辟多元化融资渠道，积极引导和鼓励金融机构扩大对大宗特色农副产品物流和集散的信贷支持。同时加强各市直部门间的沟通、衔接，实施行政审批制度改革，精简审批管理事项，明确各项工作目标责任，及时协调解决问题，形成促进现代服务业快速发展的工作合力和长效机制，为长沙现代服务业创造更佳的发展环境。

（三）试点成效

随着现代服务业综合试点工作的顺利推进和一大批农产品流通领域重大项目的实施，长沙已基本建成了"全国农副产品交易集散中心"。

1. 打造了一批园区

长沙作为"一带一部"的核心增长极，认真贯彻中央和省市部署，着力打造一批辐射作用强，示范作用明显的园区。一是打造一批农产品物流园。湖南粮食集团通过资源整合促进粮食产业横向扩张，倾力打造集粮油储备、粮油加工、中转物流、市场交易、期货交割、经营贸易、远程交易等功能的中南粮食交易物流园。同时，试点围绕建设区域性中心城市目标打造以马王堆蔬菜批发市场为核心项目的"南菜北运"中心，以红星冷链为核心项目的"西果东运"中心等多个现代农产品物流中心，充分彰显其对周边省市的示范带动作用。二是打造一批电子商务产业园。雨花电子商务物流园正努力建设成为专业化物流企业提供物流电子商务运作的公共平台，打造物流交易100%电子商务体系，到2016年年底基本建成辐射中南地区的国家级区域现代仓储、物流配送、电子商务枢纽中心。高新区移动电子商务产业园区以中移动电子商务公司的移动商务支撑技术为基础，大力发展移动电子商务，深入开展移动电子商务产业园"二次创业"，打造中国移动电子商务总部基地。构建体系完备、结构合理的移动电子商务产业链，引领移动电子商务的发展趋势。

2. 融合了两种模式

试点工作着眼于线上与线下、现货与期货相结合的交易模式创新，满足农产品贸易的多层次、多规模、多种类、多变化的需求。鼓励传统商业企业步步高、家润多等企业从线下走到线上，扶持快乐购、网上供销社等企业从线上走到线下，拓展销售渠道。如网上供销社采用"实体＋网络"模式，线下建立"菜伯伯"放心农产品社区店，线上开通网上供

销社商城。

3. 建设了三级市场

不断增加政府对具有公益性质的流通基础设施投入，分三个层次对农贸市场进行了提质改造。近年来，实施农贸市场标准化改造，列入全省为民办实事工程的 15 家农贸市场标准化改造任务全面完成，全市累计标准化改造农贸市场达 222 家。对大型农贸批发市场，采取股权投资、以奖代补等方式支持湖粮、马王堆、红星等大型批发市场建设，使长沙作为中南地区最重要农副产品输入输出节点和流通集散中心的地位日益增固，辐射范围日益扩大。对县（市）批零兼营市场，以市、县两级政府控股或参股的形式，新建或提质改造了宁乡县大河西农贸批发市场和浏阳市农贸批发大市场等项目，重点解决农产品"卖难"的问题，完成了"农贸对接"，形成了地域性农产品集散地。对社区农贸市场，以全资投入、政府回购或回租等方式控制产权，使农贸市场在国有资本的调控下体现公益性。

4. 构建了四项机制

一是构建新型物流机制。完善现代物流服务功能，鼓励企业提供集仓储、运输、加工、包装、配送等一体化的全程物流综合服务。如"天骄动车"城市物流公共服务平台等第三方物流平台项目利用云计算、物联网技术，为农产品建立电子档案信息、全程追踪溯源系统等，充分满足生产基地、农产品流通企业及消费者对物流快速响应的个性化需求。二是构建公共服务机制。长沙市消费公共平台项目（鹰皇），以线下实体商家提供线上推广服务，在市商务局主办的第六届"福满星城"购物消费节中，为商家带来客流近 1000万人次，拉动本地消费增长超过 100 亿元。三是构建科技创新机制。试点重点支持农产品物流企业的信息化建设，引导企业开创电子化交易结算模式，支持试点企业采用高科技管理、交易手段。如长沙市肉菜溯源体系采用猪肉灼刻激光码和电子化结算管理，有效保障了数据采集的真实性，实现了肉品来源可追溯、去向可查证、责任可追究，形成安全的供应保障渠道。四是构建融资支撑机制。试点积极围绕农产品物流和集散交易，开辟多元化融资渠道，积极引导和鼓励金融机构扩大对大宗特色农副产品物流和集散的信贷支持。如长沙市商务局与长沙银行签订了授信 30 亿元的战略协议，为现代服务业综合试点企业群提供金融支持。长沙市中小商贸流通企业服务中心与民生银行建立战略合作，共建长沙市小微企业服务平台，为中小型企业提供融资贷款服务。

5. 推进了五个体系

一是推进农产品冷链物流体系建设。试点加强冷链物流基础设施建设，如批发市场等重要农产品物流节点的冷藏设施建设全力推进仓储建设，制定了《关于做好当前全市仓储建设工作的指导意见》，全年新建标准仓储近 50 万平方米，改建利用闲置建筑物近 60 万平方米，下达 19.2 万平方米过渡仓储项目建设任务。加快冷链物流发展，全市已建成冷库容量达 50 万吨，在建/拟建冷库容量近 50 万吨，培育了红星冷冻、红星北盛等大型冷库经营企业。二是推进农产品物流人才支撑体系建设。试点构建了汇集行业专家、学者的物流专业人才数据库，开展了"人才强商"工程和"商务大课堂"等培训。2014年8月至9月，我们还组织全市商务系统相关人员远赴新加坡参加"现代服务业发展专题研修班"，有效提高了从业人员的国际视野。三是推进农产品物流区域联动服务体系建设。构建区域重点物流园区系统的连通端口，增强长沙农产品物流辐射功能，扩大物流服务范围。"湘品出湘"湖南省湘品名优商品配送基地建设项目整合湖南名优特产特别是食品原辅材料的优势资源；中农传媒联合淘宝网、天猫网、聚划算等电商巨头，打造淘宝网"特色长沙"公共服务平台，带动了周边各地的农产品物流的发展。四是推进农产品物流配送无缝对接体系建设。试点创新实体加网络、主仓加分仓、基地加直供等模式，实现物流配送无缝对接。如中南粮食物流园建设有4.4千米铁路专线及配套散卸坑，2000吨级泊位5个，物流园"公、铁、水"3种运输模式无缝对接，有效推动粮油饲料物流"四散化"（散储、散运、散装、散卸），使粮食运输损耗率降低15％。五是推进农产品物流标准化体系建设。艾尔丰华基于物联网核心技术的农产品质量安全监控体系等项目的建设，计划总投资超过2亿元，有效提升了农产品安全系数；晟通物流积极采用国家标准和行业标准，由传统仓储中心向多功能、一体化的综合物流服务商转变，积极参与托盘公共应用系统建设。

二、长沙市现代服务业发展现状分析

（一）"互联网＋"背景下现代服务业发展"新常态"

新常态就是经过一段不正常状态后重新恢复正常状态。人们对社会的认识总是在常态到非常态再到新常态的否定之否定中上升。习近平总书记第一次提及"新常态"是在2014年5月考察河南的行程中，他说："中国发展仍处于重要战略机遇期，我们要增强信心，从当前中国经济发展的阶段性特征出发，适应新常态，保持战略上的平常心态。"这是一种趋势性、不可逆的发展状态，意味着中国经济已进入一个与过去30多年高速增长期不同的新阶段。适应经济新常态必须改变以往的发展模式，尤其要改善对经济结构的调整，而现代服务业作依托网络技术，创新了商业模式和服务方式，已经逐渐显示出其强劲的发展潜力，必将是未来经济增长最重要的推动力。

1. 诠释经济新常态

经济新常态是与GDP导向的旧经济形态与经济发展模式不同的新的经济形态与发展模式。新常态经济是用发展促进增长、用社会全面发展扬弃GDP增长，用价值机制取代价格机制作为市场的核心机制的新型经济发展模式。

首先，经济新常态是经济增长方式的转变。据有关资料显示，过去30多年，高储蓄率、高投资率、低要素成本等因素和优势支撑了中国经济持续高增长。新常态下，GDP增长方式由配置型增长方式向再生型增长方式转变；由经济结构畸形、产能相对过剩的不对称态增长方式向经济对称态稳增长结构转变；由资源低端产品粗放不可再生型增长方式向生态化创新性精细可再生型增长方式转变；由效率型增长方式向效益型增长方式转变。

其次，经济新常态的经济增长结构发生变化。生产结构中的农业和制造业比重明显下降，服务业比重明显上升，服务业取代工业成为经济增长的主要动力；2013 年，我国第三产业（服务业）增加值占 GDP 比重达 46.1%，首次超过第二产业；2014 年上升到48.2%。需求结构中的投资率明显下降，消费率明显上升，消费成为需求增长的主体。由此带来的现代服务业的新常态也将为企业带来丰富的发展机遇，应努力发掘新的经济增长点，关注养老、医疗、卫生、旅游、文化、物流业、互联网相关产业等领域的新发展、新动态。

2. 经济新常态下发展现代服务业的必要性

现代服务业是指以现代科学技术特别是信息网络技术为主要支撑，建立在新的商业模式、服务方式和管理方法基础上的服务产业。它既包括随着技术发展而产生的新兴服务业态，也包括运用现代技术对传统服务业的改造和提升。现代服务业具有"高人力资本含量、高技术含量、高附加值"的"三高"特征，发展上呈现"新技术、新业态、新服务"的"三新"态势，具有资源消耗少、环境污染少的特点，是地区综合竞争力和现代化水平的重要标志。有别于商贸、住宿、餐饮、仓储、交通运输等传统服务业，现代服务业以金融保险业、信息传输和计算机软件业、租赁和商务服务业、科研技术服务和地质勘查业、文化体育和娱乐业、房地产业及居民社区服务业等为代表。

中国经济在新常态下，现代服务业的新常态也将面临新的机遇。新时期提出发展现代服务业的必要性主要体现在以下几个方面。

（1）现代服务业是全面建设小康社会时期国民经济持续发展的主要增长点。国际经验表明，服务业加速发展期一般发生在一个国家的整体经济由中低收入水平向中上收入水平转化的时期，今后 15～20 年，我国经济发展正处于类似的阶段。

（2）发展现代服务业是缓解就业压力的主渠道。与西方发达国家和绝大部分发展中国家相比，我国服务业平均吸收就业劳动力的比重仍然很低。从长远看，大力发展教育、文化等服务业，有利于从根本上改变劳动力素质结构，使我国由人口大国转化为人力资源强国。

（3）发展现代服务业是提升国民经济素质和运行质量的战略举措。为工农业提供中间服务的金融、物流、批发、各类专业服务等服务业的发展直接影响国民经济素质和运行质量。现代服务业的发展不仅对服务业本身，而且对提升其他产业竞争力，改善我国投资环境将发挥重要的推动力作用。

（4）发展现代服务业是实施国民经济可持续发展战略的需要。按照我国现有工业发展模式推测，到 2020 年，环境污染和资源消耗都将达到非常严重的程度。加快发展现代服务业，有利于实现产业结构优化、减少对自然资源的依赖，减轻对环境的损害，是新常态下我国实现经济可持续发展的必然选择。

3."互联网＋"背景下现代服务业发展"新常态"

互联网与各行各业的融合，早在多年前，就以信息化应用、信息化与工业化融合、制造业服务化等形式在孕育发展。今天，"互联网＋"理念的提出，进一步将以互联网为载体的融合发展上升到占据新兴业态竞争高地，推进中国经济结构转型优化的新高度。借"互联网＋"行动计划的东风，在第一产业、第二产业和第三产业中全面推进"互联网＋"，对中国经济转型将产生重要而深远的影响。

中国政府此时制定"互联网＋"行动计划，客观上将推动互联网与第一产业、第二产业和第三产业的整合，变革生产方式，引领产业转型升级。互联网在这里不光意味着技术，而且是一种新的生产方式（新业态是这种新生产方式的外在表现形态）。

中国将充分发挥网络空间对我国现代服务业的智能化提升作用，利用移动智能、大数据、物联网等新技术打造网络服务平台，加快实现向智能化、服务化方向的转型升级。"互联网＋"将进一步发挥互联网产业所长，将需求导向的创新驱动，注入所结合的各行各业。"互联网＋"将占据新业态竞争高地，使互联网发展空间拓展到中国各行各业，催生多样化增值应用。

互联网促进了现代服务业的发展，其中以平台化、生态化为特色的电子商务支撑服务业达到世界先进水平，深刻改变了流通业的面貌，改变了中小企业发展的商业环境。"互联网＋"将把这一成功复制到流通业之外的所有服务业中。互联网服务业态上的一个关键特征，是基础平台与增值应用的分离。"互联网＋服务"在所到之处，势必将这种业态带入服务业中的各个子行业，包括互联网金融、互联网交通、互联网医疗等，在现有的传统服务业基础业务业态上，长于基于数据业务的增值业务业态来。

随着互联网、物联网、云计算、大数据等高新信息技术的不断发展，"互联网＋"将重点促进这些信息技术与现代制造业、生产性服务业等的融合创新，发展壮大新兴业态。在"互联网＋"的时代背景下，市场的竞争日益加剧，企业为此面临着种种的挑战与机遇将成为现代服务业发展的"新常态"。因此，唯有进行管理创新，才是我们把握机遇、应对挑战的灵丹妙药。

（1）以供需动态匹配改善资源利用。

服务的不可储存性，最直接的后果就是服务供给与服务需求经常不平衡。由于无法像制造业那样通过库存来缓冲市场需求的变化，服务业经常在高峰期面临服务能力不足，而在空闲期又面临服务能力闲置的状况。这种服务的供给和需求之间的矛盾，可以通过互联网手段来解决。借助互联网的信息匹配和用户汇集功能，可以对服务的供给和需求进行精细化管理，一方面减少服务需求不足造成的资源闲置损失，另一方面降低因服务能力不足造成的客户流失。在服务淡季，服务提供商可以在互联网平台上发布实时的服务资源数量和价格，并结合折扣促销等方式，面向海量互联网用户进行销售。而在服务旺季，则通过网上提前预约等方式，合理调节服务需求，避免产生超负荷运转带来的服务质量下降的问题。例如，航空方面，各大航空公司通过自己的官方网站或"去哪儿网"等旅游网站销售低价机票，鼓励用户在淡季出行并且提前规划行程，以提高航班利用率。通过这种方式，航空公司可以降低服务需求的波动，在成本支出没有较大变化的情况下，大幅增加收入。

（2）以众包模式降低服务提供成本。

众包模式就是把传统由企业内部员工承担的工作，通过互联网以自由自愿的形式转交给企业外部的大众群体来完成的一种组织模式。采用众包模式的服务企业，只需要向任务承担者支付少量报酬，有些情况下甚至是免费的。任务承担者通常也是服务企业的客户或潜在客户。因而，众包模式不仅让服务企业在快速完成任务的同时大幅降低服务成本，还可以缩短服务企业与消费者之间的距离。

在快递行业，随着网络零售的普及和O2O服务的兴起，配送任务持续增加。特别是对于从事O2O业务的初创企业来说，服务订单数量激增，超出企业的配送能力。而且这些订单由于消费者使用习惯和企业促销等原因，往往在特定时间段出现，具有突发性，使服务难以根据配送需求扩大员工数量。为解决这一问题，物流众包模式逐渐兴起。以众包配送第一平台"人人快递"为例，凡是在人人快递上注册的自由快递人，可以顺带帮人送货，并获得一定的报酬。目前，"人人快递"的业务已拓展到全国17个城市，注册的自由快递人已经有数百万。这一方式满足了持续增加的O2O配送需求，特别是同城配送的需求。与企业自建物流相比，众包配送的方式更加灵活低价，服务企业可以按单支付，每单费用在5～20元，企业不需要维持每月固定的人力开支，也避免了交通工具和区域集散点等配送设施的投入。

（3）以批量定制满足个性服务需求。

随着经济水平提高和人均收入的增长，消费需求的个性化特征日益明显。而互联网则提供了满足个性化需求的技术手段。服务企业通过社交网站、BBS论坛、搜索引擎获得关于用户需求的相关数据，利用大数据分析技术，对用户进行聚类和关联规则挖掘，得到相对精准的个性化需求信息。此外，随着移动互联网技术的发展，服务企业越来越多地使用APP向用户提供服务，可以随时随地收集用户个性化需求。在服务的个性化提供方面，企业通过对组织资源的动态调配，将传统的由厂商到产品再到用户的模式，转变为从用户到产品再到厂商的模式，可以实现对个性需求的满足。

（4）以业务流程再造提升服务体验。

服务流程是指服务提供商各项业务的传递顺序。在互联网影响下，服务企业普遍开始重新规划服务流程，根据消费者需求的变化和服务中存在的关键问题，将原有服务流程转变为以用户为中心的业务组合，以提高用户体验进而保持竞争优势。在医疗行业，医疗服务流程直接影响医疗服务工作的质量和效率，也直接影响病人的感知与体验。以门诊流程为例，挂号、交费、取药等环节的排队和等待比较严重，是造成医疗服务流程效率低下的瓶颈。各环节等待时间过长的主要原因是就诊时间过度集中以及医院各部门信息不共享，从而影响流程的畅通性。对此，医疗机构与互联网企业合作，重建面向病人的医疗服务流程，科学合理地安排医疗服务各环节，提升门诊流程效率。

目前，网页和 APP 等多种便捷的在线挂号方式已经出现，如北京市预约挂号统一平台、挂号网、微信和支付宝挂号预约等。以支付宝挂号为例，病人不需要排队付费，就诊费用通过系统自动结算，报销部分直接从社保账号扣取，自费的部分从支付宝账号中划出来，明显减少病人的排队等待时间。就诊卡储存了病人的基本信息，可解决挂号、交费、取药、检查等多个部门重复录入和确认病人信息的问题，提高医院的信息共享能力。对于需要等待检查结果的病人，现在可以通过医院的网站下载检查报告，避免了多次往返医院而造成时间与精力的浪费。

（5）以商业模式变革催生新兴业态。

互联网对现代服务业最深刻的影响在于商业模式的变革。互联网不仅是一种技术手段，更多的还是一种全新的思维模式，包括社会化协作、开放式创新、扁平化组织等关键要素。服务企业通过信息和资源共享，基于自身核心竞争力，专注于用户个性化需求，提供超越用户期望的极致服务。工业云是典型的借鉴互联网思维变革软件服务商业模式的例子。工业云基于云计算相关技术向各个工业制造企业提供软件和其他生产性服务，使制造企业通过社会资源共享实现成本的节约和效率的提升。工业云平台为各类制造企业和工业服务企业搭建起技术交流和服务交易的互动平台，深度整合各种设计和生产资源，汇集个人和企业创新成果，推动制造企业从工业云平台获取生产工具和生产资料，降低企业的创新成本和门槛。以北京数码大方的工业云平台为例，其充分利用互联网在平台上实现了制造软件、制造工具和制造与服务能力的共享。

（二）长沙市现代服务业发展的基本现状

服务业发展水平是衡量一个国家和地区综合竞争力和现代化程度的重要标志。从许多国家经济发展的规律看，当经济发展到一定水平时，服务业发展速度普遍高于第一产业、第二产业，对于整个国民经济的发展起到明显的促进作用，随着现代化实现程度的提高，服务业占国民经济的比重也越来越高。2016 年，长沙市服务业保持了快速增长，服务业增加值占 GDP 比重持续提升，服务业成为了全市经济增长的主动力。

1. 发展速度不断提升

长沙服务业发展呈现了发展速度持续加快、占 GDP 比重持续提高、对经济增长贡献持续提升等特点。

（1）服务业发展加快。2014 年以来，长沙服务业呈现出持续加快发展态势。初步核算，2016 年全市服务业实现增加值 4439.52 亿元，比上年增长 12.4%，增速高于全省平均水平 1.9 个百分点，居全省第一，比 2015 年提升 0.3 个百分点，比 2014 年提升 2.7 个百分点。

（2）服务业占比提高。随着服务业的持续快速增长，长沙服务业增加值占 GDP 比重呈现出逐步提升的态势。2016 年，长沙服务业增加值占 GDP 比重达 47.6%，比 2015 年提升 2.5 个百分点。2011 年以来，全市服务业增加值占 GDP 的比重累计提升 8.0 个百分点，年均提升 1.6 个百分点。

（3）服务业贡献提升。近年来，全市经济增长放缓，工业增速出现回落，服务业成为全市经济增长的主要支撑，对经济增长的贡献不断增强。2016 年，长沙服务业继续领跑经济增长，增速高于全市 GDP 增速 3.0 个百分点，高于第二产业增速 5.1 个百分点。服务业对全市经济增长的贡献达 59.2%，比 2015 年提升 10.6 个百分点，比 2014 年提升 21.8 个百分点。

（4）服务业增速居前。2016 年，长沙服务业增加值总量达 4439.52 亿元，居全国省会城市第 6 位；增速达 12.4%，比全国水平高 4.6 个百分点，在全国省会城市中居第 2 位，仅低于杭州（13.0%）0.6 个百分点，增速排位比 2015 年提升 1 位。

2. 发展质量不断提高

在服务业持续快速增长的同时，服务业呈现内部结构优化、税收稳定增加、利润快速增长等特点。

（1）服务业内部结构优化。近年来，长沙服务业内部结构不断优化，文化体育和娱乐业、旅游休闲、信息传输等现代服务业发展加快。2016 年，以文化体育和娱乐业、租赁和商务服务业为代表的营利性服务业保持快速增长，实现增加值达 1300.35 亿元，比上年增长 21.2%，增速比 2015 年提升 5.2 个百分点；营利性服务业增加值占全部服务业增加值比重达 29.3%，比上年提升 1.5 个百分点。全市旅游总收入达 1534.83 亿元，比上年增长 13.6%；邮电业务总量达 378.12 亿元，增长 51.2%，其中电信业务总量达 320.12 亿元，增长 54.1%。

（2）服务业税收稳定增加。在经济增速趋缓，第一产业和第二产业税收负增长的情况下，长沙服务业税收收入保持稳定增长，成为全市税收收入增长的主要来源，在全部税收收入中的份额逐步提升。2016 年，全市服务业实现税收收入 723.81 亿元，比上年增长 6.6%，高于全部税收增幅 3.9 个百分点；占全部税收的比重达 45.4%，比上年提高 2.3 个百分点。

（3）企业利润快速增长。从规模以上服务业企业来看，实现了营业收入、利润总额、职工薪酬的较快增长。2016 年，全市规模以上服务业企业实现营业收入 1277.45 亿元，比上年增长 14.6%；实现利润总额 113.42 亿元，比上年增长 23.0%，增速比上年加快 34 个百分点；应付职工薪酬 195.89 亿元，增长 10.4%。

3. 发展后劲不断增强

近年来，长沙服务业投资力度不断加大，服务业新经济加速发展，房地产去库存成效显著，服务业发展后劲不断增强。

（1）服务业新经济加快发展。新产业、新业态、新技术、新商业模式不断涌现，以"互联网＋"为代表的新经济加快发展。2016 年，长沙限额以上批发零售企业通过互联网实现零售额比上年增长 42.3%；与电子商务密切相关的快递业务量增长 39.4%，快递业务收入增长 42.1%。在规模以上服务业中，互联网及相关服务单位营业收入增长 52.2%；云计算、第三方电子商务平台等软件和信息技术服务业营业收入增长 29.7%。

（2）服务业投资快速增长。2016 年，长沙服务业投资达 4547.97 亿元，比上年增长 16.1%，增速比上年加快 1.8 个百分点，高于全部投资增速 2.2 个百分点。服务业投资占全部投资的比重达 67.9%，比上年提升 3.1 个百分点。在服务业投资中，房地产业、教育、卫生和社会工作、文化体育和娱乐业等行业增长较快，分别增长 35.2%、36.4%、42.0%和 117.4%。

（3）房地产去库存成效显著。2016 年，长沙认真贯彻落实中央和省出台的各项政策措施，加大了房地产业去库存力度，商品房销售持续快速增长，待售面积逐步减少。2016 年，全市房地产业增加值 329.44 亿元，比上年增长 13.1%，增速比上年提升 2.1 个百分点；商品房销售面积达 2593.71 万平方米，比上年增长 36.2%，增速比上年加快 10.8 个百分点。12 月末，全市商品房待售面积为 1039.66 万平方米，下降 12.9%，住宅待售面积大幅减少，下降 29.8%。

（三）长沙市现代服务业发展的现状特点

1. 多级商圈成熟成型

目前长沙市经过多年的发展，已经形成了市域级、区域级、社区级三层级、多中心、网络化的商圈格局。以五一商圈为龙头的商贸流通业集聚发展，以火车站商圈、袁家岭商圈、东塘商圈、侯家塘商圈、高桥商圈、红星商圈、滨湾镇商圈、伍家岭商圈、星沙商圈、万家丽商圈等为代表的传统商圈星罗棋布，辅以众多社区级的商业中心，形成了覆盖市区、辐射城乡、省市联动的商贸业态。另外，浏阳市、长沙县、宁乡县均以县城为载体集聚了较为丰富的商贸产业，形成了服务县城、覆盖县（市）域的商贸空间布局。

2. 专业市场内外交错

长沙市从 20 世纪 90 年代至 2000 年后建设的高桥大市场、马王堆蔬菜批发市场、三湘大市场、南湖大市场、杨家山家禽市场、毛家桥水果批发市场、红星大市场等专业市场，大多布局于主城区内部或二环线周边。而伴随城市的扩张和市场的发展，诸如黄兴镇市场群、高岭商贸物流中心、跳马镇市场群、望城经开区市场群、金霞经开区市场群、金洲市场群、永安镇市场群等一大批专业化、特色化的新兴市场群正在城市外围区域布局与建设当中，部分已经初具规模和效益。目前包括马王堆蔬菜批发市场、红星农副产品大市场、杨家山家禽市场等地处中心城区的专业市场，将逐步向城市周边和外围区域迁建。

3. 金融产业点轴集聚

以五一路、芙蓉路交会所形成的"金十字"地带业已成为长沙 CBD，以此为极核金融产业高度聚集发展。该区域聚集了 70 多家支行以上的银行机构、200 多处金融网点和大量的证券、保险公司和中介咨询服务公司等。人民银行长沙中心支行以及中国银行、农业银行、工商银行、建设银行的省级分行均落户该核心区域。而随着城市新区的建设和发展，包括南湖金融功能区、滨江新城金融商务区、望城金融后台园区、高新区科技金融示范园等在内的金融产业增长极正在迅速崛起并形成规模。目前，坐落于芙蓉中路的长沙金融生态区正在火车北站原址上加快建设，在芙蓉中路上与"金十字"CBD 形成相互呼应的整体格局，表现出沿轴集聚和辐射发展的趋势。

4. 文化产业多点支撑

依托省、市广电两大核心平台以及数字、出版、动漫、演艺等平台的资源和品牌，目前长沙已经形成了天心区国家级文化产业园、中南国家数字出版基地、广电金鹰影视文化城、浏阳河文化产业园、岳麓文化创意产业基地、黄花印刷科技产业园、雨花创意产业园、后湖文化创意产业园、浏阳河婚庆文化园、开福区青竹湖手机（移动媒体）文化产业基地、梅溪湖国际文化艺术中心、湘台文化创意产业园、宁乡经开区文化创意产业园、浏阳花炮文化创意产业园等重点园区（基地），文化创意产业呈现出多极发展的态势和格局。

5. 新城新区集聚发展

新城新区也成为服务业集中发展的重要区域。主要包括以现代金融商务功能为核心，以文化、休闲、旅游综合商圈为驱动引擎，以都市居住为依托的河西滨江新城；以高端居住、商务旅游、生态文化、时尚创意为主要功能的望城滨水新城；依托酒店金融区、高档公寓区、滨江商务区，集金融、商务、休闲、美食、居住等为一体的南湖新城；以商务办公、高档居住、文化休闲为主的城市滨水新区新河三角洲；以商贸、金融、物流等服务业为导向的高铁新城；以商贸、总部楼宇、高档酒店、文化创意、航空物流为特色的空港新城等。

（四）长沙市现代服务业发展的主要瓶颈

近年来，长沙服务业保持了持续较快发展，但仍然存在服务业经济总量偏小，占GDP 比重偏低，传统服务业发展趋缓等问题。

1. 服务业总量偏小

从城市对比来看，长沙经济总量与国内发达城市的差距主要体现在服务业。长沙服务业增加值总量与经济总量大于长沙的省会城市比较，差距均超过 1000 亿元。2016 年，长沙服务业增加值为 4439.52 亿元，比南京少 1693.79 亿元，比武汉少 1855.42 亿元，比杭州少 2328.74 亿元，与广州差距高达 9005.51 亿元。分行业来看，长沙金融业和房地产业发展差距较大。2016 年，长沙金融业实现增加值 485.5 亿元，比上年增长 5.6%，总量仅为广州的 30%、杭州的 49.2%、南京的 39.1%、武汉的 49.8%；增速低于广州 5.5 个、南京 8.4 个、武汉 9.8 个百分点。长沙房地产业增加值为 329.44 亿元，仅为广州的 18.8%、杭州的 43.0%、南京的 46.3%、武汉的 42.8%。

2. 服务业占比偏低

从世界发达国家发展规律来看，服务业增加值占 GDP 比重一般在 70% 以上，美国、英国、法国等发达国家服务业增加值占 GDP 比重在 80% 左右。近年来，虽然长沙服务业增加值占 GDP 的比重不断提升，但仍然低于全国、全省平均水平，与发达城市及发达国家相比差距较大。2016 年，长沙服务业增加值占 GDP 的比重为 47.6%，低于省会城市平均水平 8.5 个百分点；低于全国水平 4.0 个百分点。

3. 传统服务业发展趋缓

近年来，虽然长沙服务业保持了平稳较快增长，但传统服务发展明显趋缓，对服务业乃至全市经济增长的贡献逐步减弱。2013－2016 年，长沙批发和零售业增加值增速分别为 8.9%、7.2%、5.6%、5.8%，年均增长 6.9%；交通运输邮政和仓储业增加值增速分别为 7.2%、8.5%、6.1%、5.4%，年均增长 6.8%；住宿和餐饮业增加值增速分别为 4.3%、5.7%、5.2%、5.5%，年均增长 5.2%。以上三个行业增速均明显低于全市经济增速和服务业增速（全市经济年均增长 10.4%，服务业年均增长 11.6%）。

三、"长沙模式"的基本含义及模式创新

(一) "长沙模式"的基本含义

"长沙模式"：长沙市高度响应党中央整体部署要求，以健全农村流通市场体系为重点，立足长沙及周边地区农业生产与消费者需求升级转型，大力发展综合优势突出、发展基础坚实、产业关联带动效应强的农产品流通新业态。通过贷款贴息、财政补助和绩效奖励等多种财政手段，重点培育大宗特色农副产品物流和集散交易市场体系；通过体制创新和机制完善，探索农副产品物流和集散新模式，形成有利于农业生产增长、农业产业发展、农民增收和促进居民农副产品消费升级的现代化新型农产品物流体系，达到"提效益、降成本、服务民生、保障安全"的发展目标。经过三年的理论探索与实践，成效显著，备受业界赞誉，被称之为"长沙模式"。

"长沙模式"指导思想：

(1) 政府推动与市场主导相结合。强化政府对现代服务业宏观政策引导，加大投入和

扶持，同时充分发挥市场机制作用，通过市场竞争提高服务效率，推进服务业的市场化、社会化进程。

（2）重点突破与全面发展相结合。充分发挥区位优势、政策优势、产业优势，积极扶持优势产业和特色产业发展，同时统筹规划，推进服务业的协调发展。

（3）集聚发展与合理布局相结合。强化服务业发展重大项目布局的空间约束，促进服务业的空间集聚。明确功能分区与空间布局，形成布局合理、功能清晰的服务业空间组织形态。

（4）中央支持与地方配套相结合。省、市两级财政设立促进现代服务业发展专项资金，与中央财政支持资金形成合力，对试点关键环节给予扶持，确保试点工作成效。

"长沙模式"五性原则：

长沙市现代服务业试点工作坚持政府引导、市场主导，项目选择遵循示范性、公益性、创新性、带动性、安全性等原则。

（1）示范性：构建具有全国影响力的专业化、社会化、规模化现代农产品物流标准化体系，形成全国"农产品物流示范城市"。

（2）公益性：打造统一的农产品物流、电子交易公共信息平台，降低农产品流通成本，增加农民收入，努力成为全国农产品价格中心和供需信息发布中心。

（3）创新性：推动农产品物流领域的标准创新、业态创新、方式创新和技术创新，加大物联网、云计算等新技术应用及商业模式创新。

（4）带动性：延伸、拓宽农产品现代物流产业链条，推动服务业与其他产业融合发展，促进长江中游商业功能区的形成与发展。

（5）安全性。加强肉菜全程监控与溯源技术的开发应用，构建多方协作共管的肉菜安全监管体系，确保肉菜票据可查询、产地可追溯、质量可检测、市场可调控，全面提升长沙肉菜的安全性和可靠性。

"长沙模式"主要路径：

（1）技术集成创新实现农产品物流全程可控。集成采用物联网 IOT 技术、射频 RFID 技术、全球定位系统 GPS 技术、地理信息系统 GIS 技术、下一代互联网 IPv6 技术、人工智能 AI 技术等，实现农产品物流运作技术的集成创新，最终实现农产品物流的全程可控，可追溯。

（2）商业模式创新实现农产品物流集聚化、集群化发展。综合采用农村合作组织、虚拟农产品物流交易平台、强化"农产对接"等商业模式创新，大力推进长沙市农产品物流集聚化程度，探索建立符合长沙市特点和需要的农产品物流集群式发展模式。在加强和提升现有农产品批发市场的基础上，结合长沙"菜篮子"工程和"农改超"规划要求，积极鼓励和重点扶持农产品物流超市化、连锁经营化。引导发展农村合作组织内部专业农产品物流；扶植农产品批发市场中的大批发商、仓储经营户、运销经纪人，改造提升为物流公司；积极争取国家批准在长沙建立特色农产品期货交易市场或实物交割库。

（3）强化参与主体的社会责任，从根本上保障农产品质量安全。依托粮油检测中心，促进居民粮油消费安全，一是建设检测平台，二是建立检测体系如生产环节、收购环节、配送消费环节等，三是建立绿色的粮油等农产品配送体系。农产品物流服务企业从完善质量安全监控体系开始，建立完善的质量保证体系、计量检测体系和标准化体系。农产品流通相关企业在农产品物流全过程中，从原材料采购、添加剂使用、农产品生产、运输、仓储等全供应链过程都严格按照国家标准要求，自觉用行动体现企业社会责任意识。

（4）建设以农产品物流服务企业社会责任为核心的企业文化。农产品物流服务企业要加强对企业社会责任理论的学习，建设一种诚实守信、以人为本、自觉遵守企业社会责任要求、关心利益相关者的企业文化，从根本上解决农产品物流全供应链过程的食品安全问题。

"长沙模式"五大工程：

围绕现代服务业综合试点任务，长沙市重点推进农产品流通的"五大工程"建设。

（1）市场交易升级工程。重点支持中南地区乃至全国领先的粮食、蔬菜、肉类、水产、水果、家禽、种子等农产品大型现货交易市场、区域性采购交易中心等重大项目的建设和升级；支持区县（市）建设高标准批零兼营的二级农贸市场；支持区域性农产品会展中心建设和展会活动等支撑和配套项目。试点目标：通过全市农产品大型现货交易市场合理布局，逐步形成中部最大、全国前三的现代粮食综合交易中心，全国最大的生猪活体及肉类产品综合批发大市场，具有国际建设水准的中部最大的蔬菜批发综合市场、农产品综合会展中心，以及中国国际种业交易中心，实现长江中游商业功能区战略目标。

（2）现代物流提质工程。支持国际、国内知名的农产品冷链物流企业及农产品冷链物流项目入驻长沙，在长沙新建或整合农产品冷链物流设施；支持全程可追溯冷链物流配送体系建设项目；支持区域性农产品冷链物流公共信息平台项目。试点目标：通过一批从产到销的农产品物流重点项目的建设和实施，加快推进整个农产品供应链的功能完善，改善仓储条件，优化配送体系，推进信息共享，保障质量安全，逐步建成布局合理、设施装备先进、上下游衔接配套、功能完善、运行管理规范、技术标准体系健全的农产品冷链物流服务体系。探索形成一套在全国领先的标准化、专业化、信息化的农产品冷链物流长沙新模式。

（3）电子商务建设工程。重点支持对全市电子商务产业集聚式发展起支撑作用的电子商务示范园、示范楼宇等公共平台和载体的建设项目，吸引境内外知名电子商务企业聚集长沙；支持基于云计算等新技术并具有龙头效应的功能性、公益性、领先性特点突出的农产品电子商务平台类项目。试点目标：通过电子商务建设工程，将长沙加快打造成为全国最具行业影响力和集聚效应的电子商务示范基地；建成全国最具影响力的农产品电子商务交易平台，引领传统农业向"信息化""标准化""品牌化"的现代农业转变；推动本地产品通过电子商务的营销方式扩大市场占有率。

（4）终端消费促进工程。重点支持本地大型流通企业建设深入社区、布局合理、品牌发展、连锁经营、功能齐全、便民利民、质量可溯的终端消费设施建设项目；支持终端消费网络直接与本地的生产企业、农产品生产基地、龙头农业企业、农产品交易市场、龙头物流企业等建立长期的产、供、销、配送联盟，组织本地产品及鲜活农产品直接进入消费终端的项目。试点目标：通过消费终端促进工程，支持本地大型流通企业建设一批布局合理、服务功能齐全、便民利民、安全放心的社区便利店营销网络，实现社区商业"双进工程"目标；围绕解决农产品流通环节"最后一公里"的问题，率先在国内探索形成新型的农产品消费模式。

（5）肉类和蔬菜溯源工程。建立长沙市肉类和蔬菜流通追溯管理平台；建设流通节点追溯子系统，包括定点屠宰企业追溯子系统、批发市场追溯子系统、农贸市场追溯子系统、大中型超市追溯子系统、团体消费单位追溯子系统、肉类和蔬菜专卖（配送）单位子系统、生猪屠宰场的协议养殖场子系统、蔬菜产销对接子系统、猪肉冷链追溯子系统；建设三个支撑系统，包括肉类和蔬菜经营主体数据库、肉类和蔬菜流通远程视频监控系统、肉类和蔬菜质量监测网络。试点目标：建立完善的覆盖全市六区三县（市）城区的来源可追溯、去向可查证、责任可追究的肉类和蔬菜流通追溯体系。建设长沙市肉类和蔬菜流通追溯管理平台，在生猪定点屠宰企业、批发市场、农贸市场、超市（卖场）、重点团体采购单位、肉品配送（专卖）单位、肉类和蔬菜加工企业等流通节点，建立追溯子系统，实现各追溯子系统信息与市级追溯管理平台、商务部追溯管理平台互联互通，实现肉类和蔬菜流通的信息链、追溯链和责任链的信息控制，解决肉类和蔬菜流通的溯源问题。

（二）"长沙模式"模式创新

1. 打造一批园区平台

长沙作为"一带一部"的核心增长极，认真贯彻中央和省市部署，着力打造一批辐射作用强，示范作用明显的园区。

一是打造一批农产品物流园。湖南粮食集团通过资源整合促进粮食产业横向扩张，倾力打造集粮油储备、粮油加工、中转物流、市场交易、期货交割、经营贸易、远程交易等功能的中南粮食交易物流园。同时，试点围绕建设区域性中心城市目标，打造以马王堆蔬菜批发市场为核心项目的"南菜北运"中心，以红星冷链为核心项目的"西果东运"中心等多个现代农产品物流中心，充分彰显其对周边省市的示范带动作用。

（1）"北粮南运"铁路散粮运输枢纽。

由"湖广熟，天下足"的"南粮北调"格局到"北粮南运"，表明我国粮食生产地域呈现由北往南的发展新趋势。东北地区地广人稀，拥有肥沃的黑土地和大量的后备土地资源，随着农业科技的进步，以新品种和新技术为支撑的科技革命为黑土地注入了新的活力。尤其是水稻、玉米种植面积扩大，提升了粮食产量。我国粮食生产自 2004 年以来已经实现"十连增"，全国 91％的粮食增量、75％的粮食产量、80％以上的商品粮、90％以上的调出量来自 13 个主产省。黑龙江、吉林、内蒙古、辽宁等北方省的增粮作用尤为明显，如今东北地区已经成为粳稻、玉米等商品粮的供应地，东北的粮食外调量占到全国的60％以上。黑龙江省粮食播种面积由 10 年前的 14470 万亩增长到去年的 20913 万亩，吉林省粮食播种面积也由 6468 万亩增加到 7821 万亩。

按照"大粮食、大物流、大产业、大市场"的整体发展思路，湖南粮食集团利用其全国重点枢纽型粮油物流中心地位，以首批"北粮南运"铁路散粮运输枢纽工程为契机，充分发挥其信息交会、商流云集、物流畅通的中南地区发展轴心地位，通过资源整合促进粮食产业横向扩张，倾力打造集粮油储备、粮油加工、中转物流、市场交易、期货交割、经营贸易、远程交易等功能的中南粮食交易物流园。拥有 4.4 千米铁路专线及配套散卸坑、5.17 万吨平房仓、3.78 万吨周转仓、8000 吨立桶库、25000 平方米植物油储罐、5393 平方米灌装车间、5.4 万吨浅圆仓、22475 平方米铁路罩棚站台配套散粮接发设施、7.0188亿元投资、350 万吨粮食饲料现货交易。园区内建设有先进的现代化大米、面条、油脂等加工生产线，年粮油加工能力 100 多万吨，粮食交易物流园实现年交易量 300 多万吨，交易额达 80 亿元，粮食饲料现货交易市场年货物吞吐量 350 万吨，成为粮食交易连接南北、承东启西的核心纽带。

"北粮南运"铁路散粮运输专列开通后，湖南粮食集团将全面开展粮食"四散化"物流业务，从包粮运输向"四散化"运输的转变，标志着我省将加快实现粮食物流由传统到现代的重要变革，有利于进一步降低粮食物流成本，提高粮食物流效益，促进粮食流通现代化，同时也将对助推粮食产业转型升级，更好地保障国家粮食安全，确保区域经济社会稳定具有至关重要的意义。

（2）"南菜北运"中心。

古有南水北调，现有南菜北运。蔬菜的生长环境一般在南方显得更为优势，湖南是全国多个蔬菜生产基地，蔬菜远销国内外多个城市和地区，现已成为"南菜北运"的主要起点之一。

长沙马王堆农产品股份有限公司。长沙马王堆农产品股份有限公司是湖南省农业产业化龙头企业。位于长沙市马王堆，距离长沙市火车站 1.5 千米。北靠 319 国道，东邻 107国道，西连市一环线，南接火车东货站。地理位置优越，交通十分便利。按照深圳布吉农产品批发市场的管理模式，深圳农产品股份有限公司结合市场实际对马王堆市场的管理制度进行了改革，建立了新的管理体制。目前，马王堆蔬菜批发市场是国家级大市场、农业部定点鲜活农产品中心批发市场，场内 24 小时全天候交易，已形成了一个以蔬菜批发为主，其他农副产品批发为辅的综合性市场群体。

市场占地面积 10.7 万平方米，建筑面积 4.9 万平方米。公司下设蔬菜批发市场、干货调料批发市场、种子批发市场、水果批发市场、冷贮经营公司和信息咨询公司六个单位。经营范围以蔬菜、果品批发和冷藏为主，兼营干酱调料、粮油食杂、家禽水产、园艺花木等各类农副产品。拥有贮藏鲜菜 2000 吨、水果 5000 吨的冷库 1 座。设有招待所、信息中心、电视监控、电脑结算货运，专业治安队伍、公安、工商部门驻场管理。

湖南长沙农产品物流中心正式开工建设，建成后，农产品交易总量可达 70 亿千克，日吞吐量达 20000 吨以上。按现有物价水平计算，年交易额可达 700 亿元以上。

湖南长沙农产品物流中心在规划设计上将项目建设内容分为七大功能区：标准化农产品交易区、电子化交易大厅、现代物流加工配送中心、农产品质量安全检测中心、物流仓储、综合服务配套设施、公用配套设施；在功能定位上，实现农产品现代物流的十一大功能，即集散功能、交易功能、冷链仓储功能、配送功能、信息功能、结算功能、质检功能、溯源功能、展示功能、引导功能、资源低碳循环利用功能；在农产品流通模式创新上，积极引进全国联网式客户服务平台、信息发布平台，使用电子结算方式、推行食品质量安全可追溯体系，探索农产品拍卖交易等新型电子商务模式，建立本地农产品展示中心，培育本地优质农产品品牌，实现农产品产销一体化经营服务模式；在项目配套设施建设上，将太阳能、风能以及废弃物回收利用再生、污水循环利用处理等环保节能技术应用于项目的规划设计建设当中；在经营管理模式上，引进全国专业的农产品市场管理品牌——"海吉星"，实现市场标准化经营管理。

项目通过打造先进的绿色硬件设施、引进科学高效的绿色软件管理、强化食品安全监管体系建设、引进绿色市场参与者，建立高效、环保、便捷低碳的新型农产品流通形式，实现从"单点经营"向"网络化经营"的经营方式转变，将传统批发市场转型升级为现代农产品物流综合服务平台，为解决农产品食品安全、价格稳定、产销链条顺畅、供求信息透明共享等问题探索出一条新路径，全方位保证市民的"菜篮子"能够丰富多彩、物美价廉、安全放心。预计 2017 年年底，以长株潭地区为中心、中南第一、全国一流的绿色、安全、生态的农产品现代物流枢纽将建成。

（3）"西果东运"中心。

湖南红星冷冻食品有限公司（以下简称红星冷链）成立于 2006 年，地处雨花区经济开发区，距京珠绕城高速出口仅 0.8 千米，占地面积 200 余亩，总库容 160000 吨。公司注册资金 4000 万元，总资产 90000 万元。

红星冷链坚持"顾客第一、安全至上"的服务理念，为进场经营户提供冷冻仓储设施租赁、城区各经销点的物流配送、销售各类冷冻食品，经营的主要产品有畜禽肉食类及副食、速冻食品、水产、豆类、禽蛋、果蔬等。红星冷链市场流通的食品远销广东、广西、湖南、湖北、江西、贵州、山东等周边城市和农村的超市、加工厂、农贸集市等。据统计，红星冷链现有各消费场所、零批客户网店 10000 余个，2014 年冷冻食品日吞吐量达到 6000 余吨、日交易额 9000 万元，年交易额 300 余亿元。

二是打造一批电子商务产业园。雨花电子商务物流园正努力建设成为专业化物流企业提供物流电子商务运作的公共平台，打造物流交易 100％电子商务体系，力争到 2017 年年底基本建成辐射中南地区的国家级区域现代仓储、物流配送、电子商务枢纽中心。高新区移动电子商务产业园区以中移动电子商务公司的移动商务支撑技术为基础，大力发展移动电子商务，深入开展移动电子商务产业园"二次创业"，打造中国移动电子商务总部基地。构建体系完备、结构合理的移动电子商务产业链，引领移动电子商务的发展趋势。

（1）雨花电子商务物流园。

雨花区作为国家中部地区南北物流通道的重要一环、长株潭区域物流的重要核心和长沙物流节点城市的重要节点，占据了长沙市东南两个方向出城口，区内有长沙汽车南站、铁路长沙东站、京广和沪昆高速客运长沙站、长株潭汽车客运站、进出黄花机场的快速通道、107 国道等，交通区位优势得天独厚，发展潜力巨大，发展前景广阔，易于形成物流产业集群效应。目前，雨花现代物流园建设项目已列入雨花区"十二五"国民经济与社会发展规划重大项目，对提升黎托南片的发展品质，推动雨花区经济社会发展具有重要意义。

园区选址在黎托南片区，即湘府东路以南、高速铁路以东、浏阳河以西、绕城高速以北的区域，面积约 9.31 平方千米。涵盖东山街道边山村、侯照村的大部分，同升街道（洞井镇）牛头村、新兴村以及长沙县跳马乡白竹村的小部分。

园区拟以电子商务业为主导，重点发展以"快销品"等生活资料为主的网上销售和配送业务，与国内外顶尖物流企业进行协商合作，着力将园区打造成中南地区信息化程度最高的电子商务示范基地。围绕打造中南地区的信息化程度最高的物流中心，拟重点引进电子物流和虚拟物流企业中的龙头企业、5A 级物流企业以及第三方、第四方物流企业。

项目建设内容。园区拟采取分期建设、滚动开发的方式逐步推进。拟建设四大区域中心——分拣仓储中心、物流配送中心、电子商务中心及后勤配套中心，融"批发、流通加工、配送、分拣、仓储、会展展示、商务、信息交易、生活配套、电子交易结算"十大功能于一体。拟将电子信息传输与现代物流模式紧密结合，建设现代化信息交易平台，打造现代化电子商务物流板块，以"档次高、规模大、物流畅、管理优"为特色，成为湖南省乃至中南地区规模最大的电子商务总部基地。项目建设规模。项目可供开发用地约 4000 亩，规划容积率约为 2～2.5，总建筑面积约为 650 万平方米，用地性质为仓储物流用地。

项目建筑面积为 24 万平方米，设计是多层立体仓储，集智能仓储配送、小件快速分拣、电商物流运营等为一体，预计年吞吐量300万吨，产值超过28亿元，税收1.2亿元。目前8000平方米的标准仓储快递日处理量约为2万单，高度智能化仓配体系日处理能力能提高到15万单。作为全市距离中心城区最近的物流节点，雨花区电子商务物流园将承接高桥、红星等大市场的物流配送服务。

针对长沙现代物流市场需求，以及大规模拆除违建仓库带来的市场缺口，雨花区电子商务物流园将引进更多发达的物流仓配体系，提高仓储智能化、周转率，重点与国内外顶尖电子商务物流企业合作，着力打造成中南地区信息化程度最高的电子商务、现代仓储示范基地。园区基础设施建设也在加速推进，川河路、候照路北段今年将建成通车。

（2）高新区移动电子商务产业园。

项目拟选址位于长沙高新区信息产业园范围，将建成集中办公中心、集中仓储中心、物流配送中心、培训中心、咨询顾问中心、会议中心、集中采购中心、大学生创业基地、企业电子商务外包基地、电子商务配套服务基地、电子商务专业孵化器基地等多个功能区。该项目建成后将成为中部地区产业集中度最高、市场辐射力最强的电子商务示范基地。

项目区位优势：湖南省会长沙地处华东经济圈与华南经济圈的结合部，不仅是京广铁路与长江两大产业带的交会处，也是"9＋2"泛珠三角经济圈的腹地。近年来，已成为支撑沿海、沿江发达地区的发展基地和促进内地、西部开发的先导城市，是省内、西南邻省及中国粤港地区的资金、产品、技术、信息、人才、物流等生产要素的主要聚集地之一，在中国经济战略布局中，发挥着承东启西、联南接北的重要枢纽作用。显著的交通优势，在物流时间及成本上更是为电子商务产业带来巨大发展空间。

项目政策优势：2008年，国家发改委正式授予湖南省为国家移动电子商务试点示范省。省市各级政府相继出台了《湖南省人民政府关于加快移动电子商务发展的意见》《长沙市商务局关于加快电子商务发展的若干意见（试行）》《长沙高新区促进服务外包、电子商务、动漫游戏产业发展暂行办法》等政策文件，把电子商务建设纳入湖南经济战略发展规划，安排专项资金，从关键技术研究、公共平台建设、标准制定、人才培养等多方面予以支持。

项目产业基础：长沙高新区作为国家电子商务示范基地的重要园区，已经形成了集IT、物流、第三方电子商务、软件、信息化、金融等较为完善的电子商务产业链。目前长沙高新区拥有中国移动电子商务基地、步步高电子商务、拓维信息、鹰皇商务、百信手机网、御家汇、高阳通联等知名电子商务品牌，华菱股份公司、梦洁家纺、多喜爱、怡清园茶业等湖南传统强势企业亦开始积极探索电子商务发展之路。

项目在长沙高新区信息产业园，项目总用地规模约1000亩，总投资30亿元，分三期进行，一期投资6亿元，二期投资14亿元，三期投资10亿元。本项目将建成集中办公中心、集中仓储中心、物流配送中心、培训中心、咨询顾问中心、会议中心、集中采购中心、大学生创业基地、企业电子商务外包基地、电子商务配套服务基地、电子商务专业孵化器基地等多个功能区。该项目建成后将成为中部地区产业集中度最高、市场辐射力最强的电子商务示范基地。

2. 融合两种流通模式

试点工作着眼于线上与线下、现货与期货相结合的交易模式创新，满足农产品贸易的多层次、多规模、多种类、多变化的需求。鼓励传统商业企业步步高、家润多等企业从线下走到线上，扶持快乐购、网上供销社等企业从线上走到线下，拓展销售渠道。如网上供销社采用"实体＋网络"模式，线下建立"菜伯伯"放心农产品社区店，线上开通网上供销社商城。南方大宗农产品交易中心是采用现货与期货交易模式最为典型的案例，对稻谷、玉米、油籽等特色大宗农产品期货，采用竞价交易，2014 年已成功举行了国家临时存储粮食竞价交易会 7 场，其中，4 场稻谷交易，3 场玉米交易，交易额达 65 亿元。

（1）步步高云猴网。

步步高集团发布大平台战略暨全国首个 O2O 本地生活服务平台——云猴网上线。该平台涵盖商品、生活服务、文化、医疗、教育等多方面，将为顾客和全体联盟商家提供全方位的 O2O 解决方案。步步高每年拥有 10 亿客流，3 亿成交，3000 万会员。目标是到 2020 年在 100 个城市达成 100 万家云猴生活联盟，建立 20 万家本地生活化 O2O 的超级航母。云猴支付品牌——步步宝，是一个支付产品。高币积付通是积分支付联盟，乐通券是生活支付宝。

（2）快乐购。

快乐购通过快乐购物网、电视、型录、电话外呼、手机、我是大美人、电台等通路，提供 18 个大类、近 6000 种涵盖 3C 家电、数码通信、家居用品、珠宝首饰、美容护肤、箱包服饰、运动休闲、时尚精品以及旅游、保险、汽车等全方位的高品质商品。快乐购在行业内率先推出"快乐购严选品质保证、24 小时免费客服、7 天免费送货到府、开箱验货、货到付款信用卡免息分期、十天无理由退换货"六大服务承诺，给消费者带来安心、快速、便捷的优质服务。快乐购实行以湖南为运营总部，连锁覆盖长三角、珠三角及全国一线目标市场的扩张战略，目前已进入湖南、江苏、浙江、广东、广西、湖北、福建、山西、安徽、江西、云南、山东、海南 13 个省及天津、重庆直辖市，覆盖 64 个区域市场，覆盖户数超过 3600 万户，会员人数突破 300 万人。

（3）网上供销社。

网上供销社是湖南省供销合作总社领办，由湖南供销电子商务股份有限公司具体承办，致力于联结城乡、服务三农，打造从田园到餐桌的绿色农产品通道，构建全省涉农产品流通的大型信息物流系统。通过与中国移动湖南分公司、拓维信息系统股份有限公司、中国农业银行湖南省分行等战略合作，开展的主要业务有：涉农产品网上批发市场、移动供销通手机交易平台、供销商城、中南大宗商品电子交易市场。作为全国供销系统首家移动电子商务平台，网上供销社全面整合供销社行业资源，以最优质、最全面的服务，为农民兄弟解决"买难""卖难"问题。

（4）南方大宗农产品交易中心。

长沙南方大宗农产品交易中心有限公司是经湖南省人民政府审批，由湖南粮食集团有限责任公司控股的大宗农产品电子交易平台。

南方大宗农产品交易所有限公司是根据国务院办公厅《关于加快电子商务发展的若干意见》，于2010年11月，在长沙市工商局注册成立的农产品交易市场，注册资本为1000万元，主要为农产品经营机构、农产品经纪人提供农产品电子现货交易，并集农产品采购、销售服务、农产品技术指导示范推广、高科技农业新技术的信息咨询服务于一体的现代电子商务企业。公司坐落于长沙市开福区芙蓉北路湖南金霞现代粮食物流中心，依托湖南粮食集团的产业优势，以大宗农产品现货贸易为基础，以"服务产业经济"为宗旨，为产业链客户打造集贸易需求、投融资需求、仓储物流、信息咨询、数据处理、流程整合、资金流整合等为一体的产业金融集成系统。形成了"现货商品＋电子商务＋金融＋仓储物流"整合系统，交易所将产业链加大，有利于系统的总产值上升。如此可见，在电子商务的环境之下，仓储物流产业的支持下，将实现"产品的证券化"，将提升整个系统的产值。终极目标：农产品交易中心、信息中心、定价中心、物流仓储中心。同时，电子商务"嫁接"在金融的功能上，增加资本的融通，加强资本的利用，有利于扩大各子产业的发展与扩张，带动农产品种植技术、仓储物流行业的发展，各行业将伴随着交易市场服务中心的拓展，最后形成产品的大生产、大流通、大市场。

3. 建设三级交易市场

不断增加政府对具有公益性质的流通基础设施投入，分三个层次对农贸市场进行了提质改造。全市提质改造农贸市场207家，新建101家，提质99家，加固7家，总建设面积约32万多平方米，各级财政投入约5亿元。对大型农贸批发市场，采取股权投资、以奖代补等方式支持湖粮、马王堆、红星等大型批发市场建设，使长沙作为中南地区最重要农副产品输入输出节点和流通集散中心的地位日益增固，辐射范围日益扩大。对县（市）批零兼营市场，以市、县两级政府控股或参股的形式，新建或提质改造了宁乡县大河西农贸批发市场和浏阳市农贸批发大市场等项目，重点解决农产品"卖难"的问题，完成了"农贸对接"，形成了地域性农产品集散地。对社区农贸市场，以全资投入、政府回购或回租等方式控制产权，使农贸市场在国有资本的调控下体现公益性。

（1）望城农贸市场建设。

"十二五"规划期间，顺应民心，逐步取缔马路市场，鼓励以"农加超"或"双层结构"形式新建农贸市场，改变当前城区农贸市场辐射半径偏大的局面。规划期内，新建 4 处综合农贸市场，包括南塘农贸市场、桐林坳农贸市场、金甲农贸市场和东马农贸市场；8 处标准菜市场，包括月塘路农贸市场、黄金创业园农贸市场、月亮岛农贸市场、森林海农贸市场、连江路农贸市场、金龙农贸市场、火车西客站社区农贸市场和湘江农贸市场；4 处农加超，包括喻家坡农贸市场、职校路农贸市场、斑马湖农贸市场和桑梓农贸市场。

（2）欧乐生鲜直营连锁项目。

项目由湖南新长久超市发展有限公司实施建设，投资总额 39200 万元。项目通过建立新型的"公司＋基地＋连锁配送＋直营店"生鲜小区直营连锁模式，根据小区规模建设 100 平方米左右旗舰店、40 平方米左右普通店和 18 平方米左右迷你店三种直营店，打造长沙市绿色生鲜销售第一品牌。欧乐生鲜的经营范围是为居民提供厨房一站式服务，主营蔬菜、肉类、水果、其他农副产品、粮油、调味品、厨房用品。欧乐生鲜的经营范围经营理念：让农民的钱袋子鼓起来，让市民的菜篮子丰富起来。

项目一期计划完成投资 7800 万元。其中蔬菜基地建设 5200 万元；置业、装修、租赁费用 1800 万元；设备及其他费用 800 万元。2013 年计划完成投资 13800 万元，完成 100 家门店建设。其中，购置、租赁店面及土地 6000 万元；装修 5000 万元；设备 2000 万元；其他费用 800 万元。2013 年已完成 57 家欧乐生鲜便利店开业，建成直营店 8 家，与浏阳、望城建立蔬菜基地面积 5000 多亩。

4. 构建四项管理机制

（1）构建新型物流机制。

完善现代物流服务功能，鼓励企业提供集仓储、运输、加工、包装、配送等一体化的全程物流综合服务。如"天骄动车"城市物流公共服务平台等第三方物流平台项目利用云计算、物联网技术，为农产品建立电子档案信息、全程追踪溯源系统等，充分满足生产基地、农产品流通企业及消费者对物流快速响应的个性化需求。

①"天骄动车"城市物流公共服务平台。

天骄 2012 是湖南天骄物流信息科技自主研发，专门为物流行业提供物流信息的专业平台软件。平台汇集了全国各地最新公路物流信息，提供物流信息的查询及发布、技术服务与物流交易服务，为物流企业与司机提供丰富的物流资源。软件采用先进的计算机网络通信技术，实现数据共享、信息互通，安卓手机版同步研发上市，随时随地获得最新物流资讯。为降低物流成本、增加消费者价值剩余、提升物流信息化管理水平、建设现代物流信息化、推动物流产业链的发展做出了重大贡献。

②康益肉类产品冷链物流溯源项目。

由于易腐商品在流通中大量变质、腐烂，物流损失率高，不仅给国家带来巨大的经济损失，而且给人们食品安全带来了极大的威胁。发展冷链物流是长沙市肉类产品保质增值、农民增收的需要，是保证食品安全、降低农产品流通损耗、实现区域经济发展的需要，率先在长沙高水平建设肉类产品集成化的冷链物流配送体系，具有重要的示范意义。

通过互联网形成一个完整的系统，便于管理并考虑管理及运营成本，在每个节点都会采用特定的技术，如二维码、电子秤、数据库、网络等。康益肉类制品冷链物流配送体系建设项目专注于肉类产品城市物流配送及其边贸配送效率，实现肉类产品生产和消费的"无缝对接"，以更快捷、安全、营养的方式，将肉类产品送到消费者手中。

（2）构建公共服务机制。

长沙市消费公共平台项目（鹰皇电子商务支付），以线下实体商家提供线上推广服务，在市商务局主办的第六届"福满星城"购物消费节中，为商家带来客流近1000万人次，拉动本地消费增长超过100亿元。

鹰皇电子商务支付：以线下实体商家为服务对象，提供线上电子商务推广服务公共平台。经过信用认证的线下商家可以通过平台发布活动资讯和优惠折扣信息，把传统的纸质优惠券通过手机APP形式发放。消费者用安卓或苹果智能手机安装平台APP，就可以实现获取优惠券、手机支付、使用优惠券等功能。

（3）构建科技创新机制。

试点重点支持农产品物流企业的信息化建设，引导企业开创电子化交易结算模式，支持试点企业采用高科技管理、交易手段。如长沙市肉菜溯源体系采用猪肉灼刻激光码和电子化结算管理，有效保障了数据采集的真实性，实现了肉品来源可追溯、去向可查证、责任可追究，形成安全的供应保障渠道。

长沙市肉菜溯源体系：扫描购物小票上的追溯码，就能查到食品的产地、上级批发商等相关情况，为老百姓的菜篮子加上了一道"安全锁"。长沙市肉菜流通追溯体系建设技术方案是依据商务部肉菜追溯体系建设"一个规范、八个技术标准、五个统一"、肉菜追溯体系建设考核验收标准和市委"六个走在前列"的要求进行设计的，突出实用与创新相结合，突出长沙特色与综合管理相结合。该方案的设计有十大特色，凸显了长沙市肉菜追溯体系的先进性。项目十大特色如下：

特色1：三个大型机械化屠宰场使用激光灼刻技术（配置最高标准）。全国试点城市屠宰行业全部使用激光技术，提高肉菜追溯信息化水平，与北京市同步，在全国并列第一。

特色2：巡检追溯电子秤。技术与管理相结合，解决对市场使用电子秤的监管难点，全国领先，长沙独有。

特色3：巡检手持机。对执法人员和市场电子交易的应用实施监控管理，全国领先，长沙独有。

特色4：生猪养殖基地应用RFID芯片。在养殖基地给生猪安装RFID芯片，标明生猪有"身份证"，全国领先，长沙独有。

特色 5：大型机械化屠场生猪入口处应用 RFID 自动识别技术。提高生猪从养殖到屠宰环节的信息自动识别交换，全国领先，长沙独有。

特色 6：城市平台应用。比其他城市多 10 多项功能，功能更强大、内容更丰富，全国领先，长沙独有。

特色 7：以肉菜追溯体系为支撑增加市场运行监测、网点建设、布局与功能。通过肉菜体系建设，全面提升商务综合监管能力，功能强大，加大对追溯企业诚信建设，全国领先，长沙独有。

特色 8：2 个乡镇试点（雷锋镇、干杉镇）。按照部里要求探索乡镇体系建设，全国领先，探索长沙经验。

特色 9：体系建设大多数产品均属 IDC 市场排名第一的国内外知名品牌和应用安全体系管理平台。有效保障了整个体系建设的稳定性、可靠性和安全性，全国领先，长沙独有。

特色 10：从种养植（殖）业的生产到终端消费全程。长沙市规模以上种养植（殖）基地全覆盖，覆盖面大，体系完善，全国较先进。

（4）构建融资支撑机制。

试点积极围绕农产品物流和集散交易，开辟多元化融资渠道，积极引导和鼓励金融机构扩大对大宗特色农副产品物流和集散的信贷支持。如长沙市商务局与长沙银行签订了授信 30 亿元的战略协议，为现代服务业综合试点企业群提供金融支持。长沙市中小商贸流通企业服务中心与民生银行建立战略合作，共建长沙市小微企业服务平台，为中小型企业提供融资贷款服务。

5. 推进五个支撑体系

（1）推进农产品冷链物流体系建设。

试点加强冷链物流基础设施建设，如批发市场等重要农产品物流节点的冷藏设施建设。截至 2014 年年底，全市已新建仓储近 155 万平方米，在建/拟建的常温仓储约 320 万平方米。全市已建成投产冷库容量总计 25.5 万吨；拟建/在建冷库容量总计 63.2 万吨，预计试点期结束，长沙冷库容量将突破 100 万吨。

（2）推进农产品物流人才支撑体系建设。

试点构建了汇集行业专家、学者的物流专业人才数据库，开展了"人才强商"工程和"商务大课堂"等公益培训。2014 年 8 月至 9 月，我们还组织全市商务系统相关人员远赴新加坡参加"现代服务业发展专题研修班"，有效提高了从业人员的国际视野。

长沙市"人才强商"商务大课堂：于 2014 年 3 月 7 日开办了新年第一讲。此次培训课程聘请了复旦大学法学院教授兼上海自贸区法研究中心主任龚柏华先生为长沙市商务系统干部培训。培训课程为《中国自贸区对地方政府职能转变及经济的影响》。该讲座内容丰富、翔实，囊括了"上海自贸区概述""上海自贸区现行建设成果"以及"上海自贸区对地方经济的影响"三大板块。龚教授为商务干部们带来了自贸区最新理念和最新情况，深刻分析了自贸区的特点以及作为商务经济人该如何看待自贸区给中国商务经济带来影响和示范作用。参加培训的人员有长沙市商务局局长兼党委书记刘素月及领导班子成员。包括长沙市商务局机关干部、局属二级机构主要负责人以及各区县（市）、开发园区商务（招商）局干部，参训学员近100人，培训取得良好效果。

2014年7月，课程针对当前商务工作实际"量身定制"，着力增强针对性和实用性，邀请了中国物流学会常务理事、湖南省物流理论研究基地首席专家、湖南商学院工商管理学院院长黄福华教授为长沙市商务系统干部授课。课程内容丰富翔实，为商务系统干部带来了现代物流发展的前沿理念和最新情况，带领大家探索了如何通过发展城市共同配送促进现代物流产业发展。局领导纷纷感慨此次听课深受启发，黄教授的讲述紧密结合商务工作实际，着眼现代物流发展潮流，既有理论高度，又有现实例证，深入浅出，针对性、操作性强。

（3）推进农产品物流区域联动服务体系建设。

构建区域重点物流园区系统的连通端口，增强长沙农产品物流辐射功能，扩大物流服务范围。"湘品出湘"湖南省湘品名优商品配送基地建设项目整合湖南名优特产特别是食品原辅材料的优势资源；中农传媒联合淘宝网、天猫网、聚划算等电商巨头，打造淘宝网"特色长沙"公共服务平台，带动了周边各地的农产品物流的发展。

①"湘品出湘"。

总投资3亿元的"湘品出湘"湖南名优商品长沙运营中心项目正式启动，项目占地面积130亩，达产后预计产值将超10亿元，税收过5000万元。湖南省湘品名优商品展示贸易有限公司是在省商务厅支持下为响应省委、省政府"湘品出湘"的口号，负责实施打造湖南名优商品全国销售网络，推动湖南名优商品走出湖南走向全国，而成立的一家现代商贸物流公司，该平台能有效聚合省内优质特色农产品，通过集中展示的平台，打通企业与终商消费者之间的便捷通道，使企业由"单打独斗"向"抱团取暖"的经营方式转变，进而增加"湘品"的整体竞争实力，实现"湘品走天下"的战略目标。

公司北京贸易展示中心展厅面积达3600平方米，由湘茶区、湘酒区、湘绣区、湘瓷区等20个区组成，参与企业达186家，展示产品近3000种。

②"特色长沙"公共服务平台。

近年来，农业电商已经成为继3C、服装和化妆品等标准化产品的又一新的增长点。湖南中农传媒有限公司根据长沙市现代服务业综合试点的要求，正按照预定计划，稳步有序地推进"特色长沙农产品流通公共服务平台"项目的建设。

农产品供求信息的不对称和物流运输欠发达是农产品"买卖难"的主要症结，淘宝网特色长沙农产品流通公共服务平台利用不同的网络频道销售湖南特色产品，不仅带动了本地农产品的销售，更为农户学习电子商务知识开辟了新的渠道。

自 2013 年 11 月起，湖南中农传媒特色湖南平台先后携手沙龙畜牧、淘宝网、天猫网、聚划算、淘金币等多个平台，共同举办"特色长沙"农产品年货展销活动，活动得到上百个商家支持，10 多万消费者参与，销售总额达 612 万元，直接帮扶的农户和企业达到 100 多家。

2014 年 6 月，湖南中农传媒特色湖南平台与湖南桂东玲珑茶业公司联袂开展全国免费赠送品尝活动，通过特色湖南壹人壹阿里巴巴批发平台、天猫壹人壹零售平台、中国有机食品网购平台推广，只要在中农传媒特色湖南平台消费即可获得玲珑茶包免费赠送，打响了玲珑茶包品牌。

湖南中农传媒有限公司不仅注重电子商务平台各项功能的实现，更重要的是始终把服务三农放在重要的位置，公司每周四有专门的免费农业电子商务培训会，截至目前累计已开展了 100 多场公益培训；同时，针对长沙本地特色农业农户进行一对一的上门服务，例如 2012 年以来，先后针对长沙县跳马乡风驰苗圃种植经营户进行了 10 多次以上的电子商务培训，培训前，经营户只能被动等待采购商上门收购，年销售额不超过 20 万元，培训后，他们掌握了如何通过电子商务平台发布供应信息，能与全国各地的买家谈生意，近半年就实现了 400 多万元的销售额。中国驰名商标金浩茶油、猴王茶叶等也通过湖南中农传媒有限公司的深度服务，实现了网络交易额 100％的增长，销售额均突破了 100 万元。

（4）推进农产品物流配送无缝对接体系建设。

试点创新实体加网络、主仓加分仓、基地加直供等模式，实现物流配送无缝对接。如中南粮食物流园建设有 4.4 千米铁路专线及配套散卸坑，2000 吨级泊位 5 个，物流园"公、铁、水"三种运输模式无缝对接，有效推动粮油饲料物流"四散化"（散储、散运、散装、散卸），使粮食运输损耗率降低 15％。

中南粮食物流园"四散化"运输：随着我国粮食产量连年丰收和粮食的商品化、市场化发展，我国粮食贸易量逐年增加。数据显示，近年来全国粮食年均流通量超过 2 亿吨，其中仅东北地区就达 5700 万吨。传统运输方式下，我国粮食从产区到销区的物流成本占粮食销售价格的 20％～30％，东北地区的粮食运往南方销区一般需要 20～30 天。由于运输装卸方式落后，每年损失粮食 800 万吨左右。国家发改委颁布的《粮食现代物流发展规划》提出，大力推进粮食"四散化"运输变革，提高我国粮食流通效率、减少粮食流通损耗、增加粮食有效供给。要重点构建全国主要散粮物流通道和散粮物流节点，形成现代化的粮食物流体系。

湖南金霞现代粮食物流中心作为湖南粮食"千亿产业、百亿物流"工程的核心项目，是国家"北粮南运"战略的重要枢纽，区位优势明显、交通发达、配套完善。物流中心拥有具备散装散卸功能的铁路专用线 4400 米，各式立筒库、浅圆仓、周转仓等配套中转设施 53 万吨，搭建了中南地区最大的粮油饲料交易集散中心。现已建成年产 60 万吨规模的全价料饲料加工生产线，吸引了唐人神、双胞胎、百宜、浏阳河等国内众多知名饲料企业进驻设点。粮食物流业务覆盖全省各市州，辐射周边省市。

距散粮装卸铁路站台不到 3 千米的湘江深水码头建成，以 5 个 2000 吨级泊位为依托，水、陆、铁散粮将实现无缝化链接，立体交通网络将愈加完善。届时金霞现代粮食物流中心年货物吞吐量可达 500 万吨，将其打造成为全国粮食物流主要节点和区域性粮食经济中心。

散粮专列专门用来装运粮食，列车在行驶过程中全封闭运行，完全不用担心粮食受其他杂物污染或受天气因素影响，可确保绿色安全。另外，由于全程采用散装、散运、散卸，粮食不再用麻袋包装，机械化程度高，省时、省力、省料，能有效避免传统粮食包装运输损耗大、效率低、成本高等问题。经测算，1 列 50 个车皮的玉米散粮专列与传统的包粮运输相比，仅人工、损耗等就可节省成本 15 万元。每个车皮的卸车时间由原来的 2 小时缩短到 5 分钟，劳动用工从 200 人降低到 2 人。运输成本大幅降低同时，工作效率得到成倍提升。

（5）推进农产品物流标准化体系建设。

艾尔丰华基于物联网核心技术的农产品质量安全监控体系等项目的建设，计划总投资超过 2 亿元，有效提升了农产品安全系数；晟通物流积极采用国家标准和行业标准，由传统仓储中心向多功能、一体化的综合物流服务商转变，积极参与托盘公共应用系统建设。

①艾尔丰华农产品质量安全监控体系。

中国物联网领军企业长沙艾尔丰华电子科技有限公司，坐落于国家级长沙经济技术开发区，是由美国 Zone free Group North America Limited 和国内最大可变条码制造商"广州九恒条码有限公司"于 2011 年联合投资成立的高新技术企业。艾尔丰华是专注 RFID 芯片核心技术与系统集成的物联网定制专家，有着多年国外著名芯片和 RFID 技术公司的研发经验，与欧美行业协会、中国科学院微电子研究所、国家物联网发展中心等单位进行战略合作，建设国家级实验室。公司拥有全球领先的 RFID 芯片研发制造技术，多次获得各级政府的科研专项资金支持，拥有多项自主知识产权的 RFID 芯片 AHF 系列产品，在电路设计、存储算法与工艺等方面有多项关键创新。

艾尔丰华立足湖南，面向国内和国际两个市场，坚持"以国际化合作建立基础、以产学研结合集聚资源、以市场化运作获取发展"的原则，为政府、行业协会及企业充分利用 RFID 芯片与系统集成核心技术提供解决方案，有效对客户资产、业务流程以及客户服务进行管理，提高产品、人员及资产的综合管理能力，帮助提升信息化水平，增强综合竞争力。

艾尔丰华畜牧业安全追溯管理系统，采用公司 RFID 核心技术，融合传感器、无线网络通信、GPRS、3G 视频传输、计算机通信等物联网技术，实现畜产品从养殖、屠宰、流通到销售各环节的跟踪与追溯，确保产品"从农场到餐桌"质量安全和全面可追溯。系统投资少、操作简单、易于普及推广。系统具备三大功能：一是有助于政府对肉类进行全面监管和产品召回；二是帮助畜牧企业降低养殖成本，提升品牌附加值；三是全程可追溯将增强消费者的信心。此外，艾尔丰华首创的溯源营销推广模式，为养殖企业提供基于手机媒体的营销新手段。创新的在线订购与远程监控服务，让顾客通过手机或电脑实时查看其订购的猪的成长过程。

本系统采用多层结构，共分为接入层、展现层、业务层和基础设施层四层。如图6-1所示。

接入层。用户使用PC、手持移动终端通过不同接入方式（Internet、VPN、GPRS、Wi-Fi）接入到罗代黑猪安全追溯管理系统。

展现层。提供一个内部信息交互及所有业务系统的统一表示和展现入口。实现应用展现、认证授权、系统管理三大类服务。展现层将实现PC端浏览器展现方式及手持设备客户端展现方式。

业务层。作为罗代黑猪安全追溯管理系统的具体应用实现，包括对养殖环节整个流程的业务实现，屠宰环节的业务实现，客户视频订购的业务实现，猪耳标授权的业务实现，以及相关业务的综合管理。

基础设施。包括基础网络及硬件设施等，保证系统的正常运行、访问。系统还包括贯穿各个层次的系统及安全管理和接口管理。

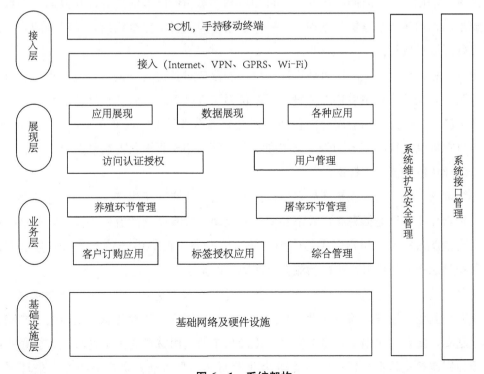

图6-1　系统架构

系统操作流程如下。

第一，养殖环节。在牲畜出生饲养的时候，在其身上安装上 RFID 标签。此后饲养员用一个手持设备，不断地设定、采集或存储它成长过程中的信息，从源头上对生产安全进行控制。此环节标签主要是记录牲畜在养殖场中生长发育、饲料配方、用药记录、检疫信息等信息，并将该信息提供给下一个环节。

第二，屠宰环节。在屠宰前，读取牲畜身上的 RFID 标签信息，确认牲畜是有过防疫记录并切实健康的，才可以屠宰并进入市场。读取宰前活体的 RFID 电子标签中的信息，使用电子秤称重，并使用满足屠宰工艺要求的二维码打印机将宰前活体 RFID 信息、宰后重量、屠宰单位和日期等信息一并自动打印于二维码中，并与宰后胴体一并进入检疫环节。

第三，检验检疫环节。屠宰结束后的肉品接受检验检疫部门检疫，检验检疫部门读取该肉品的二维码信息，并将检疫结果上传服务器。对于检疫合格的肉品，系统将检疫检测结果、检疫单位、检疫日期等相关信息添加到二维码中，该二维码将同肉品一并封存进入下一环节。

第四，流通环节。首先用手持 RFID 读写器读取运输车辆的车载 RFID 卡，其上记载车牌号、运输单位、是否检疫消毒、检疫消毒日期等信息。然后进行肉品装车。装车完毕后，系统自动记录装车时间、出发地、目的地和车载 RFID 卡信息等，并根据这些数据产生封识号。运输实行全程铅封处理，下一环节接收肉品时，检查铅封，核对车牌号、封识号，完好无误后放行。

第五，销售环节。肉品进入销售环节后，经营户对其进行分割、包装、出售。对于每一份分割品，经营户可用手持二维码识读设备读取肉品信息，并与自己的商户信息一并赋予一个追溯码。此追溯码会同分割包装一起交到消费者手上。或对于不需要包装的情况，经营户可在肉品出售时把追溯码信息用溯源电子秤打印于收银条上交给消费者。

②晟通铝制物流托盘标准。

作为物流产业革新的创新产品之一，托盘现已广泛应用于生产、运输、仓储和流通等领域。托盘作业是迅速提高搬运效率和使材料流动过程有序化的有效手段，在降低生产成本和提高生产效率方面起着巨大的作用。托盘的研究主要集中于建立共用服务供应链系统，而托盘制作的使用材料也是物流业节能减排的重点。

托盘作业的实行，提高了装卸效果，在现代物流运输业中广泛应用，使仓库建筑、公路、铁路和其他运输方式的装卸设施都发生了变化。随着生产设备越来越精密，自动化程度越来越高，托盘的应用越发显得重要，托盘制作的使用材料成为了物流业节能减排的重点。超轻铝制托盘是根据低碳、节能概念开发而来，是目前托盘产品种类中最环保的材质。与木制托盘、钢制托盘、塑料制托盘相比，铝制托盘重量轻、强度好、不易生锈磨损。它克服了非金属材料易受潮变质变形的弱点，适用于出口产品的空运及远洋运输。随着经济的发展，托盘化作业在经济行为中比重越来越大。据预测，中国未来 10 年托盘的需求会超过 70 亿片。

超轻铝制托盘适用于不同国家各种联运方式，尤其是它克服了非金属材料易受潮变质变形的弱点，适用于出口产品的空运及远洋运输，电子、食品、医药、化工产品的仓储与运输。铝制托盘回收再利用率达到 100%，符合美国、加拿大、欧盟颁布的对中国进入其国货物包装材料的法令要求。

低碳、节能是全球发展趋势，先进的物流生产运作应该契合环保理念，成为低碳经济的支撑。铝制物流车、铝制托盘等设备的生产发展应该符合低碳时代要求，避免环境的污染和资源的耗费。在低碳物流和绿色物流的发展背景下，积极引入新技术、新工艺、新材料，铝材料在未来物流业中将有着很好的发展前景。

四、发展启示与建议

（一）发展启示

1. 政府宏观管理是鲜活农产品流通体系顺利建立的前提和保证

当前，我国鲜活农产品流通领域出现了市场不能有效调配资源的现象，成本或利润价格的传达不确切，影响了个体经济市场决策机制，需要政府充分发挥职能作用，加大对鲜活农产品流通提供公共产品和公共服务的范围和力度。按照公共经济学的基础理论，当市场失灵时，需要政府通过制定和执行公共政策进行有效干预。鲜活农产品既不是垄断产品，也不具备外部性特征，其市场失灵的主要原因是信息不对称导致以及公共产品提供不足等原因造成。不完全信息的情况下，会有逆向选择等问题，这些都不是纯粹的市场机制能够解决的，必须政府协同解决。

目前，在部分鲜活农产品领域，如蒜、姜、花椒等，由于大量资金投入市场进行货品囤积炒作，在一定时期或范围内垄断市场供应，市场短期出现供不应求，价格上涨，导致个体生产和消费者损失较大，需要政府通过强制手段予以解决。同时，由于个体农户视野较短、信息滞后，部分鲜活农产品流通主体由于追求自身利益而不顾及整体发展，就需要政府作为鲜活农产品流通体系建设的宏观管理者和指导者，以保证建立完善高效的鲜活农产品流通体系。

2. 政府是鲜活农产品流通体系基础设施的主要提供者

鲜活农产品流通体系建设中，存在着大量公益性基础设施等的公共物品政府提供不足的问题，鲜活农产品流通领域基础设施可以私人和政府来提供，但大多数的基础设施都需要较大的投入，并且大量回报率低的基础设施投资，鲜活农产品流通体系建设和现代城市之间也存在一定的矛盾，如当前城市普遍地价较高，如果鲜活农产品市场等建设按照土地出让手续，较高的地价将导致无法进入商业地产模式开发，导致此环节费用居高不下。如果政府通过行政手段，强加干涉，则必然会导致固定资产投入的回收遥遥无期，企业和其他组织、个人都不会投资。2013年两会后，商务部门提出建立和完善农产品销售 SOS 系统，这个系统需要各级政府，尤其是基层政府和大量社会中介组织等的参与，农业信息化建设尤其是连接全国的规模以上农产品批发市场、农村合作社以及农业龙头企业，并能够将数据库终端直接接到农民的市场信息系统的搭建，需要政府牵头或直接参与。另外，其他大量的配套基础设施也需要政府来提供。

3. 政府职能的有效发挥是推动鲜活农产品流通体系建设的重要条件

政府尤其是地方政府究竟在鲜活农产品流通体系建设中担当什么样的角色必须要界定发挥好。我们认为政府调控的主要手段应该包括：通过制定和运用法律法规来调节。在个别领域，如蒜、姜等，由于一些人利用信息优势进行欺诈，损害正当的交易，直接导致了市场配置资源的功能失灵。此时市场一般不能完全自行解决问题，为了保证市场的正常运转，政府需要制定一些法规来约束和制止欺诈行为，对于当前鲜活农产品流通各环节的违规收费行为，也要做到依法严厉查处。

强化政府行政手段作用。在调控初期或必要的时候，对部分鲜活农产品可以考虑在一定时期和范围内采取限价等必要的行政手段，但要谨慎使用。可以适当采取价格直接干预，如采取某种鲜活农产品价格一定时期内的上限或价格下限的形式。但是，最佳的方式是通过间接方式，通过干预影响鲜活农产品价格形成以及变化因素的控制，如通过政府存储机制控制某一时期市场上鲜活农产品供给量。同时，地方政府可以结合当地实际，出台具有很强针对性或时效性的行政法规，例如：季节性产品的特殊政策，当地特色鲜活农产品（如滨州沾化冬枣）的保护性和约束性政策，并且要根据当地实际，提出那些具体项目建设可以享受特殊鼓励政策，那些项目因不符合实际或重复建设等受到政策限制，也可以采取政府补贴、补助、贴息等方式，加大对鲜活农产品运输、储藏、加工等方面的投资，以及鲜活农产品流通渠道领域固定资产投资的引导力度。

运用经济手段推进鲜活农产品流通市场体系建设。各地可根据当地实际，出台具有较强针对性的鲜活农产品流通财税政策，也可以通过加大财政投资或财政补贴力度等方式，直接或间接参与基础设施建设。如温总理在国务院常务会议上讲话要求：鲜活农产品流通体系建设具有重要的公益性，要增加财政投入，改造和新建一批公益性批发市场、农贸市场和菜市场，升级改造大型批发市场和加工配送中心。同时，政府应建立衔接农户和销售市场的鲜活农产品信息服务体系；对鲜活农产品市场减免租金、摊位费、管理费等费用；落实和完善"绿色通道"等。

同时，目前只有政府有能力实现鲜活农产品运输"绿色通道"的畅通。大量的鲜活农产品长时间、远距离运输有着先天的不足，随着我国运输网络的日益完善和壮大，大大缩短了地区之间蔬菜流通的时间。而公路等基础设施建设都是政府投入或国有大型企业投资建设，收费权也实际掌握在各级政府手中，尽管国家有关部门早开通了鲜活农产品运输"绿色通道"，免收普通公路通行费和高速公路通行费，但地方仍经常发生"绿色通道"不畅通的现象，在此领域政府有条件坚决落实，此外，流通环节政府其它收费也完全可以采取行政手段予以减免。只有发挥政府作用，才能打造一个完善的农业信息服务业平台。目前，只有政府加大工作力度，才能真正解决蔬菜进城"最后一公里"和农村信息服务"最后一公里"难题，只有利用商务部门的商务市场信息系统与农业部门的基层综合服务站、"12316"等农业服务信息化技术网络对接，并继续加大改造融合力度，才能真正建立并发挥好农业信息服务平台的作用。农村专业人才队伍和合作组织的培育需要政府发挥作用。鲜活农产品流通领域的"大市场"和"小农户"矛盾，根本原因是农村经纪人、专业合作组织发展落后造成的，迫切需要政府出台扶持鼓励经纪人，组建农村专业合作社的优惠政策，互通农村市场信息，并且要下拨专项资金，购置电脑设备提供活动培训场所等。必要时可以投资建设孵化器（园区），培育中介组织和龙头企业。政府必须要加大财政资金扶持力度。

加大给菜农的资金扶持力度，确保财政资金投入基础设施的力度，政府也有必要设立风险调节资金，引导推动设施鲜活农产品生产，优化产品结构和生产布局，有效避免因季节性生产导致菜价大起大落而造成损失。

4. 政府推动鲜活农产品流通体系建设的具体宏观和微观调控政策

有时政府干预经济也会存在失灵的可能性，因此，公共政策的制定和执行要抓住问题的关键和重点，要注意适度，要避免干预不足，或者干预过程中的角色错位等。要针对特定的问题，分析存在市场失灵的主要原因，并将是否存在政府失灵的可能性作为一种约束条件，有针对性地使用好政策工具来进行干预。政府在鲜活农产品流通方面具体分为宏观调控政策和微观管理政策。

宏观政策主要包括：促进鲜活农产品流通体系发展政策的制定；地方政府具体实施方案的制定以及规范性文件的颁发；鲜活农产品流通体系规划编制；以及针对其他较普遍问题出台的解决方案。微观政策主要包括：各项具体政策的组织实施；详细的农贸市场建设规划以及农贸市场软硬件建设的投入；鲜活农产品流通市场应急储备机制的建立和实施；中介组织的培育和规范管理等。微观政策的制定应认真研究当地鲜活农产品的产销特点以及当地经济发展水平，百姓消费习惯等，确定好政府直接干预的模式，在市场经济条件下，往往效率低下，必须要处理好"市长"和市场的关系，重新定位政府在鲜活农产品流通体系建设中的角色。工作中，应该充分发挥职能部门的作用，综合运用好行政、经济、法律等市场调控手段，并要结合当地实际，重点保护好本区域农民创收的当地特色鲜活农产品品牌，出台具有特别针对性的措施，打造专有、特色流通体系。同时，政府应该发挥作用，利用财政、税收等经济调控手段，大力鼓励企业和组织创新流通模式，大胆实践，在打造大的流通体系的同时，更重要的是建立起不同类型模式、最大限度满足不同受众需求的流通体系。政府在实际制定和执行政策时，也要充分考虑到我国绝大多数鲜活农产品具有较强的季节性和地域性特征，如北方蔬菜在北方销售为主，南方蔬菜以南方销售为主。如在北方，除山东省寿光地区已建立范围较大的覆盖销售网络外，其他蔬菜受运输成本、蔬菜保质期等因素影响外的销售半径均不超过 250 千米。从地方行政区域划分来看，以滨州市为例，蔬菜除自寿光批发之外，其他蔬菜销售半径为东营（以利津、垦利、广饶等县为主）、淄博（以高青、桓台等闲为主）以及德州和济南各别县区。因此，地市级政府要充分发挥职能作用，形成区域合作机制。地方政府可以根据各地实际，切实保护好地方特色品牌，对于容易受游资炒作的产地特色鲜活农产品，需要省级或更高级政府出台针对性的法规和约束性较强的政策，地方（以地级市政府为主）可以出台具体实施办法落实。

（二）发展建议

推动鲜活农产品流通体系建设，需要各级政府认真贯彻落实国务院和上级政府意见，并结合当地实际，结合不同鲜活农产品所面临的市场环境，建立新型鲜活农产品流通体系。必须要明确政府职能，既不能缺位，更不能越位。必须着眼于发挥流通引导生产、促进消费、对接市场的综合功能和导向作用，立足于创新和优化鲜活农产品流通体系，强化规划引导，做强大型批发市场，完善供求信息网络，加强产销基础工作，落实配套政策措施，推进电子商务、直销直供等多种经营业态和流通方式的发展。

1. 尽快整合理顺政府部门职能

（1）统筹职能部门的工作合力。

按照当前国家推进大部门制改革的精神要求，在组建"大市场监管"的同时，整合明确好市场体系尤其是鲜活农产品流通体系建设各部门的职责，彻底改变当前各个职能部门"单兵作战"的不利局面。政府推动鲜活农产品流通体系建设，需要根据当前国家政府职能转变的要求，让市场主体发挥主导作用，对各政府职能部门，要量化硬性指标和考评约束机制，切实把政府经济管理职能转到主要为市场主体服务和创造良好发展环境上来。同时，也要重点转变或缩减不必要的审批事项，减免鲜活农产品流通各环节的行政收费和行政处罚。最重要的是鲜活农产品流通体系基础设施项目建设，尤其是大型市场建设要落实优惠政策，可以全额减免城市基础设施建设配套费、人防易地建设费等地方政府的非税收入，对于其他影响较大的项目，可以"一事一议"给予更大的优惠政策。可以地市一级政府为主，结合各地实际，出台各地的一级、二级批发市场、社区农贸市场各个环节的收费目录，对于可以减免的一定要彻底减免，也可以实行地方政府直接补助运营商等模式，减免一切规费。可以探索建立跨越区域的政府协调议事机构。各地方政府尤其是地级市政府，成立市长任组长，分管市长具体负责，各有关部门、县区负责人任成员的领导协调议事机构，每年初、季初召开专题会议，交流各地区重要鲜活农产品的生产种植情况，共同商议解决区域性的蔬菜等鲜活农产品滞销问题等。目前，最迫切的是明确新形势下"市长菜篮子"工程政府各职能部门的具体职责。

（2）理顺各职能部门的职责。

发挥好部门职能作用的前提是明确好部门分工，落实好部门责任，建立严格的绩效考评机制，形成强有力的工作推动力。目前，对鲜活农产品流通体系建设起到决定作用的是农业和商务两个部门，农业部门负责鲜活农产品种植环节的指导和调控作用，从长远来看，最重要的还是要增加生产，提高农民生产的积极性，普及推广农业保险，落实各项生产资料补贴，切实提高农民生产的积极性，增加生产能力，鼓励农业科技创新与应用，通过教育培训提高农产品种植人员的技术素质以及对把握分析市场的能力，等等。同时，农业部门应尽快启动鲜活农产品种植区域宏观调控的基础工作，以指导和引导生产为主，做好年度鲜活农产品生产指导性计划，分季度提出地方主导鲜活农产品的生产指导计划和其他季节蔬菜、禽畜等作物面积安排初步指导意见，重点扶持规模化、标准化生态基地，突出抓好特色经济作物生产基地建设。结合正在推广的"一村一品"建设，推进鲜活农产品品牌建设的同时，统筹本地产销关系，引导规范农民专业合作经济组织建设，并以此为主导形成品牌打开外地市场。配合商务部门做好村级农业综合服务体系建设，加强农业生产信息动态跟踪、收集汇总和分析预测等工作。

商务部门应该尽快转变职能，将单向工作尽快调整到系统体系建设上，并根据各地的实际情况，不断创新流通模式，不应该过度依赖直接渠道销售的模式而忽略了其他间接渠道的建设。直接渠道的建设有其独到的优势，但是，要想打造全国和区域性的农产品流通体系，实现农产品流通与大流通、大市场的发展相匹配，必须要充分发挥好间接渠道的作用。继续加大对"农超对接""农批对接""农校对接"等多种形式的直接渠道销售方式的引导和扶持力度，大力支持引导生产、流通、批发市场和其他企业、个人在城市社区建设、经营便民菜店，支持引导便民菜店实行连锁经营，减少流通环节，降低蔬菜销售成本，支持大型超市和大型批发企业在批发市场等地建设分拣、加工、配送中心。会同工商、城管、交通等部门，加强城市蔬菜早市管理，在蔬菜瓜果大量上市的特定时段，开辟城市销售专区，支持农民进城直接销售生鲜鲜活农产品。引导便民菜店、超市和蔬菜早市规范经营，充分发挥其在城市蔬菜供应中的补充作用。积极推进社区蔬菜直销店建设项目，培育"产销衔接"示范单位，培育鲜活农产品流通骨干企业，经营大户和农村流通合作组织，推进蔬菜流通向公司化、规模化、标准化、包装化、品牌化方向发展。当前最迫切的是要尽快开展鲜活农产品现代流通综合改革试点，探索适合实际的产销衔接好、带动作用强、流通效率高的鲜活农产品流通新模式，尤其是要重点探索解决新形势下农产品流通间接渠道如何打造以及现有模式如何实现现代化改造的问题。并与农业、统计部门搞好协作，建立一套鲜活农产品信息统计调查体系，汇总整理好鲜活农产品流通消费领域相关数据，为农业部门提出生产计划提供数据支撑；落实好蔬菜储备政策，建立"菜篮子"风险调节基金，落实财政补贴支持资金，确保在紧急情况下调得动、用得上，与农业部门衔接建立一套专门以农产品产地初加工为出发点的新型鲜活农产品流通模式。也要防止区域内的某类鲜活农产品的垄断，防止企业、协会相互串通，捏造散布虚假信息，造成区域性乃至更大范围内某类鲜活农产品的价格上涨。也可以借鉴滨州市商务部门的"农居对接"的运作模式，敢于结合当地实际，创新模式，大胆实践，不断探索新的符合地方实际的流通模式。鲜活农产品流通体系建设具有重要的社会公益性，商务部门必须牵头组织好相关职能部门根据各自业务范围特点提供减免税、费等各项优惠条件。尽快建立覆盖全国的鲜活农产品销售"SOS"预警救助系统，并做好与地方政府的衔接，确保预警以最短的运输距离和最小的区域内解决，真正做到政府与市场、组织与农户的有效结合，并以此为契机，实现全国农产品信息网络平台的链接和资源共享。

2. 尽快出台约束性鲜活农产品流通体系建设规划

（1）尽快启动编制全国以及区域性鲜活农产品流通体系规划。

出台全国鲜活农产品市场流通体系发展规划，结合国家种植业"十二五"规划"华南冬春蔬菜区""长江中上游冬春蔬菜区""黄淮海与环渤海设施蔬菜区""云贵高原夏菜蔬菜区""黄土高原夏秋蔬菜区"5个重点蔬菜产区，发挥好山东、河南、河北、浙江等省的辐射带动作用，并以此为依托，重点打造区域集中规模化生产和小规模种植相补充，区域内高效短渠道流通和大规模跨区域流通相结合，集合"南品北运""北品南运""西品东运"等流通模式并存的农产品流通格局。更加注重区域性的鲜活农产品市场体系建设规划的编制和实施工作，如滨州市、东营市、淄博市以及烟台等市可以依托黄河三角洲高效生态区开发建设，编制黄河三角洲的区域性鲜活农产品市场体系建设规划，以整合资源优势，对接京津、济南省会城市圈，全力打造海洋渔业、畜牧养殖、蔬菜瓜果等特色鲜活农产品品牌，建设为高效生态服务与高效特色农业发展相匹配的市场流通体系。结合新一轮城镇化建设的推进，尽快启动全国和区域性鲜活农产品流通体系建设规划、城市标准化菜市场布局规划的编制工作，做好与城市商业网点规划的衔接，加快鲜活农产品流通网点布局和改造升级的步伐。商务主管部门积极争取当地政府及规划、建设等部门支持，将社区便民菜店等基础设施建设等列入城市综合规划和商业网点建设规划中。规划应以城区、乡镇农贸鲜活农产品网点改造提升为重点，并重点结合当地鲜活农产品尤其是主要和特色农产品的生产规模、大型农业龙头企业发展现状、已有的地产地销和外销主要模式，以及当地居民消费习惯和消费水平，加大城镇大型蔬菜批发市场提升改造力度，在县城以上城市设立便民蔬菜早市的具体地点和建设规划，社区蔬菜直销店、平价超市建设规划，以及产销衔接大型鲜活农产品流通骨干企业培育规划；在全国蔬菜主产区重点启动鲜活农产品采购集配点，以及本地特色鲜活农产品近远期营销网络建设规划。

（2）加大鲜活农产品流通体系建设规划的落实力度。

加大规划落实力度，需要地方政府出台约束性机制，建立并落实好各类项目建设的规划审批工作。在建设鲜活农产品批发市场上，政府可以不投资，但是一定做到不能与民争利，并要不折不扣地落实好相关规划，规划要综合通盘考虑，既要考虑硬件建设，更要注重软件建设；既要考虑市场本身建设，更要考虑好周边道路、交通运输等综合建设，避免建成的农贸市场，百姓买菜不方便，政府虽然投入大量资金，但是由于选址偏差，或因地价等原因未能拿出最有利于建设的地段，从而导致无效投资。同时，要做好综合配套建设，建成的市场批发商要能够进得来、出得去，道路通畅的同时，政府服务要畅通，不能出现有些地区建成了农贸市场，交通部门限制市场区域的农用及大型机动车行驶，造成不便。对于新的鲜活农产品批发市场等基础设施项目的建设，在符合土地利用总体规划和商业网点规划的基础上，保证优先保障供应土地，并严格落实相关规划，对已办理相关手续的土地一律不得改作他用。新增居住用地按规划要求配套建设农贸市场用地的项目，在土地出让文件中要明确约定配建的农贸市场由用地单位负责建设并接受政府主管部门统一管理。对擅自改变农贸市场用途的，各相关主管部门按照相关法律法规严肃查处并收回土地。新建住宅小区或城市改造中按规划要求配建的蔬菜市场建设项目，应当与主体工程项目同步设计、同步建设、同步验收、同步交付使用。规划部门在进行规划审批时，应当征求商务、发改、农牧等项目主管部门意见的基础上，对项目建设进行跟踪监督检查并做好规划指导。

3. 建立一套完善可行的政策法规和落实体系

（1）落实好国家和地方相关政策法规。

国家在鲜活农产品生产流通领域的法律法规已相对较为完善，先后相继出台了一系列的政策法规，构建了较为完善的法律法规体系。近年，执行较好的鲜活农产品流通政策是交通部门"五纵二横"鲜活农产品运输"绿色通道"政策，该政策自 2005 年实施以来，经过几年的努力，我国基本建成了由国家和区域性"绿色通道"共同组成的、覆盖全国的鲜活农产品运输"绿色通道"网络，并在全国范围内对整车合法装载运输鲜活农产品的车辆免收车辆通行费，这一政策的执行有效降低了鲜活农产品运输环节的成本。但是，由于一段时期内由于鲜活农产品安全问题相当突出，因此，大量的法律法规集中在鲜活农产品安全领域，如《中华人民共和国鲜活农产品质量安全法》《中华人民共和国鲜活农产品包装和标识管理办法》《中华人民共和国鲜活农产品产地安全管理办法》《中华人民共和国鲜活农产品质量安全检测参考办法》《中华人民共和国鲜活农产品质量安全事故法律责任认定办法》。近年来，随着经济社会尤其是城镇化突飞猛进的发展，经济发展环境也发生了很大变化，国家对鲜活农产品流通体系建设调控政策也再次成为重点，2009 年，出台了《关于进一步完善和落实鲜活鲜活农产品运输绿色通道政策的通知》《商务部、农业部关于开展农超对接试点工作的通知》；2011 年，国务院办公厅印发了《关于加强鲜活鲜活农产品流通体系建设的意见》；2012 年，出台了《国务院关于深化流通体制改革加快流通产业发展的意见》，各项政策分别就如何推进鲜活农产品流通体系建设，并发挥好政府部门职责作用，提出了具体的实施意见。国家发改委出台的《关于市场价格异常波动时期价格违法行为处罚的特别规定》，同样可以用于鲜活农产品流通领域出现的价格违法行为，维护正常的市场价格秩序，保护消费者和经营者的权益。这些政策由于多数不是约束性很强的政策，目前最大的问题是如何保证政府相关部门尤其是地方政府的落实，非常有必要将各政策细化分解到各部门尤其是明确地方政府的责任。尤其是当前正在讨论的中央政府与地方关系法的议题，从鲜活农产品流通体系建设方面讲，亟待需要相关法律明确，并且各地方政府之间也需要理顺关系，避免政策执行过程中出现地方差别、"水土不服"等情况。例如：滨州市制定的鲜活农产品流通体系建设的相关政策，如果淄博市、东营市不承认，或者与紧邻的河北省无法对接，甚至出现地方保护主义，以导致整个流通链条的"中梗阻"，政府的调控政策失灵，就会造成市场混乱。

（2）完善地方及部门配套法规体系。

当前，国家流通体系建设的法律法规已经较为完善，地方政府应该在落实好国家相关降低经营成本、清理整顿收费、减轻税收负担、规范执法行为、加大用地支持力度等政策的同时，结合当地的实际，出台地方性规章，重点应该放在保障中间物流环节上，最理想的是地方政府组成领导小组或指定牵头部门，出台一整套符合当地实际的支持鲜活农产品流通体系建设法规政策，并出台配套的考评机制，选择合理的指标，列入当前的对各级地方政府科学发展绩效考核，以充分调动各级政府的积极性和主动性。对于部分农产品交易市场，可以采用类似期货运作模式，成为价格炒作平台，投机性严重，市场运行极不规范，风险隐患较大，必须要加大监督力度，出台并严格落实相关惩罚制度。

各职能部门如商务部门应在出台扶持各类地产抵消、产销对接模式政策法规的同时，尽快重点制定零售商供应商公平交易管理的法规，尽快整顿当前供应商违规收费、恶意压价、随意制定标准和恶意占压供应商货款的行为。工商部门应该规范并最终减免鲜活农产品市场收费，严格落实关于扶持本地区近郊农户免费销售自产鲜活农产品政策的同时，结合供应商和销售商，继续加大对本地特色品销售渠道、商标品牌建设等方面的详细政策，以龙头企业或合作社等为依托，打造鲜活农产品区域品牌。城市管理部门应出台关于鲜活农产品市场规范管理办法及实施细则，突破以往限制性条件较多的局限，结合新型城镇化建设和现代城市管理，实行灵活的市场管理政策，支持和规范具有一定特色和便民性质的各类中小型以及自发性鲜活农产品交易市场；交通运输法规应该结合自身实际，打造最便捷、成本最低的城市鲜活农产品供应物流体系。物价部门应严格落实《价格法》《价格违法行为行政处罚规定》以及《关于市场价格异常波动时期价格违法行为处罚的特别规定》，对鲜活农产品市场的进场费、摊位费等收费，实行公示制度，压缩收费项目，降低收费标准；加大对恶意囤积、哄抬价格等不正当价格违法行为处罚力度，适时将价格监督环节前移，不仅仅关注城市消费商场，探索建立对各级尤其是初级鲜活农产品各级批发市场的鲜活农产品价格监管体系，严厉打击各种鲜活农产品价格炒作行为。同时，结合当地鲜活农产品尤其是特色鲜活农产品产销实际，制定调节性较强、兼顾多方利益的鲜活农产品价格协调调节机制、价格管理办法等，出台并落实好特定鲜活农产品价格调节补偿机制，对鲜活农产品市场、流通企业等实行最低用电、用水价格，各地也可以根据实际组建一支专门从事反垄断和市场价格监管的队伍。税务部门对农业生产者进入鲜活农产品批发市场、农贸市场、大型超市、连锁直营店和平价直销店销售的自产鲜活农产品实行税收减免，可以根据各地情况适当免征或返还蔬菜流通环节增值税。交通运输部门对鲜活农产品运输车辆实行"绿色通道"政策，免费办理鲜活农产品车辆准运证，免收过路、过桥通行费。公安交管部门对鲜活农产品运输车辆进城免费发放通行证，对车辆提供畅通便捷有序的通行和停靠条件，在遇到突发自然灾害的特殊情况下，对所有进入市场和主城区运输鲜活农产品的车辆实行见货放行。

4. 创新流通模式减少中间流通环节成本

重点支持"地产地销"模式，鲜活农产品的中间流通环节原则上说是越少成本越低，商务部门应该联合城管、工商、城建等相关部门出台相关政策，鼓励农民专业合作社到社区、农贸市场、宾馆饭店、学校企业食堂进行直供直销，适当地选择部分人口集中的社区有序设立周末菜市场及早、晚市等鲜活农产品零售网点，交管、城管、商务等部门结合各自职能，出台可行的政策措施。大力发展特色鲜活农产品"产地直销"模式，对具有很强的地域性特征和长久形成的历史文化渊源的特色农产品，当地政府应该充分发挥作用，以政府为主导作用，更加注重品牌保护，避免游资炒作，打造专属的营销渠道，可以参照滨州市沾化冬枣以及阳澄湖大闸蟹等模式。做好政府调控与"产地加工"的结合文章，经过相关专家的大量调查研究发现全国蔬菜每年总产量 7 亿吨，近年来产后损失率超过 20％，如何有效解决农产品产后损失，成为当前一个困扰鲜活农产品种植和流通的难题。"农产品产地初加工补助项目"就是要通过财政"以奖代补"方式，扶持农户和专业合作社建设储藏、保鲜和烘干设施，对初级农产品进行一些简单的、物理的处理过程，包括产后净化、分等分级、烘干、预冷、储藏、保鲜、包装、商品化处理，以及其他的初加工过程。经过初加工后，农产品尤其是鲜活农产品有效地减少了产后损失，也为政府调控鲜活农产品市场提供了有利条件。按照国家农业部和财政部"十二五"期间全面启动农产品产地初加工惠民工程的工作安排要求，我国将经过五到十年的持续努力，基本普及科学适用的初加工设施，大幅度减少农产品产后损失。同时，政府可以通过有效的信息引导，在一定时期内，将供大于求的农产品实施一定财政资金补贴或者是储备的方式予以初加工，并适当保存，在时间避开供不应求的时期，或者在空间上调配给其他供应不足的地区，以有效的平衡供求关系，并减少资源的浪费。

5. 与城镇化和新农村建设及各地经济社会发展水平相结合

党的十八大报告明确提出要加快推进新型城镇化建设步伐，2013 年、2014 年、2015 年，中央一号文件多次强调，鼓励和支持承包土地向专业大户、家庭农场、农民合作社流转；鼓励和引导城市工商资本到农村发展适合企业化经营的种养业，"家庭农场"的概念是首次在中央一号文件中出现，这必将实现农民生活和生产方式的根本改变，也将推动现代农业发展以及鲜活农产品市场流通体系建设不断探索新的发展模式和道路。新的鲜活农产品流通模式将会以农业规模化种植为起点，通过规模化种植，将会有更加合理的鲜活农产品种植生产统计数据、更有效的生产指导计划和政府调控手段的作用发挥。农业实现规模化种植产业化发展后，为信息化建设和完善农业生产统计体系带来极大便利，我们可以通过基层政府（乡镇农业服务站等）以及商务、农业等部门建立一个完善的鲜活农产品产销、供求网络体系，及时并较为准确地统计出各地的鲜活农产品种植品种及规模，相对准确地预测出鲜活农产品的产量以及供求关系是否失衡，不断积累经验数据，为今后提出生产指导计划打下良好的基础。农业规模化种植产业化发展后，政府以及中介组织可以充分发挥作用，政府可以通过补贴生产者，直接有效地降低某一时期某一鲜活农产品的价格，也可以优化大型农场或农业龙头企业的流通环节，更有效降低中间流通环节费用。

各地由于发展水平不同，鲜活农产品流通体系建设也要区别对待，不能一刀切，照搬一个模式。以基础设施建设为例，当前中小城市局面的消费习惯仍较为传统，绝大多数居民尤其是家庭中的中老年人，仍然是以集贸市场为首选；中小城市规划建设相对滞后，尚具备再开发建设农贸市场的可能，因此，基础设施的投资建设是当务之急。而大城市由于城市规划已经基本成型，城市内市场建设成本较高，再规划建设大型农贸市场等传统模式未必可行；大城市生活节奏快、居民消费水平高，如深圳等发达的城市居民可能更注重的效率和产品质量等，因此，政府调控必须要考虑到这个实际情况，不能一概而论，中小城市可以以升级改造农贸市场为主，大城市可以用财政资金补贴传统流通模式，并加大对居民社区服务的投入力度，如大力发展"农居对接"等模式，为居民提供档次稍高、经梳理分装的鲜活农产品，并引导推广"宅配送""电子营销"等较为先进的模式。

第七章 湘西州现代物流发展研究

一、湘西州发展现代物流的基础条件分析

(一) 湘西州简介

湘西州位于湖南省西北部，地理坐标为东经 109°10′～110°22.5′，北纬 27°44.5′～29°38′。武陵山脉自西向东蜿蜒境内，系云贵高原东缘武陵山脉东北部，西骑云贵高原，北邻鄂西山地，东南以雪峰山为屏。东部、东北部与湖南省怀化市、张家界市交界；西南与贵州省铜仁市接壤；西部与重庆市秀山县、酉阳县毗连，西北部与湖北省恩施州相邻，系湘鄂渝黔四省市交界之地。湘西州境域，南北长约 240 千米，东西宽约 170 千米，土地总面积 15462 平方千米，占湖南省总面积的 7.3%。州域耕地面积随着经济建设的发展而不断变化，森林面积亦有降有升。湘西州土地总面积 15462274 万公顷。其中，耕地 13.5 万公顷，建设用地 39627 公顷，未利用土地 16.61 万公顷，土地开发储备资源约 4 万公顷。

湘西土家族苗族自治州地处湘鄂渝黔四省市交界处。1952 年 8 月成立湘西苗族自治区，1957 年 9 月成立湘西土家族苗族自治州，现辖 7 县 1 市，国土面积 1.55 万平方千米，总人口 285 万人，其中土家族、苗族等少数民族人口占 77.2%。湘西州是湖南省唯一进入国家西部大开发范围的地区，是湖南省湘西地区开发重点地区和扶贫攻坚主战场。

历史文化厚重。湘西州的国家级历史文化名城凤凰古城，被新西兰著名作家路易·艾黎誉为中国最美丽的两座小城之一；里耶战国古城，考古专家称之为"北有西安兵马俑，南有里耶秦简牍"；800 年土司王都"老司城"，堪称"中国的马丘比丘"和"东方庞贝古城"。厚重的历史文化，孕育了民国总理熊希龄、现代文豪沈从文、著名画家黄永玉、民族歌唱家宋祖英等一批政治文化名人。湘西有着浓郁的民俗风情。湘西土家族、苗族是能歌善舞的民族。土家族山歌、苗族的对歌，曲调优美，悠扬悦耳；土家族茅古斯舞被称为民族舞蹈活化石，苗族鼓舞堪称中华一绝；酒鬼酒、土家织锦和苗族银饰、蜡染已成为游客珍藏的佳品。

湘西旅游资源独特。境内有国家级景区景点 36 处，国家级风景名胜区猛洞河漂流，被誉为"天下第一漂"；小溪国家级自然保护区，是免遭第四纪冰川侵袭的原始次生林；国家级风景名胜区吉首德夯，被人们称之为"天凿奇峡"，拥有全国最高的流沙瀑布。还有沈从文笔下的边城茶峒等一批著名景区景点。拥有 50 多个国字号生态和文化旅游品牌，

荣膺"中国魅力城市"和"中国最佳旅游去处"，"神秘湘西"旅游品牌已蜚声海内外。

矿产资源丰富。在州域内已勘查发现 63 个矿种 485 处矿产地，锰、汞、铝、紫砂陶土矿居湖南省之首，锰工业储量居全国第二，钒矿遍及全州，有"锰都钒海"之称，锰工业储量 3106.57 万吨，居全国第二，汞远景储量居全国第四，全州矿产资源总价值达 2 万亿元以上。

水能资源潜力巨大。州境内大部分区域地表水和地下水资源丰富，水质良好，且地表水与地下水相互转化，形成地表地下水综合利用的格局。境内核算忌水量 213.7 亿立方米，区域内平均年径流量为 132.8 亿立方米；干流长大于 5 千米、流域面积在 10 平方千米以上的河流共 444 条，主要河流有沅江、酉水、武水、猛洞河等。水能资源蕴藏量为 168 万千瓦，可开发 108 万千瓦，现仅开发 18 万千瓦。

生物资源多样。湘西州堪称野生动植物资源天然宝库和生物科研基因库。共有维管束植物 209 科、897 属、2206 种以上。保存有世界闻名孑遗植物水杉、珙桐、银杏、南方红豆杉、伯乐树、鹅掌楸、香果树等；药用植物 985 种，其中，杜仲、银杏、天麻、樟脑、黄姜等 19 种属国家保护名贵药材；种子含油量大于 10％的油脂植物 230 余种；观赏植物 91 科 216 属 383 种；维生素植物 60 多种；色素植物 12 种是中国油桐、油茶、生漆及中药材重要产地。野生动物种类繁多，有脊椎动物区系 28 目 64 科，属国家和省政府规定保护动物 201 种，其中，一类保护珍稀动物有云豹、金钱豹、白鹤、白颈长尾雉 4 种，二类保护有猕猴、水獭、大鲵等 26 种，三类保护有华南兔、红嘴相思鸟。

特色产品繁多。自治州农作物主产稻谷、小麦、玉米、大豆、油菜籽、烟叶等。工业主产原煤、电、水泥、木材、卷烟、化肥、纱、布等。卷烟是该州工业生产的"拳头"产品。土特产品以桐油、生漆、茶油、茶叶、烟叶、柑橘、板栗、蜂蜜、药材等最为著名。湘西自治州是全国桐油重点产区之一，所产桐油品质优良，色彩金黄，誉满中外。湘西又是"生漆之乡"，龙山被列为全国生漆基地。这里的"红壳大木"漆树被定为全国优良漆树品种之一。"古丈毛尖""保靖岚针"为全国名茶。泸溪浦市柑橘是湖南名橘之一。"织锦"在五代时，曾作为贡品进贡朝廷，现成为旅游者购买的珍贵纪念品。"古丈毛尖"茶和"七叶参"保健茶系全国名茶；"湘泉""酒鬼"为酒中佳酿，属国家级名酒，享誉海内外；土家织锦、苗家绣品以其鲜明的民族特色和独特的传统工艺受到人们的青睐。

交通基础设施逐步完善。机场方面，西州境内暂时没有机场，周边地区则有张家界荷花机场、常德桃花源机场、铜仁凤凰机场，从吉首市驾车出发到铜仁凤凰机场仅需四十五分钟。即将动工兴建的湘西机场位于花垣县，建成后将极大地改善湘西州的交通环境，促进当地旅游业的发展。铁路方面，2015 年，经过湘西州境内的铁路仅有一条焦柳铁路，经过湘西州的黔张常铁路正在建设中，已确定开工张吉怀高速铁路正在进行实地勘探，规划中经过湘西州的铁路还有恩吉铁路、秀吉益铁路。

（二）2016年娄底市国民经济总体发展概况

2015年，面对复杂的宏观经济形势，全州上下按照"542"发展思路，深入开展"环境改善优化年、项目推进加速年、发展提质增效年"主题活动，全力抓好扶贫开发、生态文化旅游、新型城镇化和新型工业化四项重要工作，全州经济较快发展，民生持续改善，社会和谐稳定。

1. 综合

初步核算，全州生产总值为512亿元，增长9.2%（不含新增卷烟易地生产指标生产总值为497.2亿元，增长8.3%）。其中，第一产业增加值75.7亿元，增长3.8%；第二产业增加值173.4亿元，增长6.5%（不含新增卷烟易地生产指标第二产业增加值为158.6亿元，增长4.5%）；第三产业增加值262.9亿元，增长12.2%。按常住人口计算，人均生产总值19488元，增长8.4%。

全州三次产业结构为14.8∶33.9∶51.3。工业增加值占生产总值的比重为27.7%。第一、第二、第三次产业对经济增长的贡献率分别为5.6%、25.3%和69.1%。

2. 农业

农业增加值58亿元，增长4%；林业增加值3.6亿元，增长3.6%；牧业增加值12.7亿元，增长3%；渔业增加值1.4亿元，增长4%。

全州粮食播种面积182.59千公顷，增长0.9%；棉花种植面积0.19千公顷，下降5%；油料种植面积60.88千公顷，与去年持平；蔬菜种植面积62.23千公顷，增长0.4%。

全州粮食总产量85.4万吨，增长1.3%；蔬菜产量78.2万吨，增长3.3%；油料产量9.05万吨，增长0.5%；茶叶产量0.27万吨，增长28.96%；猪肉产量7.7万吨，下降3.5%；水产品产量2.18万吨，增长1.5%。烤烟产量3.2万吨，增长24.2%。2015年主要农产品产量及其增长速度如表7-1所示。

表7-1 　　　　　　　　　　　2015年主要农产品产量及其增长速度

主要农产品	单位	产量	比上年增减（%）
粮食	万吨	85.4	1.3
油料	万吨	9.05	0.5
烤烟	万吨	3.2	24.2
茶叶	万吨	0.27	28.96
水果	万吨	93.6	4.2
猕猴桃	万吨	6.56	1.2
油茶籽	吨	12030	-6.9

主要农产品	单位	产量	比上年增减（％）
油桐籽	吨	1054	−82.6
肉类总产量	万吨	10.1	−2.0
生猪存栏数	万头	105.39	−3.3
生猪出栏数	万头	115.62	−3.4

全州农民专业合作社、农产品加工企业分别达 2146 个、652 家，拥有家庭农场 6000 多户、规模养殖户 2400 多户，实现农村土地流转 24.3 万亩。新解决农村饮水安全问题 20 万人，农网改造累计完 1596 个村，改造率达 86.7％，完成农村公路硬化 1315 千米。

全年新增农田有效灌溉面积 1980 公顷；增长 1.19％；新增节水灌溉面积 580 公顷；开工各类水利工程 4.18 万处，投入资金 10.78 亿元，完成水利工程土石方 315 万立方米。

3. 工业和建筑业

全州工业增加值为 141.6 亿元，增长 7.6％（不含新增卷烟易地生产指标工业增加值 126.9 亿元，增长 5.2％）。规模以上工业增加值为 93.1 亿元，增长 8.1％（不含新增卷烟易地生产指标规模以上工业增加值 78.3 亿元，增长 5.2％）。规模以上工业新产品产值增长 45.7％，占工业总产值比重为 2.4％，比上年提高 1.8 个百分点。六大高耗能行业增加值增长 0.2％，占规模以上工业的比重为 66.9％，比上年下降 15.4 个百分点。非公有制规模以上工业增加值增长 5.4％。2015 年规模以上工业主要产品产量及其增长速度如表 7-2 所示。

表 7-2　　　　　　　2015 年规模以上工业主要产品产量及其增长速度

主要工业产品	单位	产量	比上年增减（％）
白酒	千升	7566	78.8
锰矿石成品矿	万吨	86.6	−39.2
铁合金	万吨	44.4	−14.1
其中：电解质	万吨	44.4	−14.1
发电量	亿千瓦小时	14.2	−6.3
硫酸	万吨	43.7	−17.4
水泥	万吨	290.6	−7.1
十种有色金属	万吨	22.9	−6.0
锌	万吨	22.9	−6.0
原煤	万吨	6.5	−56.6
精制茶	吨	2891	−2.5

规模以上工业企业盈亏相抵后实现利润 7.1 亿元，下降 14.6％。分经济类型看，国有企业实现利润 0.2 亿元，增长 27.8％；集体企业实现利润 77 万元，下降 172.8％；股份制企业实现利润 6.5 亿元，下降 17.6％；外商及中国港澳台商投资企业实现利润 0.1 亿元，增长 176.7％；其他内资企业实现利润 0.3 亿元，增长 12.8％。规模以上工业大类行业中，利润总额居前五位的是化学原料和化学制品制造业、酒饮料和精制茶制造业、非金属矿物制品业、医药制造业、农副食品加工业，分别实现利润 1.5 亿元、1.3 亿元、1.2 亿元、0.6 亿元和 0.5 亿元。

全州建筑业增加值 32.2 亿元，增长 2％。具有资质等级的总承包和专业承包建筑企业总产值 46 亿元，增长 0.2％。房屋建筑施工面积 338.7 万平方米，增长 6.3％；房屋竣工面积 119.4 万平方米，增长 1.5％。

4. 固定资产投资

全州固定资产投资 371 亿元，增长 19.4％。分经济类型看，国有投资 249.1 亿元，增长 24.7％；非国有投资 121.9 亿元，增长 10.3％。民间投资 114.2 亿元，增长 9.8％，占全部投资的比重为 30.8％。分投资方向看，民生投资 54.2 亿元，增长 24.8％；生态投资 23.3 亿元，增长 80.8％；基础设施投资 170.5 亿元，增长 25.9％；高新技术产业投资 12.7 亿元，下降 13.5％；技改投资 65.6 亿元，增长 25％；战略性新兴产业投资 47 亿元，增长 17.1％。

全州施工项目 801 个，比上年增加 48 个，增长 6.4％。其中，新开工项目 479 个，增加 66 个，增长 16％；新开工项目完成投资 171.4 亿元，增长 27.7％。州庆重点项目开工建设 184 个，累计完成投资 325 亿元。

全州房地产开发投资 54.1 亿元，增长 30.3％；其中住宅投资 38.9 亿元，增长 34.7％。商品房销售面积 161.2 万平方米，增长 30.1％；其中住宅销售面积 153.3 万平方米，增长 39.6％。商品房销售额 46.9 亿元，增长 18.6％；其中住宅销售额 39.8 亿元，增长 34.1％。

5. 国内贸易和物价

全州社会消费品零售总额 227.1 亿元，增长 10％。分经营地看，城镇零售额 166.4 亿元，增长 12.8％；乡村零售额 37 亿元，增长 12.8％。分行业看，批发业 14.1 亿元，增长 18.3％；零售业 158.1 亿元，增长 12.3％；住宿业 5.8 亿元，增长 9.3％；餐饮业 25.5 亿元，增长 13.6％。

限额以上法人商品零售额 46.8 亿元，增长 15.3％。分商品类别看，粮油、食品类零售额增长 15.6％，服装、鞋帽、针纺织品类增长 41.1％，日用品类增长 14％，书报杂志类增长 21.9％，家用电器和音像器材类增长 14.8％，文化办公用品类增长 29％，机电产品及设备类增长 21.8％，汽车类增长 19.9％。

全州居民消费价格比上年上涨1.7%，商品零售价格上涨0.7%。工业生产者出厂价格指数96.3%，工业生产者购进价格指数94.5%，固定资产投资价格指数100.4%。2015年居民消费价格指数，如表7-3所示。

表7-3　　　　　　　　　　　　　2015年居民消费价格指数

居民消费价格指数	101.0
其中，服务项目价格指数	100.3
消费品价格指数	101.2
食品	102.3
粮食	95.9
油脂	92.6
肉禽及其制品	93.3
蛋	117.8
水产品	117.1
菜	100.9
干鲜瓜果	105.9
烟酒及用品	99.5
衣着	102.0
家庭设备用品及维修服务	100.2
医疗保健和个人用品	100.1
交通和通信	100.2
娱乐教育文化用品及服务	100.1
居住	99.3

6. 对外经济和旅游

全年实现外贸进出口总额1.16亿美元，下降50.3%。其中，出口1.08亿美元，下降52.6%；进口0.08亿美元，增长56.2%。实际利用外资1200万美元，下降48.4%。全州招商引资实际到位资金201.6亿元，增长22.4%，新引进投资过亿元重大项目26个，合同引资792.4亿元。

全年共接待国内外游客3362.41万人次，实现旅游收入216.97亿元，分别增长19.6%和24.3%。其中，接待入境游客40.4万人次，旅游创汇收入5769万美元。

7. 交通和邮电

全年全社会货运量2998万吨，增长5.5%。货物周转量472537万吨·公里，增长

4.9％。客运量 5813 万人，增长 0.8％。旅客周转量 375502 万人·公里，增长 1.1％。

年末全州公路通车里程 12322.89 千米，增长 0.4％。其中，高速公路通车里程 361 千米，增加 58 千米。拥有客船 295 艘、货船 42 艘、载货汽车 5170 辆、载客汽车 3774 辆，年末全州民用汽车保有量 9.13 万辆。

全州邮电业务总量 28.29 亿元，增长 24％。其中，物流业务总量 1.7 万元，增长 20％；电信业务总量 26.6 亿元，增长 24.3％。

8. 财政、金融

全州公共财政收入 78.4 亿元，增长 21.3％。地方公共财政收入 46.1 亿元，增长 22.2％。其中，税收收入 57.7 亿元，增长 16.5％；非税收入 20.7 亿元，增长 37.1％。

全州公共财政预算支出 244.9 亿元，增长 19％。其中，民生支出 161.9 亿元，增长 21.6％。一般公共服务、教育、社会保障和就业、医疗卫生、城乡社区事务、农林水和住房保障分别支出 22.2 亿元、41.3 亿元、31.3 亿元、22.5 亿元、6.3 亿元、38.8 亿元和 23.2 亿元，增长 9.4％、19.7％、17.1％、14.7％、19％、33.9％和 23.5％。

2015 年年末全州金融机构本外币各项存款余额 863.2 亿元，比年初新增 141.2 亿元。其中非金融企业存款 125 亿元，比年初新增 37.4 亿元；住户存款余额 529.1 亿元，比年初新增 62.1 亿元。本外币各项贷款余额 423.8 亿元，比年初新增 103.5 亿元。其中，短期贷款余额 134.4 亿元，比年初新增 16.2 亿元；中长期贷款余额 289 亿元，比年初新增 88 亿元。

二、湘西州物流需求分析

（一）湘西州物流需求分析

1. 湘西州农业发展现状

湘西州农业现代化进程加快，粮食总产量达 85 万吨。大力实施农业精品园、标准园、示范园建设，19 个万亩标准园建设力度加大，花垣国家级现代农业科技示范园、永顺山地生态示范园等县市农业园区建设有形象、有成效。农业园区建设和品牌创建成效突出，建成 19 个万亩现代农业标准园，湖南湘西国家农业科技园区获得科技部授牌。新增中国驰名商标 2 件、地理标志证明商标 8 件、湖南省著名商标 32 件。湘西椪柑、湘西猕猴桃、古丈毛尖、保靖黄金茶等品牌知名度不断提升。特色产业开发加快推进，柑橘栽培面积 107 万亩，产量 74.3 万吨；茶叶面积发展到 26.4 万亩，干茶产量 4768 吨；百合种植面积 10 万亩，产量 8 万吨；种植烤烟 27 万亩，全年收购 60.2 万担；猕猴桃种植面积 16.5 万亩，产量 17.1 万吨；湘西黄牛、湘西黑猪等养殖规模进一步扩大，单头牛、羊的平均利润分别达 5000 元、600 元左右。农业产业化步伐加快，全州农产品加工企业达 652 家，州级以上龙头企业由 65 家增加到 131 家。新型农业经营主体不断壮大，农民专业合作社达

2222 个，实现农村土地流转 24.3 万亩，带动农户 15 万人以上。

最近几年来，湘西州农产品的生产和销量增长速度比较好，农产品冷链物流业有很大的发展空间。现代农业在农产品增量上取得了很多突破性发展。因此，提升农产品的质量、减少农产品的资源浪费成为发展现代农业必须考虑的问题，所以发展湘西州农产品冷链物流对提升当地的农业发展水平意义重大。

2. 湘西州规模以下工业运行状况

据抽样调查结果显示，2015 年度，湘西州规模以下工业共完成工业总产值 70.88 亿元，占全社会工业总产值的 21.4%，实现工业增加值 23.14 亿元，同比增长 4.9%。另据调查问卷显示，有 52.5% 的企业反映企业经营情况一般，有 40% 的企业反映企业经营情况不佳，只有 7.5% 的企业反映企业经营情况良好。在经济下行压力不减的情况下，湘西州规模以下工业总体形势是：发展平稳，困难较多，未来发展不容乐观。

规模以下工业运行主要特点：

（1）主营业务收入平稳增长。湘西州规模以下工业实现主营业务收入 26.75 亿元，同比增长 8%。其中非金属矿采选业增长 37%，水的生产和供应业增长 18%，医药制造业增长 8%，黑色金属矿采选业增长 7%，电力、热力生产和供应业增长 5%，废弃资源综合利用业增长 3%。六大增长行业中非金属矿采选业对主营业务收入影响比较明显。非金属矿采选业实现主营业务收入 7.89 亿元，同比增长 36.8%，占全部规模以下工业的 30%，对规模以下工业贡献率达 103.6%。目前仍占我州规模以下工业主导地位，它的发展直接拉动我州规模以下工业主营业务收入的增长。

（2）利润总额平稳增长。规模以下工业企业共实现利润总额 3.09 亿元，同比增长 14.2%。非金属矿采选业和水的生产及供应业对工业企业利润平稳增长起着决定性作用，同比分别增长 38.6% 和 25.6%，共占利润总额的 70.4%。非金属矿采选业增速过快主要有两方面原因：一是近两年来，我州加大基础设施的建设力度，主要在房地产开发、州直单位办公用房及企业厂房建设三方面增加了对土砂石的需求。其次是企业生产对土砂石的对口需求加大。地处经济开发区境内的原大岩坡采石场本年度已被规模以上工业企业单位金湘水泥厂下设的金湘采石场收购，所采沙石按水泥厂所需全部对口供应。2015 年年度，原大岩坡采石场共实现利润总额 2147.66 万元，同比增长了 57.1%。水的生产及供应业增长较快，主要是因为行业本身性质比较稳定以及上年同期基数偏低所致。

（3）产成品较快增长。湘西州规模以下工业企业实现产成品 10.07 亿元，同比增长 23.7%。非金属矿采选业增长最快，同比增长 42%。其次是黑色金属矿采选业和废弃资源综合利用业增长较快，速度均在 20% 以上。食品制造业、烟草制品业、有色金属冶炼和压延加工业及水的生产和供应业增速均在 10% 以上。

（4）生产能力总收入平稳增长。湘西州规模以下工业实现产能总收入 38.5 亿元，同比增长 8.7％，增速较上季下滑 3.1 个百分点。非金属矿采选业同比增长 38.7％、产能利用率均在 90％以上。食品制造业同比增长 26.1％，产能利用率为 40％。有色金属冶炼和压延加工业同比增长 20％，产能利用率为 90％。水的生产和供应业增长 18.2％，产能利用率均在 97％以上。

存在问题：

（1）宏观形势趋紧，市场需求不足。据问卷调查显示，有 38.1％的企业反映综合经营情况不佳，较第三季度增加了 4.8 个百分点。有 50％的企业反映一般，较第三季度下降了 2.4 个百分点。只有 7％的企业反映良好，较第三季度下降了 2.5 个百分点。其中反映市场需求不足的企业占 69.1％。

（2）企业用工成本上升快，规模以下工业企业抵制风险能力弱、波动大。反映用工成本上升快的占 73.8％，较第三季度增加了 9.5 个百分点，问卷显示：应付职工薪酬累计完成 1733.53 万元，同比增长 14.5％，其中，采矿业占总量比的 55.9％，直接影响用工成本上升。再加上矿产业一直是低位艰难运行，基础薄弱，虽有增长但波动比较大、不稳定，第一季度非金属矿采选业增速为 79.5％，到第二季度降至 68.1％，到第三季度已大幅降到 39.3％，全年增速为 36.8％，较三季度再度下降 2.4 个百分点。

（3）产业结构过于集中，传统行业占比大。采矿业占全州规模以下工业比重最大，占 47.6％。其次是制造业和电力，燃气及水的生产和供应业分别占 31％和 16.7％。新兴产业和高科技产业少、产业链短，初级产品和低档产品多。

（二）湘西州现代物流发展的基本情况

1. 交通基础设施建设不断完善

2015 年来，湘西州完成基础设施投资 700 亿元，年均增长 22％。交通全面进入高速时代。张花、吉茶、吉怀、凤大 4 条高速公路和龙永高速第一阶段建成通车，实现 7 个县市通高速公路，通车里程达 361 千米。完成国省干线公路改造 393 千米、农村公路硬化 6646 千米，实现乡乡通水泥路、所有适宜通公路行政村通公路；建成农村客运站 110 个、招呼站 1936 个。铜仁凤凰机场扩建竣工运营，武溪深水码头主体工程完工，黔张常铁路、张花高速 3 条连接线加快建设。成功争取张吉怀客运专线、湘西机场等重大项目落地，今年将实现实质性开工。

2. 物流网通信技术普及

扩建 110 千伏以上变电站 7 座，建成 2600 千米高低压输电线路，完成 1732 个村农网改造，农网改造率由 30％提高到 86.7％。铺设天然气管道 100 余千米，新增天然气用户 2.9 万户。信息化水平不断提升。全州固定宽带用户达 27.3 万户，比"十一五"增加 8.7 万户，实现乡乡通宽带、村村通电话、城镇 4G 网络全覆盖。"数字湘西"建设有新成效，地理国情普查及新一代网络基础设施升级改造基本完成。与腾讯、长虹、苏宁、阿里巴巴等公司开展战略合作，在全省率先启动"互联网＋"行动计划。

3. 现代服务业发展加快

完成 72 个农贸市场标准化改造，新建农家店 1400 余家，吉首步步高、悦和城、国盛商业广场、龙山长沙路地下商业街等一批商贸综合体建成运营，龙山"流通再造"及亿利购物广场等项目推进顺利。电子商务蓬勃发展，"湘西馆"在苏宁易购、淘宝网正式上线运行，注册电商企业 200 多家，网店达 8000 多个，2015 年全州电子商务交易额突破 12 亿元。金融服务业发展迅速，长行村镇银行实现分支机构全覆盖，华融湘江银行、交通银行先后在我州设立支行。2015 年全州新增贷款 139.6 亿元，增速居全省第一。

4. 湘西州 2015 年物流行业发展

2015 年，湘西州物流行业稳中求进，呈现了较快的发展速度，在给广大消费者带来便利的同时也促进了电商的发展和社会消费水平的提高。目前，物流业服务经济社会发展的效果明显，行业地位逐步提高，影响力不断扩大，已成为经济社会发展不可或缺的重要部分。

（1）业务发展情况。

全年物流行业业务总量完成 16189.96 万元，同比增长 15.69%。全年物流行业业务收入（不包括物流储蓄银行直接营业收入）完成 19067.14 万元，同比增长 18.54%。

物流普遍服务业务：全年函件业务量完成 132.49 万件，同比增长 75.53%。全年包裹业务量完成 1.76 万件，同比减少 7.85%。全年订销报纸业务完成 3309.04 万份，同比增长 1.85%。全年订销杂志业务完成 259.02 万份，同比增长 17.95%。全年汇兑业务完成 4.72 万笔，同比下降 48.92%。

快递业务：全年快递服务企业业务总量完成 1164.57 万件，同比增长 56.75%；快递业务收入完成 3736.08 万元，同比减少 22.63%。全年同城快递业务量完成 40.01 万件，同比减少 0.89%；实现业务收入 469.41 万元，同比减少 14.39%。全年异地快递业务量完成 191.39 万件，同比增长 29.78%；实现业务收入 2295.49 万元，同比减少 27.84%。全年国际及中国港澳台快递业务量完成 0.12 万件，同比减少 32.30%；实现业务收入 26.04 元，同比增长 10.22%。

（2）通信能力和服务水平。

机构设备：全行业拥有各类营业网点 267 处。全州拥有物流信筒信箱 70 个，比上年年末减少 56 个。全州拥有物流报刊亭总数 51 处，比上年年末减少 2 个。全行业拥有各类汽车 113 辆，摩托车 124 辆，电动车 214 辆。快递服务企业拥有计算机 312 台，手持终端 321 台。

通信网路：全州物流邮路总条数 51 条，比上年年末增加 6 条。邮路总长度（单程）4233 千米，比上年增长 1083 千米。全市物流农村投递路线 21 条，和上年年末相比不变；

农村投递路线长度（单程）6502.17 千米，比上年年末增长 35 千米。全州物流城市投递路线 72 条，比上年年末减少 8 条；城市投递路线长度（单程）1969.7 千米，比上年年末减少 80 千米。

服务能力：我州物流城区每日平均投递 1 次，农村每周平均投递 4 次。人均函件量为 0.8 件，每百人订有报刊量为 6 份。年人均快递使用量为 2 件。年人均用邮支出 34.87 元，年人均快递支出 15.97 元。

三、湘西州发展现代物流的主要做法

完善物流业的新路径顺应低碳经济的发展趋势，湘西州政府设定了如下的总体规划：高效开发湘西特色信息资源，促进矿业及农业等传统特色产业升级；强化历史遗产和生态，加快文化旅游等新兴产业发展，推动民族贫困地区管理和公共服务创新及民生事业发展和保障水平提高。

（一）加强引导，提升物流业供给能力

（1）按照"政府引导、分类施策、融合发展"的思路，促进物流企业创新商业模式，加快与现代交通、物流配送、电子商务等产业体系对接、配套和融合。

（2）推进普遍服务均等化，鼓励社会力量参与物流普遍服务设施和终端服务体系的建设与营运。推动物流基础设施向社会开放，与快递企业建立机会均等、服务规范的合作机制。积极培育和引进一批快递企业总部迁至湘西州上市。鼓励企业通过众创众筹，组建发展联盟，共同拓展农村服务领域。鼓励物流、快递企业发展冷链物流、仓储服务、供应链服务和个性化服务，丰富服务种类。

（3）引导企业从价格竞争向服务品质竞争的转变，实施品牌化和差异化发展战略。鼓励企业采用分仓＋干线运输＋落地配的运营模式，提高服务水平和运营效率。加强物流、快递服务质量监测，重点关注末端服务监控，推动实施物流服务公众满意度、快递时限准时率、用户申诉率排名发布制度，保障消费者合法权益。

（二）完善网络，优化物流业网络布局

（1）依托综合运输大通道，以 8 县市分检中心为节点、物流网点为终端、便民服务站和村邮站为末梢，完善城乡普遍服务网络。支持物流企业在全州城市社区以商业超市、住宅物业等作为便民服务点，构建"一公里"服务圈。围绕行政建制村"村村直接通邮"目标，支持物流企业在行政村建设便民服务点，实现"购票不出村、购物不出村、投递送到点、信息送上门"。支持物流企业参与农村物流网络建设，创新发展"互联网＋特色农产品"的产地直销模式。积极探索物流精准扶贫，扩大全州物流基础设施的覆盖面和群众受益面。

（2）支持快递企业入驻电子商务园区、商贸物流园区、制造业园区和农产品、商品集

散中心，推动企业集聚、功能集成、发展集群。鼓励快递企业设立城区共同接驳中转站、分拨场所，实现集中分送，提高资源利用效率。鼓励专业性的同城配送企业承接各快递企业的同城配送业务，逐步形成"快递分拨中心-专业同城配送网-末端收派点"的城市快件收派模式。

（三）协同发展，加快与农业、制造业等行业深度融合

（1）稳步推进与农业融合发展。发挥物流企业沟通城乡的网络优势，形成线上线下融合、农产品进城与农资和消费品下乡双向流通格局。鼓励物流企业利用自建的"邮乐网""邮乐名品""惠民优选"电商平台，开展物流普遍服务、政务服务、电商服务、金融服务、三农服务、便民服务等综合性服务。鼓励物流企业放开网络平台，推动邮快合作发展。鼓励快递企业联合建设或利用物流网点资源建设农村快递超市，打造农村配送网络，实现快递进村入户。

（2）加快推进与制造业联动发展。加快推进快递服务制造业，形成长期稳定、互利共赢、协作深入、标准对接的战略合作关系。鼓励快递企业延伸服务链条，重点发展"入厂快递""入园快递""仓配一体化快递""区域性供应链服务""嵌入式电子商务"等服务模式，支撑制造业规模化、集群化、国际化发展。

（3）加速推动与电商协同发展。加强物流、快递企业与电商企业协作配套和跨界融合，推进线上线下综合体建设。支持快递企业与电子商务企业共同开发运用物联网相关技术，加快推广无线射频识别等应用。鼓励快递企业为电子商务企业提供仓配一体化服务，深度融入电商产业链，抱团发展、协同发展。整合居民小区、商业社区和吉首大学、吉首大学师范学院、湘西民族职业技术学院等大中专院校中的商业连锁店、物业服务公司等线下终端，承接快递代收代发、生鲜快递配送等多种便民功能。支持快递企业及社会资金投入快递配送站、智能快递箱等设施建设。

（4）深化推进与交通衔接发展。加强与铁路、公路、民航等运输企业合作，强化运输保障能力。推动物流和快递处理中心等基础设施与铁路、公路、民航枢纽的同步建设。推进公路客运班车代运快件试点，扩大公路客运班车代运邮件快件范围；支持物流、快递与交通运输企业在代运邮件、网点设施集约利用、票务销售、高速 ETC 等方面开展业务合作。鼓励物流、快递企业利用交通站场开展邮件、快件分拨。

（5）提升标准与科技支撑能力。贯彻落实物流普遍服务标准、快递服务标准，引导行业科学发展。贯彻落实行业安全生产操作、安全设备配备规范等标准，保障人体健康和人身财产安全。引导企业加强数据分析与应用，鼓励企业在科技创新提高生产效能上加大投入力度。

（四）提升服务，完善物流服务体系

（1）根据实际服务范围和人口规模，统筹布局和配套建设物流局所、社区服务站点。

推进城镇居民楼邮件快件接收点建设，实施局所网点改造，不断提高物流普遍服务标准和水平。鼓励快递企业联合建设末端服务网点，综合利用智能快件箱、快递公共服务站、连锁商业合作、第三方服务平台等，推进快递企业在机关、校园、小区规范配送的新模式，破解快递末端投递难题。

（2）实施"快递向西向下向外"服务拓展工程，推动快递与农民网商的协同发展。强化快递枢纽、服务网点与重点农产品、农资、农村消费品集散中心的有效对接，引导快递企业在特色经济乡镇、交通枢纽乡镇等地区完善服务网络。鼓励快递企业在业务量较小的乡镇和村合作建立服务网点，共同开展面向偏远地区和农村地区的快递服务，减少重复建设。鼓励快递企业间加强合作，进行城乡间、乡镇与村庄间的快件集中运输。鼓励快递企业与符合条件的农村公路客运站加强合作，通过农村客运班车搭载快件，降低运输成本。大力发展农产品进城和工业品下乡的双向快递服务。探索建设快递电商园、快递企业与涉农电商企业交叉持股等合作模式，实现快递企业与涉农电子商务企业等农产品网络销售渠道的有效对接。

（3）持续深入推进物流机要通信保密安全建设，确保机要通信安全畅通、绝对安全。加大宣传，提高全州党政机关及社会团体对公文安全的认识，依法规范涉密载体和机关单位公文寄递工作。督促物流企业健全公文寄递服务规范，加强服务能力建设，提升服务水平。推动建立物流管理部门和保密部门的联动机制，实现信息互通、资源共享，建立应对突发事件的应急管理机制，并依据各自职责，严厉查处违法违规收寄国家机关公文行为，共同维护国家机关公文寄递安全。努力争取全州各级党委政府政策支持，结合当地实际，解决机要通信车辆通行、运行补贴等实际问题。

（五）完善体制，提升物流行业监管能力

（1）推进寄递渠道安全监管"绿盾工程"，建设"一中心两平台"。完善物流管理一线执法人员移动执法、安全检测、应急处置等装备配置。按照"就地安检，属地管控"原则，以8县市为单元，加快推动实施快递集中安检。推进州级处理中心、营业网点视频监控系统建设，到2020年全州物流、快递企业网点集中联网接入率达到60%。

（2）健全物流快递行业监管机制，建立消费者申诉与市场执法联动、行政执法与刑事司法衔接的机制，发挥社会监督、舆论监督和行业组织自律的作用。强化对物流普遍服务和特殊服务的监督检查，保障物流普遍服务和特殊服务落实到位。加强集邮票品监管，推动集邮协会建立印制假冒邮票、违规仿印邮票图案等行为的举报奖励制度，严厉打击违法行为。加大物流用品用具质量检查力度，督促企业严格按照标准组织生产。推动快递企业建立完善安全管理内控机制，建立安全员定期报告制度和企业安全管理台账。发挥寄递渠道安全管理领导小组协作机制作用，推动寄递安全属地化综合治理。配合相关部门做好寄递渠道禁毒、反恐、打击侵权假冒、扫黄打非等工作。完善应急管理机制和应急预案，加强应急处置物资装备和队伍建设。建立舆情监测预警制度，加强寄递安全热点舆论引导。落实快递企业安全主体责任，按人员比例配备安全员，建立企业安全隐患排查制度。加强快递企业的安全培训，提高从业人员安全意识。落实"收寄验视＋实名收寄＋过机安检"三项安全制度。全面实施实名收寄制度，确保用户信息可录入、可查询、可核对、可追溯。

（3）依法实施快递市场准入制度，规范快递企业经营行为，维护公平竞争、有序发展的市场秩序。推进快递企业经营范围规范和清理工作，规范加盟和代理经营快递业务行为。实施消费者风险提示发布，加强快递服务满意度调查和时限测试。

（六）提升效率，推动行业节能减排

（1）通过减少收寄、分拣、封发、运输、投递等各个环节对环境的污染和资源消耗，实现物流业"低污染、低消耗、低排放、高效能、高效率、高效益"发展。全面推广电子运单应用，主要品牌快递企业协议客户电子运单使用率达到70％。引导物流快递企业使用节能和新能源车型，重点推广插电式混合动力汽车、纯电动汽车、燃料电池汽车等节能车型。强化物流快递企业对包装废弃物的回收处置管理，提升包装物的重复使用次数。

（2）提高物流快递企业的运作精细化水平，推动企业优化流程，实现各环节的高效运作和无缝对接。推广标准集装容器运输方式，推进邮运安检一体化。优化快递路线，提高快递效率。鼓励物流快递企业构建技术先进、开放共享的物流快递服务信息网络，促进信息资源融合，实现数据资源、应用软件和基础设施的共享。推动物流快递业分拣、干线、配送的智能化水平。推广应用创新技术，提高运作信息化水平和处理效率。

（七）重点项目

（1）快递园区及分拨中心建设工程。依托湘西州区位交通优势和现有物流园区资源，筹建吉首、龙山两个县级快递园区，鼓励各县市区规模快递企业集聚发展，实现快递设施集约化、快递运作共同化和快递设施空间布局合理化，解决各快递企业处理场地分散等问题，降低生产成本，促进快递企业又好又快发展。

（2）信息化水平提升工程。到2020年，区域物流公共信息共享平台建设取得新突破，鼓励企业应用跟踪查询、全球定位系统、地理信息系统、单元化装载、自动识别、电子数据交换、可视化等技术和手机APP等移动终端。电子面单应用率不低于12.5％，移动终端订单占比不低于47％，快递员手持终端配置率不低于25％，车载GPS配置率不低于80％，员工诚信档案入库率不低于47％。鼓励企业配置集第二代居民身份证识别、寄递物品品名及禁寄物品清单、收寄地址、电话号码录入等功能于一体、方便携带的手持式信息采集终端设备。

（3）企业安防配置达标工程。"十三五"期间，监督寄递企业落实寄递物品安全责任制，全面实行实名制寄递，严格执行100％收寄验视制度，履行服务安全承诺。分拨场地、营业场所达到安全标准，全州邮件、快件实现以县市为单元，落实就地安检措施。聚焦重点地区和重点部位，提高安检设备配置率，加强企业安检能力建设，实现邮件快件100％过机安检，切实保障寄递渠道安全。

（4）物流业应急响应指挥中心工程。为及时、高效、妥善处置物流通信突发公共事件，预防和减少突发公共事件造成的损失，进一步强化应急响应指挥工作，"十三五"期间，设立湘西州物流业应急响应指挥中心，全力做好应急通信保障工作，保障人民生命财产安全，维护国家通信安全、社会稳定。

四、湘西州物流发展存在的问题

（一）缺乏体系性的配送网络

湘西州拥有的各类农业基地周边都呈现为闭塞交通的状态，乡镇较为偏远。在某些产区内，甚至并没能拥有直通式的村镇公路。湘西州原本就地势较崎岖，路况也比较差。在这种状态下，很难直通大型车辆。经过采收之后，唯有凭借于手工搬运才能调运产品。这样做，就增添了物流耗费的更高成本。其次，从特色产品来看，收入也迟迟没能提升。缺失了交易必备的集散中心，缺少批发市场。缺失专门用作交易的区域中心，受到价格阻碍，影响到村民应得的总体收入。

（二）现代化物流观念淡薄

村民不会尝试着去选用拍卖及网上交易这样的新式流程。没能拥有最佳的服务意识，服务功能较单调。即便设置了市场，也仅可提供交易农产的集中性场合。再次，湘西州虽构建了旅游支线，然而没能便于常规通行，交通性能不佳。在湘西景区内，多数已构建了直通公路。然而，缺失必备的工具，增添了出入的麻烦。此外，没能配备专门用来咨询的景点机构，游客仍需要自动去寻找车辆，因而干扰了应有的旅游业产能。景点十分偏僻，发展速度被放缓，交通也呈现出较大的阻碍性。

（三）第三方物流发展缓慢

近几年，湘西州快递服务业的发展不可谓不快，如今全国有名的快递企业如申通、圆通、顺丰、韵达等都在湘西州境内设立了网点，但这些网点仍然存在很多问题，制约了湘西州第三方物流的发展。例如，这些快递网点分布比较散，造成一些企业只能就近选择快递公司合作，可选择范围窄；有些快递公司规模小经营不稳定，一旦这些公司放弃经营，迫使企业又要重新与别的公司合作，耗费精力；部分快递公司服务质量差，容易出现配送不及时的现象，影响企业的声誉；州内快递公司的配送服务费用较高，相比省内其他一些市，湘西州快递服务费用平均每单要高出5元左右。凤凰县规模工业企业松桂坊是全州乃至全省有名的腊肉、熟食加工企业，其产品销售均是通过网上销售实现。但由于湘西州物流配送服务较为滞后，已成为制约企业发展的瓶颈。2015年该企业已将产品销售公司迁至长沙，造成本应属于湘西的商品销售收入轻易地流向了长沙。

（四）物流技术落后

随着信息技术和网络的大力推广，物流信息技术也得到了快速的发展，主要是网络技术、自动温控技术、GPS/GIS技术、TMS（物流运输管理）系统、REID技术的应用。但是在一些比较小型的物流公司里很多物流信息技术还没有得到普及应用，如RFID技术与GPS技术。很多物流公司虽然已经引入了ERP管理信息系统，但是由于管理问题，不能够与其上下游企业的信息平台实现对接，从而导致了供应链上各企业之间信息不匹配，很难实现对农产品的全程进行监控和跟踪，对于农产品的质量安全问题也没有办法得到保障，从而没有办法保障消费者的利益。湘西州的农产品大部分都是新鲜的，如椪柑、猕猴桃等，并且其大部分保鲜期比较短，受天气影响很大，非常容易腐烂和变质，所以对于它们的保鲜特别重要。农产品在冷链运输的过程中，除了采用冷链运输工具，还要采取仓储保鲜技术。但是在湘西州运输农产品的车辆大多是敞篷的普通货车，在货车上，用装有冰块的保鲜箱来保鲜；禽肉、水产品的运输车辆虽然不是敞篷的货车，但是货车里大部分都没有制冷设备。这样的运输条件确实很难保障农产品的质量。

五、湘西州物流业发展思路

（一）强化项目支撑，推进物流基础设施加快发展

大力推进综合交通网、能源保障网、水利设施网、信息网、城镇基础设施网等"五网工程"建设。构建综合交通网。加快推进高速铁路、高速公路、旅游公路、机场和水运码头建设，开工建设龙桑高速，龙永、永吉高速建成通车，实现县县通高速公路，努力形成"两纵三横"高速公路网；提升国省干线路网等级，推进旅游路网建设，织密农村路网。加快张吉怀客运专线建设，争取建成通车，黔张常铁路建成通车，形成"两纵一横"铁路网络，湘西州全面进入高铁时代。加快湘西机场建设，确保建成使用。构建信息网。全面实施网络完善工程和宽带乡村工程，加快发展农村电商平台，到2020年实现所有行政村通宽带。构建城镇基础设施网。加快高速公路城市下线、绕城高等级公路、城区路网、停车场、公共交通、充电站、充电桩等公共服务设施建设，积极实施城市地下管网改造工程，逐步推进"海绵城市"建设。

（二）加快产业转型，推进物流绿色发展

顺应绿色低碳发展潮流，加大调结构、转方式力度，实现更高质量、更有效率、更可持续的发展。推动工业转型升级。加快实施创新创业园区"73"计划，持续推进工业振兴"四百"工程，建成标准厂房300万平方米以上，引进入园企业300家以上，力争湘西经济开发区成功创建国家级开发区。整合提升矿产品精深加工、轻工建材、食品工业、旅游商品加工等传统产业，大力发展电子信息、新材料、新能源、生物医药、节能环保等新兴产业，着力打造"湘西光谷"。确保到2020年，新增规模工业企业300户，规模工业增加

值突破 150 亿元，一批企业在主板上市或"新三板"挂牌。着力发展现代农业绿色物流。积极构建现代农业产业体系，推动一、二、三产业融合发展。加快农业物流产业园区建设，积极创建国家级现代农业示范园、示范带、示范区，到 2020 年全州农村土地适度规模经营和流转 150 万亩左右，完成 200 万亩标准园建设。推动湘西黄牛、湘西黑猪等标准化养殖基地建设，发展壮大特色养殖业。培育壮大新型农业经营主体，到 2020 年，现代农民专业合作社发展到 3000 个，创建 100 个州级、省级示范性家庭农场，新增 20 家销售收入过亿元的龙头企业。

（三）着力深化改革，推进物流创新发展

结合州情实际，积极推进精准扶贫、乡镇行政综合执法、生态文化旅游融合、"互联网＋湘西"等一批自主改革事项，进一步激发内生动力。实施创新驱动发展战略。大力推进科技创新，强化物流企业创新主体地位，深入开展厅州合作和产学研合作，促进新技术、新产业、新业态加快发展，到 2020 年新增科技型企业 100 家以上。推动大众创业、万众创新，打造创新创业项目交易平台、投融资平台，实施物流创业主体培育工程、创业培训引导工程、返乡创业服务工程、青年创业工程、科技人才创业工程，到 2020 年新增市场主体 6 万个以上，基本建成全国物流创新创业示范州。

六、湘西州物流业发展措施

（一）加大物流基础设施的建设

对于偏远地区，农产品的损耗主要是在交通运输上，要全面改善这个局面，当地政府必须大力投入在物流的基础设施建设上，大大缩短湘西州的农产品运输到外面市场的运输时间，减少农产品的物流成本。根据湘西州城市总体规划、建设城、乡两级客运站；建设以工业园区、高速公路枢纽互通为主要服务对象的物流体系，形成结构合理的客货运输站场网络，满足湘西州运输发展的需要。抓实项目前期工作，对龙桑高速、湘西机场高速连接线、凤凰生态文化公园、吉首铁路物流园、大兴寨水库等没有开工的州庆重点项目，强化职能部门职责，扎实做好项目的立项、规划、环评、可研等前期工作，确保州庆重点项目年内全部开工。

（二）加快第三方物流的发展

政府应当给予第三方物流企业政策扶持和加大资金投入，制定并完善相关的法律和法规，建立健全的检查和监管机制，规范第三方物流企业行为，还要加大物流科技投入与推广力度，不断进行技术革新，物流企业应注重物流人才的培养，由于湘西州地区受地域限制和职业前景发展等因素的影响，很难吸引和留住高素质的冷链人才，第三方物流企业没有人才的管理将会给企业物流的业务管理带来很大的影响，要考虑自身优势条件，与吉首大学和当地职业院校共同培养物流人才。还应该结合当地院校开展联合培养，湘西民族职

业技术学院是当地的一所公办全日制普通职业院校，经济贸易系有物流管理专业，在课程设置上要结合当地物流企业需求进行设置，物流管理课程也应该在培养计划课程中，为当地第三方物流企业输送有用的人才。

（三）物流配送方式多样化

湘西州农产品的配送一般采取的都是企业联系农业合作社，由企业自行运输，单个企业各自安排采摘、收集和运输工作，这样比较费时，物流运输成本也高。应该在农产品的集中聚集地建立农业合作社内建立冷库，合作社自行根据季节和人员安排采摘，放入冷库中储存，再在交通比较便捷的附近县市建立大型的农产品配送中心，把各个县市村镇的农产品进行统一管理和调配，以满足整个国内，甚至是国际市场的需求，以最快的速度响应市场，同时保证农产品的新鲜度，提高当地农户的经济收入，进一步提高农户的种植积极性，同样也可以打造出湘西州的农产品优质品牌。

（四）提高物流信息技术

由于湘西州的地理位置，采用先进物流技术的企业比较少，人工操作的企业很多，企业必须要加大对物流信息技术的投入，而物流技术更加需要资金的投入。湘西州信息化办公室应该多举办信息化讲座，把信息化建设推广开来，向企业强调信息技术的重要性，信息技术的使用会带给他们的利益，鼓励企业把资金投在物流信息技术上。此外，还需要通过建设并完善配送信息平台，加强农产品配送中心、政府相关部门、农业合作社、农户之间的信息传递，以实现物流一体化的质量监督，较好地改善湘西州农产品质量的同时也进一步提升整个物流配送效率。

物流热点篇

第八章　国家现代物流发展政策文件汇编

国务院关于印发进一步深化中国（上海）自由贸易试验区改革开放方案的通知

国发〔2015〕21号

各省、自治区、直辖市人民政府，国务院各部委、各直属机构：

国务院批准《进一步深化中国（上海）自由贸易试验区改革开放方案》（以下简称《方案》），现予印发。

一、进一步深化中国（上海）自由贸易试验区（以下简称自贸试验区）改革开放，是党中央、国务院作出的重大决策，是在新形势下为全面深化改革和扩大开放探索新途径、积累新经验的重要举措，对加快政府职能转变、积极探索管理模式创新、促进贸易和投资便利化、形成深化改革新动力、扩大开放新优势，具有重要意义。

二、扩展区域后的自贸试验区要当好改革开放排头兵、创新发展先行者，继续以制度创新为核心，贯彻长江经济带发展等国家战略，在构建开放型经济新体制、探索区域经济合作新模式、建设法治化营商环境等方面，率先挖掘改革潜力，破解改革难题。要积极探索外商投资准入前国民待遇加负面清单管理模式，深化行政管理体制改革，提升事中事后监管能力和水平。

三、上海市人民政府和有关部门要解放思想、改革创新，大胆实践、积极探索，统筹谋划、加强协调，支持自贸试验区先行先试。要加强组织领导，明确责任主体，精心组织好《方案》实施工作，有效防控各类风险。要及时总结评估试点实施效果，形成可复制可推广的改革经验，更好地发挥示范引领、服务全国的积极作用。

四、根据《全国人民代表大会常务委员会关于授权国务院在中国（广东）自由贸易试验区、中国（天津）自由贸易试验区、中国（福建）自由贸易试验区以及中国（上海）自由贸易试验区扩展区域暂时调整有关法律规定的行政审批的决定》，相应暂时调整有关行政法规和国务院文件的部分规定。具体由国务院另行印发。

五、《方案》实施中的重大问题，上海市人民政府要及时向国务院请示报告。

国务院

2015 年 4 月 8 日

进一步深化中国（上海）自由贸易试验区
改革开放方案

中国（上海）自由贸易试验区（以下简称自贸试验区）运行以来，围绕加快政府职能转变，推动体制机制创新，营造国际化、市场化、法治化营商环境等积极探索，取得了重要阶段性成果。为贯彻落实党中央、国务院关于进一步深化自贸试验区改革开放的要求，深入推进《中国（上海）自由贸易试验区总体方案》确定的各项任务，制定本方案。

一、总体要求

（一）指导思想。

全面贯彻落实党的十八大和十八届二中、三中、四中全会精神，按照党中央、国务院决策部署，紧紧围绕国家战略，进一步解放思想，坚持先行先试，把制度创新作为核心任务，把防控风险作为重要底线，把企业作为重要主体，以开放促改革、促发展，加快政府职能转变，在更广领域和更大空间积极探索以制度创新推动全面深化改革的新路径，率先建立符合国际化、市场化、法治化要求的投资和贸易规则体系，使自贸试验区成为我国进一步融入经济全球化的重要载体，推动"一带一路"建设和长江经济带发展，做好可复制可推广经验总结推广，更好地发挥示范引领、服务全国的积极作用。

（二）发展目标。

按照党中央、国务院对自贸试验区"继续积极大胆闯、大胆试、自主改"、"探索不停步、深耕试验区"的要求，深化完善以负面清单管理为核心的投资管理制度、以贸易便利化为重点的贸易监管制度、以资本项目可兑换和金融服务业开放为目标的金融创新制度、以政府职能转变为核心的事中事后监管制度，形成与国际投资贸易通行规则相衔接的制度创新体系，充分发挥金融贸易、先进制造、科技创新等重点功能承载区的辐射带动作用，力争建设成为开放度最高的投资贸易便利、货币兑换自由、监管高效便捷、法制环境规范的自由贸易园区。

（三）实施范围。

自贸试验区的实施范围 120.72 平方公里，涵盖上海外高桥保税区、上海外高桥保税物流园区、洋山保税港区、上海浦东机场综合保税区 4 个海关特殊监管区域（28.78 平方公里）以及陆家嘴金融片区（34.26 平方公里）、金桥开发片区（20.48 平方公里）、张江高科技片区（37.2 平方公里）。

自贸试验区土地开发利用须遵守土地利用法律法规。浦东新区要加大自主改革力度，加快政府职能转变，加强事中事后监管等管理模式创新，加强与上海国际经济、金融、贸易、航运中心建设的联动机制。

二、主要任务和措施

（一）加快政府职能转变。

1. 完善负面清单管理模式。推动负面清单制度成为市场准入管理的主要方式，转变以行政审批为主的行政管理方式，制定发布政府权力清单和责任清单，进一步厘清政府和市场的关系。强化事中事后监管，推进监管标准规范制度建设，加快形成行政监管、行业自律、社会监督、公众参与的综合监管体系。

2. 加强社会信用体系应用。完善公共信用信息目录和公共信用信息应用清单，在市场监管、城市管理、社会治理、公共服务、产业促进等方面，扩大信用信息和信用产品应用，强化政府信用信息公开，探索建立采信第三方信用产品和服务的制度安排。支持信用产品开发，促进征信市场发展。

3. 加强信息共享和服务平台应用。加快以大数据中心和信息交换枢纽为主要功能的信息共享和服务平台建设，扩大部门间信息交换和应用领域，逐步统一信息标准，加强信息安全保障，推进部门协同管理，为加强事中事后监管提供支撑。

4. 健全综合执法体系。明确执法主体以及相对统一的执法程序和文书，建立联动联勤平台，完善网上执法办案系统。健全城市管理、市场监督等综合执法体系，建立信息共享、资源整合、执法联动、措施协同的监管工作机制。

5. 健全社会力量参与市场监督制度。通过扶持引导、购买服务、制定标准等制度安排，支持行业协会和专业服务机构参与市场监督。探索引入第三方专业机构参与企业信息审查等事项，建立社会组织与企业、行业之间的服务对接机制。充分发挥自贸试验区社会参与委员会作用，推动行业组织诚信自律。试点扩大涉外民办非企业单位登记范围。支持全国性、区域性行业协会入驻，探索引入竞争机制，在规模较大、交叉的行业以及新兴业态中试行"一业多会、适度竞争"。

6. 完善企业年度报告公示和经营异常名录制度。根据《企业信息公示暂行条例》，完善企业年度报告公示实施办法。采取书面检查、实地核查、网络监测、大数据比对等方式，对自贸试验区内企业年报公示信息进行抽查，依法将抽查结果通过企业信用信息公示系统向社会公示，营造企业自律环境。

7. 健全国家安全审查和反垄断审查协助工作机制。建立地方参与国家安全审查和反垄断审查的长效机制，配合国家有关部门做好相关工作。在地方事权范围内，加强相关部门协作，实现信息互通、协同研判、执法协助，进一步发挥自贸试验区在国家安全审查和反垄断审查工作中的建议申报、调查配合、信息共享等方面的协助作用。

8. 推动产业预警制度创新。配合国家有关部门试点建立与开放市场环境相匹配的产业预警体系，及时发布产业预警信息。上海市人民政府可选择重点敏感产业，通过实施技术指导、员工培训等政策，帮助企业克服贸易中遇到的困难，促进产业升级。

9. 推动信息公开制度创新。提高行政透明度，主动公开自贸试验区相关政策内容、管理规定、办事程序等信息，方便企业查询。对涉及自贸试验区的地方政府规章和规范性文件，主动公开草案内容，接受公众评论，并在公布和实施之间预留合理期限。实施投资者可以提请上海市人民政府对自贸试验区管理委员会制定的规范性文件进行审查的制度。

10. 推动公平竞争制度创新。严格环境保护执法，建立环境违法法人"黑名单"制度。加大宣传培训力度，引导自贸试验区内企业申请环境能源管理体系认证和推进自评价工作，建立长效跟踪评价机制。

11. 推动权益保护制度创新。完善专利、商标、版权等知识产权行政管理和执法体制机制，完善司法保护、行政监管、仲裁、第三方调解等知识产权纠纷多元解决机制，完善知识产权工作社会参与机制。优化知识产权发展环境，集聚国际知识产权资源，推进上海亚太知识产权中心建设。进一步对接国际商事争议解决规则，优化自贸试验区仲裁规则，支持国际知名商事争议解决机构入驻，提高商事纠纷仲裁国际化程度。探索建立全国性的自贸试验区仲裁法律服务联盟和亚太仲裁机构交流合作机制，加快打造面向全球的亚太仲裁中心。

12. 深化科技创新体制机制改革。充分发挥自贸试验区和国家自主创新示范区政策叠加优势，全面推进知识产权、科研院所、高等教育、人才流动、国际合作等领域体制机制改革，建立积极灵活的创新人才发展制度，健全企业主体创新投入制度，建立健全财政资金支持形成的知识产权处置和收益机制，建立专利导航产业发展工作机制，构建市场导向的科技成果转移转化制度，完善符合创新规律的政府管理制度，推动形成创新要素自由流动的开放合作新局面，在投贷联动金融服务模式创新、技术类无形资产入股、发展新型产业技术研发组织等方面加大探索力度，加快建设具有全球影响力的科技创新中心。

（二）深化与扩大开放相适应的投资管理制度创新。

13. 进一步扩大服务业和制造业等领域开放。探索实施自贸试验区外商投资负面清单制度，减少和取消对外商投资准入限制，提高开放度和透明度。自贸试验区已试点的对外开放措施适用于陆家嘴金融片区、金桥开发片区和张江高科技片区。根据国家对外开放战略要求，在服务业和先进制造业等领域进一步扩大开放。在严格遵照全国人民代表大会常务委员会授权的前提下，自贸试验区部分对外开放措施和事中事后监管措施辐射到整个浦东新区，涉及调整行政法规、国务院文件和经国务院批准的部门规章的部分规定的，按规定程序办理。

14. 推进外商投资和境外投资管理制度改革。对外商投资准入特别管理措施（负面清单）之外领域，按照内外资一致原则，外商投资项目实行备案制（国务院规定对国内投资项目保留核准的除外）；根据全国人民代表大会常务委员会授权，将外商投资企业设立、变更及合同章程审批改为备案管理，备案后按国家有关规定办理相关手续。对境外投资项目和境外投资开办企业实行以备案制为主的管理方式，建立完善境外投资服务促进平台。试点建立境外融资与跨境资金流动宏观审慎管理政策框架，支持企业开展国际商业贷款等各类境外融资活动。统一内外资企业外债政策，建立健全外债宏观审慎管理制度。

15. 深化商事登记制度改革。探索企业登记住所、企业名称、经营范围登记等改革，开展集中登记试点。推进"先照后证"改革。探索许可证清单管理模式。简化和完善企业注销流程，试行对个体工商户、未开业企业、无债权债务企业实行简易注销程序。

16. 完善企业准入"单一窗口"制度。加快企业准入"单一窗口"从企业设立向企业工商变更、统计登记、报关报检单位备案登记等环节拓展，逐步扩大"单一窗口"受理事项范围。探索开展电子营业执照和企业登记全程电子化试点工作。探索实行工商营业执照、组织机构代码证和税务登记证"多证联办"或"三证合一"登记制度。

（三）积极推进贸易监管制度创新。

17. 在自贸试验区内的海关特殊监管区域深化"一线放开"、"二线安全高效管住"贸易便利化改革。推进海关特殊监管区域整合优化，完善功能。加快形成贸易便利化创新举措的制度规范，覆盖到所有符合条件的企业。加强口岸监管部门联动，规范并公布通关作业时限。鼓励企业参与"自主报税、自助通关、自动审放、重点稽核"等监管制度创新试点。

18. 推进国际贸易"单一窗口"建设。完善国际贸易"单一窗口"的货物进出口和运输工具进出境的应用功能，进一步优化口岸监管执法流程和通关流程，实现贸易许可、支付结算、资质登记等平台功能，将涉及贸易监管的部门逐步纳入"单一窗口"管理平台。探索长三角区域国际贸易"单一窗口"建设，推动长江经济带通关一体化。

19. 统筹研究推进货物状态分类监管试点。按照管得住、成本和风险可控原则，规范政策，创新监管模式，在自贸试验区内的海关特殊监管区域统筹研究推进货物状态分类监管试点。

20. 推动贸易转型升级。推进亚太示范电子口岸网络建设。加快推进大宗商品现货市场和资源配置平台建设，强化监管、创新制度、探索经验。深化贸易平台功能，依法合规开展文化版权交易、艺术品交易、印刷品对外加工等贸易，大力发展知识产权专业服务业。推动生物医药、软件信息等新兴服务贸易和技术贸易发展。按照公平竞争原则，开展跨境电子商务业务，促进上海跨境电子商务公共服务平台与境内外各类企业直接对接。统一内外资融资租赁企业准入标准、审批流程和事中事后监管制度。探索融资租赁物登记制度，在符合国家规定前提下开展租赁资产交易。探索适合保理业务发展的境外融资管理新模式。稳妥推进外商投资典当行试点。

21. 完善具有国际竞争力的航运发展制度和运作模式。建设具有较强服务功能和辐射能力的上海国际航运中心，不断提高全球航运资源配置能力。加快国际船舶登记制度创新，充分利用现有中资"方便旗"船税收优惠政策，促进符合条件的船舶在上海落户登记。扩大国际中转集拼业务，拓展海运国际中转集拼业务试点范围，打造具有国际竞争力的拆、拼箱运作环境，实现洋山保税港区、外高桥保税物流园区集装箱国际中转集拼业务规模化运作；拓展浦东机场货邮中转业务，增加国际中转集拼航线和试点企业，在完善总运单拆分国际中转业务基础上，拓展分运单集拼国际中转业务。优化沿海捎带业务监管模式，提高中资非五星旗船沿海捎带业务通关效率。推动与旅游业相关的邮轮、游艇等旅游运输工具出行便利化。在符合国家规定前提下，发展航运运价衍生品交易业务。深化多港区联动机制，推进外高桥港、洋山深水港、浦东空港国际枢纽港联动发展。符合条件的地区可按规定申请实施境外旅客购物离境退税政策。

（四）深入推进金融制度创新。

22. 加大金融创新开放力度，加强与上海国际金融中心建设的联动。具体方案由人民银行会同有关部门和上海市人民政府另行报批。

（五）加强法制和政策保障。

23. 健全法制保障体系。全国人民代表大会常务委员会已经授权国务院，在自贸试验区扩展区域暂时调整《中华人民共和国外资企业法》、《中华人民共和国中外合资经营企业法》、《中华人民共和国中外合作经营企业法》和《中华人民共和国台湾同胞投资保护法》规定的有关行政审批；扩展区域涉及《国务院关于在中国（上海）自由贸易试验区内暂时调整有关行政法规和国务院文件规定的行政审批或者准入特别管理措施的决定》（国发〔2013〕51号）和《国务院关于在中国（上海）自由贸易试验区内暂时调整实施有关行政法规和经国务院批准的部门规章规定的准入特别管理措施的决定》（国发〔2014〕38号）暂时调整实施有关行政法规、国务院文件和经国务院批准的部门规章的部分规定的，按规定程序办理；自贸试验区需要暂时调整实施其他有关行政法规、国务院文件和经国务院批准的部门规章的部分规定的，按规定程序办理。加强地方立法，对试点成熟的改革事项，适时将相关规范性文件上升为地方性法规和规章。建立自贸试验区综合法律服务窗口等司法保障和服务体系。

24. 探索适应企业国际化发展需要的创新人才服务体系和国际人才流动通行制度。完善创新人才集聚和培育机制，支持中外合作人才培训项目发展，加大对海外人才服务力度，提高境内外人员出入境、外籍人员签证和居留、就业许可、驾照申领等事项办理的便利化程度。

25. 研究完善促进投资和贸易的税收政策。自贸试验区内的海关特殊监管区域实施范围和税收政策适用范围维持不变。在符合税制改革方向和国际惯例，以及不导致利润转移和税基侵蚀前提下，调整完善对外投资所得抵免方式；研究完善适用于境外股权投资和离岸业务的税收制度。

三、扎实做好组织实施

在国务院的领导和协调下，由上海市根据自贸试验区的目标定位和先行先试任务，精心组织实施，调整完善管理体制和工作机制，形成可操作的具体计划。对出现的新情况、新问题，认真研究，及时调整试点内容和政策措施，重大事项及时向国务院请示报告。各有关部门要继续给予大力支持，加强指导和服务，共同推进相关体制机制创新，把自贸试验区建设好、管理好。

国务院关于印发《中国制造 2025》的通知

国发〔2015〕28 号

各省、自治区、直辖市人民政府，国务院各部委、各直属机构：

现将《中国制造 2025》印发给你们，请认真贯彻执行。

（本文有删减）

国务院

2015 年 5 月 8 日

中国制造 2025

制造业是国民经济的主体，是立国之本、兴国之器、强国之基。十八世纪中叶开启工业文明以来，世界强国的兴衰史和中华民族的奋斗史一再证明，没有强大的制造业，就没有国家和民族的强盛。打造具有国际竞争力的制造业，是我国提升综合国力、保障国家安全、建设世界强国的必由之路。

新中国成立尤其是改革开放以来，我国制造业持续快速发展，建成了门类齐全、独立完整的产业体系，有力推动工业化和现代化进程，显著增强综合国力，支撑我世界大国地位。然而，与世界先进水平相比，我国制造业仍然大而不强，在自主创新能力、资源利用效率、产业结构水平、信息化程度、质量效益等方面差距明显，转型升级和跨越发展的任务紧迫而艰巨。

当前，新一轮科技革命和产业变革与我国加快转变经济发展方式形成历史性交汇，国际产业分工格局正在重塑。必须紧紧抓住这一重大历史机遇，按照"四个全面"战略布局要求，实施制造强国战略，加强统筹规划和前瞻部署，力争通过三个十年的努力，到新中国成立一百年时，把我国建设成为引领世界制造业发展的制造强国，为实现中华民族伟大复兴的中国梦打下坚实基础。

《中国制造 2025》，是我国实施制造强国战略第一个十年的行动纲领。

一、发展形势和环境

（一）全球制造业格局面临重大调整。

新一代信息技术与制造业深度融合，正在引发影响深远的产业变革，形成新的生产方式、产业形态、商业模式和经济增长点。各国都在加大科技创新力度，推动三维（3D）打印、移动互联网、云计算、大数据、生物工程、新能源、新材料等领域取得新突破。基于信息物理系统的智能装备、智能工厂等智能制造正在引领制造方式变革；网络众包、协同设计、大规模个性化定制、精准供应链管理、全生命周期管理、电子商务等正在重塑产业价值链体系；可穿戴智能产品、智能家电、智能汽车等智能终端产品不断拓展制造业新领域。我国制造业转型升级、创新发展迎来重大机遇。

全球产业竞争格局正在发生重大调整，我国在新一轮发展中面临巨大挑战。国际金融危机发生后，发达国家纷纷实施"再工业化"战略，重塑制造业竞争新优势，加速推进新一轮全球贸易投资新格局。一些发展中国家也在加快谋划和布局，积极参与全球产业再分工，承接产业及资本转移，拓展国际市场空间。我国制造业面临发达国家和其他发展中国家"双向挤压"的严峻挑战，必须放眼全球，加紧战略部署，着眼建设制造强国，固本培元，化挑战为机遇，抢占制造业新一轮竞争制高点。

（二）我国经济发展环境发生重大变化。

随着新型工业化、信息化、城镇化、农业现代化同步推进，超大规模内需潜力不断释放，为我国制造业发展提供了广阔空间。各行业新的装备需求、人民群众新的消费需求、社会管理和公共服务新的民生需求、国防建设新的安全需求，都要求制造业在重大技术装备创新、消费品质量和安全、公共服务设施设备供给和国防装备保障等方面迅速提升水平和能力。全面深化改革和进一步扩大开放，将不断激发制造业发展活力和创造力，促进制造业转型升级。

我国经济发展进入新常态，制造业发展面临新挑战。资源和环境约束不断强化，劳动力等生产要素成本不断上升，投资和出口增速明显放缓，主要依靠资源要素投入、规模扩张的粗放发展模式难以为继，调整结构、转型升级、提质增效刻不容缓。形成经济增长新动力，塑造国际竞争新优势，重点在制造业，难点在制造业，出路也在制造业。

（三）建设制造强国任务艰巨而紧迫。

经过几十年的快速发展，我国制造业规模跃居世界第一位，建立起门类齐全、独立完整的制造体系，成为支撑我国经济社会发展的重要基石和促进世界经济发展的重要力量。持续的技术创新，大大提高了我国制造业的综合竞争力。载人航天、载人深潜、大型飞机、北斗卫星导航、超级计算机、高铁装备、百万千瓦级发电装备、万米深海石油钻探设备等一批重大技术装备取得突破，形成了若干具有国际竞争力的优势产业和骨干企业，我国已具备了建设工业强国的基础和条件。

但我国仍处于工业化进程中，与先进国家相比还有较大差距。制造业大而不强，自主创新能力弱，关键核心技术与高端装备对外依存度高，以企业为主体的制造业创新体系不完善；产品档次不高，缺乏世界知名品牌；资源能源利用效率低，环境污染问题较为突出；产业结构不合理，高端装备制造业和生产性服务业发展滞后；信息化水平不高，与工业化融合深度不够；产业国际化程度不高，企业全球化经营能力不足。推进制造强国建设，必须着力解决以上问题。

建设制造强国，必须紧紧抓住当前难得的战略机遇，积极应对挑战，加强统筹规划，突出创新驱动，制定特殊政策，发挥制度优势，动员全社会力量奋力拼搏，更多依靠中国装备、依托中国品牌，实现中国制造向中国创造的转变，中国速度向中国质量的转变，中国产品向中国品牌的转变，完成中国制造由大变强的战略任务。

二、战略方针和目标

（一）指导思想。

全面贯彻党的十八大和十八届二中、三中、四中全会精神，坚持走中国特色新型工业化道路，以促进制造业创新发展为主题，以提质增效为中心，以加快新一代信息技术与制造业深度融合为主线，以推进智能制造为主攻方向，以满足经济社会发展和国防建设对重大技术装备的需求为目标，强化工业基础能力，提高综合集成水平，完善多层次多类型人才培养体系，促进产业转型升级，培育有中国特色的制造文化，实现制造业由大变强的历史跨越。基本方针是：

——创新驱动。坚持把创新摆在制造业发展全局的核心位置，完善有利于创新的制度环境，推动跨领域跨行业协同创新，突破一批重点领域关键共性技术，促进制造业数字化网络化智能化，走创新驱动的发展道路。

——质量为先。坚持把质量作为建设制造强国的生命线，强化企业质量主体责任，加强质量技术攻关、自主品牌培育。建设法规标准体系、质量监管体系、先进质量文化，营造诚信经营的市场环境，走以质取胜的发展道路。

——绿色发展。坚持把可持续发展作为建设制造强国的重要着力点，加强节能环保技术、工艺、装备推广应用，全面推行清洁生产。发展循环经济，提高资源回收利用效率，构建绿色制造体系，走生态文明的发展道路。

——结构优化。坚持把结构调整作为建设制造强国的关键环节，大力发展先进制造业，改造提升传统产业，推动生产型制造向服务型制造转变。优化产业空间布局，培育一批具有核心竞争力的产业集群和企业群体，走提质增效的发展道路。

——人才为本。坚持把人才作为建设制造强国的根本，建立健全科学合理的选人、用人、育人机制，加快培养制造业发展急需的专业技术人才、经营管理人才、技能人才。营造大众创业、万众创新的氛围，建设一支素质优良、结构合理的制造业人才队伍，走人才引领的发展道路。

（二）基本原则。

市场主导，政府引导。全面深化改革，充分发挥市场在资源配置中的决定性作用，强化企业主体地位，激发企业活力和创造力。积极转变政府职能，加强战略研究和规划引导，完善相关支持政策，为企业发展创造良好环境。

立足当前，着眼长远。针对制约制造业发展的瓶颈和薄弱环节，加快转型升级和提质增效，切实提高制造业的核心竞争力和可持续发展能力。准确把握新一轮科技革命和产业变革趋势，加强战略谋划和前瞻部署，扎扎实实打基础，在未来竞争中占据制高点。

整体推进，重点突破。坚持制造业发展全国一盘棋和分类指导相结合，统筹规划，合理布局，明确创新发展方向，促进军民融合深度发展，加快推动制造业整体水平提升。围绕经济社会发展和国家安全重大需求，整合资源，突出重点，实施若干重大工程，实现率先突破。

自主发展，开放合作。在关系国计民生和产业安全的基础性、战略性、全局性领域，着力掌握关键核心技术，完善产业链条，形成自主发展能力。继续扩大开放，积极利用全球资源和市场，加强产业全球布局和国际交流合作，形成新的比较优势，提升制造业开放发展水平。

（三）战略目标。

立足国情，立足现实，力争通过"三步走"实现制造强国的战略目标。

第一步：力争用十年时间，迈入制造强国行列。

到2020年，基本实现工业化，制造业大国地位进一步巩固，制造业信息化水平大幅提升。掌握一批重点领域关键核心技术，优势领域竞争力进一步增强，产品质量有较大提高。制造业数字化、网络化、智能化取得明显进展。重点行业单位工业增加值能耗、物耗及污染物排放明显下降。

到2025年，制造业整体素质大幅提升，创新能力显著增强，全员劳动生产率明显提高，两化（工业化和信息化）融合迈上新台阶。重点行业单位工业增加值能耗、物耗及污染物排放达到世界先进水平。形成一批具有较强国际竞争力的跨国公司和产业集群，在全球产业分工和价值链中的地位明显提升。

第二步：到2035年，我国制造业整体达到世界制造强国阵营中等水平。创新能力大幅提升，重点领域发展取得重大突破，整体竞争力明显增强，优势行业形成全球创新引领能力，全面实现工业化。

第三步：新中国成立一百年时，制造业大国地位更加巩固，综合实力进入世界制造强国前列。制造业主要领域具有创新引领能力和明显竞争优势，建成全球领先的技术体系和产业体系。

2020 年和 2025 年制造业主要指标

类别	指标	2013 年	2015 年	2020 年	2025 年
创新能力	规模以上制造业研发经费内部支出占主营业务收入比重（%）	0.88	0.95	1.26	1.68
	规模以上制造业每亿元主营业务收入有效发明专利数[1]（件）	0.36	0.44	0.70	1.10
质量效益	制造业质量竞争力指数[2]	83.1	83.5	84.5	85.5
	制造业增加值率提高	—	—	比 2015 年提高 2 个百分点	比 2015 年提高 4 个百分点
	制造业全员劳动生产率增速（%）	—	—	7.5 左右（"十三五"期间年均增速）	6.5 左右（"十四五"期间年均增速）
两化融合	宽带普及率[3]（%）	37	50	70	82
	数字化研发设计工具普及率[4]（%）	52	58	72	84
	关键工序数控化率[5]（%）	27	33	50	64
绿色发展	规模以上单位工业增加值能耗下降幅度	—	—	比 2015 年下降 18%	比 2015 年下降 34%
	单位工业增加值二氧化碳排放量下降幅度	—	—	比 2015 年下降 22%	比 2015 年下降 40%
	单位工业增加值用水量下降幅度	—	—	比 2015 年下降 23%	比 2015 年下降 41%
	工业固体废物综合利用率（%）	62	65	73	79

1　规模以上制造业每亿元主营业务收入有效发明专利数＝规模以上制造企业有效发明专利数/规模以上制造企业主营业务收入。

2　制造业质量竞争力指数是反映我国制造业质量整体水平的经济技术综合指标，由质量水平和发展能力两个方面共计 12 项具体指标计算得出。

3　宽带普及率用固定宽带家庭普及率代表，固定宽带家庭普及率＝固定宽带家庭用户数/家庭户数。

4　数字化研发设计工具普及率＝应用数字化研发设计工具的规模以上企业数量/规模以上企业总数量（相关数据来源于 3 万家样本企业，下同）。

5　关键工序数控化率为规模以上工业企业关键工序数控化率的平均值。

三、战略任务和重点

实现制造强国的战略目标，必须坚持问题导向，统筹谋划，突出重点；必须凝聚全社会共识，加快制造业转型升级，全面提高发展质量和核心竞争力。

（一）提高国家制造业创新能力。

完善以企业为主体、市场为导向、政产学研用相结合的制造业创新体系。围绕产业链部署创新链，围绕创新链配置资源链，加强关键核心技术攻关，加速科技成果产业化，提高关键环节和重点领域的创新能力。

加强关键核心技术研发。强化企业技术创新主体地位，支持企业提升创新能力，推进国家技术创新示范企业和企业技术中心建设，充分吸纳企业参与国家科技计划的决策和实施。瞄准国家重大战略需求和未来产业发展制高点，定期研究制定发布制造业重点领域技术创新路线图。继续抓紧实施国家科技重大专项，通过国家科技计划（专项、基金等）支持关键核心技术研发。发挥行业骨干企业的主导作用和高等院校、科研院所的基础作用，建立一批产业创新联盟，开展政产学研用协同创新，攻克一批对产业竞争力整体提升具有全局性影响、带动性强的关键共性技术，加快成果转化。

提高创新设计能力。在传统制造业、战略性新兴产业、现代服务业等重点领域开展创新设计示范，全面推广应用以绿色、智能、协同为特征的先进设计技术。加强设计领域共性关键技术研发，攻克信息化设计、过程集成设计、复杂过程和系统设计等共性技术，开发一批具有自主知识产权的关键设计工具软件，建设完善创新设计生态系统。建设若干具有世界影响力的创新设计集群，培育一批专业化、开放型的工业设计企业，鼓励代工企业建立研究设计中心，向代设计和出口自主品牌产品转变。发展各类创新设计教育，设立国家工业设计奖，激发全社会创新设计的积极性和主动性。

推进科技成果产业化。完善科技成果转化运行机制，研究制定促进科技成果转化和产业化的指导意见，建立完善科技成果信息发布和共享平台，健全以技术交易市场为核心的技术转移和产业化服务体系。完善科技成果转化激励机制，推动事业单位科技成果使用、处置和收益管理改革，健全科技成果科学评估和市场定价机制。完善科技成果转化协同推进机制，引导政产学研用按照市场规律和创新规律加强合作，鼓励企业和社会资本建立一批从事技术集成、熟化和工程化的中试基地。加快国防科技成果转化和产业化进程，推进军民技术双向转移转化。

完善国家制造业创新体系。加强顶层设计，加快建立以创新中心为核心载体、以公共服务平台和工程数据中心为重要支撑的制造业创新网络，建立市场化的创新方向选择机制和鼓励创新的风险分担、利益共享机制。充分利用现有科技资源，围绕制造业重大共性需求，采取政府与社会合作、政产学研用产业创新战略联盟等新机制新模式，形成一批制造业创新中心（工业技术研究基地），开展关键共性重大技术研究和产业化应用示范。建设一批促进制造业协同创新的公共服务平台，规范服务标准，开展技术研发、检验检测、技术评价、技术交易、质量认证、人才培训等专业化服务，促进科技成果转化和推广应用。建设重点领域制造业工程数据中心，为企业提供创新知识和工程数据的开放共享服务。面向制造业关键共性技术，建设一批重大科学研究和实验设施，提高核心企业系统集成能力，促进向价值链高端延伸。

专栏1　制造业创新中心（工业技术研究基地）建设工程

围绕重点行业转型升级和新一代信息技术、智能制造、增材制造、新材料、生物医药等领域创新发展的重大共性需求，形成一批制造业创新中心（工业技术研究基地），重点开展行业基础和共性关键技术研发、成果产业化、人才培训等工作。制定完善制造业创新中心遴选、考核、管理的标准和程序。

到2020年，重点形成15家左右制造业创新中心（工业技术研究基地），力争到2025年形成40家左右制造业创新中心（工业技术研究基地）。

加强标准体系建设。改革标准体系和标准化管理体制，组织实施制造业标准化提升计划，在智能制造等重点领域开展综合标准化工作。发挥企业在标准制定中的重要作用，支持组建重点领域标准推进联盟，建设标准创新研究基地，协同推进产品研发与标准制定。制定满足市场和创新需要的团体标准，建立企业产品和服务标准自我声明公开和监督制度。鼓励和支持企业、科研院所、行业组织等参与国际标准制定，加快我国标准国际化进程。大力推动国防装备采用先进的民用标准，推动军用技术标准向民用领域的转化和应用。做好标准的宣传贯彻，大力推动标准实施。

强化知识产权运用。加强制造业重点领域关键核心技术知识产权储备，构建产业化导向的专利组合和战略布局。鼓励和支持企业运用知识产权参与市场竞争，培育一批具备知识产权综合实力的优势企业，支持组建知识产权联盟，推动市场主体开展知识产权协同运用。稳妥推进国防知识产权解密和市场化应用。建立健全知识产权评议机制，鼓励和支持行业骨干企业与专业机构在重点领域合作开展专利评估、收购、运营、风险预警与应对。构建知识产权综合运用公共服务平台。鼓励开展跨国知识产权许可。研究制定降低中小企业知识产权申请、保护及维权成本的政策措施。

（二）推进信息化与工业化深度融合。

加快推动新一代信息技术与制造技术融合发展，把智能制造作为两化深度融合的主攻方向；着力发展智能装备和智能产品，推进生产过程智能化，培育新型生产方式，全面提升企业研发、生产、管理和服务的智能化水平。

研究制定智能制造发展战略。编制智能制造发展规划，明确发展目标、重点任务和重大布局。加快制定智能制造技术标准，建立完善智能制造和两化融合管理标准体系。强化应用牵引，建立智能制造产业联盟，协同推动智能装备和产品研发、系统集成创新与产业化。促进工业互联网、云计算、大数据在企业研发设计、生产制造、经营管理、销售服务等全流程和全产业链的综合集成应用。加强智能制造工业控制系统网络安全保障能力建设，健全综合保障体系。

加快发展智能制造装备和产品。组织研发具有深度感知、智慧决策、自动执行功能的高档数控机床、工业机器人、增材制造装备等智能制造装备以及智能化生产线，突破新型传感器、智能测量仪表、工业控制系统、伺服电机及驱动器和减速器等智能核心装置，推进工程化和产业化。加快机械、航空、船舶、汽车、轻工、纺织、食品、电子等行业生产设备的智能化改造，提高精准制造、敏捷制造能力。统筹布局和推动智能交通工具、智能工程机械、服务机器人、智能家电、智能照明电器、可穿戴设备等产品研发和产业化。

推进制造过程智能化。在重点领域试点建设智能工厂/数字化车间，加快人机智能交互、工业机器人、智能物流管理、增材制造等技术和装备在生产过程中的应用，促进制造工艺的仿真优化、数字化控制、状态信息实时监测和自适应控制。加快产品全生命周期管理、客户关系管理、供应链管理系统的推广应用，促进集团管控、设计与制造、产供销一体、业务和财务衔接等关键环节集成，实现智能管控。加快民用爆炸物品、危险化学品、食品、印染、稀土、农药等重点行业智能检测监管体系建设，提高智能化水平。

深化互联网在制造领域的应用。制定互联网与制造业融合发展的路线图，明确发展方向、目标和路径。发展基于互联网的个性化定制、众包设计、云制造等新型制造模式，推动形成基于消费需求动态感知的研发、制造和产业组织方式。建立优势互补、合作共赢的开放型产业生态体系。加快开展物联网技术研发和应用示范，培育智能监测、远程诊断管理、全产业链追溯等工业互联网新应用。实施工业云及工业大数据创新应用试点，建设一批高质量的工业云服务和工业大数据平台，推动软件与服务、设计与制造资源、关键技术与标准的开放共享。

加强互联网基础设施建设。加强工业互联网基础设施建设规划与布局，建设低时延、高可靠、广覆盖的工业互联网。加快制造业集聚区光纤网、移动通信网和无线局域网的部署和建设，实现信息网络宽带升级，提高企业宽带接入能力。针对信息物理系统网络研发及应用需求，组织开发智能控制系统、工业应用软件、故障诊断软件和相关工具、传感和通信系统协议，实现人、设备与产品的实时联通、精确识别、有效交互与智能控制。

专栏 2   智能制造工程

紧密围绕重点制造领域关键环节，开展新一代信息技术与制造装备融合的集成创新和工程应用。支持政产学研用联合攻关，开发智能产品和自主可控的智能装置并实现产业化。依托优势企业，紧扣关键工序智能化、关键岗位机器人替代、生产过程智能优化控制、供应链优化，建设重点领域智能工厂/数字化车间。在基础条件好、需求迫切的重点地区、行业和企业中，分类实施流程制造、离散制造、智能装备和产品、新业态新模式、智能化管理、智能化服务等试点示范及应用推广。建立智能制造标准体系和信息安全保障系统，搭建智能制造网络系统平台。

到 2020 年，制造业重点领域智能化水平显著提升，试点示范项目运营成本降低 30％，产品生产周期缩短 30％，不良品率降低 30％。到 2025 年，制造业重点领域全面实现智能化，试点示范项目运营成本降低 50％，产品生产周期缩短 50％，不良品率降低 50％。

（三）强化工业基础能力。

核心基础零部件（元器件）、先进基础工艺、关键基础材料和产业技术基础（以下统称"四基"）等工业基础能力薄弱，是制约我国制造业创新发展和质量提升的症结所在。要坚持问题导向、产需结合、协同创新、重点突破的原则，着力破解制约重点产业发展的瓶颈。

统筹推进"四基"发展。制定工业强基实施方案，明确重点方向、主要目标和实施路径。制定工业"四基"发展指导目录，发布工业强基发展报告，组织实施工业强基工程。统筹军民两方面资源，开展军民两用技术联合攻关，支持军民技术相互有效利用，促进基础领域融合发展。强化基础领域标准、计量体系建设，加快实施对标达标，提升基础产品的质量、可靠性和寿命。建立多部门协调推进机制，引导各类要素向基础领域集聚。

加强"四基"创新能力建设。强化前瞻性基础研究，着力解决影响核心基础零部件（元器件）产品性能和稳定性的关键共性技术。建立基础工艺创新体系，利用现有资源建立关键共性基础工艺研究机构，开展先进成型、加工等关键制造工艺联合攻关；支持企业开展工艺创新，培养工艺专业人才。加大基础专用材料研发力度，提高专用材料自给保障能力和制备技术水平。建立国家工业基础数据库，加强企业试验检测数据和计量数据的采集、管理、应用和积累。加大对"四基"领域技术研发的支持力度，引导产业投资基金和创业投资基金投向"四基"领域重点项目。

推动整机企业和"四基"企业协同发展。注重需求侧激励，产用结合，协同攻关。依托国家科技计划（专项、基金等）和相关工程等，在数控机床、轨道交通装备、航空航天、发电设备等重点领域，引导整机企业和"四基"企业、高校、科研院所产需对接，建立产业联盟，形成协同创新、产用结合、以市场促基础产业发展的新模式，提升重大装备自主可控水平。开展工业强基示范应用，完善首台（套）、首批次政策，支持核心基础零部件（元器件）、先进基础工艺、关键基础材料推广应用。

专栏3　工业强基工程

开展示范应用，建立奖励和风险补偿机制，支持核心基础零部件（元器件）、先进基础工艺、关键基础材料的首批次或跨领域应用。组织重点突破，针对重大工程和重点装备的关键技术和产品急需，支持优势企业开展政产学研用联合攻关，突破关键基础材料、核心基础零部件的工程化、产业化瓶颈。强化平台支撑，布局和组建一批"四基"研究中心，创建一批公共服务平台，完善重点产业技术基础体系。

到2020年，40％的核心基础零部件、关键基础材料实现自主保障，受制于人的局面逐步缓解，航天装备、通信装备、发电与输变电设备、工程机械、轨道交通装备、家用电器等产业急需的核心基础零部件（元器件）和关键基础材料的先进制造工艺得到推广应用。到2025年，70％的核心基础零部件、关键基础材料实现自主保障，80种标志性先进工艺得到推广应用，部分达到国际领先水平，建成较为完善的产业技术基础服务体系，逐步形成整机牵引和基础支撑协调互动的产业创新发展格局。

（四）加强质量品牌建设。

提升质量控制技术，完善质量管理机制，夯实质量发展基础，优化质量发展环境，努力实现制造业质量大幅提升。鼓励企业追求卓越品质，形成具有自主知识产权的名牌产品，不断提升企业品牌价值和中国制造整体形象。

推广先进质量管理技术和方法。建设重点产品标准符合性认定平台，推动重点产品技术、安全标准全面达到国际先进水平。开展质量标杆和领先企业示范活动，普及卓越绩效、六西格玛、精益生产、质量诊断、质量持续改进等先进生产管理模式和方法。支持企业提高质量在线监测、在线控制和产品全生命周期质量追溯能力。组织开展重点行业工艺优化行动，提升关键工艺过程控制水平。开展质量管理小组、现场改进等群众性质量管理活动示范推广。加强中小企业质量管理，开展质量安全培训、诊断和辅导活动。

加快提升产品质量。实施工业产品质量提升行动计划，针对汽车、高档数控机床、轨道交通装备、大型成套技术装备、工程机械、特种设备、关键原材料、基础零部件、电子元器件等重点行业，组织攻克一批长期困扰产品质量提升的关键共性质量技术，加强可靠性设计、试验与验证技术开发应用，推广采用先进成型和加工方法、在线检测装置、智能化生产和物流系统及检测设备等，使重点实物产品的性能稳定性、质量可靠性、环境适应性、使用寿命等指标达到国际同类产品先进水平。在食品、药品、婴童用品、家电等领域实施覆盖产品全生命周期的质量管理、质量自我声明和质量追溯制度，保障重点消费品质量安全。大力提高国防装备质量可靠性，增强国防装备实战能力。

完善质量监管体系。健全产品质量标准体系、政策规划体系和质量管理法律法规。加强关系民生和安全等重点领域的行业准入与市场退出管理。建立消费品生产经营企业产品事故强制报告制度，健全质量信用信息收集和发布制度，强化企业质量主体责任。将质量违法违规记录作为企业诚信评级的重要内容，建立质量黑名单制度，加大对质量违法和假冒品牌行为的打击和惩处力度。建立区域和行业质量安全预警制度，防范化解产品质量安全风险。严格实施产品"三包"、产品召回等制度。强化监管检查和责任追究，切实保护消费者权益。

夯实质量发展基础。制定和实施与国际先进水平接轨的制造业质量、安全、卫生、环保及节能标准。加强计量科技基础及前沿技术研究，建立一批制造业发展急需的高准确度、高稳定性计量基标准，提升与制造业相关的国家量传溯源能力。加强国家产业计量测试中心建设，构建国家计量科技创新体系。完善检验检测技术保障体系，建设一批高水平的工业产品质量控制和技术评价实验室、产品质量监督检验中心，鼓励建立专业检测技术联盟。完善认证认可管理模式，提高强制性产品认证的有效性，推动自愿性产品认证健康发展，提升管理体系认证水平，稳步推进国际互认。支持行业组织发布自律规范或公约，开展质量信誉承诺活动。

推进制造业品牌建设。引导企业制定品牌管理体系，围绕研发创新、生产制造、质量管理和营销服务全过程，提升内在素质，夯实品牌发展基础。扶持一批品牌培育和运营专业服务机构，开展品牌管理咨询、市场推广等服务。健全集体商标、证明商标注册管理制度。打造一批特色鲜明、竞争力强、市场信誉好的产业集群区域品牌。建设品牌文化，引导企业增强以质量和信誉为核心的品牌意识，树立品牌消费理念，提升品牌附加值和软实力。加速我国品牌价值评价国际化进程，充分发挥各类媒体作用，加大中国品牌宣传推广力度，树立中国制造品牌良好形象。

（五）全面推行绿色制造。

加大先进节能环保技术、工艺和装备的研发力度，加快制造业绿色改造升级；积极推行低碳化、循环化和集约化，提高制造业资源利用效率；强化产品全生命周期绿色管理，努力构建高效、清洁、低碳、循环的绿色制造体系。

加快制造业绿色改造升级。全面推进钢铁、有色、化工、建材、轻工、印染等传统制造业绿色改造，大力研发推广余热余压回收、水循环利用、重金属污染减量化、有毒有害原料替代、废渣资源化、脱硫脱硝除尘等绿色工艺技术装备，加快应用清洁高效铸造、锻压、焊接、表面处理、切削等加工工艺，实现绿色生产。加强绿色产品研发应用，推广轻量化、低功耗、易回收等技术工艺，持续提升电机、锅炉、内燃机及电器等终端用能产品能效水平，加快淘汰落后机电产品和技术。积极引领新兴产业高起点绿色发展，大幅降低电子信息产品生产、使用能耗及限用物质含量，建设绿色数据中心和绿色基站，大力促进新材料、新能源、高端装备、生物产业绿色低碳发展。

推进资源高效循环利用。支持企业强化技术创新和管理，增强绿色精益制造能力，大幅降低能耗、物耗和水耗水平。持续提高绿色低碳能源使用比率，开展工业园区和企业分布式绿色智能微电网建设，控制和削减化石能源消费量。全面推行循环生产方式，促进企业、园区、行业间链接共生、原料互供、资源共享。推进资源再生利用产业规范化、规模化发展，强化技术装备支撑，提高大宗工业固体废弃物、废旧金属、废弃电器电子产品等综合利用水平。大力发展再制造产业，实施高端再制造、智能再制造、在役再制造，推进产品认定，促进再制造产业持续健康发展。

积极构建绿色制造体系。支持企业开发绿色产品，推行生态设计，显著提升产品节能环保低碳水平，引导绿色生产和绿色消费。建设绿色工厂，实现厂房集约化、原料无害化、生产洁净化、废物资源化、能源低碳化。发展绿色园区，推进工业园区产业耦合，实现近零排放。打造绿色供应链，加快建立以资源节约、环境友好为导向的采购、生产、营销、回收及物流体系，落实生产者责任延伸制度。壮大绿色企业，支持企业实施绿色战略、绿色标准、绿色管理和绿色生产。强化绿色监管，健全节能环保法规、标准体系，加强节能环保监察，推行企业社会责任报告制度，开展绿色评价

专栏4　绿色制造工程
组织实施传统制造业能效提升、清洁生产、节水治污、循环利用等专项技术改造。开展重大节能环保、资源综合利用、再制造、低碳技术产业化示范。实施重点区域、流域、行业清洁生产水平提升计划，扎实推进大气、水、土壤污染源头防治专项。制定绿色产品、绿色工厂、绿色园区、绿色企业标准体系，开展绿色评价。
到2020年，建成千家绿色示范工厂和百家绿色示范园区，部分重化工行业能源资源消耗出现拐点，重点行业主要污染物排放强度下降20％。到2025年，制造业绿色发展和主要产品单耗达到世界先进水平，绿色制造体系基本建立。

（六）大力推动重点领域突破发展。

瞄准新一代信息技术、高端装备、新材料、生物医药等战略重点，引导社会各类资源集聚，推动优势和战略产业快速发展。

1. 新一代信息技术产业。

集成电路及专用装备。着力提升集成电路设计水平，不断丰富知识产权（IP）核和设计工具，突破关系国家信息与网络安全及电子整机产业发展的核心通用芯片，提升国产芯片的应用适配能力。掌握高密度封装及三维（3D）微组装技术，提升封装产业和测试的自主发展能力。形成关键制造装备供货能力。

信息通信设备。掌握新型计算、高速互联、先进存储、体系化安全保障等核心技术，全面突破第五代移动通信（5G）技术、核心路由交换技术、超高速大容量智能光传输技术、"未来网络"核心技术和体系架构，积极推动量子计算、神经网络等发展。研发高端服务器、大容量存储、新型路由交换、新型智能终端、新一代基站、网络安全等设备，推

动核心信息通信设备体系化发展与规模化应用。

操作系统及工业软件。开发安全领域操作系统等工业基础软件。突破智能设计与仿真及其工具、制造物联与服务、工业大数据处理等高端工业软件核心技术，开发自主可控的高端工业平台软件和重点领域应用软件，建立完善工业软件集成标准与安全测评体系。推进自主工业软件体系化发展和产业化应用。

2. 高档数控机床和机器人。

高档数控机床。开发一批精密、高速、高效、柔性数控机床与基础制造装备及集成制造系统。加快高档数控机床、增材制造等前沿技术和装备的研发。以提升可靠性、精度保持性为重点，开发高档数控系统、伺服电机、轴承、光栅等主要功能部件及关键应用软件，加快实现产业化。加强用户工艺验证能力建设。

机器人。围绕汽车、机械、电子、危险品制造、国防军工、化工、轻工等工业机器人、特种机器人，以及医疗健康、家庭服务、教育娱乐等服务机器人应用需求，积极研发新产品，促进机器人标准化、模块化发展，扩大市场应用。突破机器人本体、减速器、伺服电机、控制器、传感器与驱动器等关键零部件及系统集成设计制造等技术瓶颈。

3. 航空航天装备。

航空装备。加快大型飞机研制，适时启动宽体客机研制，鼓励国际合作研制重型直升机；推进干支线飞机、直升机、无人机和通用飞机产业化。突破高推重比、先进涡桨（轴）发动机及大涵道比涡扇发动机技术，建立发动机自主发展工业体系。开发先进机载设备及系统，形成自主完整的航空产业链。

航天装备。发展新一代运载火箭、重型运载器，提升进入空间能力。加快推进国家民用空间基础设施建设，发展新型卫星等空间平台与有效载荷、空天地宽带互联网系统，形成长期持续稳定的卫星遥感、通信、导航等空间信息服务能力。推动载人航天、月球探测工程，适度发展深空探测。推进航天技术转化与空间技术应用。

4. 海洋工程装备及高技术船舶。

大力发展深海探测、资源开发利用、海上作业保障装备及其关键系统和专用设备。推动深海空间站、大型浮式结构物的开发和工程化。形成海洋工程装备综合试验、检测与鉴定能力，提高海洋开发利用水平。突破豪华邮轮设计建造技术，全面提升液化天然气船等高技术船舶国际竞争力，掌握重点配套设备集成化、智能化、模块化设计制造核心技术。

5. 先进轨道交通装备。

加快新材料、新技术和新工艺的应用，重点突破体系化安全保障、节能环保、数字化智能化网络化技术，研制先进可靠适用的产品和轻量化、模块化、谱系化产品。研发新一代绿色智能、高速重载轨道交通装备系统，围绕系统全寿命周期，向用户提供整体解决方案，建立世界领先的现代轨道交通产业体系。

6. 节能与新能源汽车。

继续支持电动汽车、燃料电池汽车发展，掌握汽车低碳化、信息化、智能化核心技术，提升动力电池、驱动电机、高效内燃机、先进变速器、轻量化材料、智能控制等核心技术的工程化和产业化能力，形成从关键零部件到整车的完整工业体系和创新体系，推动自主品牌节能与新能源汽车同国际先进水平接轨。

7. 电力装备。

推动大型高效超净排放煤电机组产业化和示范应用，进一步提高超大容量水电机组、核电机组、重型燃气轮机制造水平。推进新能源和可再生能源装备、先进储能装置、智能电网用输变电及用户端设备发展。突破大功率电力电子器件、高温超导材料等关键元器件和材料的制造及应用技术，形成产业化能力。

8. 农机装备。

重点发展粮、棉、油、糖等大宗粮食和战略性经济作物育、耕、种、管、收、运、贮等主要生产过程使用的先进农机装备，加快发展大型拖拉机及其复式作业机具、大型高效联合收割机等高端农业装备及关键核心零部件。提高农机装备信息收集、智能决策和精准作业能力，推进形成面向农业生产的信息化整体解决方案。

9. 新材料。

以特种金属功能材料、高性能结构材料、功能性高分子材料、特种无机非金属材料和先进复合材料为发展重点，加快研发先进熔炼、凝固成型、气相沉积、型材加工、高效合成等新材料制备关键技术和装备，加强基础研究和体系建设，突破产业化制备瓶颈。积极发展军民共用特种新材料，加快技术双向转移转化，促进新材料产业军民融合发展。高度关注颠覆性新材料对传统材料的影响，做好超导材料、纳米材料、石墨烯、生物基材料等战略前沿材料提前布局和研制。加快基础材料升级换代。

10. 生物医药及高性能医疗器械。

发展针对重大疾病的化学药、中药、生物技术药物新产品，重点包括新机制和新靶点化学药、抗体药物、抗体偶联药物、全新结构蛋白及多肽药物、新型疫苗、临床优势突出的创新中药及个性化治疗药物。提高医疗器械的创新能力和产业化水平，重点发展影像设备、医用机器人等高性能诊疗设备，全降解血管支架等高值医用耗材，可穿戴、远程诊疗等移动医疗产品。实现生物 3D 打印、诱导多能干细胞等新技术的突破和应用。

专栏 5　高端装备创新工程

　　组织实施大型飞机、航空发动机及燃气轮机、民用航天、智能绿色列车、节能与新能源汽车、海洋工程装备及高技术船舶、智能电网成套装备、高档数控机床、核电装备、高端诊疗设备等一批创新和产业化专项、重大工程。开发一批标志性、带动性强的重点产品和重大装备，提升自主设计水平和系统集成能力，突破共性关键技术与工程化、产业化瓶颈，组织开展应用试点和示范，提高创新发展能力和国际竞争力，抢占竞争制高点。

　　到 2020 年，上述领域实现自主研制及应用。到 2025 年，自主知识产权高端装备市场占有率大幅提升，核心技术对外依存度明显下降，基础配套能力显著增强，重要领域装备达到国际领先水平。

（七）深入推进制造业结构调整。

推动传统产业向中高端迈进，逐步化解过剩产能，促进大企业与中小企业协调发展，进一步优化制造业布局。

持续推进企业技术改造。明确支持战略性重大项目和高端装备实施技术改造的政策方向，稳定中央技术改造引导资金规模，通过贴息等方式，建立支持企业技术改造的长效机制。推动技术改造相关立法，强化激励约束机制，完善促进企业技术改造的政策体系。支持重点行业、高端产品、关键环节进行技术改造，引导企业采用先进适用技术，优化产品结构，全面提升设计、制造、工艺、管理水平，促进钢铁、石化、工程机械、轻工、纺织等产业向价值链高端发展。研究制定重点产业技术改造投资指南和重点项目导向计划，吸引社会资金参与，优化工业投资结构。围绕两化融合、节能降耗、质量提升、安全生产等传统领域改造，推广应用新技术、新工艺、新装备、新材料，提高企业生产技术水平和效益。

稳步化解产能过剩矛盾。加强和改善宏观调控，按照"消化一批、转移一批、整合一批、淘汰一批"的原则，分业分类施策，有效化解产能过剩矛盾。加强行业规范和准入管理，推动企业提升技术装备水平，优化存量产能。加强对产能严重过剩行业的动态监测分析，建立完善预警机制，引导企业主动退出过剩行业。切实发挥市场机制作用，综合运用法律、经济、技术及必要的行政手段，加快淘汰落后产能。

促进大中小企业协调发展。强化企业市场主体地位，支持企业间战略合作和跨行业、跨区域兼并重组，提高规模化、集约化经营水平，培育一批核心竞争力强的企业集团。激发中小企业创业创新活力，发展一批主营业务突出、竞争力强、成长性好、专注于细分市场的专业化"小巨人"企业。发挥中外中小企业合作园区示范作用，利用双边、多边中小企业合作机制，支持中小企业走出去和引进来。引导大企业与中小企业通过专业分工、服务外包、订单生产等多种方式，建立协同创新、合作共赢的协作关系。推动建设一批高水平的中小企业集群。

优化制造业发展布局。落实国家区域发展总体战略和主体功能区规划，综合考虑资源能源、环境容量、市场空间等因素，制定和实施重点行业布局规划，调整优化重大生产力布局。完善产业转移指导目录，建设国家产业转移信息服务平台，创建一批承接产业转移示范园区，引导产业合理有序转移，推动东中西部制造业协调发展。积极推动京津冀和长江经济带产业协同发展。按照新型工业化的要求，改造提升现有制造业集聚区，推动产业集聚向产业集群转型升级。建设一批特色和优势突出、产业链协同高效、核心竞争力强、公共服务体系健全的新型工业化示范基地。

（八）积极发展服务型制造和生产性服务业。

加快制造与服务的协同发展，推动商业模式创新和业态创新，促进生产型制造向服务型制造转变。大力发展与制造业紧密相关的生产性服务业，推动服务功能区和服务平台建设。

推动发展服务型制造。研究制定促进服务型制造发展的指导意见，实施服务型制造行动计划。开展试点示范，引导和支持制造业企业延伸服务链条，从主要提供产品制造向提供产品和服务转变。鼓励制造业企业增加服务环节投入，发展个性化定制服务、全生命周期管理、网络精准营销和在线支持服务等。支持有条件的企业由提供设备向提供系统集成总承包服务转变，由提供产品向提供整体解决方案转变。鼓励优势制造业企业"裂变"专业优势，通过业务流程再造，面向行业提供社会化、专业化服务。支持符合条件的制造业企业建立企业财务公司、金融租赁公司等金融机构，推广大型制造设备、生产线等融资租赁服务。

加快生产性服务业发展。大力发展面向制造业的信息技术服务，提高重点行业信息应用系统的方案设计、开发、综合集成能力。鼓励互联网等企业发展移动电子商务、在线定制、线上到线下等创新模式，积极发展对产品、市场的动态监控和预测预警等业务，实现与制造业企业的无缝对接，创新业务协作流程和价值创造模式。加快发展研发设计、技术转移、创业孵化、知识产权、科技咨询等科技服务业，发展壮大第三方物流、节能环保、检验检测认证、电子商务、服务外包、融资租赁、人力资源服务、售后服务、品牌建设等生产性服务业，提高对制造业转型升级的支撑能力。

强化服务功能区和公共服务平台建设。建设和提升生产性服务业功能区，重点发展研发设计、信息、物流、商务、金融等现代服务业，增强辐射能力。依托制造业集聚区，建设一批生产性服务业公共服务平台。鼓励东部地区企业加快制造业服务化转型，建立生产服务基地。支持中西部地区发展具有特色和竞争力的生产性服务业，加快产业转移承接地服务配套设施和能力建设，实现制造业和服务业协同发展。

（九）提高制造业国际化发展水平。

统筹利用两种资源、两个市场，实行更加积极的开放战略，将引进来与走出去更好结合，拓展新的开放领域和空间，提升国际合作的水平和层次，推动重点产业国际化布局，引导企业提高国际竞争力。

提高利用外资与国际合作水平。进一步放开一般制造业，优化开放结构，提高开放水平。引导外资投向新一代信息技术、高端装备、新材料、生物医药等高端制造领域，鼓励境外企业和科研机构在我国设立全球研发机构。支持符合条件的企业在境外发行股票、债券，鼓励与境外企业开展多种形式的技术合作。

提升跨国经营能力和国际竞争力。支持发展一批跨国公司，通过全球资源利用、业务流程再造、产业链整合、资本市场运作等方式，加快提升核心竞争力。支持企业在境外开展并购和股权投资、创业投资，建立研发中心、实验基地和全球营销及服务体系；依托互联网开展网络协同设计、精准营销、增值服务创新、媒体品牌推广等，建立全球产业链体系，提高国际化经营能力和服务水平。鼓励优势企业加快发展国际总承包、总集成。引导企业融入当地文化，增强社会责任意识，加强投资和经营风险管理，提高企业境外本土化能力。

深化产业国际合作，加快企业走出去。加强顶层设计，制定制造业走出去发展总体战略，建立完善统筹协调机制。积极参与和推动国际产业合作，贯彻落实丝绸之路经济带和21世纪海上丝绸之路等重大战略部署，加快推进与周边国家互联互通基础设施建设，深化产业合作。发挥沿边开放优势，在有条件的国家和地区建设一批境外制造业合作园区。坚持政府推动、企业主导，创新商业模式，鼓励高端装备、先进技术、优势产能向境外转移。加强政策引导，推动产业合作由加工制造环节为主向合作研发、联合设计、市场营销、品牌培育等高端环节延伸，提高国际合作水平。创新加工贸易模式，延长加工贸易国内增值链条，推动加工贸易转型升级。

四、战略支撑与保障

建设制造强国，必须发挥制度优势，动员各方面力量，进一步深化改革，完善政策措施，建立灵活高效的实施机制，营造良好环境；必须培育创新文化和中国特色制造文化，推动制造业由大变强。

（一）深化体制机制改革。

全面推进依法行政，加快转变政府职能，创新政府管理方式，加强制造业发展战略、规划、政策、标准等制定和实施，强化行业自律和公共服务能力建设，提高产业治理水平。简政放权，深化行政审批制度改革，规范审批事项，简化程序，明确时限；适时修订政府核准的投资项目目录，落实企业投资主体地位。完善政产学研用协同创新机制，改革技术创新管理体制机制和项目经费分配、成果评价和转化机制，促进科技成果资本化、产业化，激发制造业创新活力。加快生产要素价格市场化改革，完善主要由市场决定价格的机制，合理配置公共资源；推行节能量、碳排放权、排污权、水权交易制度改革，加快资源税从价计征，推动环境保护费改税。深化国有企业改革，完善公司治理结构，有序发展混合所有制经济，进一步破除各种形式的行业垄断，取消对非公有制经济的不合理限制。稳步推进国防科技工业改革，推动军民融合深度发展。健全产业安全审查机制和法规体系，加强关系国民经济命脉和国家安全的制造业重要领域投融资、并购重组、招标采购等方面的安全审查。

（二）营造公平竞争市场环境。

深化市场准入制度改革，实施负面清单管理，加强事中事后监管，全面清理和废止不利于全国统一市场建设的政策措施。实施科学规范的行业准入制度，制定和完善制造业节能节地节水、环保、技术、安全等准入标准，加强对国家强制性标准实施的监督检查，统一执法，以市场化手段引导企业进行结构调整和转型升级。切实加强监管，打击制售假冒伪劣行为，严厉惩处市场垄断和不正当竞争行为，为企业创造良好生产经营环境。加快发展技术市场，健全知识产权创造、运用、管理、保护机制。完善淘汰落后产能工作涉及的职工安置、债务清偿、企业转产等政策措施，健全市场退出机制。进一步减轻企业负担，实施涉企收费清单制度，建立全国涉企收费项目库，取缔各种不合理收费和摊派，加强监督检查和问责。推进制造业企业信用体系建设，建设中国制造信用数据库，建立健全企业信用动态评价、守信激励和失信惩戒机制。强化企业社会责任建设，推行企业产品标准、质量、安全自我声明和监督制度。

（三）完善金融扶持政策。

深化金融领域改革，拓宽制造业融资渠道，降低融资成本。积极发挥政策性金融、开发性金融和商业金融的优势，加大对新一代信息技术、高端装备、新材料等重点领域的支持力度。支持中国进出口银行在业务范围内加大对制造业走出去的服务力度，鼓励国家开发银行增加对制造业企业的贷款投放，引导金融机构创新符合制造业企业特点的产品和业务。健全多层次资本市场，推动区域性股权市场规范发展，支持符合条件的制造业企业在境内外上市融资、发行各类债务融资工具。引导风险投资、私募股权投资等支持制造业企业创新发展。鼓励符合条件的制造业贷款和租赁资产开展证券化试点。支持重点领域大型制造业企业集团开展产融结合试点，通过融资租赁方式促进制造业转型升级。探索开发适合制造业发展的保险产品和服务，鼓励发展贷款保证保险和信用保险业务。在风险可控和商业可持续的前提下，通过内保外贷、外汇及人民币贷款、债权融资、股权融资等方式，加大对制造业企业在境外开展资源勘探开发、设立研发中心和高技术企业以及收购兼并等的支持力度。

（四）加大财税政策支持力度。

充分利用现有渠道，加强财政资金对制造业的支持，重点投向智能制造、"四基"发展、高端装备等制造业转型升级的关键领域，为制造业发展创造良好政策环境。运用政府和社会资本合作（PPP）模式，引导社会资本参与制造业重大项目建设、企业技术改造和关键基础设施建设。创新财政资金支持方式，逐步从"补建设"向"补运营"转变，提高财政资金使用效益。深化科技计划（专项、基金等）管理改革，支持制造业重点领域科技研发和示范应用，促进制造业技术创新、转型升级和结构布局调整。完善和落实支持创新的政府采购政策，推动制造业创新产品的研发和规模化应用。落实和完善使用首台（套）重大技术装备等鼓励政策，健全研制、使用单位在产品创新、增值服务和示范应用等环节的激励约束机制。实施有利于制造业转型升级的税收政策，推进增值税改革，完善企业研发费用计核方法，切实减轻制造业企业税收负担。

（五）健全多层次人才培养体系。

加强制造业人才发展统筹规划和分类指导，组织实施制造业人才培养计划，加大专业技术人才、经营管理人才和技能人才的培养力度，完善从研发、转化、生产到管理的人才培养体系。以提高现代经营管理水平和企业竞争力为核心，实施企业经营管理人才素质提升工程和国家中小企业银河培训工程，培养造就一批优秀企业家和高水平经营管理人才。以高层次、急需紧缺专业技术人才和创新型人才为重点，实施专业技术人才知识更新工程和先进制造卓越工程师培养计划，在高等学校建设一批工程创新训练中心，打造高素质专业技术人才队伍。强化职业教育和技能培训，引导一批普通本科高等学校向应用技术类高等学校转型，建立一批实训基地，开展现代学徒制试点示范，形成一支门类齐全、技艺精湛的技术技能人才队伍。鼓励企业与学校合作，培养制造业急需的科研人员、技术技能人才与复合型人才，深化相关领域工程博士、硕士专业学位研究生招生和培养模式改革，积极推进产学研结合。加强产业人才需求预测，完善各类人才信息库，构建产业人才水平评价制度和信息发布平台。建立人才激励机制，加大对优秀人才的表彰和奖励力度。建立完善制造业人才服务机构，健全人才流动和使用的体制机制。采取多种形式选拔各类优秀人才重点是专业技术人才到国外学习培训，探索建立国际培训基地。加大制造业引智力度，引进领军人才和紧缺人才。

（六）完善中小微企业政策。

落实和完善支持小微企业发展的财税优惠政策，优化中小企业发展专项资金使用重点和方式。发挥财政资金杠杆撬动作用，吸引社会资本，加快设立国家中小企业发展基金。支持符合条件的民营资本依法设立中小型银行等金融机构，鼓励商业银行加大小微企业金融服务专营机构建设力度，建立完善小微企业融资担保体系，创新产品和服务。加快构建中小微企业征信体系，积极发展面向小微企业的融资租赁、知识产权质押贷款、信用保险保单质押贷款等。建设完善中小企业创业基地，引导各类创业投资基金投资小微企业。鼓励大学、科研院所、工程中心等对中小企业开放共享各种实（试）验设施。加强中小微企业综合服务体系建设，完善中小微企业公共服务平台网络，建立信息互联互通机制，为中小微企业提供创业、创新、融资、咨询、培训、人才等专业化服务。

（七）进一步扩大制造业对外开放。

深化外商投资管理体制改革，建立外商投资准入前国民待遇加负面清单管理机制，落实备案为主、核准为辅的管理模式，营造稳定、透明、可预期的营商环境。全面深化外汇管理、海关监管、检验检疫管理改革，提高贸易投资便利化水平。进一步放宽市场准入，修订钢铁、化工、船舶等产业政策，支持制造业企业通过委托开发、专利授权、众包众创等方式引进先进技术和高端人才，推动利用外资由重点引进技术、资金、设备向合资合作开发、对外并购及引进领军人才转变。加强对外投资立法，强化制造业企业走出去法律保障，规范企业境外经营行为，维护企业合法权益。探索利用产业基金、国有资本收益等渠道支持高铁、电力装备、汽车、工程施工等装备和优势产能走出去，实施海外投资并购。加快制造业走出去支撑服务机构建设和水平提升，建立制造业对外投资公共服务平台和出口产品技术性贸易服务平台，完善应对贸易摩擦和境外投资重大事项预警协调机制。

（八）健全组织实施机制。

成立国家制造强国建设领导小组，由国务院领导同志担任组长，成员由国务院相关部门和单位负责同志担任。领导小组主要职责是：统筹协调制造强国建设全局性工作，审议重大规划、重大政策、重大工程专项、重大问题和重要工作安排，加强战略谋划，指导部门、地方开展工作。领导小组办公室设在工业和信息化部，承担领导小组日常工作。设立制造强国建设战略咨询委员会，研究制造业发展的前瞻性、战略性重大问题，对制造业重大决策提供咨询评估。支持包括社会智库、企业智库在内的多层次、多领域、多形态的中国特色新型智库建设，为制造强国建设提供强大智力支持。建立《中国制造2025》任务落实情况督促检查和第三方评价机制，完善统计监测、绩效评估、动态调整和监督考核机制。建立《中国制造2025》中期评估机制，适时对目标任务进行必要调整。

各地区、各部门要充分认识建设制造强国的重大意义，加强组织领导，健全工作机制，强化部门协同和上下联动。各地区要结合当地实际，研究制定具体实施方案，细化政策措施，确保各项任务落实到位。工业和信息化部要会同相关部门加强跟踪分析和督促指导，重大事项及时向国务院报告。

国务院关于推进国内贸易流通现代化
建设法治化营商环境的意见

国发〔2015〕49 号

各省、自治区、直辖市人民政府，国务院各部委、各直属机构：

国内贸易流通（以下简称内贸流通）是我国改革开放最早、市场化程度最高的领域之一，目前已初步形成主体多元、方式多样、开放竞争的格局，对国民经济的基础性支撑作用和先导性引领作用日益增强。做强现代流通业这个国民经济大产业，可以对接生产和消费，促进结构优化和发展方式转变。党中央、国务院高度重视内贸流通工作，对深化改革、开展内贸流通体制改革发展综合试点工作作了部署。为深入贯彻落实党中央、国务院的决策部署，现就推进内贸流通现代化、建设法治化营商环境提出以下意见。

一、总体要求

（一）指导思想。

全面贯彻党的十八大和十八届二中、三中、四中全会精神，按照国务院部署要求，主动适应和引领经济发展新常态，坚持问题导向与超前谋划相结合、顶层设计与基层探索相结合、整体推进与重点突破相结合，加快法治建设，推动体制机制创新，优化发展环境，完善治理体系，促进内贸流通发展方式转变，推动我国从流通大国向流通强国转变，更好地服务经济社会发展。

（二）基本原则。

坚持以市场化改革为方向。充分发挥市场配置资源的决定性作用，打破地区封锁和行业垄断，促进流通主体公平竞争，促进商流、物流、资金流、信息流自由高效流动，提高流通效率，降低流通成本。

坚持以转变政府职能为核心。进一步简政放权，加强事中事后监管，推进放管结合、优化服务，做好规划引导，完善促进政策，增强调控能力，增加公共产品和公共服务供给，推进信息公开和共享。

坚持以创新转型为引领。顺应"互联网＋"的发展趋势，加快现代信息技术应用，完善促进创新的体制机制，推动内贸流通内涵式发展、可持续发展。

坚持以建设法治化营商环境为主线。健全内贸流通法律法规、标准、信用等制度体系，提升监管执法效能，依法规范市场主体行为，加快建设法治市场。

（三）主要目标。

到 2020 年，基本形成规则健全、统一开放、竞争有序、监管有力、畅通高效的内贸流通体系和比较完善的法治化营商环境，内贸流通统一开放、创新驱动、稳定运行、规范有序、协调高效的体制机制更加完善，使内贸流通成为经济转型发展的新引擎、优化资源配置的新动力，为推进内贸流通现代化夯实基础。

二、健全内贸流通统一开放的发展体系

（四）加强全国统一市场建设，降低社会流通总成本。

消除市场分割。清理和废除妨碍全国统一市场、公平竞争的各种规定及做法。禁止在市场经济活动中实行地区封锁，禁止行政机关滥用行政权力限制、排除竞争的行为。推动建立区域合作协调机制，鼓励各地就跨区域合作事项加强沟通协商，探索建立区域合作利益分享机制。

打破行业垄断。完善反垄断执法机制，依法查处垄断协议、滥用市场支配地位行为，加强经营者集中反垄断审查。禁止利用市场优势地位收取不合理费用或强制设置不合理的交易条件，规范零售商供应商交易关系。

（五）统筹规划全国流通网络建设，推动区域、城乡协调发展。

推进大流通网络建设。提升环渤海、长三角、珠三角三大流通产业集聚区和沈阳—长春—哈尔滨、郑州—武汉—长沙、成都—重庆、西安—兰州—乌鲁木齐四大流通产业集聚带的消费集聚、产业服务、民生保障功能，打造一批连接国内国际市场、发展潜力较大的重要支点城市，形成畅通高效的全国骨干流通网络。

推进区域市场一体化。推进京津冀流通产业协同发展，统筹规划建设三地流通设施，促进共建共享。依托长江经济带综合立体交通走廊，建设沿江物流主干道，推动形成若干区域性商贸物流中心，打造长江商贸走廊。将流通发展所需的相关设施和用地纳入城乡规划，实施全国流通节点城市布局规划，加强区域衔接。

推进城乡流通网络一体化。统筹规划城乡商业网点的功能和布局，提高流通设施利用效率和商业服务便利化水平。整合商务、供销、邮政等各方面资源，加强农村地区商业网点建设。加强对贫困地区、民族地区、边疆地区和革命老区市场建设的支持，保障居民基本商业服务需要。

创新流通规划编制实施机制。县级以上地方人民政府要将内贸流通纳入同级国民经济和社会发展规划编制内容，做好流通规划与当地土地利用总体规划和城乡规划的衔接，确保依法依规推进流通设施项目建设，各地制修订相关规划时应充分征求本行政区域流通主管部门的意见。探索建立跨区域流通设施规划编制协调机制和相关部门之间规划衔接机制，推动规划对接、政策联动和资源共享。

（六）构建开放融合的流通体系，提高利用国际国内两个市场、两种资源的能力。

实施流通"走出去"战略。加大对流通企业境外投资的支持，统筹规划商贸物流型境外经济贸易合作区建设，支持企业建设境外营销、支付结算和仓储物流网络，推动国内流通渠道向境外延伸，打造全球供应链体系。鼓励流通企业与制造企业集群式"走出去"，促进国际产能和装备制造合作。鼓励电子商务企业"走出去"，提升互联网信息服务国际化水平。

创建内外贸融合发展平台。服务"一带一路"战略，促进国内外市场互联互通，打造内外贸融合发展的流通网络。培育一批经营模式、交易模式与国际接轨的商品交易市场。打造一批内外贸结合、具有较强国际影响力的大型会展平台。发展一批连接国际国内市场、运行规范有序的跨境贸易电子商务综合服务平台。

进一步提高内贸流通领域对外开放水平。放开商贸物流等领域外资准入限制，鼓励外资投向共同配送、连锁配送以及鲜活农产品配送等现代物流服务领域。更加注重引进国外先进技术、管理经验、商业模式和知名品牌，鼓励跨国公司在华设立采购、营销等功能性区域中心。

（七）完善流通设施建设管理体系，加强流通领域重大基础设施建设。

创新基础性流通设施建设模式。对于公益性农产品批发市场建设，通过多种形式建立投资保障、运营和监督管理新模式，增强应对突发事件和市场异常波动的功能。

完善微利经营的流通设施建设保障制度。落实新建社区商业和综合服务设施面积占社区总建筑面积的比例不得低于10%的政策，优先保障农贸市场、社区菜市场和家政、养老、再生资源回收等设施用地需求。加强大型物流节点和公共物流配送设施系统性布局、协同性建设，提升物流配送的集约化水平。

改进市场化商业设施建设引导方式。支持有条件的城市开展城市商业面积监测预警，定期发布大型商业设施供给信息，合理引导市场预期。统筹大型实体和网络商品交易市场建设，避免盲目重复建设。

三、提升内贸流通创新驱动水平

（八）强化内贸流通创新的市场导向。

推动新兴流通方式创新。积极推进"互联网＋"流通行动，加快流通网络化、数字化、智能化建设。引导电子商务企业拓展服务领域和功能，鼓励发展生活消费品、生产资料、生活服务等各类专业电子商务平台，带动共享、协同、融合、集约等新兴模式发展。促进农产品电子商务发展，引导更多农业从业者和涉农企业参与农产品电子商务，支持各地打造各具特色的农产品电子商务产业链，开辟农产品流通新渠道。推广拍卖、电子交易等农产品交易方式。大力推进电子商务进农村，推广农村商务信息服务，培育多元化的农村电子商务市场主体，完善农村电子商务配送服务网络。促进电子商务进社区，鼓励电子商务企业整合社区现有便民服务设施，开展电子商务相关配套服务。

推动传统流通企业转型模式创新。鼓励零售企业改变引厂进店、出租柜台等经营模式，实行深度联营，通过集中采购、买断经营、开发自有品牌等方式，提高自营比例。鼓励流通企业通过兼并、特许经营等方式，扩大连锁经营规模，提高经营管理水平。鼓励流通企业发挥线下实体店的物流、服务、体验等优势，与线上商流、资金流、信息流融合，形成优势互补。支持流通企业利用电子商务平台创新服务模式，提供网订店取、网订店送、上门服务、社区配送等各类便民服务。引导各类批发市场自建网络交易平台或利用第三方电子商务平台开展网上经营，推动实体市场与网络市场协同发展。推动流通企业利用信息技术加强供应链管理，鼓励向设计、研发、生产环节延伸，促进产业链上下游加强协同，满足个性化、多样化的消费需求。大力发展第三方物流和智慧物流，鼓励物联网等技术在仓储系统中的应用，支持建设物流信息服务平台，促进车源、货源和物流服务等信息高效匹配，支持农产品冷链物流体系建设，提高物流社会化、标准化、信息化、专业化水平。

推动绿色循环低碳发展模式创新。鼓励绿色商品消费，引导流通企业扩大绿色商品采购和销售，推行绿色包装和绿色物流，推行绿色供应链环境管理，推动完善绿色商品认证制度和标准体系。鼓励旧货市场规范发展，促进二手商品流通。研究建立废弃商品回收的生产者、销售者、消费者责任机制，加快推进再生资源回收与垃圾清运处理网络体系融合，促进商贸流通网络与逆向物流体系（即商品废弃后，经消费端回到供应端的活动及过程，包括废物回收、再制造再加工、报废处理等）共享。制订内贸流通领域节能节水和环保技术、产品、设备推广目录，引导流通企业加快设施设备的节能环保改造。

推动文化培育传播形式创新。弘扬诚信文化，加强以诚信兴商为主的商业文化建设。加强对内贸流通领域传统技艺的保护，支持中华老字号创新发展，促进民族特色商品流通。鼓励商品创意设计创新，支持消费类产品提升新产品设计和研发能力，以创意设计增加消费品附加值。提升商业设施的文化内涵，引导流通企业在商品陈列、商场装饰、环境营造等方面突出创意特色，增加商业设施和商业街区的文化底蕴，推动现代商业与传统文化融合创新。建立健全品牌发展公共服务体系。促进传统节庆、民俗文化消费，培育健康文明的消费文化。

（九）增强内贸流通创新的支撑能力。

完善财政金融支持政策。加快设立国家中小企业发展基金，加大对包括流通领域在内的各领域初创期成长型中小企业创新创业的支持。支持发展创业投资基金、天使投资群体，引导社会资金和金融资本加大对流通创新领域的投资。完善流通企业融资模式，推广知识产权质押融资，依法合规开展股权众筹融资试点，支持创业担保贷款积极扶持符合条件的中小流通企业。

健全支撑服务体系。推动现代物流、在线支付等电子商务服务体系建设，鼓励各类创业孵化基地为电子商务创业人员提供场地支持和孵化服务，支持发展校企合作、商学结合等人才培养模式。支持专业化创新服务机构发展，创新产学研合作模式。完善创新成果交易机制，积极发展各类商贸服务交易平台。研究建立流通创新示范基地，鼓励创业创新基地提高对中小流通企业的公共服务能力和水平。

推动流通企业改革创新。加快发展内贸流通领域混合所有制经济，鼓励非公有资本和国有资本交叉持股、相互融合。鼓励流通企业通过兼并重组整合创新资源，提高创新能力。各地可根据实际情况，依法完善相关政策，按照主体自愿的原则，引导有条件的个体工商户转为企业。

（十）加大内贸流通创新的保护力度。

加强知识产权保护。严厉打击制售侵权假冒商品行为，加大对反复侵权、恶意侵权等行为的处罚力度。研究商业模式等新形态创新成果的知识产权保护办法。完善知识产权保护制度，健全知识产权维权援助体系，合理划分权利人举证责任，缩短确权审查、侵权处理周期。

引导电子商务平台健康发展。推动电子商务平台企业健全交易规则、管理制度、信用体系和服务标准，构建良好的电子商务生态圈。加强区域间统筹协调，引导各地有序建设电子商务交易平台。

四、增强内贸流通稳定运行的保障能力

（十一）完善信息服务体系。

强化大数据在政府内贸流通信息服务中的应用。利用大数据加强对市场运行的监测分析和预测预警，提高市场调控和公共信息服务的预见性、针对性、有效性。推进部门间信息共享和信息资源开放，建立政府与社会紧密互动的大数据采集机制，形成高效率的内贸流通综合数据平台。夯实内贸流通统计基层基础，完善行业统计监测制度，建立完善电子商务、服务消费等统计调查制度，完善综合统计与部门统计协作机制，强化统计监测制度执行刚性。

推动内贸流通行业中介组织开展大数据的推广应用。利用政府采购、服务外包等方式，鼓励行业中介组织深入挖掘和研发大数据公共服务产品，加强对大数据技术应用的宣传和推广，服务流通企业创新转型和大数据产业发展需要。

鼓励流通企业开展大数据的创新应用。引导流通企业利用大数据技术推进市场拓展、精准营销和优化服务，带动商业模式创新。建立社会化、市场化的数据应用机制，推动第三方电子商务平台等企业开放数据资源，引导建立数据交换交易的规范与标准，规范数据

交易行为。

（十二）创新市场应急调控机制。

完善市场应急调控管理体系。按照统一协调、分级负责、快速响应的原则，健全市场应急供应管理制度和协调机制。应对全国范围和跨区域市场异常波动由国务院有关部门负责，应对区域性市场异常波动主要由当地人民政府负责。

健全突发事件市场应急保供预案。细化自然灾害、事故灾难、公共卫生事件、社会安全事件等各类突发事件情况下市场应急保供预案和措施。根据突发事件对市场影响的范围和程度，综合运用信息引导、企业采购、跨区域调运、储备投放、进口组织、限量供应、依法征用等方式，建立基本生活必需品应急供应保障机制。

完善商品应急储备体系。建立中央储备与地方储备、政府储备与商业储备相结合的商品应急储备体系。建立储备商品定期检查检验制度，确保储备安全。推广商业储备模式，推进商业储备市场化运作和储备主体多元化。

增强市场应急保供能力。建设应急商品数据库，及时掌握相关应急商品产销和库存情况，保障信息传导畅通和组织调度科学有序。实施应急保供重点联系企业动态管理，保持合理库存水平，增强投放力量，合理规划设置应急商品集散地和投放网点。探索利用商业保险稳定生活必需品供应机制，推动重要生活必需品生产流通保险产品创新。

（十三）构建重要商品追溯体系。

建设重要商品追溯体系。坚持政府引导与市场化运作相结合，以食用农产品、食品、药品以及其他对消费者生命健康有较大影响的商品为重点，利用物联网等信息技术建设来源可追、去向可查、责任可究的信息链条，逐步增加可追溯商品品种。

完善重要商品追溯体系的管理体制。坚持统一规划、统一标准、分级建设、属地管理的原则，整合现有资源，建设统一的重要商品追溯信息服务体系，形成全国上下一体、协同运作的重要商品追溯体系管理体制。推进跨部门、跨地区追溯体系对接和信息互通共享。地方各级人民政府要建立商品追溯体系持续有效运行的保障机制。

扩大重要商品追溯体系应用范围。完善重要商品追溯大数据分析与智能化应用机制，加大商品追溯信息在事中事后监管、行业发展促进、信用体系建设等方面的应用力度，提升追溯体系综合服务功能。

五、健全内贸流通规范有序的规制体系

（十四）加快推进流通立法。

完善流通法律制度。加快推进商品流通法立法进程，确立流通设施建设、商品流通保障、流通秩序维护、流通行业发展以及市场监管等基本制度。推动完善知识产权和商业秘密保护、网络信息安全、电子商务促进等法律制度。

健全流通法规规章。完善反垄断、反不正当竞争法律的配套法规制度，强化对市场竞争行为和监管执法行为的规范。加快制订内贸流通各行业领域的行政法规和规章，规范相关参与方行为，推动建立公平、透明的行业规则。对内贸流通领域与经济社会发展需要不相适应的现行法规、规章及规范性文件，及时予以修订或废止。

推进流通领域地方立法。坚持中央立法与地方立法相结合，鼓励地方在立法权限范围内先行先试。

（十五）提升监管执法效能。

加强流通领域执法。创新管理机制，加强执法队伍建设，合理配置执法力量，严格落实执法人员持证上岗和资格管理制度。健全举报投诉服务网络，完善受理、办理、转办和督办机制。开展商务综合行政执法体制改革试点。

推进行政执法与刑事司法衔接。建立信息共享、案情通报和案件移送制度，完善案件移送标准和程序，相关工作纳入中央、省、市、县四级人民政府统一建设的行政执法与刑事司法衔接信息共享平台。

创新市场监管方式。加强事中事后监管，坚持日常监管与专项治理相结合。加强大数据等现代信息技术在监管执法中的应用，推进行政处罚案件信息公开和流通企业信息公示，加强市场监管部门与行业协会商会、专业机构的合作，引入社会监督力量。创新企业产品质量执法检查方式，推行企业产品质量承诺制度。创新电子商务监管模式，健全消费者维权和交易争端解决机制。

（十六）加强流通标准化建设。

健全流通标准体系。加快构建国家标准、行业标准、团体标准、地方标准和企业标准相互配套、相互补充的内贸流通标准体系。扩大标准覆盖面、增强适用性，加强商贸物流、电子商务、农产品流通、居民生活服务等重点领域标准的制修订工作。

强化流通标准实施应用。建立政府支持引导、社会中介组织推动、骨干企业示范应用的内贸流通标准实施应用机制。推动建立经营场所服务标准公开公示制度，倡导流通企业以标准为依据规范服务、交易和管理行为。

完善流通标准管理。加快内贸流通标准管理信息化建设，简化行业标准制修订程序、缩短制修订周期。选择具备条件的社会团体开展团体标准试点。建立重点标准实施监督和评价制度，加强标准在认证认可、检验检测、市场准入、执法监督等行政管理中的使用。

（十七）加快流通信用体系建设。

推动建立行政管理信息共享机制。以统一社会信用代码为基础，推动各地建设流通企业信用信息系统并纳入全国统一的信用信息共享交换平台，实现信息互通共享。建立健全企业经营异常名录、失信企业"黑名单"制度及跨部门联合惩戒机制，依法向社会提供信用信息查询服务。在行政管理中依法使用流通企业信用记录和信用报告，对企业实施信用分类管理。

引导建立市场化综合信用评价机制。在商品零售、居民服务等行业推动建立以交易信息为基础的企业信用评价机制。引导商品交易市场、物流园区以及第三方电子商务平台等建立入驻商户信用评价机制，鼓励按照信用级别向入驻商户提供差别化的信用服务。

支持建立第三方信用评价机制。支持信用调查、信用评估、信用保险、商业保理等信用服务行业加快发展，创新信用产品和服务。鼓励行业协会商会建立会员企业信用档案，推动具有上下游产业关系的行业协会商会建立信用信息共享机制。

六、健全内贸流通协调高效的管理体制

（十八）处理好政府与市场的关系。

明确政府职责。加强内贸流通领域发展战略、规划、法规、规章、政策、标准的制订和实施，整顿和规范市场经济秩序，推动信用建设，提供信息等公共服务，做好生活必需品市场供应应急调控，依法管理特殊流通行业。深化行政审批制度改革，依法界定内贸流通领域经营活动审批、资格许可和认定等管理事项，加快推广行政审批"一个窗口"受理，规范行政许可流程，取消涉及内贸流通的非行政许可审批。结合市场准入制度改革，推行内贸流通领域负面清单制度。

严格依法履职。建立健全内贸流通行政管理权力清单、部门责任清单等制度，公开涉及内贸流通的行政管理和资金支持事项。

（十九）合理划分中央与地方政府权责。

发挥中央政府宏观指导作用。国务院有关部门要研究制订内贸流通领域全国性法律法规、战略、规划、政策和标准，加强跨区域整顿和规范市场经济秩序、信用建设、公共服务、生活必需品市场供应应急调控，按国务院有关规定对特殊流通行业进行监督管理。

强化地方人民政府行政管理职责。地方各级人民政府要加强内贸流通领域全国性法律法规、战略、规划、政策和标准的贯彻实施，结合当地特点，制订本地区的规划、政策和标准，着力加强本行政区域整顿和规范市场秩序、信用建设、公共服务、应急保供等职责。

（二十）完善部门间协作机制。

进一步理顺部门职责分工。商务主管部门要履行好内贸流通工作综合统筹职责，加强与有关部门的沟通协调，完善工作机制，形成合力。探索建立内贸流通领域管理制度制定、执行与监督既相互制约又相互协调的行政运行机制。

探索建立大流通工作机制。鼓励有条件的地方整合和优化内贸流通管理职责，加强对电子商务、商贸物流、农产品市场建设等重点领域规划和政策的统筹协调。

（二十一）充分发挥行业协会商会作用。

推进行业协会商会改革。积极稳妥推进内贸流通领域行业协会商会与行政机关脱钩，厘清行业协会商会与行政机关的职能边界，创新行业协会商会管理体制和运行机制，推动建立政府与行业协会商会的新型合作关系。

支持行业协会商会加快发展。制订支持和鼓励内贸流通领域行业协会商会发展的政策措施，提升行业服务和管理水平，发挥其在加强行业自律、服务行业发展、反映行业诉求等方面的作用。

各地区、各部门要充分认识推进内贸流通现代化、建设法治化营商环境的重要意义，切实抓好各项政策措施的落实，重要的改革要先行试点，及时总结和推广试点经验。各地区要结合本地实际，因地制宜制订实施方案，出台有针对性的具体措施，认真组织实施。各部门要明确分工，落实责任，加强协调，形成合力。商务部会同有关部门负责对本意见落实工作的统筹协调、跟踪了解、督促检查，确保各项任务措施落实到位。

国务院

2015 年 8 月 26 日

国务院办公厅关于推进线上线下互动
加快商贸流通创新发展转型升级的意见

国办发〔2015〕72号

各省、自治区、直辖市人民政府，国务院各部委、各直属机构：

近年来，移动互联网等新一代信息技术加速发展，技术驱动下的商业模式创新层出不穷，线上线下互动成为最具活力的经济形态之一，成为促进消费的新途径和商贸流通创新发展的新亮点。大力发展线上线下互动，对推动实体店转型，促进商业模式创新，增强经济发展新动力，服务大众创业、万众创新具有重要意义。为落实国务院决策部署，推进线上线下互动，加快商贸流通创新发展和转型升级，经国务院同意，现提出以下意见：

一、鼓励线上线下互动创新

（一）支持商业模式创新。包容和鼓励商业模式创新，释放商贸流通市场活力。支持实体店通过互联网展示、销售商品和服务，提升线下体验、配送和售后等服务，加强线上线下互动，促进线上线下融合，不断优化消费路径、打破场景限制、提高服务水平。鼓励实体店通过互联网与消费者建立全渠道、全天候互动，增强体验功能，发展体验消费。鼓励消费者通过互联网建立直接联系，开展合作消费，提高闲置资源配置和使用效率。鼓励实体商贸流通企业通过互联网强化各行业内、行业间分工合作，提升社会化协作水平。（商务部、网信办、发展改革委、工业和信息化部、地方各级人民政府）

（二）鼓励技术应用创新。加快移动互联网、大数据、物联网、云计算、北斗导航、地理位置服务、生物识别等现代信息技术在认证、交易、支付、物流等商务环节的应用推广。鼓励建设商务公共服务云平台，为中小微企业提供商业基础技术应用服务。鼓励开展商品流通全流程追溯和查询服务。支持大数据技术在商务领域深入应用，利用商务大数据开展事中事后监管和服务方式创新。支持商业网络信息系统提高安全防范技术水平，将用户个人信息保护纳入网络安全防护体系。（商务部、工业和信息化部、发展改革委、地方各级人民政府）

（三）促进产品服务创新。鼓励企业利用互联网逆向整合各类生产要素资源，按照消费需求打造个性化产品。深度开发线上线下互动的可穿戴、智能化商品市场。鼓励第三方电子商务平台与制造企业合作，利用电子商务优化供应链和服务链体系，发展基于互联网的装备远程监控、运行维护、技术支持等服务市场。支持发展面向企业和创业者的平台开发、网店建设、代运营、网络推广、信息处理、数据分析、信用认证、管理咨询、在线培训等第三方服务，为线上线下互动创新发展提供专业化的支撑保障。鼓励企业通过虚拟社区等多种途径获取、转化和培育稳定的客户群体。（商务部、工业和信息化部、网信办、地方各级人民政府）

二、激发实体商业发展活力

（四）推进零售业改革发展。鼓励零售企业转变经营方式，支持受线上模式冲击的实体店调整重组，提高自营商品比例，加大自主品牌、定制化商品比重，深入发展连锁经营。鼓励零售企业利用互联网技术推进实体店铺数字化改造，增强店面场景化、立体化、智能化展示功能，开展全渠道营销。鼓励大型实体店不断丰富消费体验，向智能化、多样化商业服务综合体转型，增加餐饮、休闲、娱乐、文化等设施，由商品销售为主转向"商品＋服务"并重。鼓励中小实体店发挥靠近消费者优势，完善便利服务体系，增加快餐、缴费、网订店取、社区配送等附加便民服务功能。鼓励互联网企业加强与实体店合作，推动线上交流互动、引客聚客、精准营销等优势和线下真实体验、品牌信誉、物流配送等优势相融合，促进组织管理扁平化、设施设备智能化、商业主体在线化、商业客体数据化和服务作业标准化。（商务部、发展改革委）支持新型农业经营主体对接电子商务平台，有效衔接产需信息，推动农产品线上营销与线下流通融合发展。鼓励农业生产资料经销企业发展电子商务，促进农业生产资料网络营销。（农业部、发展改革委）支持零售企业线上线下结合，开拓国际市场，发展跨境网络零售。（商务部）

（五）加快批发业转型升级。鼓励传统商品交易市场利用互联网做强交易撮合、商品集散、价格发现和信息交互等传统功能，增强物流配送、质量标准、金融服务、研发设计、展览展示、咨询服务等新型功能。鼓励传统批发企业应用互联网技术建设供应链协同平台，向生产、零售环节延伸，实现由商品批发向供应链管理服务的转变。支持发展品牌联盟或建设品牌联合采购平台，集聚品牌资源，降低采购成本。深化电子商务应用，引导商品交易市场向电子商务园区、物流园区转型。以电子商务和现代物流为核心，推动大宗商品交易市场优化资源配置、提高流通效率。鼓励线上行业信息服务平台向综合交易服务平台转型，围绕客户需求组织线下展示会、洽谈会、交易会，为行业发展提供全方位垂直纵深服务。（商务部、工业和信息化部、发展改革委）

（六）转变物流业发展方式。运用互联网技术大力推进物流标准化，重点推进快递包裹、托盘、技术接口、运输车辆标准化，推进信息共享和互联互通，促进多式联运发展。大力发展智慧物流，运用北斗导航、大数据、物联网等技术，构建智能化物流通道网络，建设智能化仓储体系、配送系统。发挥互联网平台实时、高效、精准的优势，对线下运输车辆、仓储等资源进行合理调配、整合利用，提高物流资源使用效率，实现运输工具和货物的实时跟踪和在线化、可视化管理，鼓励依托互联网平台的"无车承运人"发展。推广城市共同配送模式，支持物流综合信息服务平台建设。鼓励企业在出口重点国家建设海外仓，推进跨境电子商务发展。（发展改革委、商务部、交通运输部、邮政局、国家标准委）

（七）推进生活服务业便利化。大力推动吃住行及旅游、娱乐等生活服务业在线化，促进线上交易和线下服务相结合，提供个性化、便利化服务。鼓励餐饮企业发展在线订餐、团购、外卖配送等服务。支持住宿企业开展在线订房服务。鼓励交通客运企业、旅游景点及文化演艺单位开展在线订票、在线订座、门票配送等服务。支持家政、洗染、维修、美发等行业开展网上预约、上门服务等业务。鼓励互联网平台企业汇聚线下实体的闲置资源，发展民宿、代购、合乘出行等合作消费服务。（商务部、旅游局、文化部、交通运输部）

（八）加快商务服务业创新发展。鼓励展览企业建设网上展示交易平台，鼓励线上企业服务实体展会，打造常态化交流对接平台，提高会展服务智能化、精细化水平。支持举办中国国际电子商务博览会，发现创新、引导创新、推广创新。提升商务咨询服务网络化水平。（商务部）提升知识产权维权服务水平。（知识产权局）积极探索基于互联网的新型服务贸易发展方式，培育服务新业态，推动服务贸易便利化，提升商务服务业国际化水平。（商务部）

三、健全现代市场体系

（九）推进城市商业智能化。深入推进智慧城市建设，鼓励具备条件的城市探索构建线上线下互动的体验式智慧商圈，支持商圈无线网络基础设施建设，完善智能交通引导、客流疏导、信息推送、移动支付、消费互动、物流配送等功能，健全商圈消费体验评价、信息安全保护、商家诚信积累和消费者权益保障体系。实施特色商业街区示范建设工程，鼓励各地基于互联网技术培育一批具有产业特色、经营特色、文化特色的多功能、多业态商业街区。（商务部、发展改革委、科技部、工业和信息化部、人民银行、工商总局、地方各级人民政府）

（十）推进农村市场现代化。开展电子商务进农村综合示范，推动电子商务企业开拓农村市场，构建农产品进城、工业品下乡的双向流通体系。（商务部、财政部）引导电子商务企业与农村邮政、快递、供销、"万村千乡市场工程"、交通运输等既有网络和优势资源对接合作，对农村传统商业网点升级改造，健全县、乡、村三级农村物流服务网络。加快全国农产品商务信息服务公共平台建设。（商务部、交通运输部、邮政局、供销合作总社、发展改革委）大力发展农产品电子商务，引导特色农产品主产区县市在第三方电子商务平台开设地方特色馆。（商务部、地方各级人民政府）推进农产品"生产基地＋社区直配"示范，带动订单农业发展，提高农产品标准化水平。加快信息进村入户步伐，加强村级信息服务站建设，强化线下体验功能，提高新型农业经营主体电子商务应用能力。（农

业部）

（十一）推进国内外市场一体化。鼓励应用互联网技术实现国内国外两个市场无缝对接，推进国内资本、技术、设备、产能与国际资源、需求合理适配，重点围绕"一带一路"倡议及开展国际产能和装备制造合作，构建国内外一体化市场。（商务部、发展改革委、网信办）深化京津冀、长江经济带、"一带一路"、东北地区和泛珠三角四省区（福建、广东、广西、海南）区域通关一体化改革，推进全国一体化通关管理。（海关总署）建立健全适应跨境电子商务的监管服务体系，提高贸易便利化水平。（商务部、海关总署、财政部、税务总局、质检总局、外汇局）

四、完善政策措施

（十二）推进简政放权。除法律、行政法规和国务院决定外，各地方、各部门一律不得增设线上线下互动企业市场准入行政审批事项。根据线上线下互动特点，调整完善市场准入资质条件，加快公共服务领域资源开放和信息共享。（有关部门按职能分工分别负责）简化市场主体住所（经营场所）登记手续，推进一照多址、一址多照、集群注册等住所登记制度改革，为连锁企业、网络零售企业和快递企业提供便利的登记注册服务。（工商总局）

（十三）创新管理服务。坚持促进发展、规范秩序和保护权益并举，坚持在发展中逐步规范、在规范中更好发展。注意规范方式，防止措施失当导致新兴业态丧失发展环境。创新管理理念、管理体制和管理方式，建立与电子商务发展需要相适应的管理体制和服务机制，促进线上线下互动，充分发挥流通在经济发展中的基础性和先导性作用。开展商务大数据建设和应用，服务监管创新，支持电子商务产品品牌推广。（商务部、工商总局、质检总局）在不改变用地主体、规划条件的前提下，各类市场主体利用存量房产、土地资源发展线上线下互动业务的，可在 5 年内保持土地原用途、权利类型不变，5 年期满后确需办理变更手续的，按有关规定办理。（国土资源部）

（十四）加大财税支持力度。充分发挥市场在资源配置中的决定性作用，突出社会资本推动线上线下融合发展的主体地位。同时发挥财政资金的引导作用，促进电子商务进农村。（财政部、商务部）营造线上线下企业公平竞争的税收环境。（财政部、税务总局）线上线下互动发展企业符合高新技术企业或技术先进型服务企业认定条件的，可按现行税收政策规定享受有关税收优惠。（财政部、科技部、税务总局）积极推广网上办税服务和电子发票应用。（税务总局、财政部、发展改革委、商务部）

（十五）加大金融支持力度。支持线上线下互动企业引入天使投资、创业投资、私募股权投资，发行企业债券、公司债券、资产支持证券，支持不同发展阶段和特点的线上线下互动企业上市融资。支持金融机构和互联网企业依法合规创新金融产品和服务，加快发展互联网支付、移动支付、跨境支付、股权众筹融资、供应链金融等互联网金融业务。完善支付服务市场法律制度，建立非银行支付机构常态化退出机制，促进优胜劣汰和资源整合。健全互联网金融征信体系。（人民银行、发展改革委、银监会、证监会）

（十六）规范市场秩序。创建公平竞争的创业创新环境和规范诚信的市场环境，加强知识产权和消费者权益保护，防止不正当竞争和排除、限制竞争的垄断行为。推进社会诚信体系建设，强化经营主体信息公开披露，推动行政许可、行政处罚信息7个工作日内上网公开。建立健全电子商务信用记录，纳入"信用中国"网站和统一的信用信息共享交换平台，完善电子商务信用管理和信息共享机制。切实加强线上线下一体化监管和事中事后监管，健全部门联动防范机制，严厉打击网络领域制售假冒伪劣商品、侵犯知识产权、传销、诈骗等违法犯罪行为。（商务部、发展改革委、工业和信息化部、公安部、工商总局、质检总局、食品药品监管总局、知识产权局）

（十七）加强人才培养。鼓励各类企业、培训机构、大专院校、行业协会培养综合掌握商业经营管理和信息化应用知识的高端紧缺人才。支持有条件的地区建设电子商务人才继续教育基地，开展实用型电子商务人才培训。支持开展线上线下互动创新相关培训，引进高端复合型电子商务人才，为线上线下互动企业创新发展提供服务。（商务部、人力资源和社会保障部、地方各级人民政府）

（十八）培育行业组织。支持行业协会组织根据本领域行业特点和发展需求制订行业服务标准和服务规范，倡导建立良性商业规则，促进行业自律发展。发挥第三方检验检测认证机构作用，保障商品和服务质量，监督企业遵守服务承诺，维护消费者、企业及个体创业者的正当权益。（商务部、工商总局、质检总局）

各地区、各部门要加强组织领导和统筹协调，结合本地区、本部门实际制订具体实施方案，明确工作分工，落实工作责任。商务部要会同有关部门做好业务指导和督促检查工作，重大情况及时报告国务院。

国务院办公厅
2015 年 9 月 18 日

国务院关于促进快递业发展的若干意见

国发〔2015〕61 号

各省、自治区、直辖市人民政府，国务院各部委、各直属机构：

快递业是现代服务业的重要组成部分，是推动流通方式转型、促进消费升级的现代化先导性产业。近年来，我国快递业发展迅速，企业数量大幅增加，业务规模持续扩大，服务水平不断提升，在降低流通成本、支撑电子商务、服务生产生活、扩大就业渠道等方面发挥了积极作用。但与此同时，快递业发展方式粗放、基础设施滞后、安全隐患较多、国际竞争力不强等问题仍较为突出。为促进快递业健康发展，进一步搞活流通、拉动内需，服务大众创业、万众创新，培育现代服务业新增长点，更好发挥快递业对稳增长、促改革、调结构、惠民生的作用，现提出以下意见。

一、总体要求

（一）指导思想。以解决制约快递业发展的突出问题为导向，以"互联网＋"快递为发展方向，培育壮大市场主体，融入并衔接综合交通体系，扩展服务网络惠及范围，保障寄递渠道安全，促进行业转型升级和提质增效，不断满足人民群众日益增长的寄递需求，更好服务于国民经济和社会发展。

（二）基本原则。

市场主导。遵循市场发展规律，进一步开放国内快递市场，用市场化手段引导快递企业整合提升，鼓励企业持续提高服务能力和服务质量。进一步简政放权，发挥法律法规、规划、标准的规范引导作用，形成有利于快递业发展的市场环境。

安全为基。进一步强化安全生产红线意识，加强寄递安全制度体系建设，落实企业主体责任，夯实快递业安全基础。依靠科技手段创新管理方式、提升监管能力，保障寄递渠道安全。

创新驱动。鼓励不同所有制资本在快递领域交叉持股、相互融合，激发市场主体活力和创造力。支持快递企业加快推广应用现代信息技术，不断创新商业模式、服务形式和管理方式。

协同发展。推动快递业加快融入生产、流通和消费环节，充分发挥服务电子商务的主渠道作用，联通线上线下，实现与先进制造业、现代农业、信息技术等产业协同发展。

（三）发展目标。到 2020 年，基本建成普惠城乡、技术先进、服务优质、安全高效、绿色节能的快递服务体系，形成覆盖全国、联通国际的服务网络。

——产业规模跃上新台阶。快递市场规模稳居世界首位，基本实现乡乡有网点、村村通快递，快递年业务量达到 500 亿件，年业务收入达到 8000 亿元。

——企业实力明显增强。快递企业自主航空运输能力大幅提升，建设一批辐射国内外的航空快递货运枢纽，积极引导培育形成具有国际竞争力的大型骨干快递企业。

——服务水平大幅提升。寄递服务产品体系更加丰富，国内重点城市间实现 48 小时送达，国际快递服务通达范围更广、速度更快，服务满意度稳步提高。

——综合效益更加显著。年均新增就业岗位约 20 万个，全年支撑网络零售交易额突破 10 万亿元，日均服务用户 2.7 亿人次以上，有效降低商品流通成本。

二、重点任务

（四）培育壮大快递企业。鼓励各类资本依法进入快递领域，支持快递企业兼并重组、上市融资，整合中小企业，优化资源配置，实现强强联合、优势互补，加快形成若干家具有国际竞争力的企业集团，鼓励"走出去"参与国际竞争。大力提升快递服务质量，实施品牌战略，建立健全行业安全和服务标准体系，加强服务质量监测，降低快件延误率、损毁率、丢失率和投诉率，引导快递企业从价格竞争向服务竞争转变。积极推广快递保险业务，保障用户权益。支持骨干企业建设工程技术中心，开展智能终端、自动分拣、机械化装卸、冷链快递等技术装备的研发应用。

（五）推进"互联网＋"快递。鼓励快递企业充分利用移动互联、物联网、大数据、云计算等信息技术，优化服务网络布局，提升运营管理效率，拓展协同发展空间，推动服务模式变革，加快向综合性快递物流运营商转型。引导快递企业与电子商务企业深度合作，促进线上线下互动创新，共同发展体验经济、社区经济、逆向物流等便民利商新业态。积极参与涉农电子商务平台建设，构建农产品快递网络，服务产地直销、订单生产等农业生产新模式。发挥供应链管理优势，积极融入智能制造、个性化定制等制造业新领域。支持快递企业完善信息化运营平台，发展代收货款等业务。

（六）构建完善服务网络。实施快递"向下、向西、向外"工程，建设快递专业类物流园区、快件集散中心和快递末端服务平台，完善农村、西部地区服务网络，构建覆盖国内外的快件寄递体系。支持快递企业加强与农业、供销、商贸企业的合作，打造"工业品下乡"和"农产品进城"双向流通渠道，下沉带动农村消费。鼓励快递企业发展跨境电商快递业务，加大对快递企业"走出去"的服务力度，在重点口岸城市建设国际快件处理中心，探索建立"海外仓"。鼓励传统邮政业进一步加快转型发展，支持邮政企业和快递企业创新合作模式，充分利用现有邮政网点优势，提高邮政基础设施利用效率。

（七）衔接综合交通体系。实施快递"上车、上船、上飞机"工程，加强与铁路、公路、水路、民航等运输企业合作，制定并实施快递设施通用标准，强化运输保障能力。在铁路枢纽配套建设快件运输通道和接驳场所，建立健全利用中欧班列运输邮（快）件机制。稳妥推进公路客运班车代运快件试点和快件甩挂运输方式，因地制宜发展快件水路运输，大力推动快件航空运输。在交通运输领域，完善快件处理设施和绿色通道，辐射带动电子商务等相关产业集聚。鼓励快递企业组建航空货运公司，在国际航线、航班时刻、货机购置等方面给予政策支持。

（八）加强行业安全监管。实施寄递渠道安全监管"绿盾"工程，全面推进快递企业安全生产标准化建设，落实邮政业安全生产设备配置规范等强制性标准，明确收寄、分拣、运输、投递等环节的安全要求。落实快递企业和寄件人安全责任，完善从业人员安全教育培训制度，筑牢寄递渠道安全基础。强化安全检查措施，严格执行收寄验视制度，加强对进出境快件的检疫监管，从源头防范禁寄物品流入寄递渠道。积极利用信息技术提升安全监管能力，完善快递业安全监管信息平台，健全信息采集标准和共享机制，实现快件信息溯源追查，依法严格保护个人信息安全。落实寄递渠道安全管理工作机制，加强跨部门、跨区域协作配合，提升安全监管与应急处置能力。

三、政策措施

（九）深入推进简政放权。深化快递行业商事制度改革，探索对快递企业实行同一工商登记机关管辖范围内"一照多址"模式。简化快递业务经营许可程序，改革快递企业年度报告制度，精简企业分支机构、末端网点备案手续。发挥电子口岸、国际陆港等"一站式"通关平台优势，扩大电子商务出口快件清单核放、汇总申报通关模式的适用地域范围，实现进出境快件便捷通关。

（十）优化快递市场环境。充实监管力量，创新监管方式，强化事中事后监管，全面提升市场监管能力。建立健全用户申诉与执法联动机制，依法查处违法违规行为，规范市场经营秩序。发挥行业自律和社会监督作用，利用企业信用信息公示系统和行业监管信息系统，建立违法失信主体"黑名单"及联合惩戒制度，营造诚实守信的市场环境。

（十一）健全法规规划体系。加快制定快递条例和相关法规规章，提高快递业法治化、标准化水平。编制快递业发展"十三五"规划和重点区域规划，与综合交通运输、物流业、现代服务业、电子商务、物流园区等专项规划做好衔接。有关方面要将发展快递业纳入国民经济和社会发展规划，在城乡规划、土地利用规划、公共服务设施规划中合理安排快递基础设施的布局建设。

（十二）加大政策支持力度。中央预算内投资通过投资补助和贴息等方式，支持农村和西部地区公益性、基础性快递基础设施建设，各级财政专项资金要将符合条件的企业和项目纳入支持范围。快递企业可按现行规定申请执行省（区、市）内跨地区经营总分支机构增值税汇总缴纳政策，依法享受企业所得税优惠政策。各地区要在土地利用总体规划和年度用地计划中统筹安排快递专业类物流园区、快件集散中心等设施用地，研究将智能快件箱等快递服务设施纳入公共服务设施规划。鼓励金融机构创新服务方式，开展适应快递业特点的抵押贷款、融资租赁等业务。快递企业用电、用气、用热价格按照不高于一般工业标准执行。

（十三）改进快递车辆管理。制定快递专用机动车辆系列标准，及时发布和修订车辆生产企业和产品公告。各地要规范快递车辆管理，逐步统一标志，对快递专用车辆城市通行和临时停靠作业提供便利。研究出台快递专用电动三轮车国家标准以及生产、使用、管理规定。各地可结合实际制定快递专用电动三轮车用于城市收投服务的管理办法，解决"最后一公里"通行难问题。

（十四）建设专业人才队伍。引导高等学校加强物流管理、物流工程等专业建设，支持职业院校开设快递相关专业。探索学校、科研机构、行业协会和企业联合培养人才模式，建立一批快递人才培训基地。实施快递人才素质提升工程，建立健全人才评价制度，落实就业创业和人才引进政策。支持快递企业组织从业人员参加相关职业培训和职业技能鉴定，对符合条件的企业和人员可按规定给予补贴。

四、组织实施

各地区、各有关部门要充分认识促进快递业健康发展的重要意义，加强组织领导，健全工作机制，强化协同联动，加大支持力度，为快递业发展营造良好环境。各地区要根据本意见，结合本地区实际情况研究出台有针对性的支持措施并认真抓好落实。各有关部门要各负其责，按照职责分工抓紧制定相关配套措施。交通运输部、发展改革委、邮政局会同有关部门负责对本意见落实工作的统筹协调、跟踪了解、督促检查。

国务院
2015 年 10 月 23 日

第九章 湖南省现代物流发展政策文件汇编

湖南省人民政府办公厅关于印发《湖南省现代物流业发展三年行动计划（2015—2017年）》的通知

湘政办发〔2015〕50号

各市州、县市区人民政府，省政府各厅委、各直属机构：

《湖南省现代物流业发展三年行动计划（2015—2017年）》已经省人民政府同意，现印发给你们，请认真组织实施。

湖南省人民政府办公厅

2015年5月8日

湖南省现代物流业发展三年行动计划
（2015—2017 年）

为推动全省物流业加快发展，构建经济发展新引擎，根据《物流业发展中长期规划（2014—2020 年）》（国发〔2014〕42 号）精神，结合我省实际，制定本行动计划。

一、总体要求

（一）基本思路。贯彻落实党的十八大和十八届三中、四中全会精神，充分发挥"一带一部"的区位优势，依托航空、铁路、公路等现代综合交通枢纽和网络，进一步强化中心、优化节点、完善设施、提升功能，加快物流园区建设，大力培育物流领军企业，发展壮大特色物流，以产业联动提升产业集聚区生产物流服务能力，以公共配送提升城乡居民消费物流服务能力，全面提升我省物流业专业化、社会化和信息化水平，为推进四化两型建设、实现三量齐升、全面建成小康社会提供物流服务保障。

（二）基本原则。坚持市场主导。充分发挥市场在资源配置中的决定性作用，强化企业的市场主体地位，积极发挥政府对现代物流业在战略、规划、政策、标准等方面的引导作用。

坚持规划引领。统筹物流业发展规划、城乡规划、土地规划和项目建设规划，强化规划的约束力和执行力，优化物流产业布局，促进物流业有序发展。

坚持创新驱动。加快物流信息技术的研发应用，提升物流业信息化和智能化水平；采用节能环保技术装备，降低物流业总体能耗和污染物排放水平；创新运作管理模式，提高供应链管理和物流服务水平，形成物流业与制造业、商贸业、金融业协同发展的新优势。

坚持项目带动。加强物流项目建设，充分发挥重大物流项目的资源集聚和辐射作用。通过项目带动，逐步形成规模适度、功能齐全、绿色高效，与区域经济、产业体系和居民消费水平相适应的现代物流服务体系。

（三）发展目标。经过三年努力，全省物流业综合实力明显提升。到 2017 年，基本建立布局合理、技术先进、便捷高效、绿色环保、安全有序的现代物流服务体系，将湖南打造成为长江经济带重要区域性物流中心，使物流业对经济社会发展的服务能力显著增强。

——物流整体运行水平进一步提高。力争到 2017 年，全省物流业增加值达到 2500 亿元左右，年均增长 12％以上，物流总费用占 GDP 的比率下降到 18.2％左右。

——物流园区发展水平上台阶。物流园区网络体系、布局更加合理，多式联运、甩挂运输、共同配送等现代物流运作方式不断发展，培育形成 20 个设施先进、功能完备、集聚集约发展的省级示范物流园区，建设 3—5 家国家级示范物流园区。

——物流龙头企业引领能力显著增强。培育一批具有国际竞争力的大型物流企业集团和物流服务品牌，第三方、第四方物流企业实现较快发展，重点支持建设 100 个重大物流项目，到 2017 年，年营业收入过 10 亿元的企业达到 40 家以上，其中年营业收入超 50 亿元物流企业达到 8 家；国家 5A 级物流企业达到 15 家；进入全国 100 强的物流企业达到 5 家。

——物流专业化、社会化服务能力显著提升。初步建成覆盖全省的物流公共信息平台，全面推进物流技术设施标准化。

二、主要任务

（一）推进长株潭物流枢纽与物流节点建设，优化物流业发展区域布局。

1. 提升长株潭区域物流中心功能。突出国家区域物流结点城市、长沙国家一级物流园区布局城市的地位，发挥长株潭城市群综合配套改革试验区的优势，提升国际化、高端化、智能化水平。以长沙金霞物流园、湘潭荷塘物流园两个省级示范物流园区，以及湖南航空物流产业园、长沙高铁物流、湘潭一力公路港物流、株洲轨道交通物流、株洲芦淞服饰物流园为核心，打造中部地区物流高地。长沙市以发达的经济基础和便捷的交通运输网络为依托，以城市配送物流和专业市场物流为重点，大力培育空港物流、高铁物流，加速构建全省综合物流中心。株洲市依托国际领先的轨道交通等装备制造业、辐射中南地区的服装交易集散地，重点发展制造业物流和服饰物流。湘潭市以商贸物流为重点，发挥综合保税区优势，加快建设适应国际中转、国际采购、国际配送、国际转口贸易业务要求的保税物流；发挥长株潭中心结合部、高速公路枢纽的区位优势，建设以货物配载、物流信息交流为重点的一力公路港物流。（省发改委、省商务厅、省交通运输厅、省经信委、省机场管理集团以及长株潭三市人民政府负责，排第一位的为牵头单位，下同）

2. 增强区域物流节点支撑能力。依托岳阳、衡阳、娄底国家二级物流园区布局城市和郴州、怀化、常德、邵阳等国家三级物流园区布局城市，发挥地区性中心城市的区位交通、产业和市场等优势，进一步完善物流通道、园区、口岸、配送中心等基础设施，增强区域物流节点综合服务功能，形成与长株潭中心功能互补、相互呼应、联动发展的大物流发展格局。依托京广、沪昆铁路和京港澳、沪昆、二广高速等交通运输大通道，推动沿线中心城市物流节点建设，加强货运场站、多式联运设施改造提升，提高物流中转集疏、分拨配送能力，促进区域物流顺畅衔接和一体化发展，建设覆盖周边、辐射全国的交通物流网络。依托各地产业集聚区和产业集群，以工程机械、装备制造、汽车及零部件、食品、钢铁、有色、建材等产业为重点，建设一批具有贸易、流通加工、中转分拨、集成配送、物流金融等复合服务功能的物流园区，为产业集群发展和转型升级提供物流服务支撑。依托各地商贸业聚集地、大型批发市场等，加快专业市场配套物流设施建设，促进专业市场转型升级，建设形成一批面向全国乃至国际的具有展示交易、价格发布、信息交流、电子商务等一体化物流服务功能的商贸物流基地。加强节点城市物流基础设施建设，不断提升物流综合服务能力。重点推动衡阳白沙洲物流园、郴州湘南国际物流园、怀化狮子岩物流园、娄底湘中国际物流园、岳阳城陵矶新港物流园、常德德山物流园等省级示范物流园建设，形成一批支撑区域物流集聚发展的载体平台。加快发展边贸物流，在怀化市、湘西州、永州市、郴州市、张家界市等省际边界城镇，建设一批商贸物流中心，形成辐射面宽、带动力强的区域物流节点。（省发改委、省经信委、省交通运输厅、省商务厅以及相关市州人民政府负责）

（二）突出培育五大特色物流。

1. 电子商务物流。抓住电子商务快速发展的重大机遇，依托区位和交通优势，吸引境内外电子商务巨头布局建设区域物流节点，打造长株潭全国区域性电子商务物流枢纽。深化与阿里巴巴等知名电商的战略合作，实施"湘品网上行"工程，加快建设快乐购、步步高网上商城、通程天下、友阿网上商城、网上供销社等电子商务平台，引进天猫国际、易贝、亚马逊等知名平台，扩大跨境贸易业务规模。重点建设电子商务快递物流园、邮政速递物流邮件处理中心和申通、圆通、中通、汇通、韵达、顺丰、宅急送等公司区域中心或分拨集散中心。推动 DHL、联合包裹、联邦快递、TNT 等四大快递企业在长沙设立转运中心，支持有实力的快递企业在中小城市和重点乡镇布局网点。在长沙、株洲、岳阳、衡阳、郴州、娄底、怀化等地区建成一批区域性仓储配送基地，吸引制造商、电商、快递和零担物流公司、第三方服务公司入驻，提高快递物流配送效率和服务水平。推动高铁货运场站、空港货运设施等建设，积极开展高铁、航空快递业务，不断扩大快递规模。开展电子商务与快递协同发展试点，建立适合电子商务快速发展的物流快递管理制度和服务体系。（省商务厅、省发改委、省经信委、省公安厅、省科技厅、省工商局、省邮政管理局、省通信管理局、省机场集团、广铁集团长沙办事处、长沙海关、湖南出入境检验检疫局、石长铁路公司以及相关市州人民政府负责）

2. 冷链物流。壮大行业龙头，完善区域网络，加快构建适应农产品精深加工、消费升级和医药流通特点的冷链物流体系，建设全国重要的冷链物流基地。支持新五丰、红星、伟鸿、佳惠、马王堆农产品物流中心等龙头企业，依托生产加工、批发和配送网点，拓展冷链干线运输、区域分拨、城际零担业务。编制全省冷链物流发展规划，加强鲜活农产品冷链物流设施建设，支持大宗鲜活农产品产地预冷、初加工、冷藏保鲜、冷链运输等设施设备建设，形成一批农产品物流集散中心。加强冷链物流设施设备信息化改造，建设产业链全流程质量监控和追溯系统，提升批发市场等重要节点的冷链设施水平，完善冷链物流网络。（省发改委、省商务厅、省农委、省食品药品监管局以及相关市州人民政府负责）

3. 保税物流。依托航空、铁路、公路、内河口岸和各类海关特殊监管区域及保税监管场所，大力发展保税物流。积极推进衡阳综合保税区、湘潭综合保税区、岳阳城陵矶综合保税区、郴州出口加工区项目建设，支持郴州出口加工区升级为综合保税区，推动长沙申建综合保税区，加快长沙自由贸易试验区申建筹备工作，加强各地市州保税仓库和监管仓库建设，打造以海关特殊监管区域为轴线、保税监管场所为两翼的湖南保税物流体系。积极与上海自由贸易试验区对接，做好各项创新制度的复制推广工作，充分发挥、利用、拓展现有海关特殊监管区域的保税加工、保税物流、保税服务功能，支持省内进出口贸易依托海关特殊监管区域开展保税物流业务，扩大智能手机、汽车零配件、贵重金属、高档服装等产品保税物流规模，支持企业在海关特殊监管区域内开展国内出口产品返区维修业务。加快电子口岸建设，建立口岸物流联检联动机制，实现报关、报检、安检等一次申报、一次查验、一次放行，提高进出口货物通关效率。完善出入境检验检疫设施，保障公共安全。（省商务厅、长沙海关、湖南出入境检验检疫局、省发改委、省机场管理集团以及相关市州人民政府负责）

4. 再生资源回收物流。依托汨罗、松木、永兴、桂阳等国家循环经济示范园区，加快建立再生资源回收物流体系，重点推动包装物、废旧电器电子产品等生活废弃物和报废工程机械、农作物秸秆、消费品加工中产生的边角废料等有使用价值废弃物的回收物流发展。加大废弃物回收物流处理设施的投资力度，加快建设一批回收物流中心，提高回收物品的收集、分拣、加工、搬运、仓储、包装、维修等管理水平，实现废弃物的妥善处置、循环利用、无害环保。（省商务厅、省发改委、省经信委、省环保厅、省供销社以及相关市、县人民政府负责）

5. 优势产业物流。积极推动工程机械、轨道交通、汽车、钢铁、盐化工、输变电、建材、粮食、医药等行业物流发展，在全省建设一批具有区域影响力的专业物流基地，形成与主导产业相配套的物流服务体系。加快推进农村物流发展，建设布局合理、功能完善、服务高效的农村物流服务体系。（省经信委、省发改委、省商务厅、省食品药品监管局、省供销社、省粮食局负责）

（三）加快实施六大物流工程。

1. 多式联运工程。加快多式联运设施建设，构建能力匹配的集疏运通道，配备现代化中转设施，建立多式联运信息平台，促进公铁联运、铁水联运、陆空联运、江海联运无缝对接，建设一批多式联运示范运作区。岳阳市建设完善港口铁路、公路集疏运设施，发挥港口集装箱中心作用。长株潭依托空港、湘江内河港、公路、铁路交通枢纽优势，加快发展公铁联运、陆空联运、铁水联运，继续开通"五定班列"，开通直通欧洲的国际货运班列。郴州市利用直通港澳验放口岸，开通港澳货物直通车，怀化、衡阳、娄底等市积极发展公铁联运。推进洞庭湖区和四水沿江节点城市港口场站建设，发展以矿石原料、煤炭、粮食大宗散货铁水联运。（省交通运输厅、省发改委、省经信委、省商务厅、省机场管理集团、广铁集团长沙办事处、长沙海关、湖南出入境检验检疫局、石长铁路公司负责）

2. 物流园区提升工程。按照节约集约用地原则，在一、二、三级物流园区布局城市及重要节点地区，推进物流园区快速、健康、有序发展，尽快形成与区域经济发展相适应的物流园区体系。

——优化园区布局。结合各地产业需求和区位特点，依托交通枢纽、口岸、国家级和省级开发区、产业和商贸集聚区，加快建设和改造提升一批货运枢纽型、生产服务型、商贸服务型、口岸服务型、综合服务型等物流园区，形成布局合理、功能集成、企业集聚、规模适当、支撑服务有力的物流发展载体平台。（省发改委、省经信委、省交通运输厅、省商务厅、省国土资源厅、省邮政管理局、长沙海关、广铁集团长沙办事处、石长铁路公司以及相关市州人民政府负责）

——推动园区转型升级。整合现有物流园区和物流基础设施，提高土地和资源利用效率，支持优势物流园区做大做强，引导物流需求不足和同质化竞争明显的园区进一步完善功能、强化特色、创新发展。科学布局新建物流园区，综合考虑区域物流需求、城镇化建设等因素，支持建设一批规模适当、功能完备、业态先进、多式联运的现代化物流园区，提升我省物流园区整体发展水平。（省发改委、省交通运输厅、省商务厅、广铁集团长沙办事处、省机场管理集团、石长铁路公司以及相关市州人民政府负责）

——加强园区设施建设。编制完善物流园区总体发展规划，明确四至范围、产业定位、功能分区、发展目标、建设时序等。加快建设园区现代化仓储设施、多式联运设施和信息服务平台，建设完善园区水、电、路、网络、通信和园区周边道路、铁路、水路等基础设施和生活配套设施，推广甩挂运输、集装箱运输、托盘化单元装载和智能化管理技术，提高物流效率，降低储运损耗，打造绿色低碳物流园区。（省发改委、省交通运输厅、省商务厅、省住房城乡建设厅、省经信委、省科技厅、广铁集团长沙办事处、石长铁路公司以及相关市州人民政府负责）

——开展园区示范工作。落实《全国物流园区发展规划》，开展省级示范物流园区评定和培育工作，争取三年扶持建设 20 个综合实力强、发展前景好、带动作用显著的省级示范物流园区。积极申建国家级示范物流园区，不断总结经验，强化示范引领，促进全省物流园区规模化、专业化发展。（省发改委、省国土资源厅、省住房城乡建设厅、省交通运输厅、省商务厅、省环保厅、省经信委、省科技厅、省邮政管理局、省机场管理集团、

长沙海关、广铁集团长沙办事处、石长铁路公司以及相关市州人民政府负责）

3. 产业联动发展工程。围绕建设先进制造业大省，推动物流业与制造业联动发展，完善产业集聚区物流服务功能，增强供应链一体化服务能力，为产业结构调整和转型升级提供动力。

——推进产业集聚区物流功能区建设。在全省141个省级以上开发区和产业集聚区，规划建设一批与主导产业紧密配套的物流服务"区中园"，完善物流基础设施、建设公共外仓、强化信息服务，提高产业集聚区供应链设计、采购物流、入厂物流、交互物流、销售物流、逆向物流等专业服务能力。（省发改委、省经信委、省科技厅、省商务厅、省交通运输厅以及各市州人民政府负责）

——鼓励制造企业分离外包物流业务。加大制造企业主辅分离推进力度，支持一批有条件的企业设立专业物流公司，再造企业内部流程，开展社会化物流业务。鼓励制造企业与第三方物流企业建立长期合作关系，外包企业物流业务。（省经信委、省发改委、省交通运输厅负责）

——积极发展供应链物流。支持有实力的物流企业建设与生产制造相配套的仓储配送设施和物流信息系统，为制造企业提供从原材料采购到产品销售的完整供应链服务。总结推广国家制造业和物流业联动示范经验，提升我省供应链物流管理发展水平。（省经信委、省发改委、省交通运输厅、省商务厅负责）

4. 城乡物流配送工程。结合新型城镇化建设和居民消费升级，加快完善城乡配送网络体系，统筹规划、合理布局物流园区、配送中心、末端配送网点等三级配送节点，搭建城市配送公共服务平台，积极推进县、乡、村消费品和农资配送网络体系建设，实施"百城千镇县乡流通再造工程"，破解城乡配送"最后一公里"难题。

——提升基础设施保障能力。加强城市公共配送节点网络建设，结合中心城市主要商贸设施布局，建设一批用地集约、设施先进、运转高效的城市配送中心，建设完善公共配送末端网点和配送车辆停靠、装卸作业场地设施，增强城市公共配送服务能力。发展智能物流基础设施，在农村、社区、学校建设物流快递取送点，推动智能快递箱建设。进一步发挥邮政及供销合作社的网络和服务优势，加强农村邮政网点、村邮站、"三农"服务站等邮政终端设施建设，促进农村地区商品的双向流通。（省商务厅、省发改委、省交通运输厅、省国土资源厅、省供销社、省邮政管理局负责）

——优化城乡配送管理。鼓励各地制定城市配送发展规划，开辟城市配送专用路线，完善大型商业场所配送设施的配建标准。改善城市配送车辆通行环境，完善城市配送车辆通行许可证发放制度，放宽城市配送车辆停靠限制，鼓励汽车制造企业，设计生产适合城乡配送的专用车辆。规范城市配送运输经营活动。支持农村、社区、学校的物流快递公共取送点建设。（省公安厅、省交通运输厅、省商务厅、省发改委、省邮政管理局负责）

——推广应用现代配送技术。积极采用共同配送、分时段配送、夜间配送等配送模式。鼓励企业建设或租用标准化仓库，使用规范厢式标准配送车辆，推广标准编码、带板运输、仓储笼运输等先进配送技术，提高城市配送专业化水平。（省商务厅、省交通运输厅、省发改委、省公安厅、省质监局、省邮政管理局负责）

5. 物流信息化和标准化工程。围绕提高效率、降低成本，加快企业物流信息系统和物流公共信息平台建设，加强物流标准化的推广应用，不断提升我省物流业发展质量和水平。

——加强物流信息化建设。依托行业管理部门，加强综合运输信息、物流资源交易、电子口岸和大宗商品交易等平台建设，促进各类平台之间的互联互通和信息共享。鼓励冷链、装备制造、医药、钢材、粮食等行业龙头企业，建设面向中小物流企业的物流信息服务平台，建设物流"公路港"，促进货源、车源和物流服务等信息的高效匹配，有效降低货车空驶率。积极推动物流信息技术创新和应用，推广使用自动识别、电子数据交换、货物跟踪、智能交通、物联网等先进技术。支持物流企业开发应用内部信息管理系统，提高企业信息化水平。（省经信委、省发改委、省交通运输厅、省商务厅、省科技厅、省公安厅、长沙海关、省通信管理局、广铁集团长沙办事处、湖南出入境检验检疫局、石长铁路公司负责）

——加强物流标准化建设。加大物流标准应用推广力度，支持我省物流龙头企业建立完善服务标准体系，参与国家、行业物流标准制订、修订工作。大力推进仓库标准化、储运标准化，促进标准化仓库和专业仓库建设，推广使用标准化托盘、自动化搬运装卸工具，推进标准化托盘循环共用体系建设。选择省级示范物流园区、重点物流企业、城市配送中心开展国家级物流服务标准化试点和省级服务业标准化试点。研究制定省级重点物流园区标准、省级重点物流企业标准和省级重点物流项目标准。（省质监局、省发改委、省经信委、省交通运输厅、省商务厅负责）

6. 龙头企业培育工程。围绕解决物流企业"小散弱"现状，突出市场主体建设，通过整合提升、引进移植和培育扶持三个重要途径，培育发展一批物流龙头企业。

——整合提升一批。鼓励现有运输、仓储、货代、联运、快递企业的功能整合和服务延伸，加大资源整合力度。强化对物流企业兼并重组的政策支持力度，鼓励物流企业通过参股、控股、兼并、联合、合资、合作等多种形式进行资产重组，加快向现代物流企业转型提升。（省发改委、省经信委、省商务厅、省交通运输厅、省财政厅、省国资委、省工商局、省国税局、省地税局以及相关市州人民政府负责）

——引进移植一批。充分利用我省区位优势，特别是优越的公路、铁路物流发展条件，抓住发达国家和沿海地区产业转移的有利时机，面向境内外引进一批国际国内著名物流企业。与央企合作发展一批骨干物流企业。（省发改委、省商务厅、省经信委、省国资

委、省交通运输厅以及相关市州人民政府负责）

——培育扶持一批。加大对省级龙头企业的扶持力度，制定省级重点物流企业认定办法，对经认定的重点物流企业在项目申报中央投资和省财政资金支持方面给予重点倾斜，培育壮大一批本土物流企业，组建产业联盟。到 2017 年，争取年营业收入过 10 亿元的企业达到 40 家以上，其中年营业收入超 50 亿元物流企业达到 8 家；进入全国 100 强的物流企业达到 5 家。（省发改委、省财政厅、省经信委、省商务厅、省交通运输厅、省国资委、省工商局、省国税局、省地税局以及相关市州人民政府负责）

三、保障措施

（一）加强指导协调。进一步发挥省推进现代物流工作领导小组统筹协调职能，建立物流业重大推进事项会商协调机制，加强对物流业相关规划、重大政策、企业发展、物流园区和重大项目建设等的指导协调。各市州也要建立相应工作机制。各地各有关部门要明确任务，强化责任，制定工作方案，加强协作配合，抓好各项任务落实。要充分发挥物流行业协会桥梁纽带作用，调动社会力量，形成发展合力。

（二）强化政策支持。

1. 减轻税负。对符合规定条件的科技型物流企业，在认定为高新技术企业后，可享受国家规定的所得税优惠。落实财政部、国家税务总局财税〔2012〕13 号文件的规定，对物流企业自有的（包括自用和出租）大宗商品仓储设施用地，减按所得土地等级适用税额标准的 50％计征城镇土地使用税。物流企业在综合保税区、出口加工区投资用于自营物流设施建设和技术改造购置的进口设备，符合国家有关规定的，经认定后可享受免征关税和进口环节增值税的优惠政策。

2. 规范收费。物流企业作业用水、用电、用气价格，继续执行省人民政府办公厅湘政办发〔2007〕41 号文件的规定，即按照一般工业企业同等标准收取。交通运输、发改等部门要继续完善我省集装箱车、专用车、厢式车、甩挂车的通行费优惠政策，鼓励节能减排型车辆的发展。对没有法律法规依据的面向物流企业的行政事业性收费，一律予以取消。

3. 保障用地。对纳入国家和省物流业发展规划的重点物流园区、重点物流项目建设用地，国土资源部门要在土地储备或土地利用年度计划指标内优先予以保障，依法供应物流用地。支持利用工业企业旧厂房、闲置仓库和存量土地资源建设物流设施，涉及原划拨土地使用权转让或租赁的，应按规定办理土地有偿使用手续。允许物流企业通过租赁方式取得国有土地使用权。鼓励农村集体经济组织利用经依法批准的建设用地作价出资入股与物流企业共同发展物流业。享受优惠政策的物流用地不得改变用地性质，禁止以物流园区、物流中心的名义圈占土地和实施整体供地，提高节约集约用地水平。

（三）强化融资渠道。

1. 加强财政支持。现代服务业发展专项资金中每年统筹安排一部分资金用于重点物流项目建设、物流人才培养、物流标准化推进、物流新技术的应用推广。继续从中央转移支付新增成品油消费税转项资金中安排一定数量的资金用于补助全省重要物流园区（中心）和物流信息化建设，以及用于鼓励发展节能环保型车辆、船舶、大吨位和特种（专用）车辆、船舶，鼓励企业对港口设施设备进行节能改造。鼓励企业采用物流信息管理系统、自动分拣系统等先进物流技术和设备，省本级相关专项资金对符合政策条件的项目给予倾斜支持。统筹有关专项资金，落实省政府创新创业园区"135"工程的相关政策，对省级以上产业园区新建物流标准仓库给予补助。

2. 拓宽社会资金渠道。积极引导银行等金融机构加大对物流企业的信贷支持力度，对信用记录好、市场竞争力强的物流企业优先提供信贷支持。加快推动适合物流特点的金融产品和服务方式创新，积极探索抵押或质押等多种融资担保方式。发展物流业股权投资基金，支持符合条件的物流企业上市和发行企业债券，对获得国家行业认定的4A、5A级物流企业优先纳入上市后备企业。鼓励和引导民间资本进入物流产业。

（四）完善规章制度。从国民经济行业分类、产业统计、工商注册、土地使用及税目设立等方面明确物流业类别，确立产业地位。完善物流标准体系，制订通用基础类、公共类、服务类及专业类物流标准。进一步加强社会物流统计工作，支持各地完善物流统计制度。研究制订促进物流业发展的法规制度。建立健全物流统计队伍，落实工作经费。加强统计信息预测分析，探索建立省采购经理指数调查制度。加强物流业发展考评工作，对列入国家和省政府重点支持范围的物流项目实行动态跟踪和绩效考评。

（五）加强市场监督。加强对物流市场的监督管理，完善物流企业和从业人员信用记录，纳入统一的信用信息平台；增强企业诚信意识，建立健全失信联合惩戒机制。加强物流信息安全管理，禁止泄露转卖客户信息。加强物流服务质量满意度监测，开展安全、诚信、优质服务创建活动，加强对物流业市场竞争行为的监督检查，依法查处不正当竞争和垄断行为。

（六）加强安全监管。严格执行国家强制标准，保证运输装备产品的一致性。加强对物流车辆和设施设备的检验检测，禁止超载运输，规范超限运输。危险货物运输要强化企业经理人员安全管理职责和车辆动态监控。建立健全物流安全监管信息共享机制，物流信息平台及物流企业信息系统要按照统一技术标准建设共享信息的技术接口。道路、铁路、民航、航运、邮政管理部门要进一步规范货物收运、收寄流程，进一步落实货物安全检查责任，采取严格的货物安全检查措施并增加开箱检查频次，加大对瞒报货物品名行为的查处力度，严防普通货物中夹带违禁品和危险品。

（七）强化人才支撑。完善多层次物流教育体系，加强高级物流人才培养，提高人才培养质量。支持高校和中职院校重点物流专业建设，加强物流从业人员职业技能教育和在职培训，开展物流人才培养国际合作。积极支持一批重点物流企业和高、中等院校开展校企合作，共建实习实训基地。定期组织物流业高级培训，提高物流企业高管和行业管理人员的综合能力。规范物流领域职业资格认证，提高物流从业人员的职业能力和素质。引进国际一流物流人才来湘发展，按照省有关人才政策给予补助。

（源自湖南省人民政府门户网站 2015 年 06 月 05 日）

湖南省人民政府办公厅关于印发《湖南省实施"互联网＋"三年行动计划》的通知

湘政办发〔2015〕86号

HNPR—2015—01083

各市州、县市区人民政府，省政府各厅委、各直属机构：

　　经省人民政府同意，现将《湖南省实施"互联网＋"三年行动计划》印发给你们，请认真组织实施。

湖南省人民政府办公厅

2015 年 10 月 11 日

湖南省实施"互联网＋"三年行动计划

为加快推动互联网与经济社会各领域深度融合和创新发展，根据《国务院关于积极推进"互联网＋"行动的指导意见》（国发〔2015〕40号）精神，制定本行动计划。

一、总体要求

（一）指导思想。围绕促进"三量齐升"、推进"四化两型"和全面建成小康社会的总要求，以推动互联网新技术、新模式、新理念与经济社会各领域深度融合为目标，着力构建高效便捷的宽带互联网络，发展互联网与产业融合新业态，激活网络创新创业新优势，拓展网络民生服务新模式，为保增长、扩内需、调结构提供动力，为促改革、惠民生、强基础提供支撑，促进我省经济持续健康发展和社会全面进步。

（二）发展目标。力争到2017年，全省互联网、物联网、云计算、大数据等新一代信息技术在经济社会各领域普及应用，基于互联网的新业态成为新的经济增长动力。

——新一代互联网基础设施不断完善。全省宽带信息网络覆盖城乡，固定宽带家庭普及率达到60％；城区4G覆盖率达到100％，农村4G覆盖率达到95％；机场、校园、商务楼宇、景区、商场等公共区域实现Wi-Fi全覆盖。

——互联网与产业发展深度融合。全省互联网产业规模达到4000亿元；两化融合发展水平大幅提升；全省电子商务交易额超过8000亿元，全社会物流成本占地区生产总值的比重下降到18.2％以下。

——电子政务服务便捷高效。20％的行政审批事项实现网上全程办理；建成省级电子政务云平台，实现政务信息资源整合、数据共享和业务协同；建成省级政务大数据中心，大数据的开发应用初具规模。

——互联网民生服务能力得到明显提升。全省教育"三通两平台"覆盖率达到90％以上；全面普及居民健康卡；社保一卡通实现城乡居民全覆盖；高速公路ETC用户数超过220万；教育、卫生、交通、文化、民政等领域互联网服务体系完善。

——基于互联网的创新创业能力得到明显提高。建设30个"互联网＋"创新创业示范园区，打造300家规模超亿元的"互联网＋"试点示范企业，培育3000名以上"互联网＋"创新创业精英。创新创业成本显著降低，创新创业环境显著改善。

二、主要任务

（一）推进互联网与工业融合创新，形成工业经济发展新动力。

1. 大力推进智能制造发展。贯彻落实《中国制造2025》，推动移动互联网、云计算、大数据、物联网等新一代信息技术与现代制造业的融合，促进传统制造业数字化、网络化、智能化。支持建设自动化车间和智能工厂，鼓励利用互联网开展在线、实时、远程服务，发展服务型制造。支持"工业云"平台建设，实现大型制造企业与上下游产业企业在产品设计、制造、管理和商务的高效协同。鼓励能源生产企业充分利用信息技术对设备状态进行在线监测、故障判断和实时维护，促进能源生产智能化。

2. 大力培育互联网定制新模式。着力培育发展基于互联网的众包、众筹、众创等商业模式，支持企业利用信息网络平台与生产商、用户实现交流互动，拓展市场空间。支持制造企业建设集成信息平台，实现供应链内及跨供应链的企业产品设计、制造、管理和商务的合作协同。支持汽车、家电、电子信息、服装、家居等企业结合市场需求，建设开放的网络创新平台，开展集中式、大规模的个性化产品定制。

3. 大力发展智能硬件产品。大力发展基于互联网的平板电脑、智能手机、穿戴设备、智能家电等智能终端的研发和生产。着力开展科研攻关，突破大功率芯片、高端元器件、网络操作系统等互联网关键核心技术，培育高端服务器、新型显示、新型电子元器件及材料等新兴产业。加快汽车电子、船舶电子、家电电子、电力电子、医疗电子、物流装备电子、环保装备电子等专用电子技术的开发和产业化。推动人工智能技术在产品、制造生产等领域广泛应用，夯实产业智能化发展基础。

（二）促进互联网与农业融合发展，探索智能农业发展新模式。

1. 发展互联网农业生产模式。支持利用互联网技术监测土壤、墒情、水文、肥力、苗情、杂草及病虫害等信息，建设精准农业生产体系。支持应用农业生物环境传感器网络、智能监测终端等技术，实现生产过程的网络感知和智能处理。开展全省农产品联网监管溯源体系试点，建设食品监管溯源追踪管理网络平台。完善覆盖全省的"12316"和"12396"信息服务体系，建设"中国惠农网"和农业专业移动客户端APP等应用平台。

2. 大力开展涉农电子商务。支持建设涉农电子商务服务平台，联通农业生产、加工、流通和餐饮等环节，实现网上农超、农餐对接，利用互联网构建农副产品物流体系。开展电子商务进农村综合示范，推广全国农产品商务信息公共服务平台和农村商贸综合服务体电商模式，畅通工业品下乡和农产品进城渠道。支持农村电子商务服务业发展，鼓励开展涉农电子商务服务、网络及渠道建设，推动农产品网络销售模式快速发展。

（三）推进互联网与服务业融合发展，培育产业发展新业态。

1. 发展互联网与商务融合新模式。鼓励传统商贸企业运用互联网技术转型升级，支持开展新兴电子商务应用。建设跨境电子商务大平台、P2C现货交易大平台、互联网及移动支付大平台。推进湖南（金霞）电子商务产业园建设，大力实施"破零倍增"、"湘品出海"、"精品入湘"和"湘品网上行"工程，建设"特色中国·湖南馆"。大力发展行业电子商务，建设电子商务监管服务平台。深入推进移动电子商务试点示范省建设。

2. 推进互联网与现代物流融合。完善省电子口岸，实现外贸、商务、口岸、海关、检验检疫、边检、海事、工商、税务、金融等部门信息共享。建设湖南交通物流公共信息平台和物流信息网络体系，推进商贸制造企业、物流园区、运输企业等环节信息资源整合，加强与水路、铁路、航空运输平台的对接，发展多式联运信息服务。支持建设智能仓储体系，实现需求信息、交货情况和装运进度等信息协同。开展网上自贸区建设，发展国际物流互联网服务。

3. 推动互联网金融快速健康发展。推动传统金融行业开展互联网金融产品和服务方式创新，培育 P2P 网络贷款、网络第三方支付、众筹、供应链金融等为代表的互联网金融新业态。拓展互联网融资功能，构建互联网金融产业链，推动互联网企业与金融机构进行产品、技术、服务创新，鼓励金融机构利用互联网拓宽服务覆盖面。加快网络征信和信用评价体系建设，改进和完善互联网金融监管，提高金融服务安全性。支持互联网金融服务国际化发展，引导互联网金融行业自律规范发展。

4. 深化互联网与旅游融合发展。推进旅游资源的互联网化，大力发展集虚拟旅游体验、在线旅游产品预订、文化创意为一体的综合性配套服务。普及电子门票、在线支付、电子消费卡，建设智慧景点景区。建设旅游多语种网站，打造旅游公共信息咨询服务体系，开展智慧旅游品牌推广和境外网络营销。建设全省旅游电子商务平台，加强智慧旅游监管服务，实时发布景区游客流量、团队分布、旅游交通等信息。

5. 加快发展互联网新兴服务业。大力支持信息系统集成、信息技术咨询、网络中介服务等信息服务业发展。支持基于北斗导航系统的产品与服务，大力发展地理信息服务产业，积极发展网络支付、位置服务、社交网络服务等基于网络的新兴信息服务。大力发展便民服务新业态，支持利用互联网技术，在餐饮、娱乐、家政等领域培养线上线下结合的社区服务新模式。积极推广移动互联网入口的城市服务，让老百姓足不出户享受便捷高效服务。

（四）发展互联网民生应用，提升社会管理服务民生新水平。

1. 依托互联网建设"网上政府"。加大政府机构电子政务建设的整合力度，建设统一的基于云计算的电子政务公共平台。完善网上办事大厅建设，推动各级政府实体行政办事大厅向网上迁移，建设好"12345"政务门户，打造"网上政府"。建设省级政务大数据中心，完善人口、法人、空间地理、宏观经济、文化等政务数据库，建立政务数据资源的共享开放机制，推进大数据创新应用。支持企业开展数据开发应用和数据增值服务，推动社会服务模式创新，提升各级政府社会治理能力。

2. 发展互联网公共交通服务。建设智慧水运、智慧路网和城乡客运智能化管理与服务系统，建成湖南交通运输行业统一的云数据中心。建设综合交通出行信息服务系统工程，开展公路出行、城市公交、出租汽车、出行路线规划、智能停车等信息便民服务，推广交通违章查询、智能打车等应用。建成全省统一的"两客一危"卫星定位监控平台，实现重点运输过程监控。发展智慧交通，支持开展汽车电子标识、智能感知、导航定位、车载诊断、诊断预警和智能调度等技术研究和创新服务。

3. 建设互联网"健康云"平台。建设全省"健康云"服务平台，推动全省各级各类医疗卫生机构实现互联互通。支持医疗大数据建设，推进跨机构、跨层级、跨地域的信息共享和业务协同，普及居民健康卡。开展数字网络医院试点，鼓励开展网络医疗、移动医疗 APP 应用。推动大中型医院开展在线预约门诊、远程医疗、在线健康管理等业务。支持健康科技企业发展生物芯片、智能眼镜、智能手环、嵌入式人体传感器等穿戴设备。鼓励搭建公共信息平台，提供长期跟踪、预测预警等个性化健康管理服务。

4. 发展互联网在线教育应用。加快"宽带网络校校通"、"优质资源班班通"和"学习空间人人通"建设与应用，提升全省教育信息化水平。整合省级公共资源和管理服务，建设"湘教云"平台，推进全省优质教学资源联网共享。加快教育信息化创新应用"十百千万工程"示范与推广进程，全面推进"农村网络联校"建设与应用。鼓励发展网络互动教学、教学点播、移动学习、个性化辅导、远程教研观摩、实训教学、视频监考等网络教育服务。

5. 推动互联网文化传播发展。着力丰富互联网文化，建设"数字图书馆""数字博物馆""数字文化馆""神奇湖南掌上非遗展示馆"和湖南文物资源数字化平台。挖掘湖南特色文化资源，建设对外文化交流资源库。发展网络新闻、社交、文学、影视、音乐、游戏、动漫等互联网文化产品，建设湖南文化创意产业网上交易平台，培育互联网文化创意产业。实施数字出版工程，加快中南国家数字出版、中国联通数字阅读等基地建设，推动在线阅读发展。

6. 建设互联网环境监管体系。建设"互联网＋环境信息服务"平台和"互联网＋环境技术服务"平台，实现各种环境要素的信息共享。建设全省环境质量信息管理与发布平台，对全省空气和水环境质量进行实时智能监测、数据发布和应急指挥。加强气象场、污染源排放清单、空气质量在线监测等基础数据管理，建设空气质量预警预报平台。建设环境技术服务平台，开展企业环保信息发布、环境违法举报、第三方环保工程需求对接及技术交易等服务。支持利用电子标签、二维码等物联网技术跟踪电子废物流向，鼓励城市废弃物回收信息平台建设。

7. 完善互联网就业创业服务体系。实施"一卡两站三中心五平台"工程，建设"数字人社"。加快建设覆盖全省的劳动就业网络服务体系和全方位的人才市场体系，形成统一的公共就业创业服务平台，为公众提供全方位的信息服务。支持建设互联网创新创业平台和众创空间，为创新企业、青年创业者和大学生提供资金、技术和服务。完善中小微企业公共服务平台网络，集聚创业创新资源，为小微企业创新发展提供技术、服务支撑。

8. 建设互联网民政基本服务体系。大力推进"云上民政"工程建设，加快构建基本民生兜底网络服务体系、基层社会治理网络服务体系和基本公共服务网络体系，为全省弱势群体、困难群体提供社会救助、社会福利、慈善、优抚保障等最基本的民生信息化互联网服务。依托现有互联网资源和社会力量，以社区为基础，搭建养老信息服务网络平台，提高养老服务水平。

（五）加快完善互联网基础设施，提高应用支撑新能力。

1. 加快建设新一代宽带网络。加快实施"宽带中国"战略，建设光网城市和无线城市。实施宽带乡村工程，大幅提升农村通信网络能力。加快 4G 网络及无线局域网建设，提升无线宽带网络覆盖率、接入速率和服务水平。加快推动下一代互联网络规模化商用。推动基础设施智能感应、环境感知、远程监控等无线传感网络建设。全面推进"三网融合"。加快长株潭国家下一代互联网和宽带示范城市群建设。

2. 提升云计算应用和服务水平。完善国家超级计算长沙中心建设。建设省直部门电子政务云服务平台，提升政务云服务水平。支持企业参与互联网数据中心（IDC）、云计算中心和大数据中心建设，大力开展工业云、政务云、健康云、安居云、教育云、商务云、媒体云等示范应用。鼓励政府、企业、居民购买云服务，培育发展云计算工程与服务企业。

3. 完善互联网安全基础设施。加快建设全省政府部门和重要领域网络信息安全和应急指挥平台建设，提升信息安全保障能力。推动自主可控、安全可靠的核心软硬件和信息系统的开发应用，加强关键软硬件和重要信息系统的网络安全检测评估。建设安全可靠的容灾备份中心，提高重要信息系统的风险防御能力。建立健全地方网络和信息安全标准体系，加大依法管理网络和信息的力度，确保互联网信息安全。

三、保障措施

（一）加强组织领导。省数字湖南建设领导小组统筹推进实施"互联网＋"三年行动计划，协调解决重大问题。各级各有关部门要科学制定落实"互联网＋"行动计划的具体工作方案，坚持有序推进，杜绝盲目建设和重复投资，要建立目标责任及绩效考核机制，形成牵头部门抓总落实、相关部门分工协作，共同推进实施"互联网＋"行动计划的工作格局。

（二）优化大数据管理体制。在重点行业和领域建设省级大数据中心，承担全省数据资源管理和技术支撑工作，研究制定大数据发展规划，统筹推进全省大数据产业发展和互联网应用。加强电子政务顶层设计，提高政府应用大数据的能力，加大电子政务建设和政务资源的整合力度，促进网络互联互通和资源共建共享，拓宽企业数据资源的采集渠道，保证数据充分共享和完整准确。

（三）加强政策扶持。研究制定落实"互联网＋"行动计划相关政策，支持互联网、物联网、云计算、大数据、电子商务等新兴产业发展。综合运用政府购买服务和 PPP 等方式，推进"互联网＋"相关应用示范，促进互联网产业发展。整合省本级政策和相关专项资金，加大对"互联网＋"项目的支持力度。省直相关部门要加强与中央有关部门对接，争取中央政策支持。

（四）加强融资创新服务。整合省电子信息产业集团、国家超算长沙中心等资源，引进重大战略合作伙伴，成立省"互联网＋"产业投资发展公司，承担重要信息基础设施、政务云平台、政务大数据等项目的建设和运营。政府产业投资基金要着力引导社会资本加大对"互联网＋"产业的投资力度。省内地方法人银行和国有担保公司要加大对互联网企业的金融扶持力度。鼓励各类天使基金和风投资金投资互联网项目，支持互联网企业上市融资。

（五）加大宣传和人才培养力度。加大"互联网＋"行动计划的宣传力度，积极倡导互联网创新创业文化，报道一批创新创业先进事迹，树立一批创新创业典型人物，培育互联网企业家精神和创客文化。鼓励企业建立首席信息官制度。加强互联网高层次人才和团队引进，大力拓宽培养培训渠道，着力造就一批信息技术研发人才、应用人才和营运人才等高水平复合型人才。

湖南省人民政府关于印发
《湖南省贯彻〈中国制造 2025〉建设制造
强省五年行动计划（2016—2020 年）》的通知

湘政发〔2015〕43 号

HNPR—2015—00043

各市州、县市区人民政府，省政府各厅委、各直属机构：

现将《湖南省贯彻〈中国制造 2025〉建设制造强省五年行动计划（2016—2020 年）》印发给你们，请认真组织实施。

湖南省人民政府

2015 年 11 月 12 日

湖南省贯彻《中国制造 2025》建设制造 强省五年行动计划（2016—2020 年）

为全面贯彻落实《中国制造 2025》，加快建设制造强省，加速推进新型工业化，制定本行动计划。

一、总体要求

（一）指导思想。

全面贯彻党的十八大和十八届二中、三中、四中、五中全会精神和《中国制造 2025》，牢固树立创新、协调、绿色、开放、共享的发展理念，坚持新型工业化第一推动力不动摇，以创新发展为主题，以转型升级、提质增效为中心，以两化融合为主线，以智能制造为主攻方向，全面推进"1274"行动，着力巩固提升领先优势，充分发挥比较优势，拓展放大潜在优势，大力发展先进制造业、改造提升传统产业，推动生产型制造向服务型制造转变，打造中国智能制造示范引领区，充分发挥实施制造强国战略主力军作用，加快实现制造大省向制造强省的新跨越。

（二）基本原则。

市场主导，政府引导。全面深化改革，充分发挥市场在资源配置中的决定性作用，强化企业主体地位，激发企业活力和创造力。积极转变政府职能，加强规划引导和政策扶持，创造良好发展环境。

自主创新，开放合作。始终把自主创新摆在制造业发展全局的核心位置，坚持人才为本，建设完善自主创新体系，加强关键共性技术攻关，加速科技成果产业化。大力推动开放发展，坚持"引进来"与"走出去"并举，充分利用全球创新资源和产业发展资源，促进与全球产业链、创新链和价值链的有机对接，形成新的发展优势。

两型引领，提质增效。坚持两型引领发展，加强节能环保技术、工艺、装备推广应用，全面推行清洁生产，大力发展循环经济，促进产业两型化、两型产业化发展，着力提升发展质量效益，不断增强持续发展能力。

重点突破，整体提升。坚持优势优先，加快突破重点领域和关键环节，抢占产业发展制高点。发挥龙头产业和企业带动作用，促进相关产业和产品发展。全面推进转型升级，加快先进制造业发展步伐，加大传统产业改造力度，强化生产性服务业基础支撑，着力调整优化结构，切实提高制造业整体发展水平。

强化质量，夯实基础。坚持质量为先，把质量作为制造业发展的关键内核，全面夯实产品质量基础，统筹推进核心基础零部件、先进基础工艺、关键基础材料和产业技术基础发展，加强品牌创建，提高产品质量，不断提升湖南制造整体形象。

深化融合，协同发展。加强产业间广泛对接，大力推进信息化与工业化深度融合、制造业与生产性服务业深度融合和军民产业深度融合，探索新模式新业态，加快构建现代产业体系，促进产业协同发展。

（三）发展目标。

围绕加快制造强省建设，全面推进"1274"行动，即加快发展12大重点产业，大力实施7大专项行动，着力打造制造强省4大标志性工程，不断加快转型升级步伐，努力实现不同时期、不同领域制造强省建设的新突破。

湖南制造强省建设"1274"行动

12个重点产业	7大专项行动	4大标志性工程
先进轨道交通装备、工程机械、新材料、新一代信息技术产业、航空航天装备、节能与新能源汽车等汽车制造、电力装备、生物医药及高性能医疗器械、节能环保、高档数控机床和机器人、海洋工程装备及高技术船舶、农业机械等	制造业创新能力建设工程、智能制造工程、工业强基工程、绿色制造工程、中小企业"专精特新"发展工程、制造＋互联网＋服务工程、高端装备创新工程7大专项行动	标志性产业集群 标志性产业基地 标志性领军企业 标志性品牌产品

——重点产业加快发展，工业运行质量进一步提高。先进轨道交通装备、工程机械、新材料等领先优势产业不断做大做强，新一代信息技术产业、航空航天装备、节能与新能源汽车等汽车制造、电力装备、生物医药及高性能医疗器械、节能环保等比较优势产业不断加速发展，高档数控机床和机器人、海洋工程装备及高技术船舶、农业机械等潜在优势产业不断培育壮大，形成一批产业竞争高地和新的增长点，进一步构建多点支撑、多极发展产业格局，制造强省建设实现良好开局。到2020年，12个重点产业主营业务收入年均增长12%左右，带动支撑全省工业经济平稳健康发展；工业经济运行质量保持全国前列；制造业质量竞争力指数达85，增加值率高于全国平均水平，全员劳动生产率增速达8%。

——智能制造加快推进，产业两化融合进一步深化。制造业数字化、网络化、智能化水平明显提升，信息化发展指数保持全国前列。全省宽带普及率70%、数字化研发设计工具普及率75%、关键工序数控化率52%。建成50个智能制造示范企业。

——创新体系加快完善，自主创新水平进一步提升。力争形成1—2个国家级制造业创新中心，建成30个左右区域性和省级制造业创新中心，突破和掌握一批重点领域关键共性技术。规模以上制造业企业研发经费内部支出占主营业务收入比重达 1.28％以上，亿元主营业务收入有效发明专利数 0.73 件。

——绿色制造加快推广，持续发展能力进一步增强。制造业绿色发展水平显著提升，重点行业单位工业增加值能耗、物耗及污染物排放达到国内先进水平。冶金、化工、建材等传统行业能耗的主要技术经济指标大部分达到国内先进水平。全省规模以上单位工业增加值能耗比 2015 年下降 18％、二氧化碳排放量比 2015 年下降 22％、用水量比 2015 年下降 23％，工业固体废物综合利用率达到 75％。

——产业结构加快优化，制造业向中高端转变进一步加速。制造强省四大标志性工程建设全面推进，在 12 个重点产业领域，打造形成湖南制造强省建设 20 个标志性产业集群、20 个标志性产业基地、50 家标志性领军企业、50 个具有较强国际国内影响力的标志性品牌产品，制造业产业结构明显优化，核心竞争力不断增强，向中高端转变步伐进一步加快。

二、主要任务

全面实施制造强国战略，大力推进制造强省建设，紧紧围绕国家战略任务和制造强省战略目标，结合湖南发展实际，突出重点，凝聚合力，系统推进。

（一）加快成果转化步伐，提高自主创新能力。实施"制造业创新能力建设工程"专项行动，充分发挥长株潭国家自主创新示范区建设引领带动作用，强化企业主体地位，突出先进制造业创新发展，围绕产业链部署创新链，围绕创新链部署资源链，加大关键共性技术攻关，加速科技成果产业化，打造湖南制造业竞争新优势。

1. 加速技术创新和成果产业化。瞄准重大战略需求和未来产业发展制高点，定期研究制定和发布重点领域技术创新路线和导向目录，引导企业加大关键共性技术攻关力度，打通产业链。紧跟国内外产业发展趋势，整合省内外创新资源，集中力量突破一批支撑产业发展的关键共性技术，加强基础性、前沿性技术研究，抢占产业技术制高点。大力实施"315"创新计划，即每年组织开展 30 项重大关键共性技术攻关，推动 100 项重点新产品开发和 100 项专利技术转化，对 50 项首台（套）重大装备和 50 项首批新材料进行奖励补助。通过示范引领，构筑从专利到产品、从产品到产业的转化通道。健全以技术交易市场为核心的技术转移和产业化服务体系，建立和完善科技成果信息发布和共享平台，建立科技成果转化激励机制和体制，提高科技成果转化率。支持省内先进制造企业建立创新孵化产业园区、专业众创空间，建设一批从事技术集成、熟化和工程化的中试基地。

2. 建设完善创新体系。完善以企业为主体、市场为导向、政产学研用相结合的制造业创新体系。一是积极创建国家制造业创新中心，加大区域、地方、企业等多层次创新中心建设。加快国家级和省级企业技术中心、工程（技术）研究中心、重点实验室等创新平台的发展，鼓励省级中心创建国家技术创新示范企业。鼓励有条件的企业在境外通过新建、入股、并购等方式建立研发机构、技术中心。到2020年，培育形成100家国家级企业技术中心、技术创新示范企业，600家省级企业技术中心。二是促进协同创新，深化省校（院、所）产学研合作，围绕制造业关键领域，支持高校、科研机构联合企业共同承担国家各类重大科技计划和产业化专项。发挥行业骨干企业的主导作用和高等院校、科研院所基础作用，推进产业创新联盟建设和博士后科研工作站建设，开展产学研用协同创新。三是推进公共服务平台建设。建设一批促进制造业协同创新的公共服务平台，力争建成国家中部技术产权交易平台。规范相关服务标准，提高技术研发、检验检测、技术评价、技术交易、质量认证、人才培训等专业化服务水平，建立重点制造领域数据库，为企业提供创新知识和工程数据的开放式共享服务平台。

专栏1　制造业创新能力建设工程专项行动

围绕制造业创新发展的重大共性需求，形成一批以国家级创新中心为代表的重大创新平台，开展行业基础和共性技术研发、成果产业化、专利转化、人才培训等，为企业和产业提供创新知识和数据的开放共享服务。

到2020年，在轨道交通装备、工程机械等优势产业领域中形成1—2家国家级制造业创新中心，在制造业领域建成30个左右区域性和省级制造业创新中心。"315"创新计划实施成效显著。

3.加快发展工业设计。坚持以市场为导向、企业为主体，产学研用协同，不断激发企业积极性和创造性，形成政府大力推动、市场有效驱动、企业协同创新的工业设计发展体系。支持骨干企业整合资源，单独组建或与高校、科研机构、专业设计单位共建工业设计中心。紧密结合我省产业优势和特色，着力推动工业设计与装备制造业等优势产业融合发展。促进制造业企业与工业设计服务相关单位对接，形成一批优秀工业设计成果转化示范项目。鼓励传统代工企业建立设计中心，向代设计和拥有自主设计品牌转变。培育一批专业化、开放型的工业设计企业，主动融入国际工业设计服务外包网络。以市场化机制建设可持续运营的工业设计公共技术平台，重点培育壮大中意设计创新中心（湖南）等设计创新平台。进一步扩大"芙蓉杯"国际工业设计创新大赛影响力，推进制造业企业与境内外优秀工业设计机构、人才交流对接。到2020年，培育形成5—8家国家级工业设计中心、50家左右省级工业设计中心。

4.加大标准制定和知识产权运用。加强标准体系建设，大力推动新材料制造、智能制造、成套技术装备制造等重点领域标准化工作，鼓励和支持企业参与国际、国家、行业和地方标准制定与修订，鼓励和支持企业、学会、商会、联合会等社会组织制定社会团体标准或联盟标准，促进我省工业技术标准化和标准产业化。加大标准的宣传贯彻力度，强化知识产权运用，加强知识产权保护，促进重点关键共性技术知识产权战略储备。培育提升企业知识产权运用能力，鼓励和支持企业运用知识产权参与市场竞争，开展专利收购、转让、质押、运营等多种有效实现形式和渠道，构建产业化导向的专利组合和战略布局。

（二）大力推进智能制造，深化两化深度融合。实施"智能制造工程"专项行动，围绕流程制造、离散制造、智能装备和产品、新业态新模式、智能化管理、智能化服务等关键环节，突出新一代信息技术产业、高档数控机床和机器人、先进轨道交通装备、工程机械等重点领域，着力实现全省智能制造重点突破、面上提升，加快智能制造发展。

1. 提升智能装备和产品水平。依托中车株机、中车株机研究所、中联重科、三一集团等核心企业，将湖南智能轨道交通装备技术和智能工程机械技术提升至国际领先水平；依托衡阳特变、湘电集团、远大科技、永清环保等核心企业将我省智能电力装备、智能环保装备技术提升至国际先进水平；依托省工业机器人产业示范园和长泰机器人、长沙华恒、株洲天一、千山药机、楚天科技等企业大力开发面向汽车及零部件、电子信息、工程机械、食品加工、医药装备、民爆烟花、物流等产业的工业机器人及智能自动化生产线成套装备；依托宇环数控、中大创远、哈量凯帅、长沙机床、衡泰机械、湖大海捷、长沙一派等重点企业，在提升创新能力基础上不断扩大我省在数控机床相关领域的优势品种及市场；依托华曙高科等企业加快建设增材制造湖南省工程研究中心、湖南省激光增材制造工程技术研究中心和湖南"3D数字化制造"产业技术创新战略联盟，打造湖南省增材制造（3D打印）产业示范基地，加快增材制造在汽车制造、航空产业等领域扩大工业级应用。

2. 加大智能制造示范推广。重点选择在工程机械、电工电器、汽车制造、轨道交通、新材料、电子信息、生物医药、食品工业、纺织、国防军工与民爆烟花等领域推广智能制造，采用工业机器人应用系统改造提升一批中厚板焊接生产线/单元、无人化柔性焊装车间、民爆物品智能生产线、无人化铸造车间、高端医药制造自动化生产线、鞭炮制造自动化生产线、智能化物流车间等生产系统，分步骤、分层次开展应用示范。全面开展智能制造示范企业和智能制造示范车间创建，到2020年，创建50个智能制造示范企业、100个智能制造示范车间。支持长沙市建设"国家智能制造试点示范基地"，每年举办一次智能制造产业发展现场经验交流与推广活动。

3. 推动智能服务创新。大力发展以在线监测、远程诊断和云服务为代表的智能服务，推动风电、环保、节能等领域龙头骨干企业创新经营模式，改造业务流程，积极应用新型传感技术、网络技术和数据分析处理技术，实现装备产品的适时定位、远程监控、在线诊断等服务系统创新。大力培育发展大规模个性化定制、远程运营维护等新模式新业态，鼓励支持有条件的大型装备制造企业向具有系统总集成、设备总成套、工程总承包能力的解决方案提供商转型。

4. 加快智能制造推广平台建设。推进中小企业数字技术应用服务平台建设，引进和培育3—5个为中小企业提供基于智能制造的咨询体验、软件产品应用、机器换人、电子商务、工业互联网、云计算、大数据等服务的信息化服务平台，支持工业云及工业大数据中心建设，为中小企业数字工厂（车间）、智能制造、"机器换人"等提供技术咨询、方案设计、流程改造、装备开发、安装维护等专业服务。加快建设一批面向智能制造的创客空间项目，积极探索通过众筹模式发展智能制造。

5. 完善信息基础设施。深入推进"数字湖南"建设，加快实施"宽带中国"战略，建设光纤网络和无线城市，大幅提升宽带网络速率，优化宽带网络性能和服务水平，建设覆盖全省的高效信息高速公路。加快产业园区光纤网、移动通信网和无线局域网部署和建设，提高企业宽带接入能力，为建设高带宽、低延时、高可靠、广覆盖的工业互联网提供支撑。加强智能制造工业控制系统网络安全保障能力建设。

专栏2　智能制造工程专项行动

围绕智能装备与产品、智能生产、智能服务等关键重点领域，支持政产学研用联合攻关，开发智能产品和自主可控的智能装置并实现产业化；依托优势企业，紧扣关键工序智能化、关键岗位机器人替代、生产过程智能优化控制、供应链优化，建设智能工厂和数字化车间；在重点行业和企业分类实施流程制造、离散制造、智能装备和产品、新业态新模式、智能化管理、智能化服务等试点示范及应用推广。

到2020年，建成一批智能制造示范企业、一批智能制造示范车间，试点示范项目运营成本降低30％，产品生产周期缩短30％，不良品率降低30％。同时建成一批基于智能服务并具有解决方案提供能力的总集成、总承包企业。规模以上工业企业数字化研发设计普及率、关键工序数控率进一步提高。

（三）发挥整机带动作用，夯实制造产业基础。实施"工业强基工程"专项行动，着力实现制约我省制造业特别是重点装备制造业发展的核心基础零部件（元器件）、先进基础工艺、关键基础材料和产业技术基础（简称"四基"）的工程化、产业化突破，构建整机牵引与基础支撑协调发展的产业格局。

1. 强化整机牵引。注重需求侧激励，明确我省工业强基示范应用方向，鼓励整机企业、"四基"企业和重点用户开展合作研发和协同攻关，加快自主产品和技术产业化，形成研发、生产、销售的共同体。围绕先进轨道交通装备、工程机械、航空航天装备、新能源汽车、电力装备、节能环保装备等具有较强竞争优势产业，着力突破整机发展的核心基础零部件、先进基础工艺、关键基础材料和产业技术基础等制约，促进整机企业与四基企业、高校、科研院所之间产学研用结合，实现良性互动、协同创新。

2. 加强联合攻关。发挥国防科技大学、中南大学、湖南大学等省内外高校在新一代信息技术产业、航空航天、新材料、机械装备等领域的学术优势和研发支撑能力，着力解决核心基础零部件（元器件）、关键基础材料的产品性能和稳定性问题。组织开展先进成型、加工等关键制造工艺及高端装备的联合攻关，引领企业开展生产系统改进和工艺创新。加大基础专用材料研发力度，提高专用材料自给保障能力和制备技术水平。

3. 加大示范应用。开展"四基"示范应用推广，充分运用国家工业强基网、湖南湘品出湘网等网络平台和各种对接合作平台，提升我省"四基"品牌美誉度和影响力，促进先进的核心基础零部件（元器件）、先进基础工艺、关键基础材料推广应用。

专栏 3　工业强基工程专项行动

围绕轨道交通、工程机械等优势整机产品，通过实施技术改造、对接合作等，带动核心基础零部件（元器件）、先进基础工艺、关键基础材料和产业技术基础等环节提升与发展，完善重点产业基础体系。

到 2020 年，工业基础领域创新能力明显增强，核心基础零部件（元器件）、关键基础材料省内企业配套能力明显提高，国内外影响进一步提升并占领部分全球高端市场。先进基础工艺得到较为广泛应用，产业技术基础支撑服务体系比较完善，工业基础能力稳步提升。

（四）推广先进质量管理，提升质量技术水平。坚持质量为先，走以质取胜的发展道路，着力提升产品质量控制技术，夯实质量发展基础，优化质量发展环境，形成一批拥有核心竞争力和自主知识产权的知名品牌，促进制造业质量竞争力稳步提升，努力实现湖南速度向湖南质量转变。

1. 推广先进质量管理技术和方法。充分发挥质量管理先进企业示范引领作用以及行业协会和中介服务机构的桥梁纽带作用，推广应用质量诊断、质量改进和效益提升方法，普及卓越绩效、精益生产、质量诊断、数据管理等先进生产管理模式。组织实施质量标杆示范应用工程，鼓励企业创建全国"工业质量标杆企业"和"工业产品质量控制和技术评价实验室"，遴选"湖南省工业质量标杆企业"，为推动全省企业质量管理创新提供指导。鼓励企业积极参与创建一批国家级质量控制和技术评价公共服务平台，提高企业质量并行工程、敏捷制造、在线监测、在线控制和产品全生命周期质量追溯能力以及对外服务能力。

2. 大力提升产品质量。加强质量管理，推进轨道交通装备、工程机械、新材料、新一代信息技术等重点产业关键原材料、基础零部件（元器件）等基础领域的制造技术攻关，提高产品质量，促进一批重点产品重要指标达到国际国内先进水平。健全产品质量标准体系，鼓励支持企业制定和实施与国际先进水平接轨的制造业质量、安全、卫生、环保、能耗等有关标准。推进标准、计量、认证认可、检验检测能力建设，在制造业重点优势领域，打造一批国家级检验检测中心为重点的公共服务平台。

3. 加强质量监管。围绕国计民生、健康安全、节能环保等重点领域，建立健全企业产品质量标准体系和质量信用信息收集与发布制度，强化企业质量主体责任。以保障国防工业、食品、药品等消费品质量安全为重点，实施产品全生命周期的质量管理和质量追溯，推广应用物联网等智能化的生产和物流系统及检测设备。加大对质量违法和假冒伪劣行为的打击与惩处力度，支持企业开展自律规范、信誉承诺活动，防范化解产品质量安全风险，切实维护正常市场秩序。

（五）全面推行绿色制造，强化持续发展能力。实施"绿色制造工程"专项行动，加快推动制造业生产方式绿色化，构建投入低、消耗少、污染轻、产出高、效益好的产业结构和生产方式，促进制造业两型化发展，进一步增强产业持续发展能力。

1. 加快制造业两型化。进一步推动全省制造业走资源节约型、环境友好型发展路子，广泛应用先进节能环保技术、工艺和装备，全面推进钢铁、有色、化工、建材、轻工等传统制造业两型化改造。大力推广节能与新能源汽车、非电中央空调、高效电机等重大节能技术装备，推进环卫、餐厨垃圾处理、工业厂房内环境治理、脱硝脱硫除尘、废渣废水废气治理及土壤修复等环保技术装备的产业化示范和规模化利用。大力研发推广余热余压回收、水循环利用、重金属污染减量化、有毒有害原料替代、废渣资源化、脱硫脱硝除尘等绿色工艺技术装备，加快应用清洁高效铸造、锻压、焊接、表面处理、切削等加工工艺。推广轻量化、低功耗、易回收等技术工艺，持续提升电机、锅炉、内燃机及电器等终端用能产品能效水平，加快淘汰落后机电产品和技术。大力推进住宅工厂化制造，加快建筑工业化进程。

2. 推进资源节约高效利用。提高大宗工业废弃物综合利用水平，以尾矿有价金属组分高效分离提取和利用、生产高附加值大宗建筑材料为重点，推进有色金属尾矿综合利用。以电力、冶金、化工、建材等行业为重点，实施钢渣、粉煤灰、电石渣、脱硫石膏等大宗固体废弃物综合利用工程。推动冶金、建材、化工、酿酒等行业余热余压及废气综合利用，重点推进焦炉、高炉、转炉煤气回收利用。推进工程机械、电机等机电设备再制造产业发展，加快再制造关键技术研发与应用。开发推广提高水的重复利用率、废水深度处理和回用、废液回收和资源化利用等技术，促进工业园区污水集中处理和再生利用，积极推进污水、垃圾、固废资源化、无害化收集和处理产业发展。

3. 构建绿色制造体系。支持企业开发绿色产品，推行生态设计理念，强化产品全生命周期绿色管理，显著提升产品节能环保低碳水平，引导社会采购绿色产品，促进绿色生产和绿色消费，努力构建高效、清洁、低碳、循环的绿色制造体系。建设绿色工厂，实现厂房集约化、原料无害化、生产洁净化、废物资源化、能源低碳化。发展绿色园区，推进国家低碳工业园区试点示范，加快试点园区重点用能行业低碳化改造，培育一批低碳企业，实现园区资源循环利用和综合利用。大力推进清洁生产，紧密结合湘江保护和治理"一号重点工程"，以长株潭及湘江流域为重点区域，以冶金、有色、化工、建材等排放较大行业为重点对象，全面推行工业企业清洁生产审核。

专栏4 绿色制造工程专项行动

大力推广应用先进节能环保技术、工艺及装备，通过实施传统行业节能改造、终端用能产品能效提升、清洁生产及节水新技术示范、资源综合利用新工艺示范、机电设备再制造示范等工业绿色发展示范工程，全面推行绿色制造模式，促进资源节约循环高效利用，实现制造业绿色、低碳和循环发展。

到2020年，全省单位规模工业增加值能耗、用水量比2015年明显下降，工业固体废物综合利用水平稳步提高，全省制造业两型化水平明显提升。

（六）不断调整优化结构，促进产业集聚发展。全面推进以标志性产业集群、产业基地、领军企业和知名品牌创建为主要内容的"湖南制造强省标志性工程"建设，以集聚发展为导向，以重点园区为平台，以核心企业为龙头，以高端装备制造为抓手，建立完善支持企业技术改造的长效机制和配套政策，持续推进企业技术进步，促进产业结构调整优化，推动湖南制造业向中高端转变。

1. 着力发展一批标志性产业集群。巩固提升先进轨道交通装备、工程机械、新材料整体行业国内领先地位，大力提升新一代信息技术产业、航空航天装备、节能与新能源汽车等汽车制造、电力装备、生物医药及高性能医疗器械、节能环保装备等产业在细分领域的竞争能力，加快高档数控机床和机器人、海洋工程装备及高技术船舶、农业机械装备等产业化步伐。到2020年，形成20个左右在国内外具有较强影响力、特色鲜明、竞争力强、品牌声誉好、支撑区域经济发展能力强的优势产业集群，重点打造1—2个世界级优势产业集群。

2. 着力打造一批标志性产业基地。深入推进新型工业化产业示范基地创建，促进产业园区建设。坚持特色化、差异化发展，依托现有国家级经开区、高新区和省级产业园区（工业集中区），国家级、省级新型工业化产业示范基地，通过省市共建、加大投入、完善服务等措施，促进产业、知识技术、人才和服务向基地集聚。到2020年，打造20个左右主导产业突出、创新能力强、服务功能完善、承载重点产业发展能力强的制造业特色产业基地（园）。

3. 着力壮大一批标志性领军企业。实施大企业大集团战略，做强一批有一定优势的重点企业，引进一批国内外龙头企业，壮大一批有发展潜力、成长性好的创新型企业，培育一批引领行业发展、具有国际竞争力的跨国集团，打造50家左右能够参与全球竞争和区域竞争、行业领先的产业领军企业，形成2家以上主营业务收入过千亿元的大企业。

4. 着力培育一批标志性品牌产品。完善品牌培育机制，加大品牌培育力度。大力开展"知名品牌创建示范区建设"，推进地理标志产品保护与发展，打造一批特色鲜明、竞争力强、市场信誉好的制造业产业集群区域品牌。开展工业品牌建设试点示范，每年培训50名品牌经理、培育10家左右"湖南省工业品牌建设示范企业"，鼓励和支持企业创建"全国工业品牌培育示范企业"，形成一批具有核心竞争力和国内外影响力的品牌企业。支持企业追求卓越品质，形成具有自主知识产权的名牌产品，不断提升企业品牌价值，推动湖南产品向湖南品牌转变。围绕轨道交通、工程机械、电力装备等重点产业领域，培育50个产品质量性能达到国际或国内先进水平、拥有核心技术和自主知识产权、美誉度高、具有较强竞争力的标志性品牌产品。

5. 着力引导中小企业加快发展。实施中小企业"专精特新"发展工程专项行动，引导中小企业专注于核心业务，提高专业化生产、服务和协作配套能力。支持中小企业实行股份制改造，建立现代企业制度，提高公司治理和资本市场整合资源能力。加大中小企业共性技术攻关和产业技术转化力度，提高中小企业创新能力。深入开展"腾飞杯"管理升级活动，推进中小企业商业模式创新、管理创新。鼓励中小企业广泛应用现代信息技术，提升企业信息化水平。

专栏5　中小企业"专精特新"发展工程专项行动

引导中小企业专注核心业务，提高专业化生产、服务和协作配套的能力，增强与大企业、大项目和产业链的配套、支撑能力；引导中小企业实行精细化生产、精细化管理、精细化服务，形成品质品牌优势；引导中小企业利用特色资源，采用独特技术、工艺或配方，生产特色产品；引导中小企业加大创新投入，持续开发新产品、新技术、新工艺，创造竞争新优势。

到2020年，培育1000家左右省级"专精特新"示范企业，形成一批地方特色和竞争优势明显的产业集群，打造一批细分领域的行业冠军，中小企业整体制造水平和产业支撑能力显著提升。

---

6. 着力优化产业区域发展布局。结合区域发展基础和产业特色优势，推动制造业区域差异发展，形成特色突出、结构合理、产业协同的制造业发展布局。各地区在结合实际做大做强特色优势产业的同时，紧紧围绕全省制造业发展重点领域，突出重点，发挥优势，协同推进全省重点产业加快发展。推动长株潭地区发展高技术含量、高附加值、高带动性的资本密集型和智力密集型产业发展，将长株潭地区打造成以先进轨道交通装备、中高端工程机械、新一代信息技术、新材料和中小航空等为重点的全国一流、世界先进的制造业集聚地。以衡阳市、郴州市、永州市等为重点，推动湘南地区以电子信息、电工电器等产业为重点，积极承接产业转移、加快自主创新，形成一批链条完整的优势产业集群。

以岳阳市、益阳市、常德市为重点，积极对接长江开放经济带战略，以高分子新材料、生物医药、船舶、电子信息等产业为重点，打造环洞庭生态经济圈。以邵阳市、娄底市、怀化市、湘西自治州、张家界市为重点，推动湘中及大湘西地区发挥生态资源优势，积极培育发展生物医药、新材料等特色优势产业，着力形成多点支撑、多极发展的制造业发展格局。

（七）统筹推进协同发展，推动制造服务转型。积极适应制造业发展新趋势，大力实施"制造＋互联网＋服务"专项行动，进一步推进制造企业与互联网企业的深入对接，不断推出融合发展的新模式新业态，推动生产型制造向服务型制造转变，加快发展与制造业相关的生产性服务业，促进制造业与服务业的协同发展。

1. 推动服务型制造发展。引导和支持轨道交通装备、工程机械、电力、节能环保等领域优势企业延伸服务链条，从主要提供产品制造向提供产品和服务转变，由提供设备向提供系统集成总承包服务转变，由提供产品向提供整体解决方案转变。鼓励制造业企业增加服务环节投入，发展个性化定制服务、全生命周期管理、网络精准营销和在线支持服务等。鼓励优势制造业企业"裂变"专业优势，通过业务流程再造，面向行业提供社会化、专业化服务。支持有条件的企业建立财务公司、金融租赁公司等金融机构，推广大型制造设备、生产线等融资租赁服务。

2. 加快发展生产性服务业。大力发展面向制造业的信息技术服务业，提高制造业信息应用系统的方案设计、开发和综合集成能力。鼓励互联网企业无缝对接制造企业，运用新一代信息技术提供产品、市场的动态监控和精准营销服务。加快发展研发设计、技术转移、创业孵化、知识产权、科技咨询等科技服务业，发展壮大第三方物流、节能环保、检验检测认证、电子商务、服务外包、融资租赁、人力资源服务、售后服务、品牌创建等生产性服务业，提高对制造业转型升级的支撑能力。

3. 建设完善公共服务平台。加强经济预警预测平台建设，引导企业及时规避化解市场风险。以服务产业园区、产业集群为重点，加强创新、创业、投融资、信息、技术、物流、市场等各类公共服务平台建设。建立制造业企业对外投资和工业产品出口公共服务平台，每年重点支持5—10家工业领域"走出去"服务平台和服务机构建设。完善中小企业公共服务网络，引进和培育一批优质服务机构，全面提高服务水平。支持行业龙头企业牵头建立产业联盟。大力发展面向制造业企业的电子商务服务平台，帮助湖南名企名品拓展网络市场。着力激发社团活力，充分发挥行业协会、异地商会等社会中介组织作用。

专栏 6　制造＋互联网＋服务工程专项行动

以制造业为基础、以互联网为支撑、以服务延伸和创新为重点，聚焦湖南重点优势产业，突出制造业产品、装备、流程、管理、服务、园区等关键环节和领域，大力推动移动互联网、云计算、大数据、物联网等产业的深度融合，积极培育新产品、新业态、新模式，促进湖南制造业向服务型制造和制造服务化的转变。

到 2020 年，企业两化融合管理体系进一步普及推广，工业云、工业大数据、工业电子商务平台的支撑服务能力显著增强，互联网与传统行业融合的新产业、新业态、新模式成为经济增长的新动力，形成一批具有示范性、引领性、带动性的"制造＋互联网＋服务"示范企业、示范项目、示范平台和产业集群。移动互联网产业保持年均 35％以上增速，到 2020 年主营业务收入达 1000 亿元以上。

（八）深入开展对接合作，扩大产业对外开放。大力推进产业融合发展，充分统筹利用两种资源、两个市场，不断拓展新的开放领域和空间，提升合作水平和层次，增强产业竞争力。

1. 深化产业融合发展。加强先进轨道交通装备、工程机械、节能与新能源汽车等优势产业与新材料、新一代信息技术等新兴产业的对接合作、协同发展，促使优势产业更优、新兴产业加快成长。推动物联网产业与智能制造领域的融合发展，打造良好的智能制造产业生态系统。统筹军民产业资源，开展军民两用技术联合攻关，支持军民技术相互有效利用，大力发展军民融合产业。推动产业跨界融合，努力发现和培育产城融合、产教融合、产医融合等跨界融合催生的新产业和新业态，拓展发展空间。

2. 推动优势产业"走出去"。大力推进国际产能和装备制造合作，以特色优势装备为主，引导和组织有实力的企业采取工程总包、BOT 等形式承接海外业务，建立合作开发园区和原料基地。支持中车株机、五矿有色、中联重科、华菱集团、三一集团、泰富重装和农友机械等企业，在境外开展并购和股权投资、创业投资，建立全球营销及服务体系，打造具有较强国际和区域影响力的优势品牌，形成具有全球配置资源能力的跨国企业，提升企业国际竞争力。推进企业由产品、技术出口向资本、管理输出转变，在全球建立一批具有影响力的研发设计、生产制造、销售服务基地，加快我省高端装备产业全球化步伐。支持省内优势企业根据目标国家的需求进行产能输出，积极参与 PPP 项目，建立中国企业园区或湖南企业园区，促进更多的湖南企业走向海外，带动产业链上下游更多的湖南企业落户生根、抱团发展。支持企业参与国际产业合作，设立研发机构、生产制造基地、市场营销网络和资源能源基地，提高资源配置效率。鼓励龙头企业与中小企业组建"走出去"联盟，带动省内配套中小企业以及省产工业品、技术及服务的完整产业链整体"走出去"。支持符合条件的企业在境外发行股票、债券，与境外企业开展多种形式的经济技术合作。

3. 提高内联外引水平。加大部省合作力度，争取更多央企重大项目在湖南布局落地。深化区域合作，发挥"一带一部"区位优势，加快融入长江经济带，积极承接产业转移，吸引更多企业来湘投资兴业，建设区域总部。深化对外开放，抢抓丝绸之路经济带和21世纪海上丝绸之路建设等重大机遇，加大招商引资，吸引世界500强企业来湘设立研发、结算、数据、采购中心。

（九）突出放大特色优势，加快重点领域突破。紧跟产业发展趋势，全面对接国家战略重点，立足我省产业基础，分业施策，有序推进。实施"高端装备创新工程"专项行动，着力引导社会各类资源集聚，突破重点领域和关键环节，带动制造业加快发展。以先进轨道交通装备、工程机械、新材料等为重点，巩固提升领先优势，并在若干领域方面进一步发挥全球影响和引领作用；以新一代信息技术产业、航空航天装备、节能与新能源汽车等汽车制造、电力装备、生物医药及高性能医疗器械、节能环保等为重点，充分发挥比较优势，在大力提升竞争能力的同时，加快规模扩张，打造新的增长点；以高档数控机床和机器人、海洋工程装备及高技术船舶、农业机械等为重点，拓展挖掘潜在优势，科学把握产业发展方向，在强化创新、积极抢占产业发展制高点的同时，加快产业化步伐，不断增强发展后劲。

1. 先进轨道交通装备。发挥我省轨道交通装备产业的创新资源、人才资源、市场资源等优势，加强自主创新，提升国际市场开拓和国际竞争能力，打造世界级轨道交通装备制造产业集群和具有国际竞争力的跨国企业，加快建立世界领先的现代轨道交通装备制造产业体系。重点发展重载货运机车、客运机车、城际动车组、城轨车辆、有轨电车、无轨电车、轨道工程机械，着力突破中低速磁浮系统、牵引传动及网络控制系统、永磁同步电传动系统、通信信号系统、牵引电机和变压器、高性能环保新型先进复合材料等关键技术。

2. 工程机械。依托我省工程机械产业整体优势，以长株潭为重点，以产品技术高端化和产业结构优化升级为主线，以技术创新、产品创新和模式创新为动力，进一步加强信息技术与制造技术的融合，完善工程机械全产业链配套能力，打造引领世界工程机械产业发展的研发制造基地，加快形成世界级工程机械产业集群，发展壮大一批具有国际竞争力的跨国企业集团。重点发展新型土石方机械、水上工程机械、物流成套设备、大型起重机械、大型路面施工机械、大型露天矿综采设备、节能环保型工程机械、军事工程机械和重卡底盘、配套动力、高压大流量液压件、电子元件和大型轴承等整机和关键部件产品，着力突破高端功能性基础件和关键零部件制造核心技术，加速工程机械成套装备的智能化、高端化、两型化、轻量化，大力发展工程机械再制造，加快制造服务化和服务型制造步伐。

3. 新材料。利用省内科研、产业和有色金属资源等优势，着力完善 20 条产业链，加快建立具有较强自主创新能力和可持续发展能力、产学研用紧密结合和军民融合的新材料产业体系，打造领先全国、跻身世界先进行列新材料产业集群，在若干子领域实现新材料产业跨越发展。重点发展先进电池材料、先进硬质材料、先进复合材料、高端金属结构材料、化工新材料、特种无机非金属材料、3D 打印金属、高分子尼龙和陶瓷粉末材料，加强超导材料、纳米材料、石墨烯材料、生物基材料、智能材料等前沿新材料研发。

4. 新一代信息技术产业。贯彻落实国家集成电路发展纲要、互联网＋行动计划，加快重点领域突破发展，打造具有较强竞争力和湖南特色的新一代信息技术产业，建成国家集成电路特色集聚区、中部地区最大的移动互联网创意"梦工厂"。重点发展导航、工控等特色集成电路芯片，新型功率电力电子器件，离子注入机，电子功能玻璃，触控面板，新型电子元器件，二代光纤，国产自主可控整机，智能家居、可穿戴设备等智能终端，传感器，汽车电子，医疗电子，操作系统和工业软件产品，移动互联网服务等。

5. 航空航天装备。抢抓国家大力推进航空航天装备国产化、军民融合和发展通用航空产业的战略机遇，充分发挥湖南航空航天高端制造的比较优势，以军用产品和整机制造为引领，关联民用产品为突破，航空航天关键零部件和材料为支撑，航空服务业为拓展，加快建设全国重要的中小航空发动机产业基地、航空关键零部件生产基地、北斗卫星应用产业示范基地和通用航空全产业链发展示范基地，力争将长沙建成亚洲最大、世界第三的飞机机轮及刹车系统制造核心基地。重点发展轻型飞机、直升机、小型公务机、先进无人机等整机产品并逐步系列化。加快发展系留飞艇、平流层飞艇及新概念太阳能飞行器等临近空间飞行器产品设计与集成制造，着力突破高质量中小航空发动机和各型起落系统、核心芯片设计与制造、北斗卫星导航应用、高分辨率对地观测应用等关键技术。

6. 节能与新能源汽车等汽车制造。紧跟产业发展趋势，立足比较优势，重点加快纯电动汽车、插电式混合动力汽车和节能汽车发展，同时积极推动燃料电池汽车、智能网联汽车的开发生产。加快研发和掌握一批最新节能与新能源汽车的关键核心技术，重点发展高性能、高续航里程的纯电动大巴、纯电动乘用车等新能源汽车品种，初步建立完善配套产业链，使动力电池、电机驱动等关键系统达到国际先进水平，汽车智能控制系统及其相关技术水平得到快速提升，面向全国行业配套。到 2020 年，全省新能源与节能汽车产业形成具有特色产品的重点企业 6—8 家，产业整体规模进入全国行业前 8 名。

7. 电力装备。坚持龙头企业带动，提升基础部件配套能力，推动产业链由制造环节向研发与服务高附加值环节延伸，建设国际先进的高端电力装备产业基地，增强相关领域国际标准制定话语权。重点发展 3.5 兆瓦以上风力发电机组、500kV 及以上超（特）高压新型电力变压器、电抗器、电流及电压互感、110—500kV 封闭式组合电器、智能型变压器、智能配电系统、智能计量系统、智能用电终端、智能型高低压成套电器装置、地埋式变电站成套设备、高温超导传输电缆等，积极发展风电、水电、太阳能发电、智能电网等关键技术、装备及供配电与控制系统。

8. 生物医药及高性能医疗器械。突出自主创新，深化两化融合，加快突破生物医药及高性能医疗器械创制重大关键技术和工艺，大力推进行业兼并重组步伐，培育知名品牌、龙头企业和拳头品种。重点发展原创、首仿、特色化学药、中药、生物技术药物和分子诊断，加快生物转化中药产业化，加大干细胞产品检测、血细胞组分制品、新型疫苗、治疗性抗体等生物技术药物新产品创制，推动高性能诊疗设备、高值医用耗材、高端体外诊断试剂以及可穿戴、远程诊疗等移动医疗新产品开发，实现生物3D打印等新技术的突破和应用。推动现代化制药装备研发制造，加快向大健康产业和精准医疗领域拓展。

9. 节能环保。围绕绿色发展，按照两型社会建设要求，加大节能技术装备、环保技术装备及资源综合利用装备研发制造，促进节能环保产业跨越式发展，加快构建具有湖南特色的先导产业，打造新的增长点。重点发展节能节水关键技术和装备、环保关键技术和装备、循环经济关键技术和装备、资源综合利用关键技术和装备，大力发展两型住宅产品，培育壮大运营服务为重点的节能环保服务业。

10. 高档数控机床和机器人。把握产业智能化大趋势，着眼全球高端制造业发展巨大需求和我省的现实基础条件，大力推动核心技术、软件开发、关键零部件及加工材料等研发和产业规模化发展，形成特色鲜明、具备国内较强竞争力的数控机床、机器人、增材制造（3D打印）产业集群。重点发展数控机床、工业机器人、增材制造（3D打印）等智能制造装备产业领域核心技术、软件开发、关键零部件及加工材料。

11. 海洋工程装备及高技术船舶。对接国家建设海洋强国战略，结合国际国内船舶和海洋工程装备市场需求、发展方向，着力推进技术创新、壮大产业规模、促进产业集聚，切实提高产业核心竞争力，建设内陆领先的海洋工程装备及高技术船舶产业基地。重点发展大型海上桩基设备、大型海上吊装设备、海上钻探系统、航道疏浚装备、船舶动力、海上石油钻井电机、高端游艇、公务执法艇、特种内河船舶、深海探测、深海机器人、海底工程机械、资源开发利用、海上作业保障及关键系统和专用设备等产品。

12. 农业机械。紧密结合湖南产业特色，以农业现代化对农业机械需求为牵引，以提高主要农作物和特色种养、农产品加工机械化、自动化、智能化水平为重点，加快建设全国特色农机制造大省的步伐。大力发展水稻全程生产机械、油菜种植和收获机械、果蔬采摘机械、农副产品产后处理及初加工设备，重点突破水稻育插秧技术、油菜少耕精量直播技术等新一代的农机制造技术，提高农机装备信息收集、智能决策和精准作业水平，建设全国特色农机制造强省和应用大省。

专栏 7　高端装备创新工程
在先进轨道交通装备、工程机械、增材制造等高端制造装备领域，建设一批重点项目，组织一批重点攻关，开发一批标志性、带动性强的重点产品和重大装备，提升自主设计水平和系统集成能力，突破共性关键技术与工程化、产业化瓶颈，抢占高端装备竞争制高点，努力把高端装备制造业培育成具有国际竞争力的支柱产业。 　　到 2020 年，高端装备制造业主营收入占全省装备制造业的比重超过 20%，基本形成产学研用相结合的高端装备技术创新体系，自主知识产权高端装备市场占有率大幅提升，核心技术对外依存度明显下降，基础配套能力显著增强，形成一批具有国际竞争力的大型企业集团和国际知名品牌。

三、保障措施

（一）加大组织协调力度。在湖南制造强省建设领导小组领导下，加强重大规划、重大政策、重大工程专项、重大问题和重要工作的统筹协调。各级各部门要积极履责，形成推进制造强省建设的强大合力。充分发挥专家咨询委员会和各类智库作用，为制造强省建设提供持续、高水平的决策咨询。加强产业规划引导，做好制造业发展与相关产业发展规划间的衔接，针对不同产业制定相应的行动方案，研究具体指导和推进的政策意见。建立制造强省战略任务落实情况督促检查和第三方评价机制，加强产业运行监测与形势分析，强化工作督导考核。各地要结合实际，建立相应组织协调机制，统筹推进制造业发展工作。

（二）加强重点项目建设。重大工程和重点项目是落实制造强省战略的重要载体。要以 12 个重点领域规划的重大项目为抓手，加大项目建设力度。突出企业主体作用，围绕转型升级、提升核心竞争力，切实加大投入，每年滚动建设一批、投产一批、谋划一批重点项目，增强制造业发展后劲。积极创造条件，争取国家重大项目落户湖南。对带动能力强的重大项目，优先纳入省重点项目管理，给予全方位支持。加强对制造强省重点项目的调度监控，搞好协调服务，促进项目建设顺利进行，确保投资实效。

（三）扩大财税金融支持。建立健全财税金融政策支持体系，加大财政资金支持，形成财政投入稳步增长机制。设立省级新兴产业发展基金，突出支持制造强省重点产业发展。省战略性新兴产业与新型工业化专项、移动互联网产业发展专项、信息产业和信息化专项等省级财政专项资金，对制造强省建设重点项目给予倾斜支持。完善和落实促进制造业创新产品研发和规模化应用的政府采购政策。整合相关产业扶持资金，创新支持方式。发挥多层次资本市场的融资功能，积极探索产业投融资 PPP 模式，推动天使投资基金、小微企业互助担保、专利权质押贷款等工作在全省开展。落实产业发展税费优惠政策，增强企业发展活力。

（四）积极推动创新创业。围绕制造业加快发展，深入推进"135"工程建设，大力推动大众创业、万众创新，落实支持小微企业发展的财税优惠政策，优化中小企业发展专项资金使用重点和方式，探索建立科技成果转化产业基金和中小企业发展基金，促进创新成果产业化和创业项目建设。鼓励商业银行加大小微企业金融服务专营机构建设力度，加快构建中小微企业征信体系，积极发展面向小微企业的知识产权质押贷款、信用保险保单质押贷款等。建立完善小微企业融资担保体系，创新产品和服务，降低企业融资成本。支持小微企业创业基地、综合服务体系建设。完善公共服务平台网络，建立信息互联互通机制，为小微企业提供创业、创新、融资、咨询、培训、人才等专业化服务。

（五）深化产业对外开放。深化外商投资管理体制改革，提高贸易投资便利化水平，营造稳定、透明、可预期的营商环境。进一步放宽市场准入，支持制造业企业通过委托开发、专利授权、众包众创等方式引进先进技术和高端人才，推动利用外资由重点引进技术、资金、设备向合资合作开发、对外并购及引进领军人才转变。完善制造业企业"走出去"的风险评估和预警协调机制，探索实施政府购买服务的方式，鼓励行业协会、中介机构和企业联盟为企业"走出去"提供信息、法律、政策、国情、商机和预警等资讯服务。强化制造业企业走出去法律保障，规范企业境外经营行为，维护企业合法权益。加快制造业走出去支撑服务机构建设和水平提升，建立制造业对外投资公共服务平台和出口产品技术性贸易服务平台，完善应对贸易摩擦和境外投资重大事项预警协调机制。

（六）强化产业人才支撑。实施企业经营管理人才素质提升工程，培养造就一批优秀企业家和高水平经营管理人才，提高现代经营管理水平和企业竞争力。注重中外合作、部省合作和校企合作，配合中央做好"千人计划"、"万人计划"等人才工程，深入实施我省引进海外高层次人才"百人计划"，建设领军人才示范区。在重点产业领域，大力引进高端人才、急需紧缺人才及其创新团队；大力发展职业技术教育，探索"订单式"人才联合培养机制，加快高技能技术人才培养，打造大批"工匠湘军"。建立完善人才激励、服务、流动和使用制度。

（七）营造良好发展环境。坚持新型工业化第一推动力不动摇，充分发挥舆论引导作用，努力营造全社会锐意创新创业的良好氛围。深化体制机制改革，进一步转变政府职能，全面推进依法行政，创新政府管理方式，加快简政放权，提高产业治理水平。深化行政审批改革，落实企业投资主体地位，压缩审批事项，缩小审批范围，整合审批环节，优化审批流程，缩短审批时限，全面推行网上政务与网上服务。深化市场准入制度改革，实施"负面清单"管理，大力推进商事制度改革。深化国有企业改革，健全现代企业制度。有序发展混合所有制经济，推动非公有制经济健康发展。推行企业产品、质量、安全自我声明和监督制度，完善淘汰落后产能政策措施，健全市场退出机制。实施收费清单制度，加强市场监管，减轻企业负担，营造公平竞争市场环境。

湖南制造强省建设重点产业发展规划

| 序号 | 产业名称 | 主营业务收入（亿元） | | 发展目标定位 |
		2014 年实际	2020 年规划	
一、领先优势产业				
1	先进轨道交通装备	646	2100	打造世界级轨道交通产业集群和具有国际竞争力的跨国企业，建立世界领先的现代轨道交通产业体系。轨道交通装备服务业的服务收入提升到 20%以上，国际市场份额达到 35%以上
2	工程机械	1619	2170	打造引领世界工程机械产业发展的研发制造基地，建成世界级产业集群。产业规模、技术及主要产品市场占有率保持全球领先地位
3	新材料	2838	7000	打造领先全国，跻身世界先进行列新材料产业集群，若干子领域实现跨越发展。全省材料工业升级换代取得显著成效，基本实现向新材料产业强省转变
二、比较优势产业				
4	新一代信息技术产业	1800	3500	打造具有较强竞争力和湖南特色的新一代信息技术产业，建成国家集成电路特色集聚区，中部地区最大的移动互联网创意"梦工厂"
5	航空航天装备	122	500	建成全国重要的中小航空发动机产业基地，航空关键零部件作生产基地，北斗卫星应用产业示范基地和通用航空全产业链发展示范基地，将长沙建成亚洲最大，世界第三的飞机机轮及刹车系统制造核心基地

续　表

序号	产业名称	主营业务收入（亿元）		发展目标定位
		2014年实际	2020年规划	
二、比较优势产业				
6	节能与新能源汽车等汽车制造	1579	3000	全省节能与新能源汽车产业形成具有特色产品的重点企业6～8家，产业整体规模进入全国行业前八名
7	电力装备	1480	2600	建成国际先进的高端电力装备产业基地，增强国际标准制定话语权，输变电成套装备全面满足国内电网建设需求，自主化率达到95%
8	生物医药及高性能医疗器械	823	2000	实现生物医药及高性能医疗器械产业跨越式发展，全省生物医药总产值在全国，全省的占比提高1个百分点，整体实力进入全国前10强
三、潜在优势产业				
9	节能环保	1442	3300	加快节能技术装备、环保技术装备及资源综合利用装备研发制造，促进节能环保产业跨越式发展，构建具有湖南特色的先导产业。节能环保产业继续保持全国前10强的地位
10	高档数控机床和机器人	332	600	形成特色鲜明、具有较强国内竞争力的数控机床、机器人、增材制造（3D打印）产业集群。培育1～2个国内知名品牌
11	海洋工程装备及高技术船舶	110	680	建成内陆领先的海洋工程装备及高技术船舶产业基地。高端游艇、公务执法艇国内市场占有率稳步提升
12	农业机械	203	1300	建成全国特色农机制造强省和应用大省

参考文献

［1］盛来运．中国统计年鉴-2016［M］．北京：中国统计出版社，2016．

［2］刘玉先．"十三五"湖南物流发展规划出炉［N］．中国水运报，2017－01－06（1）．

［3］周欢，贺琰．服务湖南物流产业集群的高职人才培养模式改革与创新策略［J］．电子商务，2017（1）：62－63．

［4］况漠，缪立新，况达，等．广州城市物流体系发展现状与对策分析［J］．特区经济，2016（11）：35－38．

［5］谢凌．我市将建成湖南现代港口物流产业"大基地"　［N］．岳阳日报，2016－11－24（2）．

［6］秦文展．湘江新区物流产业发展对策研究［J］．中国市场，2016（45）：17－19．

［7］雷琼．基于现代物流企业浅析"营改增"对财务决策的影响及选择［J］．商场现代化，2016（25）：186－187．

［8］谷硕，何铭强．浙江省物流业发展现状及影响因素分析［J］．中外企业家，2016（28）：42－45．

［9］方舒．湖南城陵矶大物流网络公共服务战略研究［D］．长沙：湖南大学，2016．

［10］邹艳，王丰，吴江，等．重庆市物流园区发展现状及对策探析［J］．中国储运，2016（8）：110－111．

［11］陈虹光．常德市农产品冷链物流产业发展现状及策略研究［J］．经济研究导刊，2016（20）：41－42．

［12］郑秀恋．吉林省物流产业集群发展现状及对策研究［J］．物流工程与管理，2016，38（3）：42－43．

［13］周和平．金霞物流谷提速"外向湖南"　［N］．长沙晚报，2016－03－07（A11）．

［14］张丽，杨明．吉林省物流产业发展现状研究［J］．中国管理信息化，2016，19（5）：149－155．

［15］李丽．"十二五"时期北京市流通服务业发展现状及存在问题［J］．中国流通经济，2016，30（2）：20－26．

[16] 彭华，于桂芳，王建林，等．珠海市港口物流产业发展现状研究［J］．物流工程与管理，2016，38（1）：21-24.

[17] 张正．湖南统计年鉴2015［M］．北京：中国统计出版社，2015.

[18] 李静宇．打造华中枢纽传化公路港湖南物流中心落地［J］．中国储运，2016（1）：64-65.

[19] 柳飞，武赟，戴铭卿．物流标准化发展现状研究综述［J］．中国标准导报，2015（11）：38-41.

[20] 吴露．内蒙古物流产业发展现状及对策研究［J］．理论研究，2015（4）：78-80.

[21] 邓爱民，田浩．发展湖南物流装备制造龙头企业的若干思考［J］．新型工业化，2015，5（8）：1-10.

[22] 邱立国．湖南省农产品冷链物流现状及发展对策［J］．商业经济研究，2015（19）：36-37.

[23] 杨石莲．京珠高速复线构建湖南快速经济走廊［N］．湖南日报，2015-05-22（7）.

[24] 张雪芹，郭小花．从统计数据看我国物流业发展现状［J］．物流科技，2015，38（5）：48-50，53.

[25] 邱正来，李新剑．芜湖市物流产业发展现状与对策研究［J］．科技视界，2015（10）：14-36.

[26] 李梦佳．湖南高星钢铁物流园平面布局与交通组织研究［D］．长沙：长沙理工大学，2015.

[27] 谢明．物流园区公路港平台的建设与运营探索——以湖南物流总部公路港建设为例［J］．交通企业管理，2015，30（3）：64-66.

[28] 高尧．湖南：加快现代物流运输业发展［N］．国际商报，2015-01-13（B03）.

[29] 张晶．湖南物流业银企合作谋发展［N］．现代物流报，2014-12-15（9）.

[30] 张正．湖南统计年鉴2014［M］．北京：中国统计出版社，2014.

[31] 周翔宇．长沙实泰推"产权经营模式"［N］．中国房地产报，2014-08-11（B06）.

[32] 崔朴．物流园区运营管理与盈利模式研究——以湖南物流总部为例［J］．商界论坛，2014（21）：233-234.

[33] 刘泓洋．物流产业对湖南区域经济增长的促进作用分析［D］．长沙：湖南师范大学，2014.

［34］潘永婷．农产品物流金融融通仓盈利模式研究［D］．长沙：中南林业科技大学，2014.

［35］谢记雷．湖南白沙物流有限公司发展战略研究［D］．长沙：湖南大学，2014.

［36］张艳．提升高职内涵建设　服务物流产业升级［N］．现代物流报，2014-01-10（A12）.

［37］高勇．湖南统计年鉴2013［M］．北京：中国统计出版社，2013.

［38］汤毅，杨芳．湖南经济增长与物流需求关系研究——基于VAR模型的实证分析［J］．物流技术，2013，32（15）：185-187，190.

［39］陈石．湖南：发展绿色物流推动产业升级［N］．现代物流报，2013-07-02（A08）.

［40］屈俊林．湖南物流业调整和振兴规划实施后评价研究［D］．长沙：中南林业科技大学，2012.

［41］曾波．湖南农产品供应链物流调查研究［D］．咸阳：西北农林科技大学，2012.

［42］张毅．打造湖南千亿物流集群的思考［N］．湖南日报，2011-11-10（14）.

［43］郭智芳．中国外运湖南公司物流发展战略研究［D］．长沙：中南大学，2012.

［44］周丛笑．五年后湖南物流总额达5万亿［N］．长沙晚报，2010-08-06（0A05）.

［45］邹立新．湖南物流业"弯道超车"正其时［N］．中国交通报，2009-04-07（2）.

［46］王若懿．五定班列：提速湖南物流业［N］．现代物流报，2008-12-03（A01）.

［47］尹园杰．建立物流平台　服务区域经济［N］．湖南日报，2005-10-12（B01）.

［48］唐爱平．湖南物流期待产业升级［N］．湖南日报，2003-11-05.

［49］余纯，粟苗．湖南物流遇人才瓶颈物流师培训开始试点［N］．经理日报，2003-08-29（C03）.

［50］蔡建河，陈华，蒋洪亮．湖南物流业的提升与发展［N］．湖南经济报，2003-08-20（A02）.